알기쉽게 **설**명하여
저절로 외워지는

김영진 漢字 ❷

김영진 編著

BM 성안당

• 머리말

| 필자가 1950년대부터 1960년대에 걸쳐서 한자(漢字)를 공부할 때, 서당의 훈장 (訓長)을 비롯하여 여러 선생님께 '未(아닐 미)'와 '末(끝 말)', '買(물건살 매)'와 '賣(물 건팔 매)' 등등의 구성원리의 차이점과, '器(그릇 기)에 왜 犬(개 견)이 포함되어 있는가' 등등을 질문했을 때 '무조건 외워라'는 대답 외에는 아무런 해답을 얻지 못하였습니다.

| 그래서 옥편(玉篇)을 펴서 한자(漢字)의 알파벳 214개의 부수(部首)부터 무조건 외우던 중에, '덮다(cover)'를 의미하는 '冖(덮을 멱)'을 '민갓머리'로, '집(house)'을 의미 하는 '宀(집 면)'을 '갓머리'로, '꿇어앉은 사람'을 의미하는 '卩/㔾(무릎마디 절)'을 '병 부절'로, '앞으로 나아가다'를 의미하는 '辶/辵(쉬엄쉬엄갈 착)'을 '책받침' 등등으로 설 명하고 있어서, 그렇지 않아도 어려운 한자(漢字) 더욱더 어렵게 만들어 주어 한숨만 나오 게 할 뿐이었습니다.

| 그 후 1970년대 초부터 일본어 강사로 활동하면서 1975년에 [김영진 日本語漢 字읽기 사전]을 펴내는 한편, 30여 년 동안 한자(漢字) 구성요소의 근본인 갑골문자(甲骨 文字)와 금문(金文)·전문(篆文)에 대한 여러 저서(著書)를 수집·연구한 결과 수많은 한 자의 비밀들을 발견하기 시작했습니다.

| 예를 들면 '未(아닐 미)'는 '하늘을 향해 한창 자라는 나무 모양(△)'이며, '末(끝 말)'은 '수명이 다 되어 자라지 못하는 나무 모양(▽)'이라는 사실과, '買(물건살 매)'는 '조가비(貝/화폐역할)로 물건을 사서 그물(网)망태기에 모아들이다'이며 '賣(물건팔 매)' 는 '出(날 출)＋買＝賣'로 '사들인 물건(買)을 다시 시장에 내놓다(出)'라는 구성원리, '器 (그릇 기)'는 '신(神)에게 바친 개(犬)의 피로 제사상(祭祀床)의 여러 그릇들(口口口)을 정 화(淨化)하였다'처럼 대부분의 한자(漢字) 구성요소의 비밀들을 발견하여 정리하기 시작 했습니다.

| 이처럼 좋은 연구결과를 대한민국의 모든 분들에게 한자(漢字) 구성요소의 근본 인 갑골문자(甲骨文字)와 금문(金文), 전문(篆文)을 곁들여서 [저절로 외워지는 1급용 한 자(漢字)]를 가장 빠르고 쉽고 재미있게 전해야 주어야 한다는 일종의 사명감이 1970년 대 초부터 저의 뇌리에 자리잡고 있었는데, 30여 년 동안 수집·연구한 결과를 이 책을 통 해서 모든 분들에게 일부나마 공개하게 된 것을 참으로 기쁘게 생각하며, 평생 잊혀지지 않도록 알기쉽게 설명하여 [저절로 외워지는 김영진 漢字]를 가르치기 위한 책으로 적극 적으로 권하는 바입니다.

2010年 著者 김 영 진

이 책으로 강의하시는 선생님들께

(1) 발행 목적

이 책은 '한국어문 교육연구회'의 한자능력시험 1급용 한자(漢字) 3,500자(字)를

1권에는 1,200字

2권에는 1,300字

3권에는 1,150字를 수록하여

기본적으로는 1개월에 1권씩 3개월에 3,500자(字)를 습득하도록 하였으므로,

학생들이 기본한자를 어느 정도 알고 있느냐에 따라 조절할 수 있도록 하였습니다.

(2) 공부 방법

① 먼저 각 그룹 한자(漢字)의 전체적인 개요를 학생들과 함께 살펴봅니다.

② 두 번째로 각 그룹 한자(漢字)의 **1**번 한자(漢字)에서, 기본 주제 한자(漢字)의 구성 원리
와 개념을 갑골문자(甲骨文字)와 금문(金文), 또는 전문(篆文)을 통해서 충분히 익힙니다.
*여기서 전문(篆文)이라 함은 소전(小篆)을 말합니다.

③ 세 번째로 **2**번, **3**번의 한자(漢字)를 순서대로 익혀 나간다면 개인의 능력에 따라 하루에
30자(字) 내지 50자(字), 또는 100자(字)씩은 힘들이지 않고 정복할 수 있도록 하였습니다.

(3) 부수(部首) 변(邊) 방(傍)의 명칭은 현대어로

부수(部首) 214자(字)와 변(邊), 방(傍)의 명칭은, 기본 주제 한자(漢字) 구성 원리를 설명할
적마다 학생들이 이해하기 쉬운 현대어로 반복적으로 설명하여 두었으므로, 선생님께서 부수(部
首)를 반복적으로 설명해야 하는 번거로움을 없앴습니다.

(4) 고사성어(故事成語) 및 사자성어(四字成語)를 활용함

강의하는 도중, 예문(例文)에 나와 있는 고사성어(故事成語) 및 사자성어(四字成語)를 학생
들이 스스로 미리 조사하여 와서 발표하도록 하여 학습의욕을 고취시킬 수도 있습니다.

(5) 연상법(聯想法)을 사용하여 다시 복습해 봅니다

각 그룹 한자(漢字)의 주제 한자(漢字)를 학생들과 함께 복습할 때, 이를테면 '家(집 가)'를
예(例)로 들어 다음과 같은 질문들을 하여 사물을 연상(聯想)하면서 익히도록 할 수도 있습니다.

① '宀(집 면) +豕(돼지 시)=?'는 무슨 글자인가?

② 오늘날에는 돼지머리를 갖다 놓고 고사를 지내고 집을 짓지만, 옛날에는 집(宀)을 지을 때
신(神)에게 돼지(豕)나 개(犬)를 바치고 지었는데 무슨 글자가 생각나는가?

- 1권 내용 -

◎ 基本主題漢字 : 233字

◎ 總收錄漢字 : 1,200字

- 2권 내용 -

◎ 基本主題漢字 : 267字

◎ 總收錄漢字 : 1,300字

- 3권 내용 -

◎ 基本主題漢字 : 224字

◎ 總收錄漢字 : 1,150字

主要參考文獻

- 甲骨文編 (1965年/中國社會科學院考古研究所編輯)
- 漢字語源 (1976年/角川書店)
- 基礎漢字明解 (1976年/修智書林)
- 漢字話 (1980年/朝日新聞社)
- 連想式漢字記憶術 (1983年/朝日ソノラマ)
- 漢字辭典 (1991年/教育同人社)
- 漢字成立事典 (1993年/教育出版)
- 字通 (1996年/平凡社)
- 說文解字 (1997年/岳麓書社)
- 漢韓大字典 (1997年/民衆書林)
- 漢字典 (1997年/新水社)
- 似而非漢字 (2000年/東京堂出版)
- 篆書論語 (2000年/天來書院)
  * 上記書籍外에도 50餘卷參照하였습니다.

이 책의 특징

본 교재는 중국 정통한자인 번체자(繁體字)의 구성요소인 갑골문자(甲骨文字)와 금문(金文)과 전문(篆文)을 활용하여, '한국어문 교육연구회 한자능력시험' 1급용 한자(漢字)를 누구나 이해하기 쉽고 배우기 쉽게 다음과 같은 특징을 갖추고 있습니다.

(1) 중국의 정통한자/중국의 간체자/일본의 상용한자의 표기

이 교재의 258페이지 '單 그룹 漢字'에서처럼 지면(紙面)이 허락하는 대로, '單(12획/중국 정통한자)', '単(9획/일본 상용한자)', '单(8획/중국 간체자)'를 비교하며 공부할 수 있도록 병기(倂記)하여 두었습니다.

(2) 도입단계(導入段階)

맨 먼저 도입단계에서 기본 주제한자(主題漢字)의 구성요소와 개념을 충분히 익히도록 그룹별로 구분하여 두었습니다. 예(例)를 들면 '方(모/네모/방향 방)'이라는 기본 주제한자의 구성요소와 개념을 갑골문자(甲骨文字)와 금문(金文), 또는 고문(古文)과 전문(篆文)을 참조하면서 익히면 '放, 倣, 防, 妨, 房, 訪, 芳, 紡, 坊, 彷, 昉, 肪, 枋'처럼 한 글자(方)를 활용해서 13자(字) 모두 '방'으로 읽으면서 한꺼번에 습득하도록 하였습니다.

(3) 부수(部首) · 변(邊) · 방(傍)의 명칭

한글의 자음(子音)과 모음(母音), 또는 영어의 알파벳에 해당하는 214개의 부수(部首)의 명칭과, 두 글자 이상 조합하여 만든 회의문자(會意文字)에서 한자(漢字) 왼쪽에 오는 변(邊)과, 한자(漢字) 오른쪽에 오는 방(傍)의 명칭을 현대인들이 이해하기 쉬운 명칭으로 변경하였습니다. 예(例)를 들면, '厂(민엄호)'는 '굴바위 엄'으로, '冖(민갓머리)'는 '덮을 멱'으로, '广(엄호)'는 '집(house) 엄'으로, '宀(갓머리)'는 '집(house) 면'으로, '疒(병질 엄)'은 '疒(병들어기댈 역)'으로, '舛(어그러질 천)'은 '舛(왼발오른발/어겨질 천)'으로, '辶(책받침)'은 '쉬엄쉬엄갈 착'으로, '酉(닭 유)'는 '술단지/술병 유'로 변경하여 표기하였습니다.

(4) 기본 주제한자(主題漢字)의 배열

1대의 자전거가 여러 개의 부속품으로 이루어져 있듯이 수많은 한자(漢字) 역시 부속품에 해당하는 214자의 부수(部首)와 기본 주제한자(主題漢字)들로 이루어져 있는데, 한국인들의 특성에 맞게 한글 가나다 순(順)으로 '加(가)···10 內(내)···233 多(다)···248 羅(라)···292 馬(마)···366'처럼 배열하였습니다.

 저절로 외워지는 김영진 漢字(2권)

8부 ·········263

바

반 反 返 飯
판 板 版 販 阪

1　反 = 厂 + 又　　甲骨文字　金文　篆文

6급/4획	(돌이킬/뒤집을 **반**)	甲骨文字	金文	篆文

解說　'厂(낭떠러지/벼랑/굴바위 엄)'과 '又(오른손/또 우)'를 조합한 글자임. 아마도 '거룩한 곳(厂)에 손(又)을 대는 모습'이거나, '어떤 물건(厂)을 손(又)으로 뒤집는 모습'에서 '돌이키다/뒤집다/반대하다'는 뜻을 나타낸다.

例文　① 反射(반사) ② 反對(반대) ③ 反哺之孝(반포지효) ④ 反禍爲福(반화위복)

2　返 = 反 + 辶

3급/8획	(돌아올/돌려보낼 **반**)

解說　'辶(쉬엄쉬엄갈/뛸 착)'과 '反(돌이킬/뒤집을 반)'을 조합한 글자임. '목적지를 향해 가다가 반대로(反) 되돌아간다(辶)'는 뜻을 나타낸다.

例文　① 返納(반납) ② 返送(반송) ③ 返還(반환) ④ 返戾(반려)

3　飯 = 食 + 反　　金文　篆文

3급/13획	(밥 **반**)	金文	篆文

解說　'食(먹을/밥 식)'과 '反(돌이킬/뒤집을 반)'을 조합한 글자임. 금문(金文)에서는 '식사(食)를 할 때 손(又)에 든 숟가락(厂)으로 떠서 먹다'이다.

例文　① 白飯(백반) ② 朝飯(조반) ③ 飯酒(반주) ④ 飯店(반점)

4

板 = 木 + 反			
5급 / 8획	(널 **판**)	甲骨文字	金文

🐛 **解說** '木(나무 목)'과 '反(돌이킬 / 뒤집을 반)'을 조합한 글자임. 갑골문자(甲骨文字)와 금문(金文)에서는 '손(又)에 든 대패로 나무(木)를 뒤집어(反)가며 얇게(厂) 깎다'는 데서 '널 / 널빤지 / 판자'라는 뜻을 나타낸다.

🐛 **例文** ① 板子(판자) ② 黑板(흑판) ③ 甲板(갑판) ④ 看板(간판) ⑤ 鐵板(철판)

5

版 = 片 + 反
3급 / 8획 (판목 / 책 **판**)

🐛 **解說** '片(널조각 편)'과 '反(돌이킬 / 뒤집을 반)'을 조합한 글자임. '널빤지(片)에 글자를 새겨 다시 뒤집어서(反) 인쇄한다'는 데서 '판목(版木) / 책'이라는 뜻을 나타낸다.

🐛 **例文** ① 出版社(출판사) ② 再版(재판) ③ 版權(판권)

6

販 = 貝 + 反
3급 / 11획 (물건팔 **판**)

🐛 **解說** '貝(돈 / 재물 / 조개 패)'와 '反(돌이킬 / 뒤집을 반)'을 조합한 글자임. '받은 돈(貝)에 해당하는 물건을 되돌려(反)준다'는 데서 '장사하다 / 물건을 팔다'는 뜻을 나타낸다.

🐛 **例文** ① 販賣(판매) ② 總販(총판) ③ 市販(시판) ④ 直販(직판) ⑤ 街販(가판)

7

阪 = 阜 + 反
2급 / 7획 (언덕 / 비탈 **판**)

🐛 **解說** '阜(언덕 / 사다리 부)'와 '反(돌이킬 / 뒤집을 반)'을 조합한 글자임. '가파른 언덕길 / 사다리(阜)를 오를 때 몸이 뒤로 젖혀지는(反) 듯한 모습'이라는 데서 '언덕 / 비탈길'이라는 뜻을 나타낸다. *阜(언덕 / 사다리 부)가 다른 글자와 조합하여 글자 왼쪽에 오면 '阝(좌부변)'으로 글자 모양이 바뀐다.

🐛 **例文** ① 阪上走丸(판상주환 ; 비탈 위에서 공을 굴림 / 기회를 이용함)

02 半 (절반 반) 그룹 漢字

1

半		半	半
6급/5획	(반/절반 **반**)	金文	篆文

🐛 **解說**　'八'과 '牛(소 우)'를 조합한 글자임. '신(神)에게 바칠 소(牛)를 정확하게 절반으로 쪼개서(八) 내장까지 보여드린다'는 데서, '절반/둘로 나누다'는 뜻을 나타낸다. ＊일본 상용한자와 중국 간체자(簡體字)에서는 '半'으로 글자 모양이 약간 다르게 표기한다.

🐛 **例文**　① 韓半島(한반도)　② 半導體(반도체)　③ 半信半疑(반신반의)

2

伴 ＝ 人 ＋ 半
3급/7획　　(짝 **반**)

🐛 **解說**　'人(사람 인)'과 '半(절반/반 반)'을 조합한 글자임. '사람(人)이 결혼하려면 반쪽(半) 사람(人)이 필요하다'는 데서 '짝/동무'라는 뜻을 나타낸다.

🐛 **例文**　① 伴侶者(반려자)　② 伴奏(반주)　③ 同伴(동반)　④ 隨伴(수반)

3

叛 ＝ 半 ＋ 反
3급/9획　　(배반할 **반**)

🐛 **解說**　'半(절반 반)'과 '反(돌이킬/돌아올 반)'을 조합한 글자임. '절반(半)이 반항하다(反)'는 데서 '배반하다/반항하여 떠나다'라는 뜻을 나타낸다.

🐛 **例文**　① 叛亂(반란)　② 叛逆(반역)　③ 謀叛(모반)

---

4 畔 = 田 + 半

| 1급 / 10획 | (밭두둑 **반**) |

解說 ‘田(밭 전)’과 ‘半(반/절반 반)’을 조합한 글자임. ‘밭(田)을 나누어(半) 구분하는 경계선이다’는 데서 ‘밭두둑’이라는 뜻을 나타낸다.

例文 ① 湖畔(호반)의 도시 춘천(春川)

5 拌 = 手 + 半

| 1급 / 8획 | (버릴 / 섞을 **반**) |

解說 ‘手(손 수)’와 ‘半(반/절반 반)’을 조합한 글자임. ‘어떤 물건을 손(手)으로 반반(半)씩 섞는다’, 또는 ‘불필요한 절반(半)을 손(手)으로 버린다’는 데서 ‘버리다/섞다’라는 뜻을 나타낸다. * ‘手(손 수)’가 다른 글자와 조합하여 글자 왼쪽에 오면 ‘扌(손수변)’으로 글자 모양이 바뀐다.

例文 ① 攪拌(교반 ; 휘저어 섞음) ② 拌蚌(반방 ; 조개를 쪼개 구슬을 취함)

6 絆 = 糸 + 半

| 1급 / 11획 | (얽어맬 / 줄 **반**) |

解說 ‘糸(실 사)’와 ‘半(반/절반 반)’을 조합한 글자임. ‘어떤 물건을 줄(糸)로 묶을 때 가운데(半)부터 묶는다’는 데서 ‘비끄러매다/굴레’라는 뜻을 나타낸다.

例文 ① 脚絆(각반) ② 絆瘡膏(반창고)

7 判 = 半 + 刀

| 4급 / 7획 | (판단할 **판**) |

解說 ‘半(반/절반 반)’과 ‘刀(칼 도)’를 조합한 글자임. ‘증거물로 삼기 위해 칼(刀)로 절반(半)씩 잘라서 보관하여 시비를 가린다’는 데서 ‘칼로 분명하게 자르다/판단하다’는 뜻을 나타낸다. * ‘刀(칼 도)’가 다른 글자와 조합하여 글자 오른쪽에 오면 ‘刂(선칼도)’로 글자 모양이 바뀐다.

例文 ① 判事(판사) ② 裁判(재판) ③ 判決(판결) ④ 判定勝(판정승)

1　般 = 舟 + 殳

| 3급 / 10획 | (일반 / 즐길 **반**) | 甲骨文字 | 金文 | 篆文 |

解說　‘舟(배 주)’와 ‘殳(몽둥이 수)’를 조합한 글자임. ‘물가에 사는 사람은 누구든지 작은 배(舟)의 노(殳)를 저을 수 있다’, 또는 ‘배(舟) 모양의 악기를 연주하며(殳) 즐긴다’는 데서 ‘일반 / 즐기다’라는 뜻을 나타낸다. * ‘舟(배 주)’는 원래 ‘사다리 모양의 길고 커다란 그릇’으로서 잔치 음식을 담아 주고 받는 데 사용했으나, 훗날 ‘강에서 물건을 실어나르는 배’라는 뜻으로도 쓰이게 되었다.

例文　① 一般(일반)　② 全般的(전반적)　③ 彼此一般(피차일반)

2　盤 = 般 + 皿

| 3급 / 15획 | (소반 / 쟁반 **반**) | 甲骨文字 | 金文 | 篆文 |

解說　‘般(일반 반)’과 ‘皿(그릇 명)’을 조합한 글자임. 금문(金文)에서는, ‘배(舟)처럼 물건을 많이(般) 담는 평범한 그릇(皿)’이라는 데서 ‘소반 / 쟁반’이라는 뜻을 나타낸다.

例文　① 錚盤(쟁반)　② 音盤(음반)　③ 鍵盤(건반)　④ 骨盤(골반)　⑤ 盤石(반석)

3　搬 = 手 + 般

| 2급 / 13획 | (운반할 / 옮길 **반**) |

解說　手(손 수)'와 '般(일반 반)'을 조합한 글자임. '손(手)으로 배(舟)의 노(殳)를 저어 많은(般) 물건을 운반한다'는 데서 '운반하다/옮기다'는 뜻을 나타낸다. * '手(손 수)'가 다른 글자와 조합하여 글자 왼쪽에 오면 'ㆍ扌(손수변)'으로 글자 모양이 바뀐다.

例文　① 運搬(운반) ② 搬入(반입) ③ 搬出(반출)

4　槃 = 般 + 木

1급/14획　(쟁반/즐길 **반**)

解說　'般(일반 반)'과 '木(나무 목)'을 조합한 글자임. '나무(木)로 만든 둥글납작한 일반적인(般) 그릇'이라는 데서 '쟁반/즐기다'는 뜻을 나타낸다.

例文　① 涅槃(열반) ② 槃遊(반유 ; 즐기며 놂)

---

1 犮 = 犬 + ノ

| 5획 | (개 / 달릴 **발**) | 篆文 |

> **解說** '犬(개 견)'과 'ノ'을 조합한 글자로, 설문(說文)에서는 '개(犬)가 앞만 보고 마구 달려가는 모양'이라고 설명하고 있으나, 전문(篆文)에서는 '재앙을 면하려고 신(神)에게 희생제물로 바친 개(犬)'라는 뜻이다. * 여기서 'ノ'은 신(神)에게 희생제물로 바치기 위해 죽였다는 표시이다.

---

2 髮 = 髟 + 犮

| 4급 / 15획 | (터럭 **발**) |

> **解說** '長(긴 장)'과 '彡(터럭 삼)', '犮(개 발)'을 조합한 글자임. '신(神)에게 희생제물로 바치기 위한 털(彡)이 많은 개(犮)처럼 길게(長) 늘어진 머리털(彡)'이라는 뜻을 나타낸다. * 일본 상용한자에서는 '髪(14획)'으로, 중국 간체자(簡體字)에서는 '发(5획)'으로 표기한다.

> **例文** ① 短髮(단발) ② 斷髮令(단발령) ③ 長髮(장발) ④ 理髮所(이발소)

---

3 拔 = 手 + 犮

| 3급 / 8획 | (뽑을 / 빼어날 **발**) |

> **解說** '手(손 수)'와 '犮(개 발)'을 조합한 글자임. '상서롭지 못한 부정(不淨)을 없애기 위해 좋은 개(犮)를 손(手)으로 골라서 희생제물로 바친다'는 데서 '골라내다 / 빼어나다'는

뜻을 나타낸다. ＊일본 상용한자에서는 ‘拔(7획)’으로, 중국 간체자(簡體字)에서는 ‘拔(8획)’으로 글자 모양이 약간 다르게 표기한다. ＊‘手(손 수)’가 다른 글자와 조합하여 글자 왼쪽에 오면 ‘扌(손수변)’으로 글자 모양이 바뀐다.

例文   ① 拔群(발군) ② 拔擢(발탁) ③ 拔本塞源(발본색원) ④ 拔山蓋世(발산개세)

---

4   跋 ＝ 足 ＋ 犮

1급 / 12획　　　(밟을 / 비틀거릴 **발**)

解說   ‘足(발 족)’과 ‘犮(개 발)’을 조합한 글자임. 무슨 이유인지는 알 수 없으나 ‘신(神)에게 희생제물로 바치기 위한 개(犮)를 발(足)로 살짝 밟다’, 또는 ‘발(足)에 밟힌 개(犮)가 비틀거린다’는 데서 ‘밟다 / 비틀거리다’는 뜻을 나타낸다. ＊중국 간체자(簡體字)에서는 ‘跋(12획)’으로 글자 모양이 약간 다르게 표기한다.

例文   ① 跋文(발문) ② 跋胡躓尾(발호치미 ; 진퇴양난)

---

5   魃 ＝ 鬼 ＋ 犮

1급 / 15획　　　　(가물 **발**)

解說   ‘鬼(귀신 귀)’와 ‘犮(개 발)’을 조합한 글자임. ‘가뭄이 들자 가뭄 귀신(鬼)에게 개(犮)를 희생제물로 바친다’는 데서 ‘가뭄 / 가물다’는 뜻을 나타낸다. ＊중국 간체자(簡體字)에서는 ‘魃(14획)’으로 획수가 줄어들며 글자 모양이 약간 다르게 표기한다.

例文   ① 旱魃(한발) ② 炎魃(염발)

1 癶			𣥠
5획	(걸을 **발**)		篆文

解說 '앞을 향해서 두 발로 걸어가려고 서 있는 모양'을 본뜬 글자로, 발 동작과 관련된 '걷다/떠나다/오르다'는 뜻을 나타내는데, 흔히 '필 발(發)머리'라고 부른다. 그러나 단독으로는 쓰이지 않는다.

2 發 = 癶 + 弓 + 殳			
6급/12획	(필/쏠/떠날/드러날 **발**)	金文	篆文

解說 '癶(필 발)'과 '弓(활 궁)', '殳(몽둥이 수)'를 조합한 글자임. '전쟁을 하러 무기 (弓/殳)를 들고 떠난다(癶)', 또는 '두 발(癶)로 버티고 서서 먼저 활(弓)을 쏘아 전쟁을 시작한다'는 데서 '활을 쏘다/떠나다/일으키다/일어나다/시작하다/펼치다/드러나다'는 뜻으로 발전하여 쓰이게 되었다. *일본 상용한자에서는 '発(9획)'으로, 중국 간체자(簡體字)에서는 '发(5획)'으로 표기한다.

例文 ① 發射(발사) ② 出發(출발) ③ 發展(발전) ④ 發憤忘食(발분망식)

3 撥 = 手 + 發	
1급/15획	(다스릴/퉁길 **발**)

解說 '手(손 수)'와 '發(필/쏠 발)'을 조합한 글자임. '두 발(癶)로 버텨서서 손(手)으로 활(弓)을 퉁겨 쏘거나 몽둥이(殳)로 난리나 반란을 진압한다'는 데서 '퉁기다/다스리다'는 뜻을 나타낸다. *중국 간체자(簡體字)에서는 '拨'으로 표기한다.

例文 ① 反撥(반발) ② 反撥心(반발심)

---

4 潑 = 水 + 發

1급 / 15획 　　　 (물뿌릴 **발**)

解說 '水(물 수)'와 '發(필/쏠 발)'을 조합한 글자임. '물(水)을 넓게 퍼지게(發) 뿌린다'는 데서 '물을 뿌리다'는 뜻을 나타낸다. *중국 간체자(簡體字)에서는 '泼'으로 표기한다.

例文 ① 潑剌(발랄)하다 ② 活潑(활발)하다

---

5 醱 = 酉 + 發

1급 / 19획 　　　 (술괼/술익을 **발**)

解說 '酉(술단지/술병 유)'와 '發(드러날 발)'을 조합한 글자임. '술(酉) 원료인 효소가 술단지 안에서 널리 퍼진다(發)'는 데서 '술이 괴다/술이 익다/술을 빚다'는 뜻으로 발전하여 쓰이게 된 글자이다.

例文 ① 醱酵(발효) ② 醱酵食品(발효식품) ③ 醱醅(발배)

---

6 廢 = 广 + 發

3급 / 15획 　　　 (폐할/못쓰게될 **폐**)

解說 '广(집 엄)'과 '發(떠날 발)'을 조합한 글자임. '살던 사람이 떠나버린(發) 집(广)은 금방 망가진다/못쓰게 된다'는 데서 '망가지다/못쓰게 되다'는 뜻을 나타낸다. *일본 상용한자에서는 '廃(12획)'으로, 중국 간체자(簡體字)에서는 '废'으로 표기한다.

例文 ① 廢校(폐교) ② 廢品(폐품) ③ 廢車(폐차) ④ 廢水(폐수)

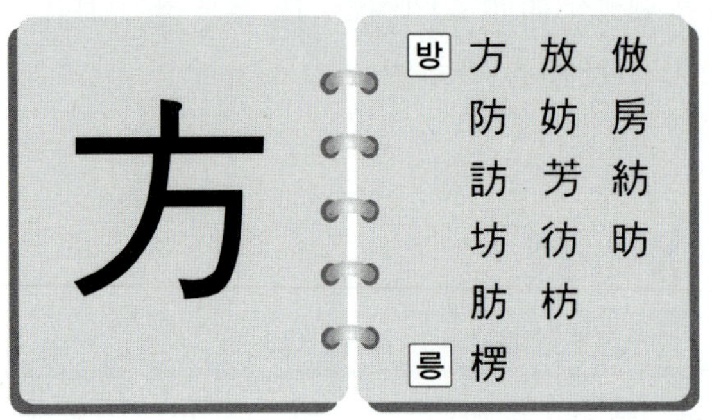

1

方		屮	屮	方
7급 / 4획	(모 / 네모 / 사방 / 방향 **방**)	甲骨文字	金文	篆文

解說　갑골문자(甲骨文字)와 금문(金文)에서는, '죽은 사람의 시체(方)를 매단 철봉(冂) 모양'의 상형문자에서, '모 / 네모 / 사방'이라는 뜻을 나타낸다. ＊적군(敵軍)의 침입이나 어떤 재앙을 막기 위해 국경(國境) 지방에 설치된 철봉(冂) 모양의 시설물에 적군의 시체(方)를 매달아 두었다고 한데서 생겨난 글자이다.

例文　① 方舟(방주)　② 方向(방향)　③ 方法(방법)　④ 妙方(묘방)　⑤ 行方(행방)

2

放 = 方 + 攴

6급 / 8획	(놓을 / 내칠 **방**)

解說　'方(모 / 네모 / 사방 방)'과 '攴(칠 / 때릴 / 다스릴 복)'을 조합한 글자임. '철봉(冂) 모양의 시설물에 매달린 적군의 시체(方)를 때리며(攴) 사악한 영(靈)을 멀리 내쫓다'는 데서 '멀리 내쫓다 / 멀리 내치다 / 놓아주다'는 뜻을 나타낸다.

例文　① 放牧(방목)　② 放送(방송)　③ 放學(방학)　④ 放課(방과)　⑤ 放蕩(방탕)

3

倣 = 人 + 放

3급 / 10획	(본뜰 / 모방할 **방**)

解說 '人(사람 인)'과 '放(놓을 방)'을 조합한 글자임. '적군의 침입이나 사악한 영을 내쫓기 위해 철봉에 매달린 적군의 시체(方)를 때리는(攵) 것을 사람(人)들에게 본보기로 보여준다'는 데서 '본뜨다/흉내내다'는 뜻을 나타낸다. *중국 간체자(簡體字)에서는 '仿(6획)'으로 표기한다.

例文 ① 模倣(모방) ② 模倣心理(모방심리)

4
防 = 阜 + 方
| 4급/7획 | (막을/둑 **방**) |

解說 '阜(언덕/사다리 부)'와 '方(모/네모/사방 방)'을 조합한 글자임. '하늘의 신(神)이 사다리(阜)를 타고 오르내리는 곳에 적군의 시체(方)를 걸어놓고 적군의 침입이나 재앙을 막는다'는 데서 '재앙을 막다/둑'이라는 뜻을 나타낸다고 하는데, '사방(方)에 언덕(阜)이나 둑을 쌓아 적군의 침입을 막는다'로 외워도 될 것 같다. *阜(언덕/사다리 부)가 다른 글자와 조합하여 글자 왼쪽에 오면 'ß(좌부변)'으로 글자 모양이 바뀐다.

例文 ① 國防(국방) ② 防止(방지) ③ 防犯(방범) ④ 消防(소방) ⑤ 豫防(예방)

5
妨 = 女 + 方
| 4급/7획 | (방해할 **방**) |

解說 '女(여자 여)'와 '方(모/네모/사방 방)'을 조합한 글자임. '적군의 침입이나 재앙을 막기 위해 철봉에 매단 시체(方) 옆에서 무당(女)이 굿을 하며 적군의 침입이나 저주를 막는다/방해한다'는 데서 '방해하다'는 뜻을 나타낸다고 한다.

例文 ① 妨害(방해) ② 妨害罪(방해죄) ③ 無妨(무방)하다

6
房 = 戶 + 方
| 4급/8획 | (곁방/집 **방**) |

解說 '戶(집/문 호)'와 '方(모/네모/사방 방)'을 조합한 글자임. '집(戶) 한쪽(方)에 있는 조그마한 방'이라는 뜻을 나타낸다. *일본 상용한자에서는 '房'으로, 중국 간체자(簡體字)에서는 '房'으로 글자 모양이 약간 다르게 표기한다.

例文 ① 茶房(다방) ② 冷房(냉방) ③ 暖房(난방) ④ 監房(감방) ⑤ 乳房(유방)

7　**訪** = 言 + 方

| 4급 / 11획 | (찾을 **방**) |

解說　'言(말씀 언)'과 '方(모/네모/사방 방)'을 조합한 글자임. '적군의 침입이나 재앙을 막기 위해 각처(方)를 찾아가 좋은 방법을 논한다(言)'는 데서 '찾다/방문하다'는 뜻임.

例文　① 訪問(방문)　② 探訪(탐방)　③ 來訪(내방)　④ 訪韓(방한)　⑤ 訪美(방미)

8　**芳** = 艸 + 方

| 3급 / 8획 | (꽃다울 / 향내날 **방**) |

解說　'艸(풀 초)'와 '方(모/네모/사방 방)'을 조합한 글자임. '풀잎(艸)의 향기가 사방(方)으로 퍼진다'는 데서 '향기가 나다'는 뜻을 나타낸다. ＊일본 상용한자와 중국 간체자(簡體字)에서는 '芳(7획)'으로 표기한다.

例文　① 芳年(방년)　② 芳名錄(방명록)　③ 芳春(방춘)

9　**紡** = 糸 + 方

| 2급 / 10획 | (길쌈 **방**) |

解說　'糸(실 사)'와 '方(모/네모/사방 방)'을 조합한 글자로, '실을 잣다 / 실을 늘어놓다'는 뜻을 나타낸다. ＊중국 간체자(簡體字)에서는 '纺'으로 표기한다.

例文　① 紡織工場(방직공장)　② 紡績(방적 ; 길쌈)

10　**坊** = 土 + 方

| 1급 / 7획 | (동네 **방**) |

解說　'土(흙 토)'와 '方(모/네모/사방 방)'을 조합한 글자로 '동네/마을'이라는 뜻임.

例文　① 坊坊曲曲(방방곡곡)

11　**彷** = 彳 + 方

| 1급 / 7획 | (헤맬 / 비슷할 **방**) |

解說 ‘彳(조금씩걸을 척)’과 ‘方(모/네모/사방 방)’을 조합한 글자임. ‘지형(地形)이 비슷비슷하여 어디로 가야할지(行) 몰라 이곳저곳(方)을 기웃거리다(彳)’는 데서 ‘헤매다/배회하다/비슷하다’는 뜻임.

例文 ① 彷徨(방황)하다 ② 彷彿(방불)케하다

12
昉 ＝ 日 ＋ 方
1급/8획 　　　 (밝을 **방**)

解說 ‘日(날/해 일)’과 ‘方(모/네모/사방 방)’을 조합한 글자임. ‘아침 햇빛(日)이 사방(方)으로 빛난다’는 데서 ‘밝다’는 뜻을 나타낸다.

13
肪 ＝ 肉 ＋ 方
1급/8획 　　　 (기름 **방**)

解說 ‘肉(몸/고기 육)’과 ‘方(모/네모/사방 방)’을 조합한 글자임. ‘몸(肉)에 비계가 많으면 살(肉)이 사방(方)으로 내밀다’는 데서 ‘기름지다/비계’라는 뜻을 나타낸다.

例文 ① 脂肪(지방) ② 脂肪質(지방질)

14
枋 ＝ 木 ＋ 方
1급/8획 　　　 (다목 **방**)

解說 ‘木(나무 목)’과 ‘方(모/네모/사방 방)’을 조합한 글자임. *‘다목’은 콩과의 상록교목(喬木)으로 따뜻한 지방에서 자라는 높이 4미터의 나무임.

例文 ① 門地枋(문지방)

15
楞 ＝ 木 ＋ 四 ＋ 方
2급/13획 　　　 (네모질 **릉**) 　　　 篆文

解說 ‘木(나무 목)’과 ‘四(넉 사)’, ‘方(모/네모/사방 방)’을 조합한 글자로, ‘네모(四)난 나무(木)’라는 뜻을 나타낸다. *전문(篆文)에서는 ‘木(나무 목)’과 ‘夌(높을 릉)’을 조합한 글자이기 때문에 ‘릉’으로 발음한다.

例文 ① 楞角(능각) ② 楞嚴經(능엄경 ; 불교 서적)

---

1 旁

		甲骨文字	金文	篆文
2급/10획	(곁/옆/두루 **방**)			

🐛 **解說**　원래는 '凡(무릇 범)'과 '方(모/네모 방)'을 조합한 글자로, '사방(方)의 사람들 모두(凡)와 어울려 산다'는 데서 '두루/옆/곁'이라는 뜻을 나타낸다.

🐛 **例文**　① 旁死魄(방사백 ; 음력 매월 초이틀)

---

2 

傍 = 人 + 旁

3급/12획	(곁 **방**)

🐛 **解說**　'人(사람 인)'과 '旁(곁/옆/두루 방)'을 조합한 글자임. '이웃(旁)에 있는 사람(人)'이라는 데서 '곁/곁하다'는 뜻을 나타낸다.

🐛 **例文**　① 傍觀者(방관자)　② 傍系會社(방계회사)　③ 傍聽客(방청객)　④ 傍若無人(방약무인 ; 곁에 아무도 없는 것처럼 거리낌없이 함부로 행동함)

3

榜 = 木 + 旁

1급/14획	(방붙일 **방**)

🐛 **解說**　'木(나무 목)'과 '旁(곁/옆/두루 방)'을 조합한 글자임. '모든 사람이 두루(旁) 알도록 길거리의 나무(木)에 방을 써 붙이다'는 뜻을 나타낸다.

🐛 **例文**　① 榜文(방문)　② 榜目(방목 ; 과거 시험에 합격한 사람의 명부)

<table>
<tr><td>**4**</td><td colspan="2">膀 = 肉 + 旁</td></tr>
<tr><td></td><td>1급 / 14획</td><td>(오줌통 **방**)</td></tr>
</table>

解說 '肉(몸/고기 육)'과 '旁(두루/곁 방)'을 조합한 글자로, '오줌통'이라는 뜻을 나타낸다. ＊'肉(몸/고기 육)'이 다른 글자와 조합하여 글자 왼쪽에 오면 '月(육달월)'로 글자 모양이 바뀐다.

例文 ① 膀胱(방광) ② 膀胱炎(방광염)

<table>
<tr><td>**5**</td><td colspan="2">謗 = 言 + 旁</td></tr>
<tr><td></td><td>1급 / 17획</td><td>(헐뜯을 **방**)</td></tr>
</table>

解說 '言(말씀 언)'과 '旁(곁/옆/두루 방)'을 조합한 글자로, '주변(旁) 사람을 말(言)로 헐뜯다'는 뜻을 나타낸다. ＊중국 간체자(簡體字)에서는 '谤'으로 표기한다.

例文 ① 誹謗(비방) ② 毀謗(훼방)

1

白		𦥑	𦥑	𦥑
8급/5획	(흰/말할 **백**)	甲骨文字	金文	篆文

解說 학자에 따라 '햇빛/도토리/흰쌀/해골' 등등으로 해석하나, 사실은 '해골이 된 두 개골(頭蓋骨)'을 묘사한 상형문자로 '희다'는 뜻을 나타낸다. *적군(敵軍)의 우두머리를 사로잡으면 그 목을 베어 보존하였는데, 뛰어난 사람의 두개골(白)에는 사악(邪惡)한 영 (靈)을 물리치는 힘이 있을 거라고 믿고 있었다고 한다. *입(口)을 의미하기도 하는 '曰(가 로되 왈)'에 '(丿)'을 추가하였다고 생각하여 '말하다'는 뜻으로도 쓰이고 있다.

例文 ① 白髮(백발) ② 白雪(백설) ③ 白頭山(백두산) ④ 告白(고백) ⑤ 白眉(백미) ⑥ 白骨難忘(백골난망) ⑦ 白面書生(백면서생) ⑧ 白衣民族(백의민족) ⑨ 白衣從軍 (백의종군) ⑩ 白頭如新(백두여신) ⑪ 白首北面(백수북면) ⑫ 白駒過隙(백구과극)

2

伯 = 人 + 白	
3급/7획	(맏/우두머리 **백**)

解說 '人(사람 인)'과 '白(흰 백)'을 조합한 글자임. '적군의 지도자의 머리(白)처럼 사 악한 영을 물리치는 힘이 있는 사람(人)'이라는 데서 '맏/우두머리'라는 뜻을 나타낸다. *참고로 주(周)나라 시대에는 형제의 서열을 '伯(백), 仲(중), 叔(숙), 季(계)'로 나타냈다.

例文 ① 伯父(백부) ② 伯母(백모) ③ 畵伯(화백) ④ 伯仲之勢(백중지세) ⑤ 伯牙絕 絃(백아절현) ⑥ 伯樂一顧(백락일고) ⑦ 伯仲之間(백중지간)

3 帛 = 白 + 巾

1급 / 8획	(비단 **백**)

解說 '白(흰 백)'과 '巾(천/수건 건)'을 조합한 글자로, '흰 비단'이라는 뜻이다.

例文 ① 幣帛(폐백) ② 帛書(백서 ; 비단에 쓴 글씨)

4 柏 = 木 + 白

2급 / 9획	(측백 / 잣나무 **백**)

解說 '木(나무 목)'과 '白(흰 백)'을 조합한 글자임. '하얀(白) 열매가 열리는 나무(木)'라는 데서 '측백 / 측백나무'라는 뜻을 나타낸다. * '잣나무'라는 뜻은 한국에서 추가한 것이다.

例文 ① 冬柏(동백) ② 柏葉酒(백엽주 ; 측백나무 잎으로 담근 술)

5 魄 = 白 + 鬼

1급 / 15획	(넋 **백**)

解說 '白(흰 백)'과 '鬼(귀신 귀)'를 조합한 글자로, '눈에 보이지 않는 하얀(白) 귀신(鬼)'이라고 믿는 데서 '넋'이라는 뜻을 나타내는 것 같다. * 중국 간체자(簡體字)에서는 '魄(14획)'으로 표기한다.

例文 ① 魂魄(혼백) ② 魂飛魄散(혼비백산)

6 拍 = 手 + 白

4급 / 8획	(칠 **박**)

解說 '手(손 수)'와 '白(흰 백)'을 조합한 글자임. '사악한 영을 물리치는 힘이 있다고 믿고 있는 두개골(白)을 손(手)으로 친다 / 때린다'는 데서 '치다 / 때리다'는 뜻을 나타낸다. * '手(손 수)'가 다른 글자와 조합하여 글자 왼쪽에 오면 'ㅂ(손수변)'으로 글자 모양이 바뀐다.

例文 ① 拍子(박자) ② 拍手喝采(박수갈채) ③ 拍掌大笑(박장대소)

7 泊 = 水 + 白

3급/8획　　(머무를/배댈 **박**)

解說　'水(물 수)'와 '白(흰 백)'을 조합한 글자임. '물(水)위에 하얀 (白) 돛단배를 띄우다'에서 '배가 머물다/배를 대다'는 뜻을 나타내는 것 같다. ＊'水(물 수)가 다른 글자와 조합하여 글자 왼쪽에 오면 'ㅣ(삼수변)'으로 글자 모양이 바뀐다.

例文　① 碇泊(정박)　② 宿泊(숙박)　③ 外泊(외박)

8 迫 = 白 + ⻌

3급/9획　　(핍박할/닥칠 **박**)

解說　'白(흰 백)'과 '⻌(쉬엄쉬엄갈/뛸 착)'을 조합한 글자임. '사악한 영을 물리치는 힘이 있다는 두개골(白)로 접근하여 다가가다(⻌)'는 데서 '찰싹 붙다/핍박하다/닥치다'는 뜻을 나타낸다. ＊일본 상용한자와 중국 간체자(簡體字)에서는 '迫(8획)'으로 표기한다.

例文　① 迫力(박력)　② 緊迫(긴박)　③ 脅迫(협박)　④ 逼迫(핍박)　⑤ 促迫(촉박)

9 舶 = 舟 + 白

2급/11획　　(배/큰배 **박**)

解說　'舟(배 주)'와 '白(흰 백)'을 조합한 글자임. '하얀(白) 돛을 많이 매단 배(舟)'라는 데서 '큰 배'라는 뜻을 나타낸다. ＊'舟(배 주)'는 두 사람이 타고 노젓는 조그마한 배'라는 것을 연상하면 된다.

例文　① 船舶(선박)　② 船舶會社(선박회사)　③ 舶來品(박래품)

10 箔 = 竹 + 水 + 白

1급/14획　　(발/금종이 **박**)

解說　'竹(대나무 죽)'과 '水(물 수)', '白(흰 백)'을 조합한 글자임. '물(水)속의 물건(白)도 건져내도록 대나무(竹)로 엮은 얇은 발'이라는 데서 '(얇은) 발/(얇은) 금박 종이'라는 뜻을 나타낸다.

例文　① 蠶箔(잠박 ; 누에채반)　② 金箔(금박)　③ 銀箔(은박)

11 珀 = 玉 + 白

1급 / 9획	(호박 **박**)

解說 ‘玉(구슬 옥)’과 ‘白(흰 백)’을 조합한 글자임. ‘투명한(白) 보석(玉)’이라는 데서 ‘호박(琥珀)’이라는 뜻을 나타낸다. * 玉(구슬 옥)이 다른 글자와 조합하여 글자 왼쪽에 오면 ‘王(구슬옥변)’으로 글자 모양이 바뀐다. 이 경우에는 ‘王(임금 왕)’이라고 하지 않음에 유의해야 한다.

例文 ① 琥珀(호박) ② 明珀(명박)

12 粕 = 米 + 白

1급 / 11획	(지게미 **박**)

解說 ‘米(쌀 미)’와 ‘白(흰 백)’을 조합한 글자임. ‘쌀(米)로 빚은 술을 짜낸 뒤에 남은 하얀(白) 지게미’라는 뜻을 나타낸다.

例文 ① 酒粕(주박) ② 糟粕(조박) ③ 大豆粕(대두박)

13 碧 = 玉 + 白 + 石

3급 / 14획	(푸를 **벽**)

解說 ‘玉(구슬 옥)’과 ‘白(흰 백)’, ‘石(돌 석)’을 조합한 글자임. ‘흰(白)빛을 띠면서도 푸른빛이 감도는 옥돌(玉石)’이라는 뜻을 나타낸다.

例文 ① 碧玉(벽옥) ② 碧眼(벽안) ③ 桑田碧海(상전벽해) ④ 碧溪水(벽계수)

14 皐

2급 / 11획	(언덕 / 늪 / 높을 **고**)	篆文

解說 ‘언덕이나 늪가에 죽어 있는 짐승의 하얀(白) 머리뼈’를 본뜬 상형문자로 추측되는데, ‘언덕 / 늪’이라는 뜻을 나타낸다. * 중국 간체자(簡體字)에서는 ‘皋(10획)’으로 표기한다.

例文 ① 皐月(고월 ; 5월의 별칭) ② 皐陶(고요 ; 舜 임금의 신하) ③ 皐蘭草(고란초)

15 貌 = 豸 + 白 + 儿 

| 3급 / 14획 | (모양 **모**) | 篆文 |

解說　'豸(해태 치)'와 '白(흰 백)', '儿(걷는사람 / 어진사람 인)'을 조합한 글자임. 짐승을 잡는 연극에서 '짐승(豸) 머리(白) 모양의 가면을 쓴 사람(儿)'이라는 데서 '겉 모양'이라는 뜻을 나타낸다.

例文　① 美貌(미모)　② 容貌(용모)　③ 外貌(외모)　④ 面貌(면모)

16 穆 = 禾 + 白 + 小 + 彡 

| 2급 / 16획 | (화목할 **목**) | 甲骨文字 | 金文 | 篆文 |

解說　'禾(벼 화)'와 '白(흰 백)', '小', '彡'을 조합한 글자임. '곡식(禾)의 알(白)이 풍요롭고 아름답게 여물어 고개를 숙인 모습'이라는 상형문자에서 '온화하다 / 화목하다 / 아름답다'라는 뜻을 나타내나, 주로 인명(人名)에 사용한다.

17 習 = 羽 + 白 

| 6급 / 11획 | (익힐 **습**) | 篆文 |

解說　'羽(깃 우)'와 '白(흰 백)'을 조합한 글자임. '두 날개(羽)를 펴서 날아가려고 연습하는 깃털이 없는 하얀 새(白)'로 기억하면 좋을 것 같다. *어떤 학자는 '신(神)'에게 바치는 축문이 든 그릇(白)을 새의 깃털(羽)로 여러 번 문질러서 기도의 효과가 있도록 한다'는 뜻이었다고 한다. *일본 상용한자에서는 '習(11획)'으로, 중국 간체자(簡體字)에서는 '习(3획)'으로 글자 모양이 약간 다르게 표기한다.

例文　① 練習(연습)　② 習得(습득)　③ 自習書(자습서)　④ 慣習(관습)

1

百 = 一 + 白

| 7급 / 6획 | (일백 **백**) | 甲骨文字 | 金文 | 篆文 |

解說 '一(한 일)'과 '白(흰 백)'을 조합한 글자임. 갑골문자(甲骨文字)에서는 하얀 두개 골(白)에다 콧구멍(一)을 그려넣은 글자인데, 훗날 '白 + 一 = 百'으로 고쳐서 '100 / 여러 / 수효가 많다'는 뜻을 나타내게 되었다.

例文 ① 百方(백방) ② 百發百中(백발백중) ③ 百貨店(백화점) ④ 百姓(백성) ⑤ 百年大計(백년대계) ⑥ 百年河淸(백년하청) ⑦ 百年偕老(백년해로) ⑧ 百家爭鳴(백가쟁명) ⑨ 百折不屈(백절불굴) ⑩ 百尺竿頭(백척간두) ⑪ 百八煩惱(백팔번뇌) ⑫ 百害無益(백해무익) ⑬ 百年佳約(백년가약)

2

貊 = 豸 + 百

| 2급 / 13획 | (맥국 / 북방민족 **맥**) |

解說 '豸(해태 치)'와 '百(백)'을 조합한 글자임. '요동반도(遼東半島)에서부터 한반도(韓半島) 북부에 걸쳐서 살았던 부족'이라는 데서 '북방 민족'이라는 뜻을 나타낸다.

例文 ① 濊貊(예맥 ; 고대 한반도 북쪽의 부족) ② 濊貊族(예맥족)

3

奭 = 大 + 百百

| 2급 / 15획 | (클 / 성낼 **석**) | 甲骨文字 | 金文 | 篆文 |

解說 '大(큰 대)'와 '百+百'을 조합한 글자임. '어떤 여인(大)의 커다란 두 유방(百百)에 대해 왈가왈부하다'는 데서 '(유방이) 크다/성내다'는 뜻을 나타내나, 주로 인명(人名)에 사용한다.

例文 ① 李範奭(이범석)

4

宿 = 宀 + 人 + 百

| 5급/11획 | (묵을 **숙**/별자리 **수**) | 甲骨文字 | 金文 | 篆文 |

解說 '宀(집 면)'과 '人(사람 인)', '百(일백 백)'을 조합한 글자임. 갑골문자(甲骨文字)와 금문(金文)에서는, '신(神)을 섬기는 집(宀)에서 요(目)를 깔고 누워 있는 사람(人)'이고, 전문(篆文)에서는 '신(神)을 섬기는 집(宀)에서 여러(百) 사람(人)이 함께 잠을 잔다'는 데서 '묵다/숙직하다/오래되다'는 뜻으로 발전하여 쓰이게 되었다.

例文 ① 旅人宿(여인숙) ② 宿直(숙직) ③ 寄宿舍(기숙사) ④ 宿願事業(숙원사업) ⑤ 宿虎衝鼻(숙호충비) ⑥ 奎宿(규수) ⑦ 宿曜(수요)

5

縮 = 糸 + 宿

| 4급/17획 | (줄일 **축**) |

解說 '糸(실 사)'와 '宿(묵을 숙)'을 조합한 글자임. '갓 생산한 실(糸)을 잠재우면(宿) 줄어든다'는 데서 '줄어들다/줄이다'는 뜻을 나타낸다. *중국 간체자(簡體字)에서는 '缩'으로 표기한다.

例文 ① 縮小(축소) ② 減縮(감축) ③ 短縮(단축) ④ 伸縮性(신축성)

1 　帛 = 白 + 巾

1급/8획	(비단 **백**)	甲骨文字	金文	篆文

解說　'白(흰 백)'과 '巾(천/수건 건)'을 조합한 글자임. '하얀(白) 명주실로 짠 천(巾)'이라는 데서 '비단'이라는 뜻을 나타낸다.

例文　① 幣帛(폐백)　② 帛書(백서 ; 비단에 쓴 글씨)

2 　綿 = 糸 + 帛

3급/14획	(솜 **면**)

解說　'糸(실 사)'와 '帛(비단 백)'을 조합한 글자임. '명주실(帛) 같은 하얀(白) 실(糸)을 끊임없이 만들어내는 솜'이라는 뜻을 나타낸다.

例文　① 綿絲(면사)　② 綿織物(면직물)　③ 海綿動物(해면동물)

3 　棉 = 木 + 帛

1급/12획	(목화 **면**)

解說　'木(나무 목)'과 '帛(비단 백)'을 조합한 글자로, '하얀(白) 꽃이 피는 목화(木花)'라는 뜻을 나타낸다.

例文　① 棉花(면화)　② 木棉(목면)

1 番 = 采 + 田

| 6급 / 12획 | (차례 **번**) | 金文 | 篆文 |

解說 '采(짐승발자국 변)'과 '田(밭 전)'을 조합한 글자임. '밭(田)에 짐승의 왼발 오른발 발자국(采)이 번갈아 차례로 이어져 있다'는 데서 '차례 / 순서 / 차례로 번갈아 일을 맡다'는 뜻이다.

例文 ① 番號(번호) ② 番地(번지) ③ 順番(순번) ④ 當番(당번) ⑤ 非番(비번)

2 飜 = 番 + 飛

| 3급 / 21획 | (번역할 / 날 / 뒤집힐 **번**) |

解說 '番(차례 번)'과 '飛(날 비)'를 조합한 글자임. '새가 하늘을 날(飛) 때도 순서(番)에 따라 질서있게 날아(飛)간다'는 데서 '딴 곳으로 날아가다 / 딴 곳으로 나부끼다 / 뒤집히다 / 다른 나라 말로 옮기다'는 뜻으로 발전하여 쓰이게 되었다. * 중국 간체자(簡體字)에서는 '翻'으로 글자 모양이 약간 다르게 표기한다.

例文 ① 飜案(번안) ② 飜覆(번복) ③ 飜譯(번역)

3 蕃 = 艸 + 番

| 1급 / 16획 | (우거질 / 오랑캐 **번**) |

解說 '艸(풀 초)'와 '番(차례 번)'을 조합한 글자임. '초목(艸)이 무성한 곳에 짐승발자국(釆)이 차례대로(番) 있다'는 데서 '우거지다/무성하다'는 뜻을 나타낸다. *중국 간체자(簡體字)에서는 '蕃(15획)'으로 표기한다. *'艸(풀 초)'가 다른 글자와 조합하여 글자 위쪽에 오면 '艹(초두머리)'로 글자 모양이 바뀐다.

例文 ① 초목이 蕃盛(번성)하다

---

4 藩 = 水 + 蕃

1급 / 19획   (울타리 / 지경 **번**)

解說 '水(물 수)'와 '蕃(우거질 번)'을 조합한 글자임. '물가(水)에 우거진(蕃) 울타리'라는 데서 '나라의 울타리/국경/구획을 정한 경계'라는 뜻을 나타낸다. *중국 간체자(簡體字)에서는 '藩(18획)'으로 표기한다. *'艸(풀 초)'가 다른 글자와 조합하여 글자 위쪽에 오면 '艹(초두머리)'로 글자 모양이 바뀐다.

例文 ① 藩國(번국 ; 諸侯의 나라) ② 藩邦(번방 ; 藩國) ③ 藩臣(번신)

---

5 潘 = 水 + 番

2급 / 15획   (쌀뜨물 / 성씨 **반**)

解說 '水(물 수)'와 '番(차례 번)'을 조합한 글자로, '쌀뜨물'을 나타내나, 주로 인명(人名)에 많이 사용한다. *'水(물 수)가 다른 글자와 조합하여 글자 왼쪽에 오면 '氵(삼수변)'으로 글자 모양이 바뀐다.

例文 ① 潘沐(반목 ; 머리감는 뜨물) ② UN사무총장 潘基文(반기문)

---

6 磻 = 石 + 番

2급 / 17획   (반계 **반 / 번**)

解說 '石(돌 석)'과 '番(차례 번)'을 조합한 글자로, '중국 섬서성(陝西省)에 있는 강(江)'이라는 뜻을 나타낸다.

例文 ① 서울시 碌磻洞(녹번동) ② 磻溪(반계 ; 강태공이 낚시질하던 곳)

7 **蟠** ＝ 虫 ＋ 番

| 1급 / 18획 | (서릴 **반**) |

解說 '虫(벌레 충)'과 '番(차례 번)'을 조합한 글자임. '하늘에 오르지 못하고 짐승(番) 처럼 땅에 웅크리고 있는 파충류(虫)'라는 데서 '몸을 휘감고 엎드리다 / 몸을 서리다'는 뜻을 나타낸다.

例文 ① 蟠龍(반룡 ; 하늘에 가지 못하고 땅에 서리고 있는 용)

---

8 **審** ＝ 宀 ＋ 番

| 3급 / 15획 | (살필 **심**) |

解說 '宀(집 면)'과 '番(차례 번)'을 조합한 글자임. '신(神)을 섬기는 집(宀)에 바치는 희생제물에 흠이 있으면 안 되므로 발바닥(釆 / 番)까지 살핀다'는 데서 '자세히 살피다 / 심 판하다'는 뜻을 나타낸다. ＊중국 간체자(簡體字)에서는 '审(8획)'으로 표기한다.

例文 ① 審査(심사) ② 審議(심의) ③ 審判(심판) ④ 審問(심문)하다

---

9 **瀋** ＝ 水 ＋ 審

| 2급 / 18획 | (즙낼 / 물이름 **심**) |

解說 '水(물 수)'와 '審(살필 심)'을 조합한 글자임. '과일을 잘 살펴서(審) 즙(水)을 짠 다'는 데서 '즙내다'는 뜻을 나타낸다. ＊중국 간체자(簡體字)에서는 '沈(11획)'으로 표기 한다.

例文 ① 중국 瀋陽(심양)

---

10 **播** ＝ 手 ＋ 番

| 3급 / 15획 | (뿌릴 **파**) |

解說 '手(손 수)'와 '番(차례 번)'을 조합한 글자임. '논밭에 차례대로(番) 씨를 뿌린다 (手)'는 데서 '씨를 뿌리다 / 널리 퍼뜨리다'는 뜻을 나타낸다. ＊'手(손 수)'가 다른 글자와 조합하여 글자 왼쪽에 오면 '扌(손수변)'으로 글자 모양이 바뀐다.

例文 ① 播種(파종) ② 傳播(전파)하다 ③ 播遷(파천 ; 播越) ④ 播越(파월 ; 播遷)

1

伐 = 人 + 戈

4급/6획	(칠 **벌**)	甲骨文字	金文	篆文

解說 '人(사람 인)'과 '戈(창 과)'를 조합한 글자로, 갑골문자(甲骨文字)와 금문(金文)에서는 '창(戈)으로 사람(人)의 목을 베다/찌르다'는 데서 '(사람의 목을) 베다/치다'는 뜻을 나타낸다.

例文 ① 伐木(벌목) ② 殺伐(살벌) ③ 討伐(토벌) ④ 濫伐(남벌)

2

閥 = 門 + 伐

2급/14획	(문벌/공로 **벌**)

解說 '門(문 문)'과 '伐(칠 벌)'을 조합한 글자임. '적군(敵軍)을 친(伐) 공적이 있는 집안의 문(門)에 세운 기둥'이라는 데서 '문벌/가문/공로(功勞)'라는 뜻을 나타낸다.

例文 ① 門閥(문벌) ② 財閥(재벌) ③ 族閥(족벌) ④ 學閥(학벌) ⑤ 派閥(파벌)

3

筏 = 竹 + 伐

2급/12획	(뗏목 **벌**)

解說 '竹(대나무 죽)'과 '伐(칠 벌)'을 조합한 글자임. '대나무(竹)를 베서(伐) 엮어 만든 것'이라는 데서 '뗏목'이라는 뜻을 나타낸다.

例文 ① 筏夫(벌부 ; 뗏목의 사공) ② 전라남도 筏橋(벌교)

13 凡 (무릇 범) 그룹 漢字

1

凡			
3급/3획	(무릇 **범**)	甲骨文字	金文	篆文

解說 갑골문자(甲骨文字)와 금문(金文)에서는 '여러 방향에서 불어오는 바람을 받는 돛 모양' 이고, 전문(篆文)에서는 '흩어진 물건들을 모두 한 곳에 모아두는 그릇' 이라는 데서 '모두/대체로/무릇' 이라는 뜻을 나타낸다.

例文 ① 非凡(비범) ② 平凡(평범) ③ 禮儀凡節(예의범절)

2

汎 = 水 + 凡	
2급/6획	(넓을/뜰 **범**)

解說 '水(물 수)'와 '凡(무릇 범)'을 조합한 글자임. '돛(凡)단배가 넓은 바다(水)에 떠 있다' 는 데서 '넓다/물에 뜨다' 는 뜻을 나타낸다. * 중국 간체자(簡體字)에서는 '泛' 으로 글자 모양이 다르게 표기한다.

例文 ① 汎國民的(범국민적) ② 汎愛(범애) ③ 汎論(범론)

3

帆 = 巾 + 凡	
1급/6획	(돛 **범**)

解說　‘巾(천/수건 건)’과 ‘凡(무릇 범)’을 조합한 글자임. ‘돛(凡)단배가 바람을 받도록 돛대에 돛(巾)을 달다’는 데서 ‘돛’이라는 뜻을 나타낸다.

例文　① 帆船(범선)　② 出帆(출범)　③ 帆影(범영 ; 멀리 보이는 배의 모양)

4	梵 = 林 + 凡	
1급 / 11획		(불경 **범**)

解說　‘林(수풀 림)’과 ‘凡(무릇 범)’을 조합한 글자임. 원래는 ‘수풀(林) 위를 부는 바람(凡)’이라는 뜻이었으나, ‘인도의 고어(古語)를 번역할 때 불교(佛敎)’라는 뜻을 나타내게 되었다.

例文　① 梵語寺(범어사)　② 梵鐘(범종)　③ 梵刹(범찰)　④ 梵書(범서)

5	築 = 竹 + 工 + 凡 + 木		金文	篆文
4급 / 16획		(쌓을 **축**)		

解說　‘竹(대나무 죽)’과 ‘工’, ‘凡(무릇 범)’, ‘木’을 조합한 글자임. 금문(金文)에서는 ‘두 손으로 공구(工)를 잡고 대바구니(竹)에 흙을 넣어 굳게 하여 건축물의 기초를 쌓아올리다’는 뜻을 나타낸다. ＊중국 간체자(簡體字)에서는 ‘筑(12획)’으로 표기한다.

例文　① 建築(건축)　② 築臺(축대)　③ 築城(축성)　④ 築造(축조)　⑤ 構築(구축)

6	丹 = 井 + 丶	甲骨文字	金文	篆文
3급 / 4획	(붉을 **단** / 꽃이름 **란**)			

解說　‘井(우물 정)’과 ‘丶’을 조합한 글자임. 자료에는 ‘우물(井)처럼 파고 들어가 붉은 단사(丹砂)를 채취한다’는 데서 ‘붉다/붉은 색’이라는 뜻을 나타낸다.

例文　① 丹靑(단청)　② 丹楓(단풍)　③ 丹田呼吸(단전호흡)　④ 一片丹心(일편단심)
　　　⑤ 牡丹(모란)

---

1 辟 = 尸 + 口 + 辛

13획	(법/물리칠/임금 **벽**)	甲骨文字	金文	篆文

解說 '尸(몸 시)'와 '口', '辛(매울 신)'을 조합한 글자임. 갑골문자(甲骨文字)와 금문(金文)에서는 '형벌권을 가진 임금의 명령으로 법을 어긴 중범죄자(重犯罪者)의 몸(尸)에서 칼(辛)로 살점(口)을 도려낸다' 라는 데서 '법/물리치다/임금' 이라는 뜻으로 발전하여 쓰이게 되었다. *'辛(혹독할/매울/고생 신)'은 '노예의 이마에 문신을 하는 데 사용하는 손잡이가 달린 바늘' 을 묘사하는 상형문자(象形文字)이다.

例文 ① 辟王(벽왕 ; 임금) ② 辟除(벽제 ; 지위가 높은 사람의 행차 때, 구종별배(驅從別陪)가 잡인(雜人)의 통행을 막아 길을 치우던 일)

---

2 壁 = 辟 + 土

4급 / 16획	(벽/낭떠러지 **벽**)

解說 '辟(벽)'과 '土(흙 토)'를 조합한 글자임. '죄인(辟)을 가두어 두기 위해 흙(土)으로 높이 쌓은 담' 이라는 데서 '벽/낭떠러지' 라는 뜻을 나타낸다.

例文 ① 壁報(벽보) ② 壁畫(벽화) ③ 壁紙(벽지) ④ 絕壁(절벽)

---

3 僻 = 人 + 辟

2급 / 15획	(궁벽할 / 후미질 **벽**)

解說 ‘人(사람 인)’과 ‘辟(벽)’을 조합한 글자임. ‘중범죄자(辟)들의 공통점은 성격이 한쪽으로 치우쳐 있다’는 데서 ‘(성격이 한쪽으로) 치우치다 / 편벽되다 / (땅이) 후미지다’는 뜻으로 발전하여 쓰이게 되었다.

例文 ① 窮僻(궁벽)하다 ② 僻地(벽지) ③ 僻村(벽촌)

4

劈 = 辟 + 刀

1급 / 15획	(쪼갤 **벽**)

解說 ‘辟(벽)’과 ‘刀(칼 도)’를 조합한 글자임. ‘중범죄자(辟)를 칼(刀)로 베어 쪼개다’는 데서 ‘칼로 쪼개다’는 뜻을 나타낸다.

例文 ① 劈頭(벽두) ② 劈破(벽파) ③ 劈開(벽개)

5

擘 = 辟 + 手

1급 / 17획	(엄지손가락 / 쪼갤 **벽**)

解說 ‘辟(벽)’과 ‘手(손 수)’를 조합한 글자임. ‘죄인(辟)을 엄지손가락(手)으로 쿡쿡 찌르며 모욕을 준다’는 데서 ‘엄지손가락 / 쪼개다’는 뜻을 나타낸다.

例文 ① 擘指(벽지 ; 엄지손가락) ② 擘裂(벽렬 ; 쪼갬 / 가름)

6

癖 = 疒 + 辟

1급 / 18획	(버릇 **벽**)

解說 ‘疒(병들어기댈 역)’과 ‘辟(벽)’을 조합한 글자임. ‘죄인(辟)들의 공통점은 아프다(疒)고 꾀병을 부리는 버릇이 있다’는 데서 ‘버릇’이라는 뜻을 나타낸다.

例文 ① 盜癖(도벽) ② 潔癖(결벽) ③ 潔癖症(결벽증)

7

璧 = 辟 + 玉

1급 / 18획	(둥근옥 **벽**)

解說　'辟(벽)'과 '玉(구슬 옥)'을 조합한 글자임. '죄인(辟)에게 벌을 주는 임금님만이 가지는 둥근 옥(玉)'이라는 데서 '둥근 옥'이라는 뜻을 나타낸다.

例文　① 完璧(완벽)하다　② 雙璧(쌍벽)　③ 璧日(벽일 ; 둥근 해)

8

闢 = 門 + 辟	闢	闢	闢
1급 / 21획　(열/열릴 **벽**)	金文	古文	篆文

解說　'門(문 문)'과 '辟(벽)'을 조합한 글자임. 금문(金文)과 고문(古文)에서는 '門(문 문)+廾(두손으로받들 공)'으로 '양손으로 문을 여는 모습'에서 '문을 열다/문이 열리다'는 뜻을 나타낸다. * 중국 간체자(簡體字)에서는 '辟(13획)'으로 표기한다.

例文　① 開闢(개벽)　② 天地開闢(천지개벽)　③ 闢戶(벽호 ; 문을 엶)

9

臂 = 辟 + 肉
1급 / 17획　(팔/팔뚝 **비**)

解說　'辟(벽)'과 '肉(몸/고기 육)'을 조합한 글자임. '죄인(辟)의 팔(肉)을 붙잡고 꿇어 앉힌다'는 데서 '팔/팔뚝'이라는 뜻을 나타낸다. * '肉(몸/고기 육)'이 다른 글자와 조합하여 글자 아래쪽에 오면 '月(육달월)'로 글자 모양이 바뀐다.

例文　① 臂力(비력)　② 臂環(비환 ; 팔찌)　③ 臂膊(비박 ; 가장 신임하는 사람)

10

譬 = 辟 + 言
1급 / 20획　(비유할 **비**)

解說　'辟(벽)'과 '言(말씀 언)'을 조합한 글자임. '임금은 죄인(辟)과 직접 말하지 않고 다른 사람을 통해서 말한다(言)'는 데서 '빗대어 말하다/비유하다'는 뜻을 나타낸다.

例文　① 譬喩(비유)

11

避 = 辟 + 辶
4급 / 17획　(피할 **피**)

解說　'辟(벽)'과 '辶(쉬엄쉬엄갈/뛸 착)'을 조합한 글자임. '정상적인 사람이라면 중범죄자(辟)를 피해서 가게(辶) 마련이다'는 데서 '피하다'는 뜻을 나타낸다. * 일본 상용한자와 중국 간체자(簡體字)에서는 '避(16획)'으로 표기한다.

例文　① 避難(피난)　② 避暑(피서)　③ 避妊(피임)　④ 避身(피신)　⑤ 忌避(기피)

12 薛

2급 / 17획　　(쑥 / 나라이름 / 성씨 **설**)

解說　원래는 '쑥'을 의미하는 글자이었으나, 과거 중국의 전국시대(戰國時代)에 존재했던 '설(薛) 나라'는 '제(齊) 나라'에게 멸망당하였음. 오늘날은 주로 인명(人名)에 사용한다. * 중국 간체자(簡體字)에서는 '薛(16획)'으로 표기한다.

1. 別

| 6급/7획 | (다를/나눌 **별**) | | 甲骨文字 | 篆文 |

解說 갑골문자(甲骨文字)에서는 '뼈의 관절(關節)을 칼(刀)로 잘라내어 서로 떼어놓았다'는 데서 '나누다/다르다'는 뜻을 나타낸다. * '刀(칼 도)'가 다른 글자와 조합하여 글자 오른쪽에 오면 'リ(선칼도)'로 글자 모양이 바뀐다. * 중국 간체자(簡體字)에서는 '别'으로 글자 모양이 약간 다르게 표기한다.

例文 ① 別名(별명) ② 別館(별관) ③ 別味(별미) ④ 別種(별종) ⑤ 分別(분별) ⑥ 別無長物(별무장물) ⑦ 別有乾坤(별유건곤) ⑧ 別有天地(별유천지)

2. 拐 = 手 + 口 + 刀

| 1급/8획 | (후릴/속일/지팡이 **괴**) |

解說 옛 문헌에는 보이지 않는 글자로 보아, 당(唐) 나라(7세기-9세기) 시대 이후에 만들어진 글자로 생각되는데, '속이다/기만하다/지팡이'라는 뜻을 나타낸다. * 송(宋) 나라 때 악비(岳飛)라는 사람이 말 3필을 연결하여 적진(敵陣)으로 돌진한 말을 괴자마(拐子馬)라고 하였는데, 훗날, '사람을 속이다'는 뜻으로 쓰이게 되었다. * 중국 간체자(簡體字)에서는 '拐'으로 글자 모양이 약간 다르게 표기한다. * '手(손 수)'가 다른 글자와 조합하여 글자 왼쪽에 오면 '扌(손수변)'으로 글자 모양이 바뀐다.

例文 ① 誘拐(유괴) ② 誘拐犯(유괴범) ② 拐杖(괴장 ; 지팡이)

병 丙 病 炳
柄 昞 昺

루 陋

---

1 丙

| 3급 / 5획 | (남녘 / 빛날 / 셋째천간 **병**) | 甲骨文字 | 金文 | 篆文 |

解說 갑골문자(甲骨文字)와 금문(金文)에서는 '창(槍)이나 기타 무기 따위를 놓아두는 받침대 모양', 또는 '제사상(示)'을 본뜬 상형문자로 '남쪽 / 밝다 / 환하다'는 뜻을 나타내는데, '셋째 천간'이라는 뜻으로도 쓰인다.

例文 ① 丙子胡亂(병자호란) ② 丙寅洋擾(병인양요)

---

2 病 = 疒 + 丙

| 6급 / 10획 | (병 / 병들 **병**) | 篆文 |

解說 '疒(병들어기댈 역)'과 '丙(빛날 병)'을 조합한 글자임. 전문(篆文)에서는 '침대(爿)에 이불(一)을 덮고 누워 있는 사람(丙) 모습'으로 묘사하여 '병 / 병들다'는 뜻이다.

例文 ① 病者(병자) ② 看病人(간병인) ③ 病院(병원) ④ 病原菌(병원균) ⑤ 病入骨髓(병입골수) ⑥ 病入膏肓(병입고황)

---

3 炳 = 火 + 丙

| 2급 / 9획 | (불꽃 **병**) |

解說 '火(불 화)'와 '丙(빛날 병)'을 조합한 글자로, '불꽃/빛나다'는 뜻을 나타내는데, 주로 인명(人名)에 사용한다.

4 柄 = 木 + 丙

| 2급/9획 | (자루/손잡이 **병**) |

解說 '木(나무 목)'과 '丙(빛날 병)'을 조합한 글자로, '물건의 손잡이'라는 뜻을 나타낸다.

例文 ① 柄臣(병신 ; 권력을 잡은 신하)

5 晒 = 日 + 丙

| 2급/9획 | (밝을 **병**) |

解說 '日(날/해 일)'과 '丙(빛날 병)'을 조합한 글자로, '밝다'는 뜻을 나타내는데, 주로 인명(人名)에 사용한다.

6 昺 = 日 + 丙

| 2급/9획 | (밝을 **병**) |

解說 '日(날/해 일)'과 '丙(빛날 병)'을 조합한 글자로, '晒(밝을 병)'과 같은 글자인데, 주로 인명(人名)에 사용한다.

7 陋 = 阜 + 丙 + ㄴ

| 1급/9획 | (더러울/좁을 **루**) | 篆文 |

解說 '阜(언덕/사다리 부)'와 '丙(빛날 병)', 'ㄴ'을 조합한 글자임. 자료에 의하면 '신(神)이 사다리(阜)를 타고 오르내리는 곳에 바친 제사상(丙) 위의 제물(祭物)을 훔쳐서 좁고 더러운 곳(ㄴ)에 숨는다'는 데서 '더럽다/비좁다'는 뜻을 나타낸다고 한다. *阜(언덕/사다리 부)가 다른 글자와 조합하여 글자 왼쪽에 오면 'ß (좌부변)'으로 글자 모양이 바뀐다.

例文 ① 陋名(누명)을 쓰다 ② 陋醜(누추)하다 ③ 陋屋(누옥)

1 | 幷 | | | 🐛🐛 | 🐛 | 🐛🐛 |
| 8획 | (어우를 / 어울릴 **병**) | 甲骨文字 | 金文 | 篆文 |

🐛 **解說** '사람을 늘어 세워 줄로 묶어 연결한 모습'을 본뜬 글자로, '어우르다 / 어울리다' 는 뜻을 나타낸다.

2 屏 = 尸 + 幷

| 3급 / 11획 | (병풍 **병**) |

🐛 **解說** '尸(몸/주검 시)'와 '幷(어우를/어울릴 병)'을 조합한 글자임. '죽은 사람(尸)'을 가리기 위해서 늘어세운(幷) 가리개' 라는 데서 '가리개/병풍' 이라는 뜻을 나타낸다. * 일본 상용한자와 중국 간체자(簡體字)에서는 '屏(9획)' 으로 표기한다.

🐛 **例文** ① 屏風(병풍) ② 畫屏(화병) ③ 屏居(병거 ; 집에 틀어박혀 있음)

3 併 = 人 + 幷

| 2급 / 10획 | (아우를 / 나란히할 **병**) |

🐛 **解說** '人(사람 인)'과 '幷(어우를/어울릴 병)'을 조합한 글자임. '여러 사람(人)'이 늘어서(幷) 있다' 는 데서 '아우르다/나란히 하다' 는 뜻을 나타낸다. * 일본 상용한자와 중국 간체자(簡體字)에서는 '併(8획)' 으로 표기한다.

🐛 **例文** ① 併設(병설) ② 合併(합병) ③ 併用(병용)

4 瓶 = 幷 + 瓦

1급 / 13획　(병 / 단지 / 두레박 / 시루 **병**)

解說　'幷(어우를 / 어울릴 병)'과 '瓦(질그릇 / 기와 와)'를 조합한 글자로, '옹기점에는 질그릇(瓦)이 늘어서(幷) 있다'는 데서 '병 / 단지 / 두레박 / 시루'라는 뜻을 나타낸다. ＊일본 상용한자와 중국 간체자(簡體字)에서는 '瓶(11획)'으로 표기한다.

例文　① 花瓶(화병)　② 酒瓶(주병)　③ 空瓶(공병)

5 餠 = 食 + 幷

1급 / 17획　(떡 **병**)

解說　'食(먹을 / 밥 식)'과 '幷(어우를 / 어울릴 병)'을 조합한 글자로, '먹을(食) 것이 기다랗게 진열되어(幷) 있다'는 데서 '떡'이라는 뜻을 나타낸다. ＊중국 간체자(簡體字)에서는 '饼'으로 표기한다.

例文　① 煎餠(전병)　② 餠湯(병탕 ; 떡국)　③ 金餠(금병 ; 금덩이)

1 步 = 止 + 止

| 4급/7획 | (걸음/걸을 **보**) | 甲骨文字 | 金文 | 篆文 |

解說 ‘앞쪽으로 걸어가는 사람의 앞발(止)과 뒷발(止) 모양’ 을 묘사한 문자로, ‘걷다/걸어가다’ 는 뜻을 나타낸다. *일본 상용한자에서는 ‘步(8획)’ 으로 1획이 늘어난다.

例文 ① 步行者(보행자) ② 步兵(보병) ③ 步武堂堂(보무당당) ④ 進步(진보)

2 頻 = 步 + 頁

| 3급/16획 | (자주 **빈**) |

解說 ‘步(걸을 보)’ 와 ‘頁(머리 혈)’ 을 조합한 글자임. ‘사람들을 찾아가서(步) 자주 얼굴(頁)을 내밀어야 친해진다’ 는 데서 ‘자주/종종’ 이라는 뜻을 나타낸다.

例文 ① 頻度(빈도) ② 頻繁/頻煩(빈번)하다

3 瀕 = 水 + 頻

| 1급/19획 | (물가/가까울 **빈**) |

解說 ‘水(물 수)’ 와 ‘頻(자주 빈)’ 을 조합한 글자임. ‘사람들이 휴식을 취하러 자주(頻) 가는 곳은 물(水)이 있는 가까운 곳’ 이라는 데서 ‘물가/가깝다’ 는 뜻을 나타낸다. *‘水(물 수)가 다른 글자와 조합하여 글자 왼쪽에 오면 ‘氵 (삼수변)’ 으로 글자 모양이 바뀐다.

例文 ① 瀕海(빈해 ; 바닷가) ② 瀕死狀態(빈사상태)

4 嚬 = 口 + 頻

1급 / 19획	(찡그릴 **빈**)

解說 '口(입 구)'와 '頻(자주 빈)'을 조합한 글자임. '아무리 친해도 지나치게 자주(頻) 찾아오면 입(口)을 삐죽 내밀다'는 데서 '찡그리다'는 뜻을 나타낸다.

例文 ① 嚬蹙(빈축)을 사다 ② 嚬呻(빈신 ; 찡그리며 신음함)

---

5 徙 = 彳 + 步

1급 / 11획	(옮길 **사**)

解說 '彳(조금씩걸을 척)'과 '步(걸을 보)'를 조합한 글자임. '어떤 정해진 곳에서 딴 곳으로 걸어(步) 간다(彳)'는 데서 '(발걸음을) 옮기다 /(딴 곳으로) 이사하다'는 뜻을 나타낸다. * 徒(무리 / 걸어다닐 도)와 혼동하지 않도록 주의하기 바람.

例文 ① 移徙(이사) ② 徙木之信(사목지신) ③ 孟母三徙(맹모삼사)

---

6 涉 = 水 + 步

3급 / 10획	(건널 **섭**)	甲骨文字	金文	篆文

解說 '水(물 수)'와 '步(걸을 보)'를 조합한 글자임. 갑골문자(甲骨文字)와 금문(金文)에서는 '발자국(止)이 강물(水) 양쪽에 묘사되어 있다'는 데서 '물속을 걷다 / 물을 건너다'는 뜻을 나타낸다. * 일본 상용한자에서는 '渉(11획)'으로 1획이 늘어난다.

例文 ① 交涉(교섭) ② 干涉(간섭) ③ 涉外活動(섭외활동) ④ 涉獵(섭렵)

---

7 陟 = 阜 + 步

2급 / 10획	(오를 **척**)	甲骨文字	金文	篆文

解說 '阜(언덕 / 사다리 부)'와 '步(걸을 보)'를 조합한 글자임. '하늘의 신(神)이 사다리(阜)를 타고 올라가는(步) 장면'이라는 데서 '(언덕을) 오르다'는 뜻을 나타낸다. * '降(내릴 강)'은 '하늘의 신(神)이 사다리(阜)를 타고 내려오는 장면'을 묘사한 글자이다. * 阜(언덕 / 사다리 부)가 다른 글자와 조합하여 글자 왼쪽에 오면 '阝(좌부변)'으로 글자 모양이 바뀐다.

例文 ① 進陟(진척) ② 강원도 三陟(삼척)

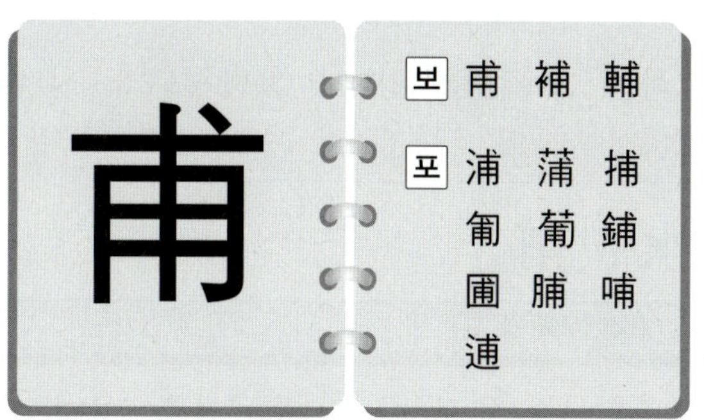

보	甫	補	輔
포	浦	蒲	捕
	匍	葡	鋪
	圃	脯	哺
	逋		

---

1 甫 = 屮 + 田

2급 / 7획	(클 / 모종 **보**)	甲骨文字	金文	篆文

解說 '屮(싹날 철)'과 '田(밭 전)'을 조합한 글자로, '싹(屮)이 난 모종을 논밭(田)에 널리 심는다'는 데서 '넓고 크다 / 모종'이라는 뜻을 나타내나, 주로 인명(人名)에 사용한다.

例文 ① 杜甫(두보 ; 중국 '唐'나라 시인)

---

2 補 = 衣 + 甫

3급 / 12획	(기울 / 도울 **보**)

解說 '衣(옷 의)'와 '甫(모종 / 클 보)'를 조합한 글자임. '논밭 여기저기에 모종(甫)을 심듯이 군데군데 해진 옷(衣)에 헝겊을 대고 깁다'는 데서 '옷을 기우다 / 돕다 / 보조하다'는 뜻으로 발전하여 쓰이게 되었다. *중국 간체자(簡體字)에서는 '补(7획)'으로 표기한다. *'衣(옷 의)'가 다른 글자와 조합하여 글자 왼쪽에 오면 '衤(옷의변)'으로 글자 모양이 바뀐다.

例文 ① 補充(보충) ② 補強(보강) ③ 補助(보조) ④ 補完(보완) ⑤ 補償(보상)

---

3 輔 = 車 + 甫

2급 / 14획	(도울 **보**)

解說　‘車(수레 거 / 차)’ 와 ‘甫(모종 / 클 보)’ 를 조합한 글자임. ‘수레(車)바퀴가 더 튼튼해지도록 수레바퀴에 보조기구를 덧대다’ 는 데서 ‘거들다 / 보좌하다’ 는 뜻을 나타낸다. *중국 간체자(簡體字)에서는 ‘辅’ 로 표기한다.

例文　① 輔佐官(보좌관)　② 輔弼(보필)하다　③ 輔導(보도)　④ 輔車相依(보거상의)

4

浦 = 水 + 甫

| 3급 / 10획 | (물가 / 개펄 **포**) |

解說　‘水(물 수)’ 와 ‘甫(모종 / 클 보)’ 를 조합한 글자로, ‘물(水)이 풍부한 곳에 모종(甫)을 심는다’ 는 데서 ‘물가 / 개펄’ 이라는 뜻을 나타낸다. *‘水(물 수)가 다른 글자와 조합하여 글자 왼쪽에 오면 ‘氵(삼수변)’ 으로 글자 모양이 바뀐다.

例文　① 浦口(포구)　② 서울 麻浦(마포)　③ 부산시 龜浦(구포)

5

蒲 = 艸 + 浦

| 1급 / 14획 | (부들 **포**) |

解說　‘艸(풀 초)’ 와 ‘浦(물가 / 개펄 포)’ 를 조합한 글자로, ‘물가(浦)에 자라는 식물(艸)’ 이라는 데서 ‘부들’ 이라는 뜻을 나타낸다. *‘부들’ 은, 줄기는 1미터 가량이며 잎은 가늘고 길어서, 잎으로는 방석, 줄기로는 부채를 만들기도 하는 식물이다. *약자(略字)는 ‘蒲(13획)’ 으로 표기한다. *‘艸(풀 초)’ 가 다른 글자와 조합하여 글자 위쪽에 오면 ‘艹(초두머리)’ 로 글자 모양이 바뀐다.

例文　① 菖蒲(창포)　② 蒲柳(포류 ; 냇버들)　③ 蒲柳之姿(포류지자)　④ 蒲柳之質(포류지질)

6

捕 = 手 + 甫

| 3급 / 10획 | (잡을 **포**) |

解說　‘手(손 수)’ 와 ‘甫(모종 / 클 보)’ 를 조합한 글자임. ‘손(手)으로 모종(甫)을 잡고 있다’ 는 데서 ‘잡다 / 포박하다’ 는 뜻을 나타낸다. *‘手(손 수)’ 가 다른 글자와 조합하여 글자 왼쪽에 오면 ‘扌(손수변)’ 으로 글자 모양이 바뀐다.

例文　① 捕卒(포졸)　② 逮捕(체포)　③ 捕獲(포획)　④ 捕虜(포로)　⑤ 生捕(생포)

---

7 

匍 = 勹 + 甫

| 1급 / 9획 | (길/기어갈 **포**) | | 金文 | 篆文 |

解說 ‘勹(쌀/포장할 포)’와 ‘甫(모종/클 보)’를 조합한 글자임. ‘모종(甫)을 심기 위해 사람이 몸을 구부리고(勹) 있는 모습’에서 ‘기어가다/기다’는 뜻을 나타낸다.

例文 ① 匍匐(포복 ; 배를 땅에 대고 기어감) ② 匍匐莖(포복경 ; 고구마 줄기)

8

葡 = 艸 + 匍

| 2급 / 13획 | (포도 **포**) |

解說 ‘艸(풀 초)’와 ‘匍(기어갈 포)’를 조합한 글자임. ‘옆으로 기어가듯이(匍) 자라는 식물(艸)’이라는 데서 ‘포도’라는 뜻을 나타낸다. ＊약자(略字)는 ‘葡(12획)’으로 표기한다. ＊‘艸(풀 초)’가 다른 글자와 조합하여 글자 위쪽에 오면 ‘艹(초두머리)’로 글자 모양이 바뀐다.

例文 ① 葡萄(포도) ② 葡萄酒(포도주)

9

鋪 = 金 + 甫

| 2급 / 15획 | (펼/가게 **포**) |

解說 ‘金(쇠 금)’과 ‘甫(모종/클 보)’를 조합한 글자로, ‘펴다/물건을 늘어놓다/가게’라는 뜻을 나타낸다. ＊중국 간체자(簡體字)에서는 ‘铺’로 표기한다.

例文 ① 道路鋪裝(도로포장) ② 店鋪(점포) ③ 紙物鋪(지물포)

10

圃 = 囗 + 甫

| 1급 / 10획 | (채마밭/농사 **포**) |

解說 ‘囗(에워쌀 위)’와 ‘甫(모종/클 보)’를 조합한 글자임. ‘일정한 작은 구역(囗) 안에 모종(甫)을 심는다’는 데서 ‘채마밭/농사/농부’라는 뜻을 나타낸다.

例文 ① 圃田(포전 ; 채마밭/채소밭) ② 花圃(화포 ; 꽃밭)

11 脯 = 肉 + 甫

1급 / 11획 　　　 (포 **포**)

解說　'肉(몸/고기 육)'과 '甫(모종/클 보)'를 조합한 글자로, '고기(肉)를 널리 펴서(甫) 얇게 만든 포' 라는 뜻을 나타낸다. * '肉(몸/고기 육)'이 다른 글자와 조합하여 글자 왼쪽에 오면 '月(육달월)'로 글자 모양이 바뀐다.

例文　① 脯(포)를 뜨다　② 脯肉(포육 ; 저미어 말린 고기)　③ 脯醯(포혜)

12 哺 = 口 + 甫

1급 / 10획 　　　 (먹일 **포**)

解說　'口(입 구)'와 '甫(모종/클 보)'를 조합한 글자임. '모종(甫)에 물을 주듯이 어린 짐승 새끼 입(口)에 젖을 물리고 먹여 기르다' 는 데서 '먹이다/먹다' 는 뜻을 나타낸다.

例文　① 哺乳類(포유류)　② 哺乳動物(포유동물)

13 逋 = 甫 + 辶

1급 / 11획 　　　 (도망갈 **포**)

解說　'甫(모종/클 보)'와 '辶(쉬엄쉬엄갈/뛸 착)'을 조합한 글자로, '모종(甫)을 잡듯이 잡으려고 하니까 기어서 몰래 달아나다(辶)'는 뜻을 나타낸다. * 중국 간체자(簡體字)에서는 '逋(10획)'으로 표기한다.

例文　① 세금(稅金)을 逋脫(포탈)하다

1	保 = 人 + 呆		甲骨文字	金文	篆文
	4급/9획	(지킬 **보**)			

解說　'人(사람 인)'과 '呆(어리석을 매)'를 조합한 글자임. 갑골문자(甲骨文字)에서는 '부모가 아이(呆)를 안고 있거나 등에 업고 있는 모습'이고, 금문(金文)과 전문(篆文)에서는 '기저귀를 찬 아이를 등에 업고 있는 모습'에서 '보호하고 기르다/지켜보다'는 뜻을 나타낸다. *부모님은 어린 자식을 위해서 3년 동안에 기저귀를 몇 번이나 갈아주는가를 생각나게 하는 글자이다.

例文　① 保護(보호)　② 保健(보건)　③ 保溫(보온)　④ 保育(보육)　⑤ 保存(보존)

2	堡 = 保 + 土
	1급/12획　　(작은성 **보**)

解說　'保(지킬 보)'와 '土(흙 토)'를 조합한 글자임. '주민들을 보호(保)하기 위해 토석(土石)으로 쌓아올려 만든 작은 성(城)'이라는 뜻을 나타낸다.

例文　① 堡壘(보루)　② 橋頭堡(교두보)

3	褒 = 衣 + 保
	1급/15획　　(기릴 **포**)

解說 '衣(옷 의)'와 '保(지킬 보)'를 조합한 글자임. '전쟁터에서 생명을 보호(保)하도록 잘 만든 갑옷(衣)'이라는 데서 '칭찬하다 / 기리다'는 뜻을 나타낸다.

例文 ① 褒賞(포상) ② 褒賞金(포상금) ③ 褒章(포장 ; 상으로 주는 휘장)

4

呆 = 口 + 木

1급/7획   (어리석을 **매**)

解說 '포대기에 쌓인 갓난아이(呆)를 부모가 안고 있는 모습'에서 '갓난아이는 아무것도 모른다 / 어리석다'는 뜻을 나타낸다. * '갓난아이는 머리(口)가 몸통(木)보다 크다'는 것을 나타내는 글자이다.

例文 ① 癡呆(치매)

---

1 普 = 竝 + 曰

| 4급 / 12획 | (넓을 **보**) | 篆文 |

解說 전문(篆文)에서는 '竝(나란히 병)'과 '曰(가로되 왈)'을 조합한 글자임. '재판정에 나란히 선 두 사람(竝)이 큰 소리로 말한다(曰)'는 데서 '나란히 퍼지다 / 널리 퍼지다'는 뜻으로 발전하여 쓰이게 되었다. * '曰(가로되 왈)'은 '曰(가로되 왈)' 그룹 漢字 참조.

例文 ① 普及(보급) ② 普通(보통) ③ 普遍的(보편적)

---

2 譜 = 言 + 普

| 3급 / 19획 | (족보 / 적을 **보**) |

解說 '言(말씀 언)'과 '普(넓을 보)'를 조합한 글자임. '재판정에 나란히 선 두 사람(竝)이 큰 소리(曰)로 하는 말(言)을 기록해 둔다'는 데서 '기록하다 / 적다'는 뜻을 나타낸다.

例文 ① 系譜(계보) ② 族譜(족보) ③ 樂譜(악보) ④ 棋譜(기보)

---

3 溥 = 水 + 普

| 2급 / 15획 | (물이름 **보**) |

解說 '水(물 수)'와 '普(넓을 보)'를 조합한 글자로, 주로 인명(人名)에 사용한다. * '水(물 수)가 다른 글자와 조합하여 글자 왼쪽에 오면 'ᐟ(삼수변)'으로 글자 모양이 바뀐다.

例文 ① 尹溥善(윤보선)

4 晋/晉		甲骨文字	金文 1	金文 2	篆文
2급/10획	(진나라 **진**)				

解說　원래는 '2개의 화살이 꽂혀진 화살통'을 본뜬 상형문자 '晉(진)'으로, 지금은 속자 (俗字)인 '晋(진)'을 주로 쓰는데, 원래는 '(화살을) 끼우다/(화살이) 날아가다'는 뜻이다.
＊한자능력 검정시험에서는 '晋'으로 하고 있음.

例文　① 경상남도 晋州市(진주시)

22 卜 (점칠 복) 그룹 漢字

1 卜	丫	卜	卜
3급/2획	(점/점칠 **복**)	甲骨文字	金文	篆文

🐛 **解說**　'거북(龜)'의 등껍질에 글씨를 새겨서 불에 태워 그 갈라진 금(卜)'을 본뜬 상형문자로, '그 갈라진 금으로 길흉(吉凶)에 관해 점친다'는 데서 '점/점치다'는 뜻을 나타낸다.

🐛 **例文**　① 卜術(복술)　② 卜債(복채)를 내다/받다　③ 卜者(복자 ; 점쟁이)

2　赴 = 走 + 卜

3급/9획	(다다를/빨리갈 **부**)

🐛 **解說**　'走(달릴 주)'와 '卜(점 복)'을 조합한 글자임. '점(卜)을 친 결과를 갖고 빨리 달려가다(走)', 또는 '순식간에 금(卜)이 갈라지듯이 달려(走) 간다'는 데서 '목적지에 빨리 가다'는 뜻을 나타낸다.

🐛 **例文**　① 赴任(부임)하다　② 赴任地(부임지)

3　訃 = 言 + 卜

1급/9획	(부고 **부**)

🐛 **解說**　'言(말씀 언)'과 '卜(점 복)'을 조합한 글자임. '죽은 사람에 관한 소식을 순식간에 금(卜)이 가듯이 신속하게 알린다(言)'는 데서 '죽음을 알리다'는 뜻을 나타낸다.

🐛 **例文**　① 訃告(부고)　② 訃音(부음)

4 朴 = 木 + 卜

6급 / 6획	(소박할 / 성씨 **박**)

解說　'木(나무 목)'과 '卜(점 복)'을 조합한 글자임. '거북이 등껍질(卜)처럼 생긴 껍질 그대로의 나무(木)'라는 데서 '소박하다 / 순박하다'는 뜻을 나타낸다.

例文　① 素朴(소박)하다　② 淳朴(순박)하다

5 外 = 夕 + 卜

8급 / 5획	(바깥 **외**)	金文 1	金文 2	篆文

解說　'夕'과 '卜(점 복)'을 조합한 글자로, '夕'은 '肉(몸 / 고기 육)'의 생략형 글자임. '거북이 살(肉)을 다 발라낸 다음, 등껍질을 불에 태워 갈라진 금(卜)으로 길흉을 점친다'는 데서 '겉 / 바깥'이라는 뜻을 나타낸다.

例文　① 外國(외국)　② 外人部隊(외인부대)　③ 國外(국외)　④ 海外(해외)

복 伏
보 洑

1

伏 = 人 + 犬

| 4급 / 6획 | (엎드릴 / 숨을 **복**) | 金文 | 篆文 |

解說 ‘人(사람 인)’과 ‘犬(개 견)’을 조합한 글자임. ‘개(犬)가 주인(人) 곁에 납작 엎드려 있는 모양’을 본뜬 글자로 ‘엎드리다 / 숨다’는 뜻을 나타낸다. * 은(殷)나라와 주(周)나라 시대의 왕묘(王墓)에는, 왕(王)의 관(棺) 아래와 벽(壁) 곳곳에 왕을 호위하는 무인(武人)과 함께 개(犬)가 희생제물로 묻혀 있는 것이 발견되고 있다.

例文 ① 伏兵(복병) ② 潛伏(잠복) ③ 伏魔殿(복마전 ; 惡의 소굴)

2

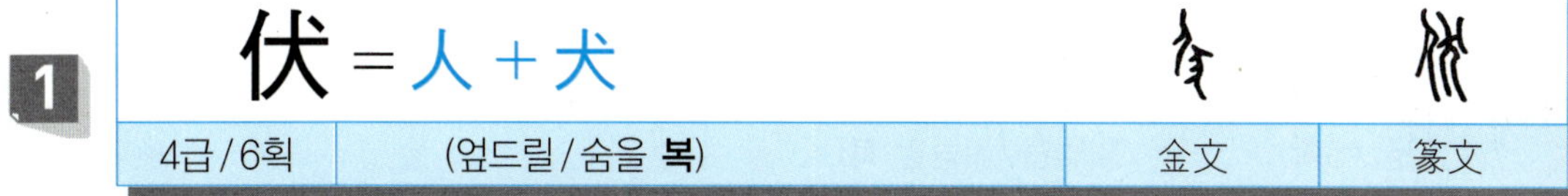

洑 = 水 + 伏

| 1급 / 9획 | (보 **보** / 스며흐를 **복**) |

解說 ‘水(물 수)’와 ‘伏(엎드릴 / 숨을 복)’을 조합한 글자임. ‘졸졸 스며(伏) 흐르는 물(水)이 고인 곳’이라는 데서 ‘보 / 둑 / 방죽 / 스며 흐르다’는 뜻을 나타낸다. * ‘水(물 수)가 다른 글자와 조합하여 글자 왼쪽에 오면 ‘氵(삼수변)’으로 글자 모양이 바뀐다.

例文 ① 洑水稅(보수세 ; 봇물 사용 요금) ② 洑流(복류 ; 물결이 돌아 흐름)

1 服 = 舟 + 卩 + 又

6급/8획	(옷/약먹을/복종할 **복**)	甲骨文字	金文	篆文

解說 '舟(잔치음식그릇/배 주)'와 '卩(꿇어앉은사람/무릎마디 절)', '又(오른손/또 우)'를 조합한 글자임. '잔치음식(舟)을 앞에 두고 무릎을 꿇고(卩) 앉아 있는 사람을 뒤에서 손(又)으로 누르고 있는 모습'을 본떠서 '먹다/복종하다/복종시키다'는 뜻을 나타내는데, '몸(肉)을 다스리기 위해서는 음식을 먹는다/옷을 입어야 한다'는 데서 '옷/옷입다/먹다'라는 뜻도 나타낸다. *원래는 '잔치음식(舟)을 앞에 두고, 무릎을 꿇고(卩) 앉아 있는 사람을 뒤에서 손(又)으로 눌러서 억지로 먹게 하다'는 데서 '항복시키다/복종시키다'는 뜻이었다고 한다. *일본 상용한자와 중국 간체자는 '服'으로 표기한다.

例文 ① 校服(교복) ② 약(藥)을 服用(복용)하다 ③ 服從(복종)

2 報 = 幸 + 卩 + 又

4급/12획	(갚을/알릴 **보**)	甲骨文字	金文	篆文

解說 '幸(다행 행)'과 '卩(꿇어앉은사람/무릎마디 절)', '又(오른손/또 우)'를 조합한 글자임. '양손에 수갑을 찬 죄인(幸) 뒤에서 손(又)에 뭔가를 들고 때리고 있는 모습'을 본떠서 '보복하다/앙갚음을 하다/(죄값을) 갚다/널리 알리다'는 뜻을 나타낸다. *'幸(다행 행)'은 '죄인의 손에 채우는 수갑'을 가리킨다. *중국 간체자(簡體字)에서는 '报(7획)'으로 표기한다.

例文 ① 報酬(보수) ② 報償(보상) ③ 報告(보고) ④ 報復(보복) ⑤ 報道(보도)

25 复 (반복할 복) 그룹 漢字

复					
1	9획	(반복할 / 돌아갈 **복**)	甲骨文字	金文	篆文

解說 'ㅗ(머리부분 두)' 'ㅂ' '夊(천천히걸을 쇠)'를 조합한 글자임. 설문(說文)에서는 '어떤 곳에 갔던 사람(ㅗ)이 발길을 돌려 천천히 되돌아온다(夊)'고 설명하고 있으나, 갑골문자(甲骨文字)와 금문(金文)에서는 '발로 밟고 손끈으로 잡아당겨 올려서 다시 발로 밟기를 반복하여 바람을 일으키는 풀무 모양', 또는 '손으로 밀고 당기고를 반복하여 바람을 일으키는 풀무 모양'을 본뜬 상형문자로, '(풀무질을) 반복해서 하다 / 반복하다 / 되돌아가다 / 되돌아오다 / 다시'라는 뜻을 나타내나, 단독으로는 거의 쓰이지 않는다.

復 = 彳 + 复	
2	
4급 / 12획	(회복할 **복** / 다시 **부**)

解說 '彳(조금씩걸을 척)'과 '复(반복할 복)'을 조합한 글자임. '갔던(行) 길을 다시 되돌아간다(复)'는 데서 '되돌아가다 / 회복하다'는 뜻을 나타낸다. *중국 간체자(簡體字)에서는 '复(9획)'으로 표기한다.

例文 ① 往復(왕복) ② 復舊(복구) ③ 復習(복습) ④ 復活(부활) ⑤ 復興(부흥)

複 = 衣 + 复	
3	
4급 / 14획	(겹칠 **복**)

解說 '衣(옷 의)'와 '复(반복할 복)'을 조합한 글자임. '두루마기와 같은 옷을 입을 때 웃옷(衣)을 반 바퀴 더 돌려 겹치게(复) 입다'는 데서 '겹치다/거듭'이라는 뜻을 나타낸다. * 중국 간체자(簡體字)에서는 '复(9획)'으로 표기한다. * '衣(옷 의)'가 다른 글자와 조합하여 글자 왼쪽에 오면 'ネ(옷의변)'으로 글자 모양이 바뀐다.

例文 ① 複數(복수) ② 複利(복리) ③ 複式競技(복식경기)

---

4 **腹** = 肉 + 复

3급 / 13획　　　　(배 복)

解說 '肉(몸/고기 육)'과 '复(반복할 복)'을 조합한 글자임. '풀무(复) 모양처럼 몸통(肉)이 불룩하다'는 데서 '불룩한 배'라는 뜻을 나타낸다. * '肉(몸/고기 육)'이 다른 글자와 조합하여 글자 왼쪽에 오면 '月(육달월)'로 글자 모양이 바뀐다.

例文 ① 腹膜炎(복막염) ② 空腹(공복) ③ 腹部肥滿(복부비만)

---

5 **覆** = 両 + 復

3급 / 18획　　　(다시/뒤집을 복/덮을 부)

解說 '両(덮을 아)'와 '復(회복할 복)'을 조합한 글자임. '그릇의 뚜껑(両)을 벗기고 그릇을 거꾸로 뒤집어 되돌리다(復)'는 데서 '다시/뒤집다/덮다/가리다'는 뜻을 나타낸다. * 일본 상용한자와 중국 간체자(簡體字)에서는 '覆'으로 글자 모양이 약간 다르게 표기한다.

例文 ① 覆面(복면) ② 覆盆子(복분자) ③ 覆載(부재 ; 하늘과 땅)

---

6 **馥** = 香 + 复

2급 / 18획　　　　(향기 복)

解說 '香(향기 향)'과 '复(반복할 복)'을 조합한 글자임. '화초는 꽃향기(香)를 반복적으로(复) 발산한다'는 데서 '향기'라는 뜻을 나타낸다. * '香(향기 향)'은 신(神)에게 바치는 축문이 든 그릇(曰)을 앞에 두고, 맛과 향이 좋은 곡식(禾)으로 빚은 술을 신(神)에게 바친다'는 뜻의 글자이다.

例文 ① 馥氣(복기 ; 향기) ② 馥郁(복욱 ; 향기가 많이 남)

---

7 鰒 = 魚 + 复

1급 / 20획 　　(전복 **복**)

🐛 **解說**　'魚(물고기 어)'와 '复(반복할 복)'을 조합한 글자임. '건드리면 조가비속으로 되돌아가는(复) 물고기(魚)'라는 데서 '전복'이라는 뜻을 나타낸다. *전복을 왜 물고기로 분류했는지 알 수 없으나 재미있는 표현임에는 틀림없다. *중국 간체자(簡體字)에서는 '鰒'으로 표기한다.

🐛 **例文**　① 鰒魚(복어 ; 전복)

8 履 = 尸 + 復　　　　　　　　履

3급 / 15획 　　(밟을 / 신을 **리**)　　　篆文

🐛 **解說**　'尸(몸 시)'와 '復(회복할 / 돌아갈 복)'을 조합한 글자임. 전문(篆文)에서는 '尸(몸 시)+彳(조금씩걸을 척)+舟(배 주)+夂(천천히걸을 쇠)=履'로서, '죽은 사람(尸)을 위한 장례식 때 신고 천천히(夂) 따라가는(彳) 배(舟) 모양의 신발'이라는 데서 '밟다 /(신을) 신다'는 뜻을 나타낸다.

🐛 **例文**　① 履歷書(이력서)　② 履修(이수)　③ 履行(이행)

9 愎 = 心 + 复

1급 / 12획 　　(강퍅할 / 괴팍할 **퍅**)

🐛 **解說**　'心(마음 심)'과 '复(반복할 복)'을 조합한 글자임. '남의 말에 따르지 않고 제 고집대로 되돌아가는(复) 마음(心)'이라는 데서 '엇나가다 / 고집을 부리다'는 뜻을 나타낸다. *'心(마음 심)'이 다른 글자와 조합하여 글자 왼쪽에 오면 '忄(마음심변 / 심방변)'으로 글자 모양이 바뀐다.

🐛 **例文**　① 사람이 剛愎(강퍅)하다

1

畐			
9획/9획	(술단지/술독/가득찰 **복**)	甲骨文字	金文	篆文

解說 '(목이 길고 배가 불룩한) 술독/술단지/술병에 술이 가득 찬 모양'을 본뜬 상형문자로서, '(술이) 가득 차다/술독/술단지/술병'이라는 뜻을 나타내나, 단독으로는 잘 쓰이지 않는다.

2

福 = 示 + 畐

5급/14획	(복 복)

解說 '示(제사/보일 시)'와 '畐(술병/술단지 복)'을 조합한 글자임. 자료에는 '신(神)에게 복(福)을 받으려면 제사지낼(示) 때 술(畐)을 많이 바쳐야 한다', 또는 '제사지낸(示) 술(畐)을 마시면 복을 받는다'는 데서 '복/행복'이라는 뜻을 나타낸다고 한다. * 일본 상용한자와 중국 간체자(簡體字)에서는 '福(13획)'으로 표기한다. * '示(제사지낼/보일 시)'는 '조상신(祖上神)에게 제사지내기 위해 음식을 차려놓은 조그마한 제사상'을 본뜬 상형문자로, '제사상에 차린 음식을 조상신에게 보여준다'는 데서 '남에게 보이다/가르치다'는 뜻으로 발전하여 쓰이게 된 글자인데, 주로 '신(神)/제사(祭祀)와 관련된 일'에 사용하는 글자이다. * '하늘의 신(神)'은 '帝(임금 제)'로 묘사하는데, 자세한 것은 3권에서 설명할 것임. * '示(제사지낼/보일 시)'와 관련된 한자로는 '神(귀신 신), 祖(할아비 조), 祝(빌 축), 祭(제사 제), 禮(예도/예절 례), 祈(빌 기)' 등등이 있다.

例文 ① 飮福(음복)) ② 福券(복권) ③ 幸福(행복) ④ 福音(복음)

3 輻 = 車 + 畐

| 1급 / 16획 | (바큇살 **복/폭**) |

解說　‘車(수레 거/차)’와 ‘배가 불룩한 畐(술병/술단지 복)’을 조합한 글자임. ‘수레(車)바퀴에 바큇살이 가득하다(畐)’는 데서 ‘바큇살’이라는 뜻을 나타낸다. ＊중국 간체자(簡體字)에서는 ‘辐’으로 표기한다.

例文　① 輻射熱(복사열) ② 輻輳(폭주 ; 한 곳으로 모여듦)

4 匐 = 勹 + 畐

| 1급 / 11획 | (길/기어갈 **복**) |

解說　‘勹(쌀/포장할 포)’와 ‘배가 불룩한 畐(술병/술단지 복)’을 조합한 글자임. ‘사람이 엎드려(勹) 술단지(畐)를 끌어안고 있는 모습’에서 ‘기다/기어가다’는 뜻을 나타낸다.

例文　① 匍匐(포복 ; 기어감) ② 匐枝(복지 ; 고구마 줄기)

5 幅 = 巾 + 畐

| 3급 / 12획 | (폭/너비 **폭**) |

解說　‘巾(수건 건)’과 ‘배가 불룩한 畐(술병/술단지 복)’을 조합한 글자임. ‘술병/술단지(畐)를 충분히 감쌀 정도의 천(巾)’이라는 데서 ‘폭/너비’라는 뜻을 나타낸다.

例文　① 步幅(보폭) ② 江幅(강폭) ③ 車幅(차폭) ④ 增幅(증폭)

6 逼 = 畐 + 辶

| 1급 / 13획 | (핍박할/가까이할 **핍**) |

解說　‘辶(쉬엄쉬엄갈/뛸 착)’과 ‘배가 불룩한 畐(술병/술단지 복)’을 조합한 글자임. ‘가까이 가서(辶) 술잔에 술을 가득 채우고(畐) 또 채우다’는 데서 ‘핍박하다/바싹 죄어 괴롭게 하다/가까이 가다’는 뜻을 나타낸다. ＊중국 간체자(簡體字)에서는 ‘逼(12획)’으로 표기한다.

例文　① 逼迫(핍박)

7 富 = 宀 + 畐

| 4급 / 12획 | (부자/넉넉할 **부**) |

解說 ‘宀(집 면)’과 ‘배가 불룩한 畐(술병/술단지 복)’을 조합한 글자임. ‘신(神)을 섬기는 건물(宀)에서 배가 불룩한 술단지(畐)처럼 부자가 되게 해 달라고 비는 모습’에서, 또는 ‘집(宀) 안에 술단지(畐)가 많이 있다’는 데서 ‘부자/넉넉하다’는 뜻을 나타내게 되었다.

例文 ① 富者(부자) ② 富強(부강) ③ 富貴(부귀) ④ 豊富(풍부)하다

8 副 = 畐 + 刀

| 4급 / 11획 | (버금 **부**) | 篆文 1 | 篆文 2 |

解說 ‘배가 불룩한 畐(술병/술단지 복)’과 ‘刀(칼 도)’를 조합한 글자임. ‘만일에 대비하여 술병/술단지(畐)를 나누어(刀) 하나는 예비용으로 한다’는 데서 ‘버금가다/쪼개다/돕다’는 뜻을 나타낸다. *‘刀(칼 도)’가 다른 글자와 조합하여 글자 오른쪽에 오면 ‘刂(선칼도)’로 글자 모양이 바뀐다.

例文 ① 副作用(부작용) ② 副食(부식) ③ 副產物(부산물) ④ 副業(부업)

1 僕 = 人 + 業

| 1급/14획 | (종 **복**) | 金文 1 | 金文 2 | 篆文 |

解說 자료에는 '제사지낼 때 머리에 아름다운 관(業)을 쓰고 신(神)에게 두 손으로 뭔가를 떠받드는 사람(人)' 이라는 데서 '종/하인' 이라는 뜻을 나타낸다고 한다.

例文 ① 奴僕(노복) ② 婢僕(비복) ③ 公僕(공복)

2 撲 = 手 + 業

| 1급/15획 | (칠/때릴 **박**) | 金文 | 篆文 |

解說 '手(손 수)'와 '아름다운 관을 쓴 사람(業)'을 조합한 글자임. 금문(金文)에서는 '業＋攴' 으로 하여, '두 손(手+手)으로 떠받들도록 매로 때리는(攴) 모습'에서 '때리다/치다' 는 뜻을 나타낸다.

例文 ① 撲殺(박살) ② 撲滅(박멸) ③ 打撲傷(타박상)

2 樸 = 木 + 業

| 1급/16획 | (순박할/통나무 **박**) |

解說 '木(나무 목)'과 '아름다운 관을 쓴 사람(業)'을 조합한 글자임. '나무(木)로 만든 아름다운 관(業)' 이라는 데서 '순박하다/통나무' 라는 뜻을 나타낸다.

例文 ① 樸直(박직 ; 순박하고 정직함) ② 樸學(박학 ; 소박한 학문)

1

丰			
4획	(예쁠/우거질 **봉**)	甲骨文字	金文	篆文

解說　'무성하게 우거진 나뭇가지 모양'을 본뜬 글자로, '예쁘다/풍만하다'는 뜻을 나타내나, 단독으로는 쓰이질 않는다.

2

夆			
7획	(머무를/만날 **봉**)	金文 1	金文 2	篆文

解說　'夂(내려오는발자국/뒤져올 치)'와 '丰(예쁠/우거질 봉)'을 조합한 글자로, '하늘에서 내려온(夂) 신(神)이 머물러(夆) 있는 무성하게 우거진(丰) 나뭇가지'라는 데서 '(신(神)이 무성한 나무 아래에) 머무르다/만나다'는 뜻을 나타낸다.

3

峯/峰 ＝山＋夆	
3급/10획	(봉우리 **봉**)

解說　'山(메/뫼 산)'과 '夆(머무를/만날 봉)'을 조합한 글자로 '峯'과 '峰'은 같은 글자임. '하늘에서 내려온(夂) 신(神)이 머무는(夆) 산(山) 봉우리'라는 뜻을 나타낸다. ＊높은 산을 향해 절을 하거나 두 손 모아 비는 사람을 생각나게 하는 글자이다.

例文　① 最高峰(최고봉)　② 雪峰(설봉)　③ 雲峰(운봉)

4 蜂 = 虫 + 夆

| 3급 / 13획 | (벌 봉) | 篆文 |

解說 '虫(벌레 충)'과 '夆(머무를 / 만날 봉)'을 조합한 글자임. '꽃에 머물러(夆) 꿀을 따는 벌레(虫)'라는 데서 '벌'이라는 뜻을 나타낸다.

例文 ① 養蜂(양봉) ② 蜂針(봉침) ③ 蜂起(봉기) ④ 分蜂(분봉)

5 逢 = 夆 + 辶

| 3급 / 11획 | (만날 봉) | 甲骨文字 | 金文 | 篆文 |

解說 '夆(머무를 / 만날 봉)'과 '辶(쉬엄쉬엄갈 / 뛸 착)'을 조합한 글자임. '하늘에서 내려온 신(神)이 머물러 있는 곳(夆)으로 만나러 간다(辶)'는 데서 '만나다'는 뜻을 나타낸다. * 중국 간체자(簡體字)에서는 '逢(10획)'으로 표기한다.

例文 ① 相逢(상봉) ② 逢着(봉착) ③ 逢變(봉변)을 당하다

6 蓬 = 艸 + 逢

| 2급 / 15획 | (쑥 봉) |

解說 '艸(풀 초)'와 '逢(만날 봉)'을 조합한 글자임. '신(神)을 만나러(逢) 가서 향으로 피우는 풀(艸)'이라는 데서 '쑥'이라는 뜻을 나타낸다. * 중국 간체자(簡體字)에서는 '蓬(14획)'으로 표기한다. * '艸(풀 초)'가 다른 글자와 조합하여 글자 위쪽에 오면 '艹(초두머리)'로 글자 모양이 바뀐다.

例文 ① 蓬萊山(봉래산 ; 여름철의 금강산)

7 縫 = 糸 + 逢

| 2급 / 13획 | (꿰맬 봉) |

解說 '糸(실 사)'와 '逢(만날 봉)'을 조합한 글자임. '실(糸)로 꿰매어 서로 합치다(逢)'는 데서 '꿰매다'는 뜻을 나타낸다. * 중국 간체자(簡體字)에서는 '缝'으로 표기한다.

例文 ① 縫合(봉합) ② 彌縫策(미봉책) ③ 天衣無縫(천의무봉)

8 烽 = 火 + 夆

| 1급 / 11획 | (봉화 **봉**) | 篆文 |

解說　'火(불 화)'와 '夆(머무를/만날 봉)'을 조합한 글자임. 전문(篆文)에서는 '逢+火'로 묘사되어 있듯이 '높은 산봉우리에서 불(火)로 신호를 보내어 만나다(逢)'는 데서 '봉화(烽火)'라는 뜻을 나타낸다.

例文　① 烽火(봉화)　② 烽火臺(봉화대)　③ 烽燧臺(봉수대 ; 烽火臺)

---

9 鋒 = 金 + 夆

| 1급 / 15획 | (칼날 **봉**) | 篆文 |

解說　'金(쇠 금)'과 '夆(머무를/만날 봉)'을 조합한 글자임. 전문(篆文)에서는 '金+逢'으로 묘사하고 있듯이 '날카로운 쇠붙이(金)끼리 만난다(逢)'는 데서 '칼날'이라는 뜻을 나타낸다. *중국 간체자(簡體字)에서는 '锋'으로 표기한다.

例文　① 銳鋒(예봉)　② 筆鋒(필봉)　③ 舌鋒(설봉)　④ 鋒刃(봉인)

---

10 邦 = 丰 + 邑

| 3급 / 7획 | (나라 **방**) | 金文 1 | 金文 2 | 篆文 |

解說　'丰(예쁠/우거질 봉)'과 '邑(고을 읍)'을 조합한 글자임. '나무를 무성하게(丰) 심어서 고을, 또는 나라(邑)의 재산으로 삼았다'는 데서 '나라/국가'라는 뜻을 나타낸다. *일본 상용한자와 중국 간체자(簡體字)에서는 '邦'으로 글자 모양이 약간 다르게 표기한다.
　*'邑(고을 읍)'이 다른 글자와 조합하여 글자 오른쪽에 오면 '阝(우부방)'으로 글자 모양이 바뀐다.

例文　① 友邦(우방)　② 邦畫(방화 ; 국산 영화)　③ 萬邦(만방)　④ 異邦人(이방인)

봉	奉 俸 捧 棒
주	奏 輳
진	秦
태	泰

1

奉 = 丰 + 手手

| 5급/8획 | (받들/바칠 **봉**) | 金文 | 篆文 |

解說　'丰(예쁠 봉)'과 '手+手(손 수)'를 조합한 글자임. '신(神)에게 가장 귀한 것을 두 손(手)으로 받친다'는 데서 '신에게 공경하는 마음으로 드리다/두 손으로 떠받들어 드리다/(윗사람을) 섬기다'는 뜻으로 발전하여 쓰이게 되었다. *'奉'은 원래 신(神)을 섬기는 일과 관련하여 사용하던 글자이다.

例文　① 奉養(봉양)　② 奉仕(봉사)　③ 奉祝(봉축)　④ 奉獻(봉헌)

2

俸 = 人 + 奉

| 2급/10획 | (녹/봉급 **봉**) |

解說　'人(사람 인)'과 '奉(받들 봉)'을 조합한 글자임. 원래는 '신(神)을 섬기는(奉) 제사직에 있는 사림(人)에게 농산물의 일부를 바치다'는 뜻이었으나, 훗날 '녹(祿)/봉급'이라는 뜻으로 발전하여 쓰이게 되었다.

例文　① 年俸(연봉)　② 俸給(봉급)　③ 初俸(초봉)　④ 薄俸(박봉)　⑤ 減俸(감봉)

3

捧 = 手 + 奉

| 1급/11획 | (받들 **봉**) |

解說　'手(손 수)'와 '奉(받들 봉)'을 조합한 글자로 '신(神)앞에서 두 손(手+手)으로 물건(丯)을 떠받들다(奉)'는 데서 '두 손으로 받들다'는 뜻을 나타낸다. * '奉(받들 봉)'은 '마음/정성'을 강조하는 글자이다.

例文　① 捧納(봉납 ; 물건을 바침)　② 捧讀(봉독 ; 양손으로 받들어 읽음)　③ 捧腹絶倒(봉복절도)　④ 兩手捧長者之禮(양수봉장자지례〈禮記〉)

4. 棒 = 木 + 奉

1급 / 12획　　(막대 / 몽둥이 **봉**)

解說　'木(나무 목)'과 '奉(받들 봉)'을 조합한 글자임. '사람을 때릴 때 치켜드는(奉) 나무(木) 막대기'라는 데서 '막대/몽둥이'라는 뜻을 나타낸다.

例文　① 棍棒(곤봉)　② 指揮棒(지휘봉)　③ 鐵棒(철봉)

5. 奏 = 奉 + 夭

3급 / 9획　　(아뢸 / 연주할 **주**)

解說　'奉'에서 '丯' 대신 '夭(예쁠 요)'를 조합한 글자임. '신(神)을 섬기는 사람(夭)이 신(神)에게 악기를 양손(手+手)으로 연주하여 바친다'는 데서 '(윗사람에게) 아뢰다/(음악을) 연주하다'는 뜻을 나타낸다. * 일본 상용한자와 중국 간체자(簡體字)에서는 '奏'로 글자 모양이 약간 다르게 표기한다.

例文　① 演奏(연주)　② 獨奏會(독주회)　③ 奏效(주효)하다　④ 上奏(상주)

6. 輳 = 車 + 奏

1급 / 16획　　(몰려들 **주**)

解說　'車(수레 거/차)'와 '奏(아뢸 / 연주할 주)'를 조합한 글자임. '수레(車)바퀴의 바큇살이 바퀴통 한곳으로 몰려든다(奏)'는 데서 '몰려들다'는 뜻을 나타낸다. * 중국 간체자(簡體字)에서는 '辏'로 표기한다.

例文　① 輻輳(폭주 ; 한 곳으로 몰려듦)　② 業務(업무)가 輻輳 / 輻湊(폭주)하다

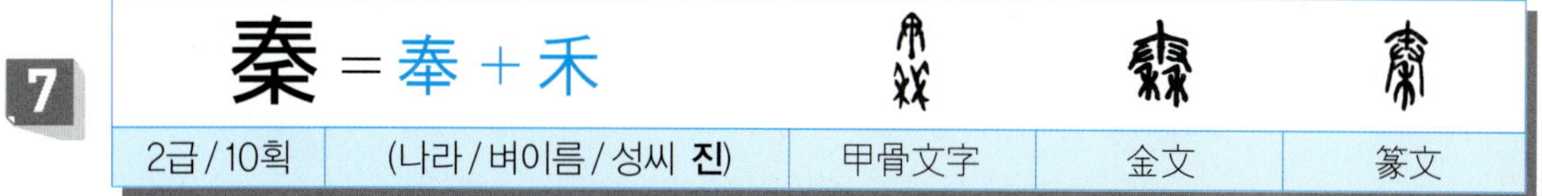

7

秦 = 奉 + 禾		甲骨文字	金文	篆文
2급/10획	(나라/벼이름/성씨 **진**)			

解說　‘奉’에서 ‘丰’ 대신 ‘禾(벼 화)’를 조합한 글자임. 금문(金文)에서는, ‘벼(禾+禾) 위로 절굿공이(十)를 두 손으로 치켜든(奉) 모습’에서 ‘벼의 이름’이라는 뜻을 나타낸다.

例文　① 秦始皇(진시황)　② 秦始皇帝(진시황제)

8

泰 = 奉 + 水		篆文 1	篆文 2
3급/10획	(클/편안할 **태**)		

解說　전문(篆文)1에서는 ‘두 가랑이 사이의 남성의 심볼이 2배나 크다’이고, 전문(篆文)2에서는 ‘성인 남자(大)가 두 손(手+手)으로 심볼을 가리고 오줌(水)을 누다’는 데서 ‘매우 크다/매우 편안하다’는 뜻을 나타내는 것 같다. ＊‘水(물 수)가 다른 글자와 조합하여 글자 아래쪽에 오면 ‘氺’으로 글자 모양이 바뀐다. ＊‘泰’의 약자(略字)가 ‘太’이다.

例文　① 泰山(태산)　② 泰山北斗(태산북두 ; 존경받는 사람)　③ 泰斗(태두)　④ 泰平(태평)

1 父 = ㅣ + 又

8급 / 4획	(아비 / 아버지 **부**)	甲骨文字	金文	篆文

解說 'ㅣ'과 '又(오른손 / 또 우)'을 조합한 글자로, '손(又)에 회초리나 도끼(ㅣ)를 든 모습'에서 '권위의 상징인 아버지' 라는 뜻을 나타낸다.

例文 ① 父母(부모) ② 父傳子傳(부전자전) ③ 父子有親(부자유친)

2 釜 = 父 + 金

2급 / 10획	(가마 **부**)	金文 1	金文 2	篆文

解說 '父(아비 부)'와 '金(쇠 금)'을 조합한 글자임. 전문(篆文)에서는 '손(又)으로 솥뚜껑을 잡고 있는 모습'에서 '가마 / 가마솥' 이라는 뜻을 나타낸다.

例文 ① 釜山市(부산시) ② 釜中之魚(부중지어 ; 곧 죽게될 운명의 물고기) ③ 釜中生魚(부중생어 ; 먹을 것이 없어 끼니를 굶음 / 매우 가난함)

3 斧 = 父 + 斤

1급 / 8획	(도끼 **부**)	甲骨文字	金文	篆文

解說 '父(아비 부)'와 '斤(도끼 근)'을 조합한 글자임. 갑골문자(甲骨文字) / 금문(金文) / 전문(篆文)에서는 '손(又)에 도끼(斤)를 들고 있다' 는 뜻이다.

例文 ① 斧斤(부근 ; 큰 도끼와 작은 도끼) ② 斧柯(부가 ; 도끼자루 / 권력)

1

夫 = 一 + 大

		甲骨文字	金文	篆文
7급 / 4획	(지아비 / 사내 **부**)			

解說 '一(한 일)'과 '大(큰 대)'를 조합한 글자임. '남자가 결혼식 때 머리를 묶고 비녀(一)를 꽂음으로써 어른(大)이 된다'는 데서 '어른 / 지아비 / 사내' 라는 뜻을 나타낸다. ＊참고로 '妻(아내 처)'는 결혼식 때 머리를 올리고 비녀를 꽂은 모습의 글자이다.

例文 ① 夫婦(부부) ② 夫唱婦隨(부창부수) ③ 士大夫(사대부) ④ 人夫(인부)

2

扶 = 手 + 夫

		金文 1	金文 2	篆文
3급 / 7획	(도울 / 붙들 **부**)			

解說 '手(손 수)'와 '夫(지아비 / 사내 부)'를 조합한 글자임. 금문(金文)에서는 '손(手)을 뻗어 사나이(夫)를 붙드는 모습'에서 '붙들다 / 돕다'는 뜻을 나타낸다.

例文 ① 扶養(부양) ② 相扶相助(상부상조) ③ 扶助(부조) ④ 扶持(부지)

3

芙 = 艹 + 夫

1급 / 8획	(연꽃 **부**)

解說 '艹(풀 초)'와 '夫(지아비 / 사내 부)'를 조합한 글자로, '부(夫) 글자처럼 물에서 솟아올라 꽃이 피는 식물(艹)'이라는 데서 '연꽃'이라는 뜻을 나타낸다.

例文 ① 芙蓉(부용 ; 연꽃) ② 芙蓉姿(부용자 ; 미인의 아리따운 모습)

替 = 夫 + 夫 + 曰		金文	篆文 1	篆文 2
3급/12획	(바꿀/교대할 **체**)			

🐛 **解說** '夫+夫(지아비 부)'와 '曰(가로되 왈)'을 조합한 글자임. 금문(金文)에서는 '두 벼슬아치(夫+夫)가 임무를 교대하는 모습'이고, 전문(篆文)에서는 '두 벼슬아치(夫+夫)가 큰 소리(曰)를 질러 업무 인수인계를 하고 교대하는 모습'에서 '바꾸다/교대하다/갈마들다'는 뜻을 나타낸다ㅣ

🐛 **例文** ① 交替(교체) ② 移替(이체) ③ 代替(대체) ④ 立替(입체)

輦 = 夫 + 夫 + 車
1급/15획 　　　(손수레 **련**)

🐛 **解說** '夫+夫(지아비 부)'와 '車(수레 거/차)'를 조합한 글자임. '두 사람(夫+夫)이 앞에서 수레(車)를 끄는 모습'에서 '손수레'라는 뜻을 나타낸다. ＊중국 간체자(簡體字)에서는 '辇'으로 표기한다.

🐛 **例文** ① 輦車(연차 ; 손수레) ② 玉輦(옥련 ; 임금이 타는 수레)

1

付 = 人 + 寸

金文　篆文

| 3급/5획 | (부칠/줄 **부**) |

解說 ‘人(사람 인)’과 ‘寸(마디 촌)’을 조합한 글자임. ‘손(寸)에 든 물건을 남(人)에게 건네주다’는 데서 ‘(남에게 무엇을) 주다/부탁하다/(물건을 먼 곳으로) 부치다/(물건이) 달라붙다’는 뜻을 나타낸다.

例文 ① 交付(교부) ② 付託(부탁) ③ 配付(배부) ④ 付着(부착)

2

附 = 阜 + 付

| 3급/8획 | (붙을/붙일 **부**) |

解說 ‘阜(언덕/사다리 부)’와 ‘付(부칠/줄 부)’를 조합한 글자임. ‘큰 산 옆에 나지막한 언덕(阜)이 붙어(付)있다’는 데서 ‘(무엇이) 붙다/(무엇을) 붙이다’는 뜻을 나타낸다.

例文 ① 附加稅(부가세) ② 寄附(기부) ③ 附設(부설) ④ 附和雷同(부화뇌동)

3

符 = 竹 + 付

| 3급/11획 | (부호/증거 **부**) |

解說 ‘竹(대나무 죽)’과 ‘付(부칠/줄 부)’를 조합한 글자임. ‘대쪽(竹)에 글을 새겨서 증거로 쪼개어 준다(付)’는 데서 ‘부호/증거’라는 뜻을 나타낸다.

例文 ① 符號(부호) ② 終止符(종지부) ③ 符籍(부적) ④ 符合(부합)

4 **吩** = 口 + 付

1급 / 8획 　　(분부할 / 불 **부**)

解說　'口(입 구)'와 '付(부칠 / 줄 부)'를 조합한 글자임. '입(口)으로 명령이나 부탁(付)을 한다'는 데서 '분부하다 / (입으로) 불다'는 뜻을 나타낸다. * '분부'는 '윗사람의 당부'나 '명령'의 높임말임.

例文　① 吩咐(분부 ; 윗사람의 부탁이나 명령)

5 **駙** = 馬 + 付

1급 / 15획 　　(부마 **부**)

解說　'馬(말 마)'와 '付(부칠 / 줄 부)'를 조합한 글자임. '임금의 수레에 딸린(付) 말(馬)을 탄 사람에게 주는 칭호'라는 데서 '임금의 사위'라는 뜻을 나타낸다. * 중국 간체자(簡體字)에서는 '驸'로 표기한다.

例文　① 駙馬(부마)　② 駙馬都尉(부마도위 ; 駙馬)

6 **府** = 广 + 付

4급 / 8획 　　(마을 / 관청 **부**)　　金文　　篆文

解說　'广(집 엄)'과 '付(부칠 / 줄 부)'를 조합한 글자임. '백성들에게 주고(付)받은 문서를 보관하는 건물(广)'이라는 데서 '마을(官衙) / 관청(官廳)'이라는 뜻을 나타낸다.

例文　① 政府(정부)　② 府庫(부고 ; 궁중의 물품 창고)　③ 司憲府(사헌부)

7 **腐** = 府 + 肉

3급 / 14획 　　(썩을 / 낡을 **부**)

解說　'府(마을 / 관청 부)'와 '肉(몸 / 고기 육)'을 조합한 글자임. 냉장고가 없던 시절 '곳간(府)에 오래 보관해 둔 고기(肉)가 썩다'는 데서 '썩다 / 부패하다'는 뜻을 나타낸다.

例文　① 豆腐(두부)　② 腐敗(부패)　③ 腐心(부심)　④ 防腐劑(방부제)

8 **俯** = 人 + 府

1급 / 10획 (구부릴 / 굽어볼 **부**)

解說 '人(사람 인)'과 '府(마을 / 관청 부)'를 조합한 글자임. '관청(府)의 벼슬아치(人)에게 몸을 구부린다', 또는 '관청(府)의 벼슬아치(人)가 백성을 굽어살피다'는 데서 '몸을 구부리다 / 머리를 숙이다 / 굽어보다'는 뜻으로 발전하여 쓰이게 되었다.

例文 ① 俯瞰(부감 ; 굽어봄) ② 俯伏(부복 ; 고개 숙여 엎드림)

9 **腑** = 肉 + 府

1급 / 12획 (육부 **부**)

解說 '肉(몸 / 고기 육)'과 '府(마을 / 관청 부)'를 조합한 글자임. '몸(肉)의 내장이 보관되어 있는 곳(府)'이라는 데서 '육부(六腑)'라는 뜻을 나타낸다. ＊'肉(몸 / 고기 육)'이 다른 글자와 조합하여 글자 왼쪽에 오면 '月(육달월)'로 글자 모양이 바뀐다.

例文 ① 肺腑(폐부) ② 五臟六腑(오장육부 ; 心臟 / 肝臟 / 脾臟 / 肺臟 / 腎臟과, 大腸 / 小腸 / 胃 / 膽 / 膀胱 / 三焦)

1 | 阜 | | 𨸏 | 𨸏 | 𨸏 |

| 2급/8획 | (언덕 / 사다리 **부**) | 甲骨文字 1 | 甲骨文字 2 | 篆文 |

解說 '하늘의 신(神)이 오르내리는 사다리', 또는 '험한 산비탈이 계단처럼 층층으로 된 높은 언덕'을 본뜬 글자로, '높은 언덕 / 높낮이가 있는 땅 / 사다리' 라는 뜻을 나타낸다.
　* 阜(언덕/사다리 부)가 다른 글자와 조합하여 글자 왼쪽에 오면 '阝 (좌부변)' 으로 글자 모양이 바뀌는데, 학자에 따라서 '阝 (좌부방)' 이라고 하기도 한다.

例文 ① 左阜邊(좌부변) ② 右阜傍(우부방)

2 埠 = 土 + 阜

| 1급/11획 | (부두 **부**) |

解說 '土(흙 토)'와 '阜(언덕/사다리 부)'를 조합한 글자임. '토석(土石)을 쌓아서 배를 대도록 만든 언덕(阜)' 이라는 데서 '부두' 라는 뜻을 나타낸다.

例文 ① 埠頭(부두)

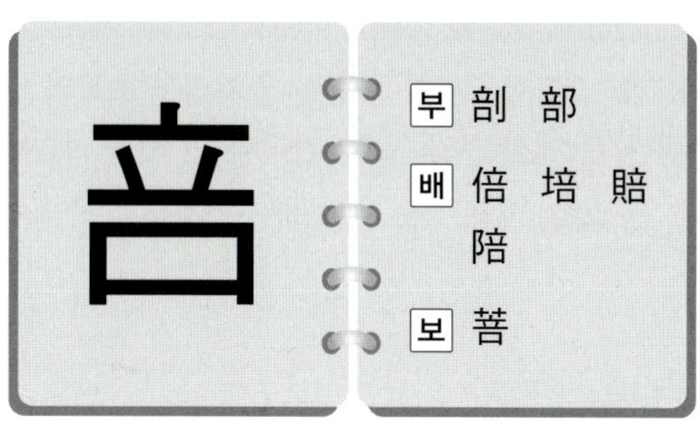

부	剖	部
배	倍	培	賠
	陪
보	蔀

---

1 **剖** = 音 + 刀 篆文

| 1급 / 10획 | (쪼갤 **부**) | 篆文 |

🐛 **解說** '音(갈라질 부)'와 '刀(칼 도)'를 조합한 글자임. '갈라지도록(音) 칼(刀)로 쪼갠다'는 데서 '쪼개다/가르다/갈라지다'는 뜻을 나타낸다. * '音(갈라질 부)'는 '초목의 열매가 익어 벌어지다'는 뜻임.

🐛 **例文** ① 解剖(해부) ② 剖檢(부검) ③ 剖棺斬屍(부관참시)

---

2 **部** = 音 + 邑 篆文

| 6급 / 11획 | (떼 / 거느릴 / 분류 / 마을 **부**) | 篆文 |

🐛 **解說** '音(갈라질 부)'와 '邑(고을 읍)'을 조합한 글자임. '나라를 다스리기 쉽게 여러 고을(邑)로 나눈다(音)'는 데서 '무리/떼/마을/거느리다'는 뜻을 나타낸다.

🐛 **例文** ① 部落(부락) ② 部署(부서) ③ 外部(외부) ④ 內部(내부) ⑤ 部隊(부대)

---

3 **倍** = 人 + 音 篆文

| 5급 / 10획 | (곱 / 곱절 **배**) | 篆文 |

🐛 **解說** '人(사람 인)'과 '音(갈라질 부)'를 조합한 글자임. '여럿이 함께 모인 사람(人)들이 여러 그룹으로 갈라서다(音)'는 데서 '곱/곱절'이라는 뜻을 나타낸다.

🐛 **例文** ① 倍加(배가) ② 百倍(백배) ③ 倍增(배증)

4	培 = 土 + 咅	
	3급11획	(북돋울 / 가꿀 **배**)

解說　‘土(흙 토)’와 ‘咅(갈라질 부)’를 조합한 글자임. ‘초목의 밑동 근처로 흙(土)을 파고 갈라서(咅) 긁어올린다’는 데서 ‘북돋우다 / 가꾸다’는 뜻을 나타낸다.

例文　① 培養(배양)　② 栽培(재배)　③ 培植(배식 ; 식물을 북돋우어 심음)

5	賠 = 貝 + 咅	
	2급 / 15획	(물어줄 **배**)

解說　‘貝(돈 / 재물 / 조개 패)’와 ‘咅(갈라질 부)’를 조합한 글자임. ‘남의 재산(貝)을 망가뜨리게(咅) 되면 물어주어야 한다’는 데서 ‘물어주다 / 배상하다’는 뜻을 나타낸다.

例文　① 損害賠償(손해배상)　② 賠償金(배상금)

6	陪 = 阜 + 咅	
	1급 / 11획	(모실 **배**)

解說　‘阜(언덕 / 사다리 부)’와 ‘咅(갈라질 부)’를 조합한 글자임. ‘하늘의 신(神)이 오르내리는 사다리(阜)가 있는 신성한 곳으로 분리된(咅) 장소에서 신(神)을 모신다’는 데서 ‘(윗사람을) 모시다 / 돕다’는 뜻을 나타낸다. ＊阜(언덕 / 사다리 부)가 다른 글자와 조합하여 글자 왼쪽에 오면 ‘阝 (좌부변)’으로 글자 모양이 바뀐다.

例文　① 陪席(배석 ; 어른과 자리를 함께 함)　② 陪審員(배심원)

7	菩 = 艸 + 咅	
	1급 / 12획	(보살 / 보리수 **보**)

解說　‘艸(풀 초)’와 ‘咅(갈라질 부)’를 조합한 글자로, ‘보살 / 보리수’라는 뜻을 나타낸다. ＊중국 간체자(簡體字)에서는 ‘菩(11획)’으로 표기한다. ＊‘艸(풀 초)’가 다른 글자와 조합하여 글자 위쪽에 오면 ‘艹(초두머리)’로 글자 모양이 바뀐다.

例文　① 菩提樹(보리수)　② 菩薩(보살)

부	專 簿 敷
	傅 賻
박	博 薄 搏
	膊 縛

---

1 **專** = 甫 + 寸

| 10획 | (널리심을 **부**) | 甲骨文字 | 金文 | 篆文 |

解說 ‘甫(클/모종 보)’와 ‘寸(손/마디 촌)’을 합친 글자임. ‘甫(클/모종 보)’는 ‘屮(싹 날 철)’과 ‘田(밭 전)’을 조합하여 ‘묘목/모종의 뿌리를 흙과 함께 단단히 뭉친 형태’의 글자로, ‘논밭(田)에 모종(屮)을 널리 심는다’는 데서 ‘넓고 크다’는 뜻을 나타내며, ‘專(널리 심을 부)’는 ‘논밭(田)에 모종(甫)을 질서(寸) 있게 심는다’는 데서 ‘모종을 널리 심다/널리 펴다’라는 뜻을 나타낸다. *‘寸(손/손목/법도/마디 촌)’은 ‘손목의 마디’, 또는 ‘손가락 굵기’ 등을 나타내는 글자로 ‘치수/법/질서’를 의미하는 글자이다.

---

2 **簿** = 竹 + 溥

| 3급/19획 | (문서/장부 **부**) |

解說 ‘竹(대나무 죽)’과 ‘溥(넓을/두루미칠 부)’를 조합한 글자임. ‘종이가 없던 시대에 넓죽한(溥) 대쪽(竹)에다 기록해 둔다’는 데서 ‘문서/장부’라는 뜻을 나타낸다. *일본 상용한자에서는 ‘簿’으로 글자 모양이 약간 다르게 바뀐다.

例文 ① 帳簿(장부) ② 出席簿(출석부) ③ 名簿(명부) ④ 簿記(부기)

---

3 **敷** = 専 + 攴

| 2급/15획 | (펼/깔 **부**) | | 篆文 |

解說 금문(金文)과 전문(篆文)에서는 '尃(펼 부)'와 '攴(칠/때릴/다스릴 복)'을 조합한 글자임. '손(寸)'으로 모종(甫)을 심고 흙을 다진다(攴)'는 데서 '(모종을) 널리 심다/(행정 명령을) 널리 펴다/(물건을 평평하게 넓게) 깔다'는 뜻으로 발전하여 쓰이게 되었다. *손(又)에 몽둥이/매를 들고 있는 모습의 '攴(칠/때릴/다스릴 복)'이 다른 글자와 조합하여 글자 오른쪽에 오면 '攵'으로 글자 모양이 바뀐다. *일본 상용한자에서는 '敷'으로 글자 모양이 약간 다르게 표기한다.

例文 ① 敷地(부지) ② 高水敷地(고수부지) ③ 敷衍說明(부연설명)

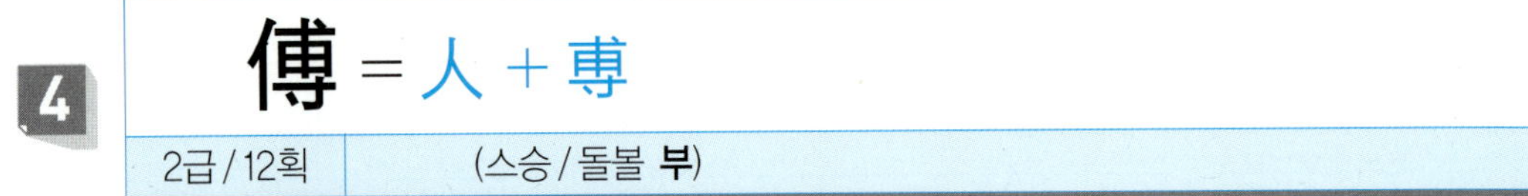

解說 '人(사람 인)'과 '尃(널리심을 부)'를 조합한 글자임. '농사를 지을 때 손(寸)으로 모종(甫)을 심는 법부터 가르쳐 주는 사람(人)'이라는 데서 '스승/돌보다/돕다'는 뜻을 나타낸다. *'傳(전할 전)'과 비슷하므로 주의를 요하는 글자이다.

例文 ① 師傅(사부 ; 스승)

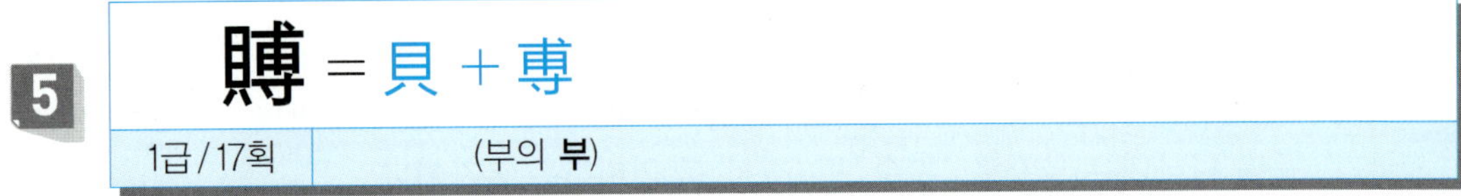

解說 '貝(돈/재물/조개 패)'와 '尃(널리심을 부)'를 조합한 글자임. '초상집을 돕기 위해 재물(貝)을 베풀다(尃)'는 데서 '부의/부의하다'는 뜻을 나타낸다. *중국 간체자(簡體字)에서는 '赙'로 표기한다.

例文 ① 賻儀(부의) ② 賻儀金(부의금)

解說 '十(열 십)'과 '尃(널리심을 부)'를 조합한 글자임. '여러(十) 방면에 널리(尃) 통한다'는 데서 '(학식이) 넓다/많다'는 뜻을 나타낸다. *일본 상용한자에서는 '博'으로 글자 모양이 약간 다르게 표기한다.

例文 ① 博士(박사) ② 博識(박식) ③ 博覽會(박람회) ④ 博物館(박물관)

7 薄 = 艸 + 溥

3급 / 17획   (엷을 **박**)

解說   '艸(풀 초)'와 '溥(넓을/두루미칠 부)'를 조합한 글자임. '잡초(艸)가 널리 퍼져 (溥) 있는 초원'이라는 데서 '(두꺼운 수풀과 비교하여) 얇다/엷다'는 뜻을 나타낸다. *일 본 상용한자에서는 '薄(16획)'으로 글자 모양이 약간 다르게 표기한다. *'艸(풀 초)'가 다 른 글자와 조합하여 글자 위쪽에 오면 '艹(초두머리)'로 글자 모양이 바뀐다.

例文   ① 薄俸(박봉)   ② 薄福(박복)   ③ 薄待(박대)   ④ 薄氷(박빙)

8 搏 = 手 + 尃

1급 / 13획   (두드릴/칠 **박**)

解說   '手(손 수)'와 '尃(널리심을 부)'를 조합한 글자임. '모종(甫)을 심고(尃) 손(手)으 로 흙을 덮어 두드린다'는 데서 '두드리다/치다'는 뜻을 나타낸다. *'手(손 수)'가 다른 글자와 조합하여 글자 왼쪽에 오면 '扌(손수변)'으로 글자 모양이 바뀐다.

例文   ① 脈搏(맥박)   ② 龍虎相搏(용호상박)   ③ 搏殺(박살 ; 손으로 쳐서 죽임)

9 膊 = 肉 + 尃

1급 / 14획   (팔뚝/어깨 **박**)

解說   '肉(몸/고기 육)'과 '尃(널리심을 부)'를 합친 글자임. '모종(甫)을 심을(尃) 때 팔 뚝/어깨에 힘을 준다'는 데서 '팔뚝/어깨'라는 뜻을 나타낸다. *'肉(몸/고기 육)'이 다른 글자와 조합하여 글자 왼쪽에 오면 '月(육달월)'로 글자 모양이 바뀐다.

例文   ① 上膊(상박)   ② 下膊(하박)

10 縛 = 糸 + 尃

1급 / 16획   (얽을/묶을 **박**)

解說   '糸(실 사)'와 '尃(널리심을 부)'를 조합한 글자임. '모종(甫)을 손(寸)에 움켜쥐듯 이 줄(糸)로 꽁꽁 묶는다'는 데서 '얽다/묶다'는 뜻을 나타낸다.

例文   ① 結縛(결박)   ② 束縛(속박)   ③ 捕縛(포박)

1 浮 = 水 + 孚

| 3급/10획 | (뜰/띄울 **부**) | 金文 | 篆文 |

解說 '水(물 수)'와 '孚(기를/미쁠 부)'를 조합한 글자임. '물(水)속으로 가라앉으려고 하는 아이(子)를 손(爪)으로 띄우다'는 데서 '(물에) 뜨다/띄우다'는 뜻을 나타낸다. '孚(기를/미쁠 부)'는 어머니가 손(爪)으로 아기(子)를 끌어안고 있는 상황임.

例文 ① 浮上(부상) ② 浮力(부력) ③ 浮橋(부교) ④ 浮沈(부침) ⑤ 浮標(부표)

2 孵 = 卵 + 孚

| 1급/14획 | (알깔/알깰 **부**) |

解說 '卵(알 란)'과 '孚(기를/미쁠 부)'를 조합한 글자임. '부모가 아이를 기르듯이(孚) 새가 알(卵)을 끌어안아 키운다'는 데서 '알까다/알깨다'는 뜻이다.

例文 ① 孵化(부화) ② 孵化場(부화장) ③ 孵卵器(부란기)

3 乳 = 孚 + 乙

| 4급/8획 | (젖 **유**) | 甲骨文字 | 篆文 |

解說 '孚(기를/미쁠 부)'와 '乙'을 조합한 글자임. 갑골문자(甲骨文字)에서는 '어머니가 아이를 끌어안고(孚) 젖꼭지(乙)를 물리다'에서 '젖/젖을 먹이다'는 뜻이다.

例文 ① 乳兒(유아) ② 牛乳(우유) ③ 母乳(모유) ④ 乳酸菌(유산균)

1

北		𠈌	𠈌	𠈌
8급 / 5획	(북녘 **북** / 달아날 **배**)	甲骨文字	金文	篆文

解說 '왕(王)은 어떤 의식을 행하거나 왕좌에 앉을 때, 많은 신하들(比)과 함께 남쪽을 보고 자리에 앉는 관습이 있는데, 왕에게 등을 돌린다(北)는 것은 왕을 배신하여 북쪽 지방으로 달아난다'는 데서 '북쪽 / 북쪽으로 달아나다'는 뜻을 나타낸다. * '따뜻한 남쪽을 보며 사이좋게 지내던 두 사람(比) 중에서 한 사람이 북쪽으로 돌아앉아 등을 맞대고 있는 모습'으로 연상하여 외워도 된다. * '比(견줄 비)'는 '두 사람이 우향우(右向右)하며 나란히 서 있는 모습'의 글자이다.

例文 ① 北斗七星(북두칠성) ② 北方(북방) ③ 北韓(북한) ④ 敗北(패배) ⑤ 北窓三友(북창삼우) ⑥ 北馬南船(북마남선) ⑦ 北門之歎(북문지탄)

2

背 = 北 + 肉		篆文
4급 / 9획	(등 / 등질 **배**)	

解說 '北(달아날 배)'와 '肉(몸 / 고기 육)'을 조합한 글자임. '두 사람이 등지고(北) 몸(肉)을 맞대고 있는 모습'에서 '등 / 등지다'는 뜻을 나타낸다. * '肉(몸 / 고기 육)'이 다른 글자와 조합하여 글자 아래쪽에 오면 '月(육달월)'로 글자 모양이 바뀐다.

例文 ① 背信(배신) ② 背景(배경) ③ 背後(배후) ④ 背恩忘德(배은망덕) ⑤ 背水之陣(배수지진)

1

分 = 八 + 刀

| 6급/4획 | (나눌/분별할 **분**) | 甲骨文字 | 金文 | 篆文 |

解說 '八'과 '刀(칼 도)'를 조합한 글자임. '어떤 물건을 칼(刀)로 쪼개어 양쪽(八)으로 나누다'는 데서 '나누다/분별하다'는 뜻을 나타낸다.

例文 ① 分家(분가) ② 分割(분할) ③ 三權分立(삼권분립) ④ 一部分(일부분)

2

粉 = 米 + 分

| 4급/10획 | (가루 **분**) |

解說 '米(쌀 미)'와 '分(나눌 분)'을 조합한 글자임. '쌀(米)을 빻아서(分) 만든 것'이라는 데서 '쌀 가루/(쌀 가루로) 분바르다'는 뜻을 나타낸다.

例文 ① 粉食(분식) ② 粉末(분말) ③ 花粉(화분) ④ 粉骨碎身(분골쇄신)

3

紛 = 糸 + 分

| 3급/10획 | (어지러울 **분**) |

解說 '糸(실 사)'와 '分(나눌 분)'을 조합한 글자임. '실(糸)이 여러 갈래로 갈라져(分) 엉키어 있다'는 데서 '어지럽다/엉클어지다'는 뜻을 나타낸다.

例文 ① 紛爭(분쟁) ② 內紛(내분) ③ 紛糾(분규) ④ 紛失物(분실물)

4 芬 = 艸 + 分

2급/8획　　　(향기 **분**)

解説　'艸(풀 초)'와 '分(나눌 분)'을 조합한 글자임. '초목(艸)이 여러 곳으로 향기를 분산하다(分)'는 데서 '향기'라는 뜻을 나타낸다. *중국 간체자(簡體字)에서는 '芬(7획)'으로 표기한다. *'艸(풀 초)'가 다른 글자와 조합하여 글자 위쪽에 오면 '艹(초두머리)'로 글자 모양이 바뀐다.

例文　① 芬芳(분방 ; 향기)　② 蘭芬(난분 ; 난 향기)

5 吩 = 口 + 分

1급/7획　　　(분부할 **분**)

解説　'口(입 구)'와 '分(나눌 분)'을 조합한 글자임. '입(口)으로 명령이나 부탁을 여러 사람에게 나누어(分) 주다'는 데서 '분부하다'는 뜻을 나타낸다. *'분부'는 '윗사람의 당부'나 '명령'의 높임말임.

例文　① 吩咐(분부 ; 윗사람의 명령이나 부탁)

6 扮 = 手 + 分

1급/7획　　　(꾸밀 **분**)

解説　'手(손 수)'와 '分(나눌 분)'을 조합한 글자임. '손(手)으로 재료를 조금씩 나누어(分) 사용하며 예쁘게 꾸민다'는 데서 '꾸미다/장식하다'는 뜻을 나타낸다. *'手(손 수)'가 다른 글자와 조합하여 글자 왼쪽에 오면 '扌(손수변)'으로 글자 모양이 바뀐다.

例文　① 扮裝(분장)　② 扮飾會計(분식회계)　③ 扮飾決算(분식결산)

7 忿 = 分 + 心

1급/8획　　　(성낼 **분**)

解説　'分(나눌 분)'과 '心(마음 심)'을 조합한 글자임. '화가 날 일이 생겨서 심장(心)이 쪼개진다(分)'는 데서 '성내다/화내다'는 뜻을 나타낸다.

例文　① 忿怒(분노 ; 憤怒)　② 激忿(격분)

8 盆 = 分 + 皿

1급 / 9획 　　　　(동이 **분**)

解說　'分(나눌 분)'과 '皿(그릇 명)'을 조합한 글자임. '깨지기(分) 쉬운 그릇(皿)'이라는 데서 '동이 / 질그릇'이라는 뜻을 나타낸다.

例文　① 盆栽(분재) ② 覆盆子(복분자) ③ 花盆(화분)

9 雰 = 雨 + 分

1급 / 12획 　　　　(눈날릴 / 안개 **분**)

解說　'雨(비 우)'와 '分(나눌 분)'을 조합한 글자임. '하늘(天)에서 떨어지는 빗방울(雨)이 흩어져(分) 쪼개지고 또 쪼개져 생긴 것'이라는 데서 '안개 / 눈이 날리다'는 뜻을 나타낸다.

例文　① 雰圍氣(분위기) ② 濃雰(농분 ; 짙은 안개)

10 頒 = 分 + 頁

1급 / 13획 　　　(나눌 / 널리퍼뜨릴 **반**)

解說　'分(나눌 분)'과 '頁(머리 혈)'을 조합한 글자임. '신(神) 앞에 머리(頁)를 숙여 엎드려 숭배하는 일을 분담(分擔)한다는 것을 널리 알린다'는 데서 '나누어 주다 / 널리 퍼뜨리다'는 뜻을 나타낸다. *중국 간체자(簡體字)에서는 '颁(10획)'으로 표기한다.

例文　① 頒布(반포 ; 널리 알림) ② 頒給(반급 ; 임금이 봉록을 나누어 줌)

11 貧 = 分 + 貝

4급 / 11획 　　　　(가난할 **빈**)

解說　'分(나눌 분)'과 '貝(돈 / 재물 / 조개 패)'를 조합한 글자임. '재물(貝)을 헛되이 나눈(分) 결과 재산이 적어지다'는 데서 '가난하다 / 모자라다'는 뜻을 나타낸다. *중국 간체자(簡體字)에서는 '贫(8획)'으로 표기한다.

例文　① 貧富(빈부) ② 極貧(극빈) ③ 貧民(빈민) ④ 貧困(빈곤) ⑤ 淸貧(청빈)

불	不	부	否
배	杯		胚
비	丕		
왜	歪		
하	下		
변	卞	상	上

1

不		否	又	朩
7급/4획	(아니 **불/부**)	甲骨文字	金文	篆文

解說　갑골문자(甲骨文字)와 금문(金文)에서는, '볼록하게 부푼 씨방'을 본뜬 상형문자로, '씨방은 아직 씨앗이 아니다'는 데서 '아직 아니다/어떤 상태가 옳지 않다'는 부정의 뜻으로 발전하여 쓰이게 되었다. ＊'ㄷ'과 'ㅈ' 발음나는 글자 앞에서는 '부'로 읽고, 그 외는 '불'로 읽는다.

例文　① 不良(불량)　② 不滿(불만)　③ 不正行爲(부정행위)　④ 不實(부실)하다　⑤ 不可思議(불가사의)　⑥ 不俱戴天(불구대천)　⑦ 不問可知(불문가지)　⑧ 不問曲直(불문곡직)　⑨ 不撓不屈(불요불굴)　⑩ 不要不急(불요불급)　⑪ 不撤晝夜(불철주야)　⑫ 不恥下問(불치하문)　⑬ 不偏不黨(불편부당)　⑭ 不死鳥(불사조)　⑮ 不誠實(불성실)

2

否 ＝ 不 ＋ 口

4급/7획	(아닐/틀릴 **부**)

解說　'不(아니 부)'와 '口(입 구)'를 조합한 글자임. '입(口)으로 아니다(不)하고 강하게 부정하다'는 데서 '어떤 행동을 …하지 않는다'는 뜻을 나타낸다.

例文　① 否定(부정)　② 否決(부결)　③ 否認(부인)　④ 拒否(거부)

3

杯 ＝ 木 ＋ 不

3급/8획	(잔/대접 **배**)

解說 '木(나무 목)'과 '不(아니 부)'를 조합한 글자임. '나무(木)로 만든 표주박(不) 같은 술잔'이라는 데서 '잔/대접'이라는 뜻을 나타낸다. * '盃'는 속자(俗字)임.

例文 ① 祝杯(축배) ② 乾杯(건배) ③ 苦杯(고배) ④ 優勝杯(우승배)

4

$$胚 = 肉 + 丕$$

1급/9획	(아기밸 **배**)

解說 '肉(몸/고기 육)'과 '丕(클 비)'를 조합한 글자임. '씨방(不)에서 씨앗이 자라듯이 몸속(肉)에서 아기가 자란다'는 데서 '아기를 배다/임신하다'는 뜻을 나타낸다. * '肉(몸/고기 육)'이 다른 글자와 조합하여 글자 왼쪽에 오면 '月(육달월)'로 글자 모양이 바뀐다.

例文 ① 胚芽(배아) ② 胚葉(배엽 ; 세포층)

5

$$丕 = 不 + 一$$

2급/5획	(클/으뜸 **비**)

解說 '不(아니 부)'와 '一(한 일)'을 조합한 글자임. '일(一)보다 더 앞선 글자는 없다(不)'는 데서 '크다/으뜸이다'는 뜻을 나타낸다.

例文 ① 丕子(비자 ; 임금의 嫡長子) ② 丕業(비업 ; 큰 사업)

6

$$歪 = 不 + 正$$

2급/9획	(기울/비뚤 **왜**)

解說 '不(아니 부)'와 '正(바를 정)'을 조합한 글자임. '똑바르지(正) 않다(不)'는 데서 '바르지 않다/비뚤다'는 뜻을 나타낸다.

例文 ① 歪曲(왜곡) ② 歪詩(왜시 ; 격식에 안 맞는 漢詩)

7

$$下 = 一 + 、$$

7급/3획	(아래 **하**)		甲骨文字	金文	篆文

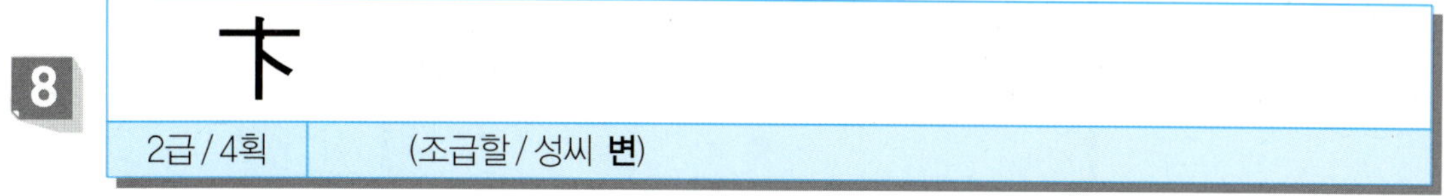

解說 갑골문자(甲骨文字)와 금문(金文)에서는 '하나의 기준선(一) 아래에 점(ヽ)을 표시'하였고, 전문(篆文)에서는 '하나의 기준선(一) 아래로 일직선(丨)을 그은 글자'로 묘사하여 추상적으로 '아래쪽'이라는 뜻을 나타내는 지사문자(指事文字)이다.

例文 ① 下級(하급) ② 下落(하락) ③ 下流(하류)

8

卞

2급 / 4획	(조급할 / 성씨 **변**)

解說 '머리가 풀어지지 않게 고깔모자를 쓰고, 또는 머리를 싸매고 빠르게 춤을 추는 모양'의 상형문자로, '조급하다'는 뜻을 나타낸다.

例文 ① 卞急(변급 ; 조급함)

9

上

7급 / 3획	(윗 **상**)	甲骨文字	金文 1	金文 2	篆文

解說 갑골문자(甲骨文字)와 금문(金文)에서는 '하나의 기준선(一) 위쪽에 점(一)을 표시함'으로써 추상적으로 '위/위쪽'이라는 뜻을 나타내는 지사문자(指事文字)이다.

例文 ① 上下(상하) ② 上流(상류) ③ 上半期(상반기) ④ 上半身(상반신) ⑤ 上天下地(상천하지) ⑥ 上濁下不淨(상탁하부정)

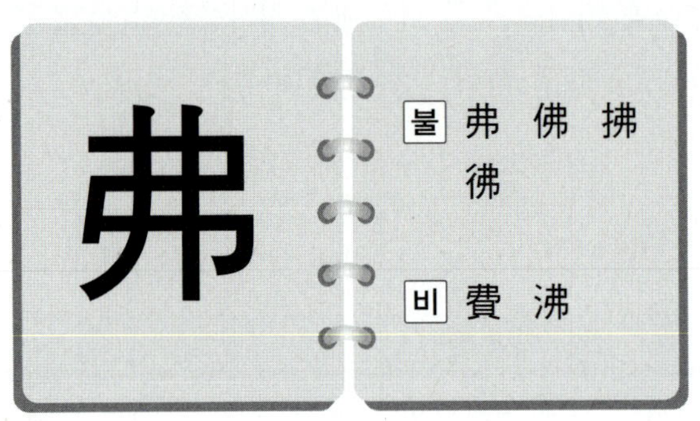

1

弗			
2급/5획	(아니/말/달러/원소 **불**)	甲骨文字	金文	篆文

解說　갑골문자(甲骨文字)와 금문(金文)에서는 '두세 개의 똑바른 나무막대를 단으로 묶어 둔 모양'을 본뜬 상형문자에서 발전하여 '아니다/떨어버리다'는 뜻을 나타내는데, '미국 달러화(dollar貨)/불소(弗素)'라는 뜻을 나타내는 데에도 사용한다. * '단으로 묶어 둔 나무'는 특별한 목적으로 사용하려고, 아마도 '더러움을 떨쳐버렸거나, 일반 목재로 사용하지 못하게 따로 구별시켜 놓았다'는 뜻의 글자인 것 같다.

例文　① 弗素(불소)　② 美弗(미불 ; 미국 달러)

2

佛 = 人 + 弗	
4급/7획	(부처/불교 **불**)

解說　'人(사람 인)'과 '弗(불)'을 조합한 글자로, '부처/불교'라는 뜻을 나타낸다. * 일본 상용한자에서는 '仏(4획)'으로 표기한다.

例文　① 佛教(불교)　② 佛家(불가)　③ 佛經(불경)　④ 佛像(불상)

3

拂 = 手 + 弗	
3급/8획	(떨칠/털 **불**)

解說 '手(손 수)'와 '弗(불)'을 조합한 글자임. '특별한 목적으로 사용할 나뭇단(弗)에 묻은 더러움 따위를 손(手)으로 떨쳐버린다'는 데서 '떨치다/털다'는 뜻을 나타낸다. *일본 상용한자에서는 '払(5획)'으로 표기한다.

例文 ① 支拂(지불) ② 完拂(완불) ③ 後拂(후불) ④ 還拂(환불) ⑤ 拂拭(불식)

4

$$拂 = 彳 + 弗$$

1급/8획	(비슷할 **불**)

解說 '彳(조금씩걸을 척)'과 '弗(불)'을 조합한 글자임. '특별한 목적으로 사용할 나뭇단(弗)이 사람 모양(彳)과 비슷하다'는 데서 '비슷하다'는 뜻을 나타낸다.

例文 ① 실전(實戰)을 彷彿(방불)케 하는 훈련

5

$$費 = 弗 + 貝$$

5급/12획	(쓸/비용 **비**)	金文	篆文

解說 '弗(불)'과 '貝(돈/재물/조개 패)'를 조합한 글자임. '특별한 목적으로 사용할 나뭇단(弗)을 사기 위해 돈(貝)을 지불한다'는 데서 '(돈을) 쓰다/비용'이라는 뜻을 나타낸다. *중국 간체자(簡體字)에서는 '费(9획)'으로 표기한다.

例文 ① 費用(비용) ② 旅費(여비) ③ 出張費(출장비) ④ 浪費(낭비)

6

$$沸 = 水 + 弗$$

1급/8획	(끓을/끓일 **비**)

解說 '水(물 수)'와 '弗(불)'을 조합한 글자임. '특별한 목적으로 사용할 나뭇단(弗)을 물(水)에 삶다'는 데서 '물을 끓이다/물이 끓다'는 뜻을 나타낸다. *'水(물 수)'가 다른 글자와 조합하여 글자 왼쪽에 오면 '氵(삼수변)'으로 글자 모양이 바뀐다.

例文 ① 沸湯(비탕 ; 끓는 물) ② 沸騰點(비등점)

1

朋 = 貝 + 貝

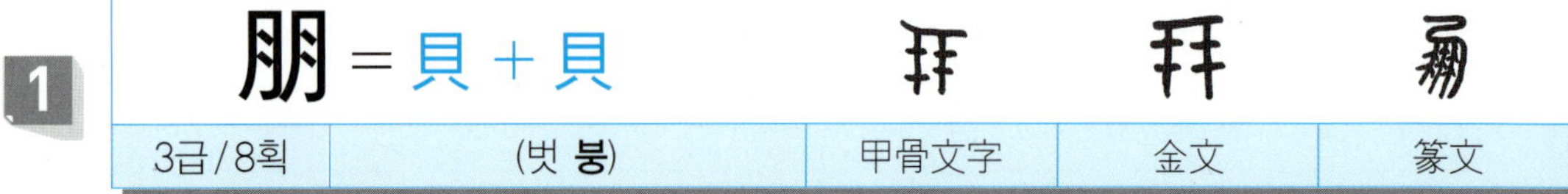

3급/8획	(벗 붕)	甲骨文字	金文	篆文

解說 '貝(조개 패)' 두 글자를 조합한 글자임. 갑골문자(甲骨文字)와 금문(金文)에서는 '여러 개의 조개(貝)를 실로 꿰어서 두 줄로 나란히 늘어놓은 모양'이고, 전문(篆文)에서는 '봉황새가 날면 뭇 새들이 뒤따라 날아간다'는 데서 '패거리/벗/동무'라는 뜻을 나타내게 되었다. * 중국 간체자(簡體字)에서는 '朋'으로 글자 모양이 약간 다르게 표기한다.

例文 ① 朋友有信(붕우유신) ② 朋黨(붕당 ; 뜻이 같은 사람끼리 모인 단체)

2

崩 = 山 + 朋

3급/11획	(무너질/죽을 붕)

解說 '山(메/뫼 산)'과 '朋(벗 붕)'을 조합한 글자임. '산(山)이 "붕(朋)"하고 소리를 내면서 무너진다'는 데서 '무너지다'는 뜻을 나타낸다고 한다. * 중국 간체자(簡體字)에서는 '崩'으로 글자 모양이 약간 다르게 표기한다.

例文 ① 崩壞(붕괴)되다 ② 崩御(붕어 ; 임금이 사망함)

3

鵬 = 朋 + 鳥

2급/11획	(새 붕)

解說 ‘朋(벗 붕)’과 ‘鳥(새 조)’를 조합한 글자로 ‘봉황새’라는 뜻인데, 주로 인명(人名)에 사용한다. *중국 간체자(簡體字)에서는 ‘鹏’으로 글자 모양이 약간 다르게 표기한다.

例文 ① 李起鵬(이기붕) ② 鵬程萬里(붕정만리)

---

4 棚 = 木 + 朋

1급 / 12획   (사다리/선반 **붕**)

解說 ‘木(나무 목)’과 ‘朋(벗 붕)’을 조합한 글자임. ‘기다란 나무(木) 2개(朋)를 묶어 가로로 건너질러 사다리 모양으로 놓은 다리/시렁’이라는 데서 ‘사다리/시렁/棧橋(잔교)’라는 뜻을 나타낸다. *일본 상용한자와 중국 간체자(簡體字)에서는 ‘棚’으로 글자 모양이 약간 다르게 표기한다.

例文 ① 大陸棚(대륙붕)

---

5 硼 = 石 + 朋

1급 / 13획   (붕산 **붕**)

解說 ‘石(돌 석)’과 ‘朋(벗 붕)’을 조합한 글자로, ‘붕산(硼酸)/붕사(硼砂)’라는 뜻을 나타낸다. *중국 간체자(簡體字)에서는 ‘硼’으로 글자 모양이 약간 다르게 표기한다.

例文 ① 硼酸(붕산) ② 硼素(붕소) ③ 硼砂(붕사)

---

6 繃 = 糸 + 崩

1급 / 17획   (묶을/띠 **붕**)

解說 ‘糸(실 사)’와 ‘崩(무너질 붕)’을 조합한 글자로, ‘등에 업은 아이가 미끄러져 내리지(崩) 않게 띠(糸)로 묶다’는 데서 ‘띠/묶다’는 뜻을 나타낸다. *중국 간체자(簡體字)에서는 ‘绷’으로 표기한다.

例文 ① 繃帶(붕대)

비	匕
질	叱

---

1 匕

1급 / 2획	(비수 / 숟가락 / 구부릴 **비**)	甲骨文字	金文	篆文

解說 갑골문자(甲骨文字)와 금문(金文)에서는 '허리를 구부정하게 하여 엎드린 사람'을 본뜬 글자이나, '숟가락 / 짧은 칼 / 비수(匕首)' 라는 뜻으로도 쓰이고 있다.

例文 ① 匕首(비수) ② 食匕(식비 ; 숟가락) ③ 匕箸(비저)

---

2 叱 = 口 + 匕

1급 / 5획	(꾸짖을 **질**)

解說 '口(입 구)'와 '匕(구부릴 비)'를 조합한 글자임. '구부리고 앉아 있는 사람(匕)에게 말(口)로 꾸짖다', 또는 '칼(匕)로 베듯이 말(口)로 꾸짖다' 는 뜻을 나타낸다.

例文 ① 叱責(질책 ; 꾸짖으며 책망함) ② 叱咤(질타 ; 큰 소리로 꾸짖음)

1 比

| 5급 / 4획 | (견줄 **비**) | 甲骨文字 | 金文 | 篆文 |

解說 '두 사람이 "우향우(右向右)"하며 서 있는 모습'을 본떠서 '겨루다 / 견주다 / 비교하다' 는 뜻을 나타낸다.

例文 ① 比較(비교) ② 比等(비등) ③ 比重(비중) ④ 比率(비율)

2 批 = 手 + 比

| 4급 / 7획 | (비평할 / 밀 **비**) | 篆文 |

解說 전문(篆文)에서는 '手(손 수)'와 '囟(정수리 신)', '比(견줄 비)'를 조합한 글자임. '두 사람(比)을 나란히 세워놓고 손(手)으로 머리부분(囟)을 재어본다' 는 데서 '비평하다' 는 뜻이고, 해서(楷書)에서는 '뒤에 있는 사람이 손(手)으로 앞쪽의 두 사람(比)을 밀다' 는 데서 '(손으로) 밀다' 는 뜻을 나타낸다.

例文 ① 批評(비평) ② 批判(비판) ③ 批准(비준)

3 毘 = 囟 + 比

| 2급 / 9획 | (도울 **비**) | 篆文 |

解說　전문(篆文)에서는 '囟(정수리 신)'과 '比(견줄 비)'를 조합한 글자로, '두 사람(比)의 생각(囟)이 일치하여 서로 도움이 된다'는 뜻이나, 주로 인명(人名)이나 지명(地名)에 사용한다. * '毗'와 동일한 글자임.

例文　① 毘盧(비로)　② 毘盧峰(비로봉)　③ 毘盧殿(비로전 ; 法堂)

4

毖 = 比 + 必

2급 / 9획　　（삼갈 / 고달플 **비**）

解說　'比(견줄 비)'와 '必(반드시 필)'을 조합한 글자임. '두 사람(比) 이상이 모이면 반드시(必) 지켜야 할 예의가 있다'는 데서 '삼가다 / 근신하다 / 고달프다'는 뜻을 나타낸다.

例文　① 懲毖錄(징비록 ; 유성룡이 지은 임진왜란 野史)

5

妣 = 女 + 比

1급 / 7획　　（죽은어미 **비**）

解說　'女(여자 여)'와 '比(견줄 비)'를 조합한 글자임. '돌아가신 아버지와 나란히(比) 묻혀 있는 여자(女)'라는 데서 '죽은 어미'라는 뜻을 나타낸다.

例文　① 妣祖(비조 ; 돌아가신 어머니와 조상)　② 妣考(비고 ; 돌아가신 부모)

6

庀 = 广 + 比

1급 / 7획　　（덮을 / 감쌀 **비**）

解說　'广(집 엄)'과 '比(견줄 비)'를 합친 글자임. '신혼부부 두 사람(比)이 사는 행복한 집(广)'이라는 데서 '덮다 / 감싸다'는 뜻을 나타낸다.

例文　① 庇護(비호)　② 庇護勢力(비호세력)　③ 庇護權(비호권)

7

秕 = 禾 + 比

1급 / 9획　　（쭉정이 **비**）

解說　‘禾(벼 화)’와 ‘比(견줄 비)’를 조합한 글자로, ‘벼(禾)가 고개를 숙이지 않고 똑바로 서(比) 있다’는 데서 ‘쭉정이’이라는 뜻을 나타낸다.

例文　① 秕政(비정 ; 나쁜 정치)　② 秕糠(비강 ; 쭉정이와 겨)

8　砒 ＝ 石 ＋ 比

1급 / 9획　　(비상/비소 **비**)

解說　‘石(돌 석)’과 ‘比(견줄 비)’를 조합한 글자로, 광물질(鑛物質) ‘비상/비소’라는 뜻을 나타낸다.

例文　① 砒霜(비상)　② 砒素(비소)　③ 砒酸(비산)　④ 砒石(비석)

9　琵 ＝ 玉 ＋ 玉 ＋ 比

1급 / 12획　　(비파 **비**)

解說　‘玉＋玉(구슬 옥)’과 ‘比(견줄 비)’를 조합한 글자로, ‘악기(樂器) 비파’라는 뜻을 나타낸다. 여기서 ‘玉＋玉’은 ‘비파의 줄’을, ‘比’는 ‘비파의 몸통’을 묘사한다. ＊玉(구슬 옥)이 다른 글자와 조합하여 글자 위쪽에 오면 ‘王(구슬옥변)’으로 글자 모양이 바뀐다. 이 경우에는 ‘王(임금 왕)’이라고 하지 않음에 유의해야 한다.

例文　① 琵琶(비파)　② 琵琶記(비파기)

10　陛 ＝ 阜 ＋ 比 ＋ 土

1급 / 10획　　(대궐/섬돌 **폐**)

解說　‘阜(언덕/사다리 부)’와 ‘比(견줄 비)’, ‘土(흙 토)’를 조합한 글자임. ‘하늘의 신(神)이 사다리(阜)를 타고 오르내리는 거룩한 곳으로 여러 사람(比)이 올라가기 위해 흙(土)으로 쌓아올려 만든 계단’이라는 데서 ‘섬돌/층계/계단’이라는 뜻을 나타낸다. ＊阜(언덕/사다리 부)가 다른 글자와 조합하여 글자 왼쪽에 오면 ‘阝(좌부변)’으로 글자 모양이 바뀐다. ＊‘섬돌’은, ‘오르내리게 된 돌층계’라는 뜻이다.

例文　① 陛下(폐하)　② 陛見(폐현 ; 폐하를 알현함)

비	非	悲	匪
	扉	蜚	緋
	翡	誹	
배	排	輩	俳
	裴	徘	
죄	罪		

1

非		非	非	非
4급/8획	(아닐 **비**)	甲骨文字	金文	篆文

解說 '서로 대칭이 되는 2개의 물건이 새의 두 날개처럼 서로 반대되는 방향을 향해 있다'는 데서 '어긋나다/아니다/갈라지다/등지다'는 뜻을 나타낸다.

例文 ① 非常口(비상구) ② 非理(비리) ③ 非賣品(비매품) ④ 非命(비명)

2

$$悲 = 非 + 心$$

4급/12획	(슬플 **비**)

解說 '非(아닐 비)'와 '心(마음 심)'을 조합한 글자임. '심장(心)이 둘(非)로 찢어지는 듯한 슬픔'이라는 데서 '슬프다/슬퍼하다'는 뜻을 나타낸다.

例文 ① 悲劇(비극) ② 悲歌(비가) ③ 悲報(비보) ④ 悲戀(비련) ⑤ 悲慘(비참) ⑥ 非夢似夢(비몽사몽) ⑦ 非一非再(비일비재)

3

$$匪 = 匚 + 非$$

2급/10획	(비적/도적 **비**)

解說 '匚(상자 방)'과 '非(아닐 비)'를 조합한 글자임. '비(非)정상적인 행동을 한 사람이 으슥한 곳(匚)에 숨어 있다(匪)'는 데서 '도적/도둑떼'라는 뜻을 나타낸다.

例文 ① 匪賊(비적) ② 匪徒(비도) ③ 共匪(공비)

4　扉 = 戸 + 非

1급 / 12획	(사립문 **비**)

解說　'戶(문/집 호)'와 '非(아닐 비)'를 조합한 글자임. '나뭇가지를 엮어서 양쪽(非)으로 열리게 만든 문(戶)'이라는 데서 '사립문'이라는 뜻을 나타낸다. *중국 간체자(簡體字)에서는 '扉'로 글자 모양이 약간 다르게 표기한다.

例文　① 開扉(개비 ; 문을 엶)　② 扉戶(비호 ; 문짝과 문)

5　蜚 = 非 + 虫

1급 / 14획	(바퀴/날 **비**)

解說　'非(아닐 비)'와 '虫(벌레 충)'을 조합한 글자임. '두 날개(非)로 날아다니는 곤충(虫)'이라는 데서 '바퀴벌레/(하늘을) 날다'는 뜻을 나타낸다.

例文　① 蜚蠊(비렴 ; 바퀴벌레)　② 流言蜚語(유언비어)

6　緋 = 糸 + 非

1급 / 14획	(비단/붉을 **비**)

解說　'糸(실 사)'와 '非(아닐 비)'를 조합한 글자임. '보통 섬유(糸)와는 다른(非) 색깔의 섬유'라는 데서 '비단/붉은 비단'이라는 뜻을 나타낸다. *중국 간체자(簡體字)에서는 '绯'로 표기한다.

例文　① 緋緞(비단)　② 緋衲(비납 ; 승려의 붉은 옷)

7　翡 = 非 + 羽

1급 / 14획	(물총새/비취옥 **비**)

解說　'非(아닐 비)'와 '羽(깃 우)'를 조합한 글자로, '암록청색의 물총새'라는 뜻을 나타낸다. *중국 간체자(簡體字)에서는 '翡'로 표기한다.

例文　① 翡翠玉(비취옥)　② 翡翠色(비취색)　③ 翡翠跳(비취도 ; 물총새가 물고기를 잡으려고 물 속으로 뛰어들듯이, 거꾸로 물 속으로 뛰어듦)

8 　誹 = 言 + 非

1급 / 15획　　　(헐뜯을 **비**)

解說　'言(말씀 언)'과 '非(아닐 비)'를 조합한 글자임. '남을 나쁘게(非) 말한다(言)'는 데서 '남을 헐뜯다'는 뜻을 나타낸다. *중국 간체자(簡體字)에서는 '诽'로 표기한다.

例文　① 誹謗(비방)　② 誹笑(비소 ; 비웃음)

9　排 = 手 + 非

3급 / 11획　　　(밀칠 / 물리칠 **배**)

解說　'手(손 수)'와 '非(아닐 비)'를 조합한 글자임. '양손(手)으로 양쪽(非)으로 밀어젖히다', 또는 '그건 아니야(非) 하고 손(手)으로 물리치다'는 데서 '밀어젖히다 / 밀치다 / 물리치다'는 뜻을 나타낸다. *'手(손 수)'가 다른 글자와 조합하여 글자 왼쪽에 오면 'ㅜ(손 수변)'으로 글자 모양이 바뀐다.

例文　① 排斥(배척)　② 排氣(배기)가스　③ 排泄(배설)　④ 排水(배수) 펌프

10　輩 = 非 + 車

3급 / 15획　　　(무리 / 동아리 **배**)

解說　'非(아닐 비)'와 '車(수레 거 / 차)'를 조합한 글자임. '전쟁터로 떠날 전차(車)들이 두 줄(非)로 늘어선 모양'에서 '동아리 / 무리'라는 뜻을 나타낸다. *중국 간체자(簡體字)에서는 '辈'로 표기한다.

例文　① 先輩(선배)　② 後輩(후배)　③ 不良輩(불량배)　④ 暴力輩(폭력배)

11　俳 = 人 + 非

2급 / 10획　　　(배우 / 광대 **배**)

解說　'人(사람 인)'과 '非(아닐 비)'를 조합한 글자임. '두 사람(人)이 나란히 서서(非) 서로 익살맞은 행동을 하여 웃긴다'는 데서 '배우 / 광대 / 익살'이라는 뜻을 나타낸다.

例文　① 映畫俳優(영화배우)　② 俳唱(배창 ; 광대)

12 裴 = 非 + 衣

2급 / 14획　　(치렁치렁한옷 / 성씨 **배**)

解説　'非(아닐 비)'와 '衣(옷 의)'를 조합한 글자임. '옷(衣)자락이 좌우(非)로 갈라져 질질 끌리는 치렁치렁한 옷'이라는 뜻이나, 주로 인명(人名)에 사용한다.

例文　① 裴三龍(배삼룡)　② 裴裨將(배비장)

13 徘 = 彳 + 非

1급 / 11획　　(어정거릴 **배**)

解説　'彳(조금씩걸을 척)'과 '非(아닐 비)'를 조합한 글자임. '이리저리(非) 왔다갔다(彳)한다'는 데서 '어정거리다 / 노닐다'는 뜻을 나타낸다.

例文　① 밤거리를 徘徊(배회)하다

14 罪 = 网 + 非

		金文	篆文 1	篆文 2

5급 / 13획　　(허물 **죄**)

解説　'网(그물 망)'과 '非(아닐 비)'를 조합한 글자임. 금문(金文)과 전문(篆文) 2에서는 '自(스스로 자)+辛(매울 / 혹독할 / 고생 신)'으로 묘사하여 '죄인의 코(自)에 바늘(辛)로 문신을 하였다'이고, 전문(篆文) 1에서는 '网(그물 망)'과 '非(아닐 비)'로 묘사하여 '잘못 / 비리(非)를 저지른 사람은 법(法)이라는 그물(网)에 걸린다'는 데서 '허물 / 잘못 / 죄'라는 뜻을 나타낸다. ＊'网(그물 망)'이 다른 글자와 조합하여 글자 위쪽에 오면 'ㄓ'으로 글자 모양이 바뀐다.

例文　① 罪人(죄인)　② 罪囚(죄수)　③ 犯罪(범죄)　④ 無罪判決(무죄판결)

卑 (낮을 비) 그룹 漢字

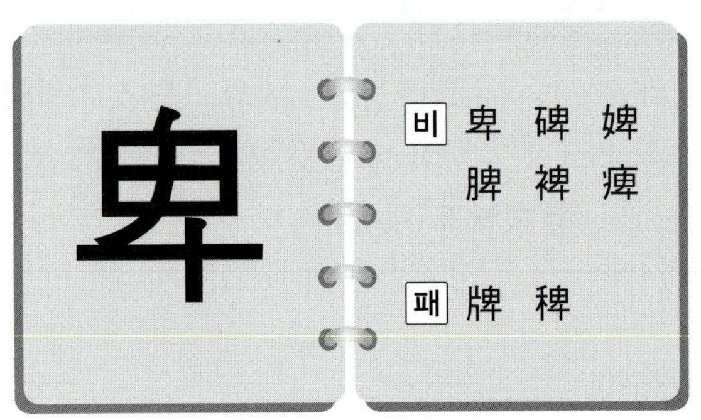

1

卑				畀	畀	畀
3급/8획		(낮을/낮출 **비**)		金文 1	金文 2	篆文

解說 금문(金文)과 전문(篆文)에서는 '왼손에 든 작은 숟가락 모양'을 본뜬 글자로, '(큰 숟가락에 비하여) 작다/천하다/낮다'는 뜻을 나타낸다. *큰 숟가락은 '卓(높을/뛰어날 탁)'으로 묘사한다. *일본 상용한자에서는 '卑(9획)'으로 1획이 늘어난다.

例文 ① 男尊女卑(남존여비) ② 卑劣(비열) ③ 卑賤(비천) ④ 登高自卑(등고자비)

2

碑 = 石 + 卑
4급/13획　　　　(비석 **비**)

解說 '石(돌 석)'과 '卑(낮을 비)'를 조합한 글자임. 원래는 '신(神)에게 희생제물을 바치기 위해 돌(石)로 만든 낮으막한(卑) 제단(祭壇)'이었으나, 훗날 '글자를 새겨 넣은 제단(祭壇)'에서 '글자를 새겨 넣은 비석'이라는 뜻으로 발전하여 쓰이게 되었다. *일본 상용한자에서는 '碑(14획)'으로 1획이 늘어난다.

例文 ① 碑石(비석) ② 碑文(비문) ③ 墓碑(묘비) ④ 頌德碑(송덕비)

3

婢 = 女 + 卑
3급/11획　　　　(계집종 **비**)

解說 '女(여자 여)'와 '卑(낮을 비)'를 조합한 글자임. '신분이 낮은(卑) 여자(女)'라는 데서 '계집종/소첩(小妾)'이라는 뜻을 나타낸다.

例文 ① 官婢(관비) ② 奴婢(노비) ③ 婢僕(비복)

4

脾 = 肉 + 卑

1급 / 12획　　(지라 / 비위 / 넓적다리 **비**)

解說 '肉(몸/고기 육)'과 '卑(낮을 비)'를 조합한 글자임. '밥통(胃)보다 낮은(卑) 곳에 있는 기관(器官)'이라는 데서 '지라/비위'라는 뜻을 나타낸다. ＊'肉(몸/고기 육)'이 다른 글자와 조합하여 글자 왼쪽에 오면 '月(육달월)'로 글자 모양이 바뀐다.

例文 ① 脾臟(비장) ② 脾胃(비위) ③ 脾肉之嘆/髀肉之嘆(비육지탄)

5

裨 = 衣 + 卑

1급 / 13획　　(도울 **비**)

解說 '衣(옷 의)'와 '卑(낮을 비)'를 조합한 글자임. '신분이 낮은(卑) 사람에게 옷(衣)을 선물한다'는 데서 '보탬이 되다/돕다'는 뜻을 나타낸다. ＊'衣(옷 의)'가 다른 글자와 조합하여 글자 왼쪽에 오면 'ネ(옷의변)'으로 글자 모양이 바뀐다.

例文 ① 裨將(비장 ; 副將軍) ② 裨助(비조 ; 도와줌)

6

痹 = 疒 + 卑

1급 / 13획　　(저릴 **비**)

解說 '疒(병들어기댈 역)'과 '卑(낮을 비)'를 조합한 글자임. '병(疒) 증세 중에서 초기의 낮은(卑) 단계는 손발이 저린다'는 데서 '저리다/손발이 쑤시듯이 아프다'는 뜻을 나타낸다. ＊원래는 '痺'이었으나, 지금은 일반적으로 '痹'를 사용함.

例文 ① 痲痹/麻痺(마비)

7

牌 = 片 + 卑

1급 / 12획　　(패 / 간판 **패**)

解說　‘片(조각 편)’과 ‘卑(낮을 비)’를 조합한 글자로, ‘낮으막한(卑) 팻말(片)’이라는
데서 ‘팻말/간판’ 이라는 뜻을 나타낸다.

例文　① 門牌(문패)　② 馬牌(마패)　③ 名牌(명패)　④ 賞牌(상패)　⑤ 防牌(방패)

---

8 | 稗 ＝ 禾 ＋ 卑

1급 / 13획　　　(피 / 작을 **패**)

解說　‘禾(벼 화)’와 ‘卑(낮을 비)’를 조합한 글자임. ‘벼(禾)보다 품질이나 가치가 낮은
(卑) 식물’이라는 데서 ‘피/작다’는 뜻을 나타낸다.

例文　① 稗官(패관 ; 野史를 기록하는 관리)　② 稗官小說(패관소설)

---

1 飛

4급 / 9획	(날 **비**)	篆文

解說　'목이 긴 새가 양쪽 날개를 펴고 하늘을 향해 힘차게 날아오르는 모습'을 본뜬 상형 문자로, '(하늘을) 날다 / 날아가다'는 뜻을 나타낸다. * 중국 간체자(簡體字)에서는 '飞(3획)'으로 표기한다.

例文　① 飛翔(비상)　② 飛行機(비행기)　③ 飛行場(비행장)　④ 飛火(비화)

---

2 

飜 = 番 + 飛

3급 / 21획	(번역할 / 날 / 뒤집힐 **번**)

解說　'番(차례 번)'과 '飛(날 비)'를 조합한 글자임. '새가 하늘을 날(飛) 때도 순서(番)에 따라 질서있게 날아(飛)간다'는 데서 '딴 곳으로 날아가다 / 딴 곳으로 나부끼다 / 뒤집히다 / 다른 나라 말로 옮기다'는 뜻으로 발전하여 쓰이게 되었다. * 중국 간체자(簡體字)에서는 '翻'으로 글자 모양이 바뀐다.

例文　① 飜案(번안)　② 飜覆(번복)　③ 飜譯(번역)

1

啚

| 11획 | (쌀창고 **비**) | 甲骨文字 | 金文 | 篆文 |

解說 '쌀 창고 모양'을 본뜬 글자이나, 단독으로는 쓰이지 않는다.

2

鄙 = 啚 + 邑

| 1급 / 14획 | (더러울 / 마을 **비**) |

解說 '啚(쌀창고 비)'와 '邑(고을 읍)'을 조합한 글자임. '쌀 창고(啚)가 있는 마을(邑)'이라는 데서 '마을 / 시골 / 촌스럽다 / 더럽다'로 뜻이 발전하여 쓰이게 되었다. *'邑(고을 읍)'이 다른 글자와 조합하여 글자 오른쪽에 오면 'ß (우부방)'으로 글자 모양이 바뀐다.

例文 ① 鄙陋(비루) ② 鄙劣(비열 ; 卑劣)

3

圖 = 囗 + 啚

| 6급 / 14획 | (그림 / 그릴 / 꾀할 **도**) | 金文 | 篆文 |

解說 '囗(에워쌀 위)'와 '啚(쌀창고 비)'를 조합한 글자임. '나라(囗)를 다스리려면 식량 창고(啚)와 경작지를 체계적으로 그린 지도가 필요하다'는 데서, '(지도를) 그리다 / (일을) 꾀하다'는 뜻을 나타내게 되었다. *일본 상용한자에서는 '図(7획)'으로, 중국 간체자(簡體字)에서는 '图(8획)'으로 표기한다.

例文 ① 地圖(지도) ② 海圖(해도) ③ 圖畫紙(도화지) ④ 圖謀(도모)하다

비 備 憊

1

備		甲骨文字	金文	篆文
4급 / 12획	(갖출 **비**)			

解說 '활(弓)과 화살(矢)이 든 화살통(甫)을 짊어진 사람(人) 모양'을 본떠서 '(전쟁에 대비하여) 미리 갖추다 / 신중하게 준비하다'는 뜻을 나타낸다. *중국 간체자(簡體字)에서는 '备(8획)'으로 표기한다.

例文 ① 準備(준비) ② 警備員(경비원) ③ 備品(비품) ④ 有備無患(유비무환)

2

憊 = 備 + 心
1급 / 16획 （고달플 / 앓을 **비**）

解說 '備(갖출 비)'와 '心(마음 심)'을 조합한 글자임. '준비된 화살통(甫)을 짊어지고 달갑지 않은 전쟁터로 떠나가는 사람(備)의 고달픈 마음(心)'이라는 데서 '(마음이) 고달프다 / 끙끙 앓다'는 뜻을 나타낸다. *중국 간체자(簡體字)에서는 '惫(12획)'으로 표기한다.

例文 ① 困憊(곤비 ; 피곤) ② 憊臥(비와 ; 피곤해 드러누움)

빈 賓 嬪 濱 殯

1

賓 = 宀 + 万 + 貝

| 3급 / 14획 | (손님 **빈**) | 甲骨文字 | 金文 | 篆文 |

解說 '宀(집 면)'과 '万', '貝(돈/재물/조개 패)'를 조합한 글자임. '금문(金文)'에서는 신(神)을 섬기는 집(宀)에서 재물(貝)과 동물의 뒷다리(万)를 마련하여 제사지내는 상황'을 묘사하여, '하늘에서 내려온 신(神)은 손님/다른 곳에서 온 신(神)은 손님'이라는 뜻인데, 훗날 사람에 관해서는 '귀한 손님'이라는 뜻으로 발전하여 쓰이게 되었다. * 일본 상용한자에서는 '賓(15획)'으로 1획이 늘어나고, 중국 간체자(簡體字)에서는 '宾(10획)'으로 표기한다.

例文 ① 貴賓(귀빈) ② 迎賓館(영빈관) ③ 來賓(내빈) ④ 主賓(주빈)

2

嬪 = 女 + 賓

| 1급 / 17획 | (궁녀/아내 **빈**) |

解說 '女(여자 여)'와 '賓(손님 빈)'을 조합한 글자임. '귀한 손님(賓)을 접대하는 여자(女)/귀한 사람(賓)을 섬기는 여자(女)'라는 데서 '궁녀/(임금의) 아내'라는 뜻을 나타내게 되었다. * 중국 간체자(簡體字)에서는 '嫔(13획)'으로 표기한다.

例文 ① 嬪宮(빈궁) ② 嬪妾(빈첩) ③ 妃嬪(비빈)

3

濱 = 水 + 賓

| 1급 / 17획 | (물가/가까울 **빈**) |

解說   '水(물 수)'와 '賓(손님 빈)'을 조합한 글자임. '손님(賓)을 경치가 좋은 가까운 물가(水)로 안내한다'는 데서 '물가/가깝다'는 뜻을 나타낸다. ＊중국 간체자(簡體字)에서는 '滨(13획)'으로 표기한다.

例文   ① 濱塞(빈새 ; 바닷가)   ② 濱涯(빈애 ; 물가)

4

$$殯 = 歹 + 賓$$

1급 / 18획	(빈소 **빈**)

解說   '歹(뼈앙상할 알)'과 '賓(손님 빈)'을 조합한 글자임. '죽은 사람(歹)을 棺(관)에 넣어 발인(發靷) 때까지 임시로 두고 귀한 손님(賓)으로 대하는 장소'라는 데서 '빈소'라는 뜻을 나타낸다. ＊중국 간체자(簡體字)에서는 '殡(14획)'으로 표기한다.

例文   ① 殯所(빈소)   ② 殯殿(빈전)   ③ 殯宮(빈궁)

사

1

土		⊥	土	土
5급/3획	(선비/무사 **사**)	甲骨文字	金文	篆文

解說   갑골문자(甲骨文字)에서는 노골적으로 '남자의 심볼' 을 상징하는 상형문자이고, 금문(金文)과 전문(篆文)에서는 '조그마한 손도끼 모양' 을 본뜬 상형문자로, '도끼를 들고 싸우는 남자 무사(武士)', 또는 '도끼를 들고 왕을 섬기는 사람' 이라는 뜻을 나타낸다. ＊ '하나(一)를 알려주면 열(十)을 이해하는 사람' 이라는 말은 본래의 뜻과는 전혀 관계가 없는 이야기다.

例文   ① 壯士(장사) ② 運轉士(운전사) ③ 兵士(병사) ④ 士兵(사병) ⑤ 辯護士(변호사) ⑥ 士氣衝天(사기충천) ⑦ 士農工商(사농공상)

2

仕 = 人 + 土	
5급/5획	(섬길/벼슬 **사**)

解說   '人(사람 인)' 과 '士(선비 사)' 를 조합한 글자임. '도끼를 든 군인(士)'의 신분으로 임금을 섬기는 사람(人)' 이라는 데서 '벼슬/섬기다' 는 뜻을 나타낸다.

例文   ① 奉仕活動(봉사활동) ② 仕進(사진 ; 벼슬을 함)

1

巳				8	7	8
3급 / 3획	(뱀 / 여섯째지지 **사**)		甲骨文字	金文		篆文

解說 '신(神)으로 섬기는 뱀의 모양'을 본뜬 상형문자로, '뱀'이라는 뜻을 나타내며 '십이지(十二支)서는 제6위'를 나타낸다.

例文 ① 巳時(사시 ; 오전 9시-11시 사이) ② 乙巳保護條約(을사보호조약)

2

祀 = 示 + 巳			甲骨文字	金文	篆文
3급 / 8획	(제사 **사**)				

解說 '示(제사상 / 제사지낼 / 보일 시)'와 '巳'를 조합한 글자임. 금문(金文)에서는 '제사상(示) 앞에 무릎을 꿇고(巳) 앉아 있다'는 데서 '제사 / 제사지내다'는 뜻을 나타낸다.

例文 ① 祭祀(제사) ② 告祀(고사) ③ 合祀(합사) ④ 奉祀(봉사)

3

已					
3급 / 3획	(이미 **이**)		甲骨文字	金文	篆文

解說 '농사짓는 데에 사용하는 쟁기'를 본뜬 상형문자로, '이미 / 벌써'라는 뜻을 나타낸다. * '巳(뱀 사), 己(몸 기)'와 착각하기 쉬운 글자이다.

例文 ① 已往(이왕) ② 已往之事(이왕지사) ③ 不得已(부득이)

1 四 | | 三 | ㉒ | 四

| 8급/5획 | (넉 **사**) | 甲骨文字 | 金文 | 篆文 |

解說 갑골문자(甲骨文字)에서는 '숫자를 세는 산(算)가지 4개를 나타내는 상형문자임.

例文 ① 四顧無親(사고무친) ② 四面春風(사면춘풍) ③ 四通八達(사통팔달) ④ 四面楚歌(사면초가) ⑤ 四分五裂(사분오열) ⑥ 四書三經(사서삼경)

2 泗 = 水 + 四

| 2급/8획 | (물이름 **사**) |

解說 '水(물 수)'와 '四(넉 사)'를 조합한 글자임. '물(水)이 사방(四方)에서 몰려든다'는 뜻으로, 주로 지명(地名)에 사용한다.

例文 ① 경상남도 泗川(사천) ② 백제 泗泌城(사비성)

3 西 | | 甲骨文字 | 金文 1 | 金文 2 | 篆文 |

| 8급/6획 | (서녁 **서**) | 甲骨文字 | 金文 1 | 金文 2 | 篆文 |

解說 '서쪽으로 해가 질 무렵에 새(鳥)가 보금자리에 들어가 있는 모양'을 본뜬 상형문자로, '서쪽'이라는 뜻으로 발전하여 쓰이게 되었다.

例文 ① 西洋(서양) ② 西遊記(서유기) ③ 西海(서해) ④ 東西南北(동서남북)

1

$$史 = 中 + 又$$

| 5급/5획 | (사기/역사 **사**) | 甲骨文字 | 金文 | 篆文 |

解說　갑골문자(甲骨文字)/금문(金文)/전문(篆文)에서는 '中(가운데 중)'과 '又(오른 손/또 우)'를 조합한 글자임. '신(神)에게 바치는 축문(祝文)이 든 그릇(口)을 매달아 놓은 나무(木)를 손(又)으로 붙잡고 있는 모습'으로 '제사에 관한 기록/역사'라는 뜻을 나타낸다. *지금으로부터 3천여 년 전 은(殷)나라에서는 선왕(先王)에게 제사지내는 것을 "史"라고 하였다. *고대의 역사는 여러 신(神)들에게 제사지내는 것을 가장 중요하게 여기는 역사이었음을 많은 기록에서는 알려 주고 있는데, 한국에서도 산업화가 되기 전까지는 각 가정에서 가장 중요하게 여기는 것은 조상신에게 제사지내는 것이었다. 그래서 문중(門中)에서는 제사를 가장 중요하게 여겨, 문중 땅을 마련하여 거기서 생산되는 농작물로 제사지내는 것이 보편화되어 있었다.

例文　① 歷史(역사)　② 史劇(사극)　③ 史記(사기)

2

| 使 | | | | |
| 6급/8획 | (하여금/부릴 **사**) | 甲骨文字 | 金文 | 篆文 |

解說　*갑골문자(甲骨文字)에서는 '사(史), 사(使), 리(吏), 사(事)'는 기본적으로 동일한 형태의 글자인데, 갑골문자(甲骨文字)와 금문(金文)에서는 '신(神)에게 바치는 축문(祝文)이 든 그릇(口)을 매달아 놓은 나무(木)와 깃발을 손(又)으로 높이 쳐들고 있는 모습'으로 묘사하고 있는 글자이다. 특히 산천(山川)에서 국가적인 큰 제사를 지낼(史) 때 임금이

파견한 사람(人)을 "使"라고 하였는데, 훗날 '(임금이) 보낸 사람 / (사람을) 부리다 / 일을 시키다'는 뜻으로 발전하여 쓰이게 되었다.

例文　① 使用(사용)　② 使臣(사신)　③ 天使(천사)　④ 咸興差使(함흥차사)

3	事		𠭖	𠭻	𠭾
	7급 / 8획	(일 / 섬길 사)	甲骨文字	金文	篆文

解說　갑골문자(甲骨文字)에서는 '사(史), 사(使), 리(吏), 사(事)'는 기본적으로 제사지내는 의미의 동일한 형태의 글자인데, 고대에는 산(山)이나 강(江)으로 나가 국가적인 제사를 지내는 것'을 "事"라고 하였으며, 국가적인 제사를 "대사(大事)", 또는 "왕사(王事)"라고 하였다.　＊실제로 3천여 년 전의 은(殷)나라 때, '은왕(殷王)의 사자(使者)를 맞이하여 왕사(王事)를 행하는 것'이 '은왕(殷王)의 정치적 지배에 복종한다 / 은왕(殷王)을 섬긴다'는 표시였다고 한다.

例文　① 事大主義(사대주의)　② 事必歸正(사필귀정)　③ 事實(사실)

4	吏		𠭖	𠭻	𠭾
	3급 / 6획	(관리 / 벼슬아치 리)	甲骨文字	金文	篆文

解說　갑골문자(甲骨文字)에서는 '사(史), 사(使), 리(吏), 사(事)'는 기본적으로 제사지내는 의미의 동일한 형태의 글자인데, 그 '제사(祭祀)를 담당하는 사람'을 "吏"라고 한 데서 '관리 / 벼슬아치'라는 뜻을 나타낸다.

例文　① 官吏(관리)　② 貪官汚吏(탐관오리)　③ 吏曹判書(이조판서)

1

司		ㅂ	귀	司
3급 / 5획	(맡을 / 벼슬 **사**)	甲骨文字	金文	篆文

解說 갑골문자(甲骨文字)와 금문(金文)에서는 '제사 때에 사용하는 그릇' 모양을 본뜬 글자로 보임. '신(神)에게 바치는 축문(祝文)이 든 그릇(口)을 취급하는 사람(人)', 또는 '신(神)과 의사소통을 하며 제사를 담당하는 사람/(제사를) 담당하다/관장하다'는 뜻으로 발전하여 쓰이게 되었다. * 설문(說文)에서는 '后(임금/황후 후)'의 반대 모양이라고 하며, '밖에서 임금을 돕는 벼슬아치'라고 설명하고 있다.

例文 ① 司書(사서) ② 上司(상사) ③ 司令官(사령관) ④ 司會(사회)

2

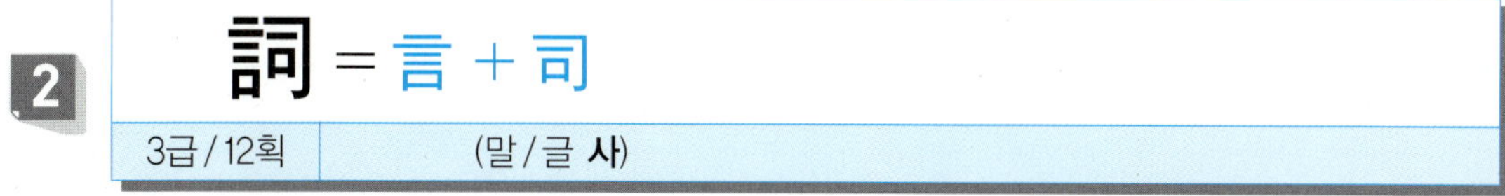

詞 = 言 + 司	
3급 / 12획	(말 / 글 **사**)

解說 '言(말씀 언)'과 '司(맡을 사)'를 조합한 글자임. '신(神)에게 제사지낼(司) 때 사용하는 말(言)', 또는 '신(神)에게 기도하는 말'을 "詞"라고 한 데서 '말/글'이라는 뜻을 나타내게 되었다. * 중국 간체자(簡體字)에서는 '词'로 표기한다.

例文 ① 歌詞(가사) ② 名詞(명사) ③ 動詞(동사) ④ 形容詞(형용사)

3

飼 = 食 + 司	
2급 / 14획	(기를 / 먹일 **사**)

解說   '食(밥/먹을 식)'과 '司(맡을 사)'를 조합한 글자임. '신(神)에게 제사지낼(司) 때 사용할 동물을 먹여(食) 기르다'는 데서 '(가축을) 기르다/먹이다'는 뜻을 나타낸다. *중국 간체자(簡體字)에서는 '饲'로 표기한다.

例文   ① 飼料(사료)   ② 放飼(방사)   ③ 飼育場(사육장)

4

祠 = 示 + 司

1급 / 10획	(사당 / 제사지낼 **사**)

解說   '示(제사지낼/보일 시)'와 '司(맡을 사)'를 조합한 글자임. '봄에 신(神)에게 제사(司) 지내다(示)'는 데서 '사당/제사지내다'라는 뜻을 나타낸다. *봄철의 제사에는 동물 희생을 바치지 않은 이유는, 봄에는 새끼를 배는 계절이므로 주로 축문(祝文)으로 대신하였다고 한다. *중국 간체자(簡體字)에서는 '祠(9획)'으로 표기한다.

例文   ① 祠堂(사당)   ② 顯忠祠(현충사)

5

嗣 = 口 + 冊 + 司

1급 / 13획	(이을 **사**)	金文	篆文

解說   '口(입 구)'와 '冊', '司(맡을 사)'를 조합한 글자임. 금문(金文)에서는 '임금의 후사(後嗣)를 세울 때, 신(神)에게 제사지낼(司) 목적으로 사용할 짐승을 기르는 울타리(冊)'라는 데서 '대(代)를 잇다/후손/자손'이라는 뜻으로 발전하여 쓰이게 되었다.

例文   ① 後嗣(후사 ; 대를 잇는 아들)   ② 嗣君(사군 ; 뒤를 이은 임금)

사	死
시	屍
장	葬

1 死 = 歹 + 匕

| 6급 / 6획 | (죽을 **사**) | 甲骨文字 | 金文 | 篆文 |

解說 '歹(뼈앙상할 알)'과 '匕(구부릴 비)'를 조합한 글자임. '고대에는 사람이 죽으면 (匕) 잠시 풀숲에 두었다가 뼈만 남게 되면 그 뼈(歹)를 한데 모아 놓고 무릎을 꿇고 엎드려 (匕) 우는 모습'에서 '죽다 / 죽었다'는 뜻을 나타낸다.

例文 ① 死亡(사망) ② 死別(사별) ③ 死活(사활) ④ 死生決斷(사생결단)

2 屍 = 尸 + 死

| 2급 / 9획 | (주검 **시**) |

解說 '尸(몸 시)'와 '死(죽을 사)'를 조합한 글자임. '이미 죽은(死) 몸(尸)'이라는 데서 '주검 / 송장 / 시체'라는 뜻을 나타낸다.

例文 ① 屍體(시체) ② 屍身(시신) ③ 檢屍官(검시관)

3 葬 = 艸 + 死 + 艸

| 3급 / 13획 | (장사지낼 **장**) | 甲骨文字 | 篆文 |

解說 전문(篆文)에서는 '艸(풀 초)'와 '死(죽을 사)', '艸(풀 초)'를 조합한 글자임. '사람이 죽으면(死)) 잠시 풀숲(艸+艸)에 장사지내다'는 뜻이다.

例文 ① 葬禮式(장례식) ② 埋葬(매장) ③ 火葬(화장) ④ 葬地(장지)

1

$$詐 = 言 + 乍$$

3급 / 12획	(속일 **사**)	金文	篆文

解說 '言(말씀 언)'과 '乍(잠깐 사)'를 조합한 글자임. '신(神)에게 맹세한 말(言)을 순식간에(乍) 변경시켰다'는 데서 '속이다 / 거짓말'이라는 뜻을 나타낸다. * 중국 간체자(簡體字)에서는 '诈'로 표기한다.

例文 ① 詐欺(사기) ② 詐稱(사칭) ③ 詐取(사취) ④ 奸詐(간사)

2

$$作 = 人 + 乍$$

6급 / 7획	(지을 / 일할 **작**)	甲骨文字	金文	篆文

解說 '人(사람 인)'과 '乍(잠깐 / 만들 사)'를 조합한 글자임. '모든 물건은 사람(人)이 잠깐(乍) 동안에 만든다'는 데서 '만들다 / 일하다 / 농사짓다'는 뜻을 나타낸다.

例文 ① 作品(작품) ② 作業(작업) ③ 作文(작문) ④ 作詞(작사) ⑤ 作心三日(작심삼일)

3

$$昨 = 日 + 乍$$

6급 / 9획	(어제 **작**)

解說 '日(해 / 날 일)'과 '乍(잠깐 사)'를 조합한 글자임. '하루 해(日)가 순식간(乍)에 지나간다'는 데서 '어제'라는 뜻을 나타낸다.

例文 ① 昨年(작년) ② 昨日(작일) ③ 昨今(작금) ④ 昨夜(작야)

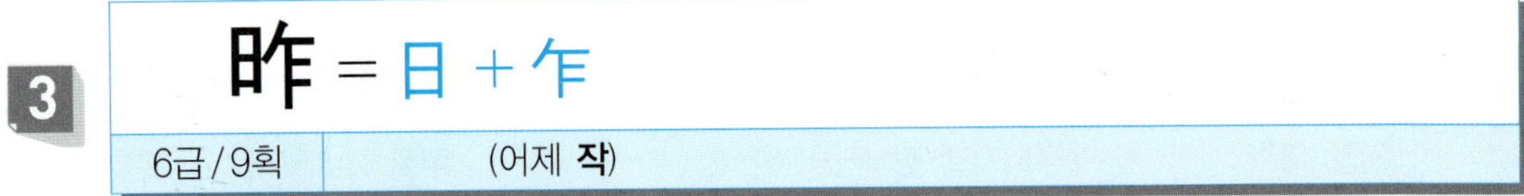

4 炸 ＝ 火 ＋ 乍

| 1급 / 9획 | (터질 **작**) |

解說　'火(불 화)'와 '乍(잠깐 사)'를 조합한 글자임. '불(火)이 붙은 화약이 순식간(乍)에 폭발한다'는 데서 '(화약이) 터지다／폭발하다'는 뜻을 나타낸다.

例文　① 포탄이 炸熱／灼熱(작열)하다　② 炸彈(작탄)　③ 炸發(작발)

5 窄 ＝ 穴 ＋ 乍

| 1급 / 10획 | (좁을 **착**) |

解說　'穴(구멍 혈)'과 '乍(잠깐 사)'를 조합한 글자임. '잠깐(乍) 동안에 만든 구멍(穴)'이라는 데서 '(구멍은) 좁다'는 뜻을 나타낸다.

例文　① 狹窄(협착)　② 狹窄症(협착증)

6 搾 ＝ 手 ＋ 窄

| 1급 / 13획 | (짤 **착**) |

解說　'手(손 수)'와 '乍(잠깐 사)'를 조합한 글자임. '좁은 구멍(窄)으로 액체가 나오도록 손(手)으로 쥐어짜다'는 데서 '짜다／짜내다'는 뜻을 나타낸다. ＊'手(손 수)'가 다른 글자와 조합하여 글자 왼쪽에 오면 'ㅑ(손수변)'으로 글자 모양이 바뀐다.

例文　① 搾取(착취)　② 搾油(착유)　③ 搾乳(착유)　④ 搾汁(착즙)

7 祚 ＝ 示 ＋ 乍

| 2급 / 10획 | (복／임금자리 **조**) |

解說　'示(제사지낼／보일 시)'와 '乍(잠깐 사)'를 조합한 글자임. '제사상(示)을 만들어 (乍) 제사를 지내야 신(神)이 복을 내린다／임금 자리에 오른다'는 데서 '복／임금 자리'라는 뜻을 나타낸다고 한다. ＊중국 간체자(簡體字)에서는 '祚(9획)'으로 표기한다.

例文　① 登祚(등조 ; 임금의 자리에 오름)

사	糸 絲
계	系 係 繼
색	索
소	素
손	孫 遜

1

糸		甲骨文字	金文	篆文
6획	(실 **사**)			

解說　'한 타래의 실 모양'을 본뜬 상형문자로, '실/끈/섬유/직물'이라는 뜻을 나타낸다. * 일본 상용한자에서는 단독으로 쓰이지만, 한국에서는 糸(실사변)이라고 하며, 단독으로는 '絲(실 사)'를 사용한다.

2

絲 = 糸 + 糸		甲骨文字	金文	篆文
4급 / 12획	(실 **사**)			

解說　'두 타래의 실 모양'을 본뜬 '糸(실 사)'와 '糸(실 사)'를 조합한 글자로, '실/끈/섬유/직물'이라는 뜻을 나타낸다. * 일본 상용한자에서는 '糸(6획)'으로, 중국 간체자(簡體字)에서는 '丝(5획)'으로 표기한다.

例文　① 一絲不亂(일사불란)　② 綿絲(면사)　③ 鐵絲(철사)　④ 生絲(생사)

3

系 = 爪 + 糸		甲骨文字	金文	篆文
4급 / 7획	(이어맬 **계**)			

解說　'爪(손/손톱 조)'와 '糸(실 사)'를 조합한 글자임. 갑골문자(甲骨文字)와 금문(金文)에서는, '고대의 장례식 때 상장(喪章)으로 사용하는 두세 가닥의 실(絲+糸)을 손(爪)으로 들고 있는 모습'에서 '조상(祖上)과 후손(後孫)을 끈(糸)으로 이어주다'는 데서 '이어매다/계보/핏줄'이라는 뜻으로 발전하여 쓰이게 되었다.

例文 ① 系列(계열) ② 系統(계통) ③ 系譜(계보) ④ 體系的(체계적)

4

$$係 = 人 + 系$$

| 4급 / 9획 | (맬/연결할 **계**) |

解說 '人(사람 인)'과 '系(이어맬 계)'를 조합한 글자임. '사람(人)과 사람(人)이 핏줄이라는 끈(糸)으로 연결되어 있다'는 데서 '매다/매이다/연결하다'는 뜻을 나타낸다.

例文 ① 關係(관계) ② 人事係(인사계) ③ 係長(계장) ④ 係員(계원)

5

$$繼 = 糸 + 絲 + 絲$$

| 4급 / 20획 | (이을 **계**) | 金文 | 篆文 |

解說 '베틀에서 베(糸)를 짤 때 끊임없이 실(糸+絲+絲)을 이어 간다'는 데서 '계속 잇다'는 뜻을 나타낸다. * 일본 상용한자에서는 '継(13획)'으로, 중국 간체자(簡體字)에서는 '继'로 표기한다.

例文 ① 繼續(계속) ② 繼走(계주) ③ 繼母(계모) ④ 繼起(계기)

6

$$索 = 宀 + 糸 + 廾$$

| 3급 / 10획 | (찾을 **색**/노끈 **삭**) | 篆文 |

解說 '宀(집 면)'과 '糸(실 사)', '廾(두손으로받들 공)'을 조합한 글자임. 전문(篆文)에서는 '나무(木)에다 실(糸)을 걸어놓고 두손(廾)으로 줄을 꼬는 모습'에서 '노끈/동아줄'이라는 뜻을 나타내고, '덩굴이 나무를 휘감고 뻗어나갈 곳을 찾는다'는 데서 '더듬다/찾다'는 뜻을 나타낸다.

例文 ① 索引(색인) ② 搜索(수색) ③ 索幕/索漠(삭막)하다 ④ 索具(삭구)

7

素

| 4급 / 8획 | (본디/흴 **소**) | 金文 | 篆文 |

8

孫 = 子 + 系

| 6급/10획 | (손자 孫) | 甲骨文字 | 金文 | 篆文 |

解說　'子(아이/아들 자)'와 '系(이어맬 계)'를 조합한 글자임. 갑골문자(甲骨文字)와 전문(篆文)에서는 '조상신에게 제사지낼 때 손자(子)가 실(糸)로 장식한 위패(位牌)를 들고 있는 모습'에서 '손자/자손'이라는 뜻을 나타낸다고 한다. ＊중국 간체자(簡體字)에서는 '孙(6획)'으로 표기한다.

例文　① 孫子(손자) ② 子孫(자손) ③ 後孫(후손) ④ 子子孫孫(자자손손)

9

遜 = 孫 + 辶

| 1급/14획 | (겸손할/못할 孫) |

解說　'孫(손자 손)'과 '辶(쉬엄쉬엄갈/뛸 착)'을 조합한 글자임. '부끄러움을 잘 타는 나이어린 손자(孫)가 순식간에 어디론가 가(辶) 버렸다'는 데서 '달아나다/겸손하다/못하다'는 뜻으로 발전하여 쓰이게 되었다. ＊중국 간체자(簡體字)에서는 '逊(9획)'으로 획수를 줄여서 표기한다.

例文　① 謙遜(겸손) ② 恭遜(공손) ③ 遜色(손색)이 없다

09 寺(절 사) 그룹 漢字

---

1 寺 = 之 + 寸

4급/6획	(절/관청 **사**)	甲骨文字	金文	篆文

解說 금문(金文)에서는 '之(갈 지)'와 '又(오른손/또 우)'이고, 전문(篆文)에서는 '之(갈 지)'와 '寸(마디 촌)'을 조합한 글자임. 한대(漢代) 이후에는 '일정한 규칙(寸)에 따라 일을 처리해 가는(之) 곳'이라는 데서 '관청'을 의미하였으나, 훗날 불교가 중국으로 전해질 때, '인도에서 온 불교의 승려가 머무는 숙소로 관청을 제공하여 불교를 받아들였다'는 데서 '절/사찰'이라는 뜻으로 쓰이게 되었다. *설문(說文)에서는 '물건(之)을 손(寸)에 들고 있다'는 데서 '관청'이라고 설명하고 있다.

例文 ① 佛國寺(불국사) ② 寺刹(사찰) ③ 寺院(사원) ④ 寺塔(사탑)

---

2 待 = 彳 + 寺

6급/9획	(기다릴/대접할 **대**)

解說 '彳(조금씩걸을 척)'과 '寺(관청 사)'를 조합한 글자임. '관청(寺)에 볼일을 보러 가서(彳) 벼슬아치를 기다린다'는 데서 '(벼슬아치를) 기다리다/대접하다'는 뜻이다.

例文 ① 接待(접대) ② 優待(우대) ③ 待令(대령) ④ 待機室(대기실)

---

3 等 = 竹 + 寺

6급/12획	(무리/등급 **등**)

解說 '竹(대나무 죽)'과 '寺(관청 사)'를 조합한 글자임. '종이가 없던 시절에 관청(寺)의 벼슬아치가 대쪽(竹)에 기록한 것을 가지런히 정리하다'는 데서 '무리/등급/가지런히 하다'는 뜻을 나타낸다.

例文 ① 等級(등급) ② 等高線(등고선) ③ 等數(등수) ④ 中高等(중고등)

4

時 = 日 + 寺

7급 / 10획　　　(때 **시**)

解說 '日(날 일)'과 '寺(관청 사)'를 조합한 글자임. '태양(日)이 규칙적(寸)으로 돌아간다(之)'는 데서 '때 / 기회 / 그 당시'라는 뜻을 나타낸다.

例文 ① 時間(시간) ② 時刻(시각) ③ 時計(시계) ④ 時代(시대)

5

詩 = 言 + 寺

4급 / 13획　　　(시 / 글 **시**)

解說 '言(말씀 언)'과 '寺(관청 사)'를 조합한 글자임. 많은 자료에서는 '신(神) 앞에서 소리내어 노래하는 의식(儀式)'을 "詩"라고 하였으나, 훗날 '문학적으로 사람의 내면적인 심정(心情)을 나타내는 것'을 "詩"라고 표현하게 된 글자이다. ＊중국 간체자(簡體字)에서는 '诗'로 표기한다.

例文 ① 詩歌(시가) ② 詩人(시인) ③ 詩集(시집) ④ 抒情詩(서정시)

6

侍 = 人 + 寺

3급 / 8획　　　(모실 **시**)

解說 '人(사람 인)'과 '寺(관청 사)'를 조합한 글자임. '관청(寺)에서 윗사람을 섬기는 사람(人)'이라는 데서 '(윗사람을) 모시다 / 섬기다'는 뜻을 나타낸다.

例文 ① 侍從(시종) ② 侍女(시녀) ③ 內侍(내시) ④ 嚴妻侍下(엄처시하)

7

持 = 手 + 寺

4급 / 9획　　　(가질 / 지닐 **지**)

解說 '手(손 수)'와 '寺(관청 사)'를 조합한 글자임. '관청(寺)에 볼일을 보러 갈 때 손(手)에 뭔가를 들고 간다'는 데서 '가지다/지니다/버티다'는 뜻으로 발전하게 되었다. * '手(손 수)'가 다른 글자와 조합하여 글자 왼쪽에 오면 'ㅜ(손수변)'으로 글자 모양이 바뀐다.

例文 ① 支持(지지) ② 維持(유지) ③ 持久力(지구력) ④ 矜持(긍지)를 갖다

---

8 峙 = 山 + 寺
2급 / 9획   (언덕 / 우뚝솟을 **치**)

解說 '山(메 / 뫼 산)'과 '寺(관청 사)'를 조합한 글자임. '관청(寺)의 문턱이 산(山)처럼 높다'는 데서 '우뚝 솟다 / 언덕'이라는 뜻을 나타낸다.

例文 ① 對峙(대치) ② 對峙狀態(대치상태) ③ 峙立(치립 ; 우뚝 솟음)

---

9 痔 = 疒 + 寺
1급 / 11획   (치질 **치**)

解說 '疒(병들어기댈 역)'과 '寺(관청 사)'를 조합한 글자임. '관청(寺)에 앉아서만 일하는 사람에게 생기는 병(疒)'이라는 데서 '치질'이라는 뜻을 나타낸다.

例文 ① 痔疾(치질) ② 痔漏(치루) ③ 痔裂(치열) ④ 痔核(치핵)

---

10 特 = 牛 + 寺
6급 / 10획   (특별할 **특**)

解說 '牛(소 우)'와 '寺(관청 사)'를 조합한 글자임. '관청(寺)에서 특별한 날이 되면 소(牛)를 잡아 잔치를 벌인다'는 데서 '특별하다 / 뛰어나다'는 뜻을 나타낸다고 한다. * 說文(설문)에서는 '3년 된 수소를 "特"이라고 한다'로 설명하고 있다.

例文 ① 特別(특별) ② 特使(특사) ③ 特技(특기) ④ 特許(특허) ⑤ 特殊(특수)

10 舍(집 사) 그룹 漢字

舍

사 舍 捨

舍 = 余 + 口				
4급/8획	(집 **사**)	金文 1	金文 2	篆文

解說 원래는 '신(神)에게 바치는 축문(祝文)이 든 그릇(口)을 손잡이가 달린 도구(余)로 찔러 못쓰게 되어서 (물건을) 버리다'는 뜻의 글자이었으나, 훗날 '지붕이 양쪽으로 비스듬히 내려간(人) 집의 옆모양'과 비슷하다하여 '집'이라는 뜻으로 쓰이게 되었다. * 일본 상용한자에서는 '舎'로 글자 모양이 약간 다르게 표기한다.

例文 ① 寄宿舍(기숙사) ② 舍監(사감) ③ 舍廊房(사랑방) ④ 廳舍(청사)

捨 = 手 + 舍	
3급/11획	(버릴/베풀 **사**)

解說 '手(손 수)'와 '舍(집 사)'를 조합한 글자임. 원래 '舍'는 '신(神)에게 바치는 축문(祝文)이 든 그릇(口)을 손잡이가 달린 도구(余)로 찔러 못 쓰게 되어서 버리다'는 뜻의 글자이었으나, 훗날 '지붕이 양쪽으로 비스듬히 내려간(人) 집의 옆모양'과 비슷하다하여 '집'이라는 뜻으로 쓰이게 되자 '舍(집 사)'에 '手(손 수)'를 추가하여 '(물건을) 아낌없이 버리다/(남에게) 베풀다'는 뜻을 나타내게 되었다. * 일본 상용한자에서는 '捨'로 글자 모양이 약간 다르게, 중국 간체자(簡體字)에서는 '舍(8획)'으로 표기한다. * '手(손 수)'가 다른 글자와 조합하여 글자 왼쪽에 오면 '扌(손수변)'으로 글자 모양이 바뀐다.

例文 ① 喜捨(희사) ② 取捨選擇(취사선택) ③ 四捨五入(사사오입)

사	思	
시	媤	
려	慮	濾
터	攄	

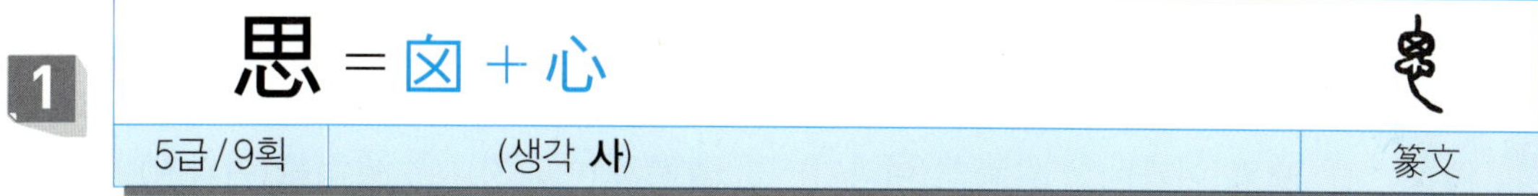

1 　思 = 囟 + 心　　　　　　篆文

5급 / 9획	(생각 **사**)	篆文

解說　갑골문자(甲骨文字)와 금문(金文)에는 없는 글자로, 전문(篆文)에서는 '囟(정수리 신)'과 '心(마음 심)'을 조합한 글자임. '머리(囟)로 생각을 너무 많이 하면 심장(心)이 답답하고 머리가 아프다' 하여 '머리(囟) 속으로 생각하는 것과 심장(心)은 밀접한 관계가 있다'는 데서 '생각하다'는 뜻을 나타내게 되었다.

例文　① 思想(사상)　② 思春期(사춘기)　③ 思考力(사고력)　④ 思慕(사모)하다

2 　媤 = 女 + 思

1급 / 12획	(시집 / 시댁 **시**)

解說　'女(여자 여)'와 '思(생각 사)'를 조합한 글자임. '여자(女)가 결혼을 하면 출가외인(出嫁外人)으로서 시집 일만 생각(思)한다'는 데서 '시집 / 시댁'이라는 뜻을 나타낸다.

例文　① 媤家(시가)　② 媤宅(시댁)　③ 媤父母(시부모)

3 　慮 = 虍 + 思

4급 / 15획	(생각할 / 걱정할 **려**)

解說　‘虍(범/범무늬 호)’와 ‘思(생각 사)’를 조합한 글자임. ‘호랑이(虍)는 무서운 동물이라고 생각(思)한다’는 데서 ‘생각하다/염려하다/걱정하다’는 뜻을 나타낸다. *盧(밥그릇 로)와 착각하기 쉬운 글자임. *중국 간체자(簡體字)에서는 ‘虑(10획)’으로 표기한다.

例文　① 考慮(고려)　② 配慮(배려)　③ 念慮(염려)　④ 憂慮(우려)

4　濾 ＝ 水 ＋ 慮

1급/18획　　(거를 **려**)

解說　‘水(물 수)’와 ‘慮(생각할 려)’를 조합한 글자로, ‘건강을 생각(慮)하여 물(水)을 걸러서 사용한다’는 데서 ‘액체를 거르다’는 뜻을 나타낸다. *중국 간체자(簡體字)에서는 ‘滤(10획)’으로 표기한다. *‘水(물 수)가 다른 글자와 조합하여 글자 왼쪽에 오면 ‘氵(삼수변)’으로 글자 모양이 바뀐다.

例文　① 濾過(여과)　② 濾過器(여과기)　③ 濾過池(여과지)　④ 濾過紙(여과지)

5　攄 ＝ 手 ＋ 盧

1급/18획　　(펼 **터**)

解說　‘手(손 수)’와 ‘慮(생각할 려)’를 조합한 글자로, ‘주변 사람들을 염려하여(慮) 어떤 물건들을 손(手)으로 널리 퍼뜨리다’는 뜻을 나타낸다. *중국 간체자(簡體字)에서는 ‘摅(10획)’으로 표기한다. *‘手(손 수)’가 다른 글자와 조합하여 글자 왼쪽에 오면 ‘扌(손수변)’으로 글자 모양이 바뀐다.

例文　① 攄得(터득)　② 攄抱(터포 ; 마음속을 터놓고 이야기함)

1	師 = 自 + 帀		ß	肟	師
4급 / 10획	(스승/군사 **사**)		甲骨文字	金文	篆文

解說 ‘自’와 ‘帀’을 조합한 글자임. ‘전쟁에서의 승리를 기원하는 제사를 지낼 때 사용하는 고기(自)를 자르는 칼(帀)을 가진 우두머리 장군’ 을 ‘師’ 라고 하였는데, ‘은퇴 후에는 젊은이들의 교육에 힘썼다’ 는 데서 ‘스승’ 이라는 뜻으로 발전하여 쓰이게 되었다.

例文 ① 師傅(사부)님 ② 師弟之間(사제지간) ③ 出師表(출사표) ④ 師團長(사단장)

2	獅 = 犬 + 師
1급 / 13획	(사자 **사**)

解說 ‘犬(개 견)’과 ‘師(스승 사)’를 조합한 글자임. ‘짐승들(犬) 중에서 제일 우두머리(師)에 해당하는 짐승’ 이라는 데서 ‘사자’ 라는 뜻을 나타낸다.

例文 ① 獅子(사자) ② 獅子舞(사자무) ③ 獅子吼(사자후)

3	帥		艀	昍	帥
3급 / 9획	(장수 **수**/거느릴 **솔**)		金文 1	金文 2	篆文

解說 ‘自’와 ‘巾(수건 건)’을 조합한 글자이나, ‘自’ 는 ‘師(스승 사)’ 의 ‘自’ 와는 전혀 다른 글자이나, ‘장수/(많은 사람을) 거느리다 ‘는 뜻을 나타낸다.

例文 ① 將帥(장수) ② 軍統帥權者(군통수권자) ③ ○○재벌의 總帥(총수)

---

1 射 = 身 + 寸

4급 / 10획	(쏠 **사**)	甲骨文字	金文	篆文

解說 '身(몸 신)'과 '寸(손/마디 촌)'을 조합한 글자임. 전문(篆文)에서는 '사람(身)을 향해서 손(寸)으로 활을 당기다/발사하다/쏘다'는 뜻을 나타낸다.

例文 ① 發射(발사) ② 射殺(사살) ③ 射手(사수) ④ 射擊(사격) ⑤ 反射(반사)

---

2 謝 = 言 + 射

4급 / 17획	(사례할/물러갈 **사**)

解說 '言(말씀 언)'과 '射(쏠 사)'를 조합한 글자임. 설문(說文)에서는 '이별의 말(言)을 늘어놓고(射) 물러간다'는 데서, '물러가다/사례하다'는 뜻을 나타낸다.

例文 ① 謝禮(사례) ② 感謝(감사) ③ 謝過(사과) ④ 謝恩會(사은회) ⑤ 謝絕(사절)

---

3 麝 = 鹿 + 射

1급 / 21획	(사향노루 **사**)

解說 '鹿(사슴 록)'과 '射(쏠 사)'를 조합한 글자임. '사슴(鹿) 종류의 짐승으로 뿔은 없으나, 활을 쏘듯이(射) 향내를 발산한다'는 데서 '사향노루'라는 뜻이다.

例文 ① 麝香(사향) ② 麝墨(사묵 ; 향기가 좋은 먹)

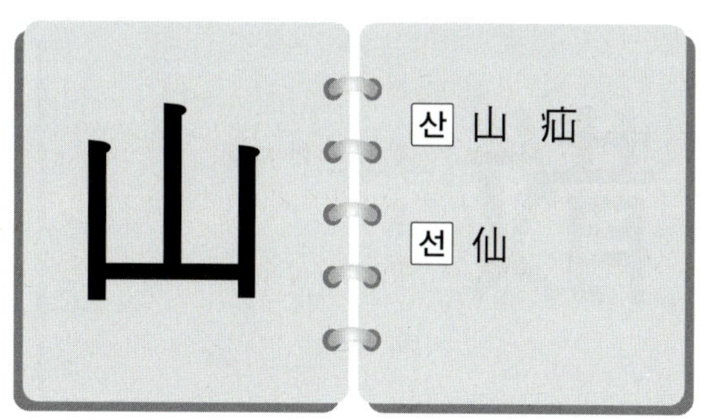

1

山				
8급/3획	(메/뫼 **산**)	甲骨文字	金文	篆文

解說 '봉우리가 여러 개인 산이 한데 어울려 있는 모양'을 본뜬 상형문자로 '메/뫼/산'이라는 뜻을 나타낸다.

例文 ① 登山(등산) ② 下山(하산) ③ 山莊(산장) ④ 山水畫(산수화) ⑤ 山脈(산맥) ⑥ 山紫水明(산자수명) ⑦ 山戰水戰(산전수전) ⑧ 山川草木(산천초목)

2

疝 = 疒 + 山	
1급/8획	(산증 **산**)

解說 '疒(병들어기댈 역)'과 '山(메/뫼 산)'을 조합한 글자로, '허리나 아랫배가 아픈 병(疒)/산증(疝症)'이라는 뜻을 나타낸다.

例文 ① 疝症(산증 ; 아랫배와 불알에 탈이 난 병) ② 疝氣(산기 ; 疝症)

3

仙 = 人 + 山	
5급/5획	(신선 **선**)

解說 '人(사람 인)'과 '山(메/뫼 산)'을 조합한 글자임. '속세를 떠나 산(山)에서 사는 사람(人)'이라는 데서 '신선'이라는 뜻을 나타낸다.

例文 ① 神仙(신선) ② 仙女(선녀) ③ 仙人掌(선인장)

| 산 | 散 |
| 살 | 撒 |

1

散 = 竹 + 肉 + 攴

| 4급/12획 | (흩을/흩어질 **산**) | 金文 1 | 金文 2 | 篆文 |

解說 금문(金文)에서는 '竹(대/대나무 죽)'과 '肉(고기 육)', '攴(때릴/칠/다스릴 복)'을 조합한 글자로 '대쪽(竹)으로 고깃덩어리(肉)를 때려서(攴) 부드럽게 한다'이고, 전문(篆文)에서는 '林(수풀 림)'과 '肉(고기 육)', '攴(칠 복)'을 조합한 글자로 '양손에 든 나무막대(林)로 고깃덩어리(肉)를 때려서(攴) 부드럽게 한다'는 데서 '뿔뿔이 흩어지다/흩어지게 하다'는 뜻을 나타낸다. * '돈가스'는 실제로 고깃덩어리를 망치 따위로 때려서 부드럽게 하여 만든 요리이다. * 손(又)에 몽둥이/매를 들고 있는 모습의 '攴(칠/때릴/다스릴 복)'이 다른 글자와 조합하여 글자 오른쪽에 오면 '攵'으로 글자 모양이 바뀐다.

例文 ① 散策(산책) ② 解散(해산) ③ 分散(분산) ④ 散漫(산만)

2

撒 = 手 + 散

| 1급/15획 | (뿌릴 **살**) |

解說 '手(손 수)'와 '散(흩을/흩어질 산)'을 조합한 글자임. '씨앗을 손(手)으로 널리 흩어(散) 뿌린다'는 데서 '흩어 뿌리다'는 뜻을 나타낸다. * 撤(거둘/치울 철)과는 혼돈되지 않도록 주의를 요하는 글자임. * '手(손 수)'가 다른 글자와 조합하여 글자 왼쪽에 오면 'ㅜ(손수변)'으로 글자 모양이 바뀐다.

例文 ① 撒布(살포) ② 撒水車(살수차)

16 算(셈 산) 그룹 漢字

---

1 算 = 竹 + 具

| 7급/14획 | (셈/셈할 **산**) | 篆文 |

解說 '竹(대/대나무 죽)'과, '具(갖출 구)'를 조합한 글자임. '대나무(竹)로 만든 계산용 산가지를 두 손(卄)으로 늘어놓고(具) 셈을 한다'는 데서 '셈하다/계산하다'는 뜻을 나타낸다.

例文 ① 算數(산수) ② 珠算(주산) ③ 暗算(암산) ④ 計算(계산) ⑤ 合算(합산)

---

2 篡 = 算 + 厶

| 1급/16획 | (빼앗을 **찬**) |

解說 '算(셈/셈할 산)'과 '厶(사사로울 사)'를 조합한 글자임. '사사로운 개인(厶)의 이익을 꾀하여(算) 강제로 빼앗다/강탈하다'는 뜻을 나타낸다.

例文 ① 篡位(찬위 ; 임금의 자리를 빼앗음) ② 篡奪(찬탈 ; 篡位)

---

3 纂 = 算 + 糸

| 1급/20획 | (모을 **찬**) |

解說 '算(셈/셈할 산)'과 '糸(실 사)'를 조합한 글자로 '문서를 모아 정리(算)하여 책으로 엮다(糸)'에서 '모으다'는 뜻을 나타낸다.

例文 ① 編纂(편찬) ② 纂輯(찬집 ; 편찬과 편집)

	삼	彡 蔘 渗
	참	參 慘

1

	彡		彡
3획	(터럭 / 무늬 / 긴머리 **삼**)		篆文

解說　'여자들의 아름다운 긴 머릿결' 모양을 나타낸 글자로, '기물(器物) / 털 / 아름다운 무늬 / 그림자' 라는 뜻을 나타내나 단독으로는 쓰이지 않는다.

2

$$參 = 晶 + 人 + 彡$$

5급 / 11획	(참여할 **참** / 석 **삼**)	甲骨文字	金文	篆文

解說　갑골문자(甲骨文字)와 금문(金文)에서는 '여자가 예쁘게 단장한 머리에 번쩍번쩍 빛나는 장식(晶)을 달고 비녀 3개(彡)를 꽂고 어떤 모임에 참석한 모습'에서 '참석하다 / 참여하다' 는 뜻을 나타낸다. ＊숫자 '三'의 변조를 막기 위해 '參'으로 표기할 때는 '석 삼'으로 읽는다. ＊일본 상용한자에서는 '参(8획)'으로, 중국 간체자(簡體字)에서는 '叁(8획)'으로 표기한다.

例文　① 參席(참석)　② 參加(참가)　③ 參與(참여)　④ 參百萬(삼백만)원

3

$$慘 = 心 + 參$$

3급 / 14획	(참혹할 **참**)

解說　'心(마음 심)'과 '參(참여할 참)'을 조합한 글자임. '마음(心)에 슬픈 일이 끼여들다(參)'는 데서 '참혹하다 / 비통하다' 는 뜻을 나타낸다. ＊일본 상용한자와 중국 간체자(簡

體字)에서는 ‘惨(10획)’으로 표기한다. *‘心(마음 심)’이 다른 글자와 조합하여 글자 왼쪽에 오면 ‘忄(마음심변/심방변)’으로 글자 모양이 바뀐다.

例文   ① 慘酷(참혹) ② 慘敗(참패) ③ 慘變(참변)

---

4 蔘 = 艸 + 參
2급/15획   (삼 **삼**)

解說   ‘艸(풀 초)’와 ‘參(참여할 참)’을 조합한 글자임. ‘잔뿌리(彡)가 많이 달린 사람 모양(參)의 식물(艸)’이라는 데서 ‘삼/인삼’이라는 뜻을 나타낸다. *일본에서는 ‘参(8획)’으로 표기한다. *‘艸(풀 초)’가 다른 글자와 조합하여 글자 위쪽에 오면 ‘艹(초두머리)’로 글자 모양이 바뀐다.

例文   ① 人蔘(인삼) ② 白蔘(백삼) ③ 紅蔘(홍삼) ④ 蔘鷄湯(삼계탕)

---

5 滲 = 水 + 參
1급/14획   (스밀 **삼**)

解說   ‘水(물 수)’와 ‘參(참여할 참)’을 조합한 글자로, ‘물(水)이 조금씩 스며들다(參)’는 뜻을 나타낸다. *중국 간체자(簡體字)에서는 ‘渗(11획)’으로 표기한다. *‘水(물 수)가 다른 글자와 조합하여 글자 왼쪽에 오면 ‘氵(삼수변)’으로 글자 모양이 바뀐다.

例文   ① 滲出(삼출) ② 滲透壓(삼투압) ③ 滲透壓作用(삼투압 작용)

상	尙	賞	償
	常	裳	嘗
당	堂	當	黨
	棠	螳	
장	掌	창 敞廠
탱	撐	

1 尙 = 八 + 向

| 3급/8획 | (오히려/높일/숭상 **상**) | 金文 1 | 金文 2 | 篆文 |

解說 '八'과 '向(향할 향)'을 조합한 글자임. '신(神)'을 섬기는 집(宀)에서 창문(口)을 열고 신(神)에게 바치는 축문이 든 그릇(口)을 앞에 놓고 신(神)에게 빌 때, 하늘에서 신기(神氣)가 내려온다(八)'는 데서 '높이다/숭상하다/오히려'라는 뜻을 나타낸다고 한다. * 일본 상용한자와 중국 간체자(簡體字)에서는 '尚'으로 글자 모양이 약간 다르게 표기한다.

例文 ① 高尙(고상) ② 尙宮(상궁) ③ 尙武臺(상무대) ④ 崇尙(숭상)

2 賞 = 尙 + 貝

| 5급/15획 | (상줄/칭찬할 **상**) | 甲骨文字 | 金文 | 篆文 1 | 篆文 2 |

解說 전문(篆文)에서는 '尙(오히려/높일/숭상 상)'과 '貝(돈/재물/조개 패)'를 조합한 글자와, '商(장사 상)'과 '貝(돈/재물/조개 패)'를 조합한 글자 두 종류가 있는데, '장사(商)를 잘 하였으므로 보너스(貝)를 주다/상을 주다/칭찬하다'는 뜻으로 쓰인다. * 중국 간체자(簡體字)에서는 '赏(12획)'으로 표기한다.

例文 ① 賞金 (상금) ② 賞狀(상장) ③ 賞牌(상패) ④ 賞品(상품) ⑤ 入賞(입상)

3 償 = 人 + 賞

| 3급/17획 | (갚을 **상**) |

解説 '人(사람 인)'과 '賞(상줄／칭찬할 상)'을 조합한 글자임. '상을 받는다는 것은 일종의 빚을 지는 것이므로, 상(賞)을 준 사람(人)에게 갚아야 한다'는 데서 '갚다／배상하다'는 뜻을 나타낸다. ＊중국 간체자(簡體字)에서는 '偿(11획)'으로 표기한다.

例文 ① 無償援助(무상원조) ② 損害賠償(손해배상) ③ 償還(상환)

4

常 = 尙 + 巾

4급／11획	(떳떳할／항상 **상**)	金文	篆文

解説 '尙(오히려／높일／숭상 상)'과 '巾(수건 건)'을 조합한 글자임. '신(神)을 섬기는(尙) 건물에서 근무하는 사람의 옷자락(巾)의 길이는 항상 길어서 떳떳하다'는 데서 '언제나／항상／떳떳하다'는 뜻을 나타낸다.

例文 ① 常識(상식) ② 常綠樹(상록수) ③ 正常(정상) ④ 恒常(항상)

5

裳 = 尙 + 衣

3급／14획	(치마／옷 **상**)

解説 '尙(오히려／높일／숭상 상)'과 '衣(옷 의)'를 조합한 글자임. '신(神)을 섬기는(尙) 사람이 입는 아랫도리옷(衣)'이라는 데서 '치마／아랫도리옷'이라는 뜻을 나타낸다. ＊'衣(옷 의)'는 윗도리의 옷깃과 옷섶의 모양을 본뜬 글자로, '윗도리옷'이라는 뜻을 나타낸다. ＊더 자세한 것은 '衣(옷 의)그룹漢字' 참조.

例文 ① 衣裳(의상) ② 同價紅裳(동가홍상) ③ 綠衣紅裳(녹의홍상)

6

嘗 = 尙 + 旨

3급／14획	(맛볼 **상**)	金文 1	金文 2	篆文

解説 '尙(오히려／높일／숭상 상)'과 '旨(맛 지)'를 조합한 글자임. 금문(金文)과 전문(篆文)에서는 '하늘에서 신(神)이 내려와(尙) 음식을 맛본다(旨)'는 데서 '맛보다'는 뜻을 나타낸다. ＊중국 간체자(簡體字)에서는 '尝(9획)'으로 표기한다. ＊'旨(맛 지)'는 '숟가락(匕)으로 음식을 입(曰)으로 떠넣어 맛보다'는 뜻의 글자이다.

例文 ① 嘗味(상미) ② 臥薪嘗膽(와신상담)

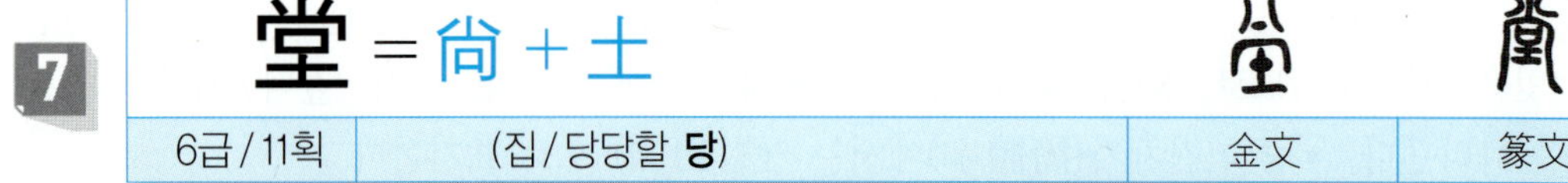

7	**堂** = 尙 + 土		𡈼	𡎯
	6급 / 11획	(집 / 당당할 **당**)	金文	篆文

解說　'尙(오히려 / 높일 / 숭상 상)'과 '土(흙 토)'를 조합한 글자임. '흙(土)을 높게 쌓은 터에다 신(神)을 섬기기(尙) 위해 지은 건물'을 '堂'이라고 한 데서 '제사지내는 건물 / 건물'이라는 뜻으로 발전하여 쓰이게 되었다.

例文　① 殿堂(전당)　② 講堂(강당)　③ 堂姪(당질 ; 사촌 조카)　④ 祠堂(사당)　⑥ 聖堂(성당 ; 孔子에게 제사지내는 건물 / 천주교 교회 건물)

8	**當** = 尙 + 田
	5급 / 13획　　(마땅 **당**)

解說　'尙(오히려 / 높일 / 숭상 상)'과 '田(밭 전)'을 조합한 글자임. '농사(田)가 잘 되도록 농신(農神)에게 제사지내는(尙) 일은 당연하다'는 데서 '마땅하다 / 마땅히'라는 뜻을 나타낸다. ＊일본 상용한자와 중국 간체자(簡體字)에서는 '当(6획)'으로 표기한다.

例文　① 當選(당선)　② 當然(당연)　③ 相當(상당)　④ 該當(해당)

9	**黨** = 尙 + 黑
	4급 / 20획　　(무리 **당**)

解說　'尙(오히려 / 높일 / 숭상 상)'과 '黑(검을 흑)'을 조합한 글자임. '제사지내는 일(尙)에 여럿이 공동으로 음식을 만들고 준비하는 사람끼리 시커먼(黑) 솥의 한솥밥을 먹는 사람들'이라는 데서 '한 지붕 아래 모인 무리'라는 뜻을 나타낸다. ＊일본 상용한자와 중국 간체자(簡體字)에서는 '党(10획)'으로 표기한다. ＊'黑(검을 흑)'은 '음식을 만드느라고 불(火)에 새까맣게 그슬린 사람의 모습'을 묘사한 글자이다.

例文　① 政黨(정당)　② 黨派(당파)　③ 與黨(여당)　④ 野黨(야당)　⑤ 黨爭(당쟁)

10	**棠** = 尙 + 木
	1급 / 12획　　(아가위 **당**)

解說 '尙(오히려/높일/숭상 상)'과 '木(나무 목)'을 조합한 글자로, '아가위/산사자(山查子)'라는 뜻을 나타낸다.

例文 ① 海棠花(해당화) ② 棠梨(당리 ; 팥배나무)

11 **螳** = 虫 + 堂
1급 / 17획   (사마귀 **당**)

解說 '虫(벌레 충)'과 '堂(집 당)'을 조합한 글자로, '사마귀'라는 뜻을 나타낸다.

例文 ① 螳螂拒轍(당랑거철) ② 螳螂怒臂當車轍(당랑노비당거철)

12 **掌** = 尙 + 手
3급 / 12획   (손바닥 / 맡을 **장**)

解說 '尙(오히려/높일/숭상 상)'과 '手(손 수)'를 조합한 글자임. '신에게 빌(尙) 때 손(手)을 모아 기도하거나 손벽을 친다'는 데서 '손바닥/(사물을) 맡다'는 뜻을 나타낸다.

例文 ① 掌握(장악) ② 掌匣(장갑) ③ 車掌(차장) ④ 合掌(합장)

13 **敞** = 尙 + 攴
2급 / 12획   (시원할 **창**)

解說 '尙(오히려/높일/숭상 상)'과 '攴(때릴/칠/다스릴 복)'을 조합한 글자임. '신(神)을 섬기는(尙) 건물을 높게 짓는다(攴)'는 데서 '전망이 좋다/시원하다'는 뜻을 나타내며 주로 지명(地名)에 사용한다. * 중국 간체자(簡體字)에서는 '敞'으로 글자 모양이 약간 다르게 표기한다. * 손(又)에 몽둥이/매를 들고 있는 모습의 '攴(칠/때릴/다스릴 복)'이 다른 글자와 조합하여 글자 오른쪽에 오면 '攵'으로 글자 모양이 바뀐다.

例文 ① 전라북도 高敞(고창)

14 **廠** = 广 + 敞
1급 / 15획   (공장 / 헛간 **창**)

解說　'广(집 엄)'과 '敞(시원할 창)'을 조합한 글자임. '신(神)을 섬기는(尙) 건물(广)처럼 높고 커서 시원스럽다(敞)'는 데서 '헛간 / 공장'이라는 뜻을 나타낸다. ＊중국 간체자(簡體字)에서는 '厂(2획)'으로 표기한다.

例文　① 工作廠(공작창)　② 兵器廠(병기창)　③ 被服廠(피복창)

15

撑 ＝ 手 ＋ 堂

1급 / 15획	(버틸 **탱**)

解說　'手(손 수)'와 '堂(버팀목 탱)'을 조합한 글자로 '손(手)으로 버티다 / 배를 젓다'는 뜻을 나타낸다.. ＊'手(손 수)'가 다른 글자와 조합하여 글자 왼쪽에 오면 '扌(손수변)'으로 글자 모양이 바뀐다. ＊'撑'은 속자(俗字)임.

例文　① 支撑(지탱)하다　② 撑腸拄腹(탱장주복 ; 배가 터지도록 먹음)

1

相 = 木 + 目

| 5급 / 9획 | (서로 / 모양 **상**) | 甲骨文字 | 金文 | 篆文 |

解說 ‘木(나무 목)’과 ‘目(눈 목)’을 조합한 글자임. 원래는 ‘무성한 나무의 모습을 봄으로써 보는 사람의 생명력을 왕성하게 해 준다’는 뜻이나, ‘사람이 나무(木)의 성장을 돌보아 (目) 주면, 나무(木)는 사람에게 여러 가지 혜택을 준다’는 데서 ‘서로 / 모양 / 모습’이라는 뜻으로 발전하여 쓰이게 되었다.

例文 ① 相扶相助(상부상조) ② 相談(상담) ③ 相逢(상봉) ④ 觀相(관상)

2

想 = 相 + 心

| 4급 / 13획 | (생각 **상**) |

解說 ‘相(서로 / 모양 상)’과 ‘心(마음 심)’을 조합한 글자임. ‘마음속(心)으로 사물의 모양(相)을 생각한다’는 데서 ‘생각하다’는 뜻을 나타낸다.

例文 ① 想像(상상) ② 回想(회상) ③ 想念(상념) ④ 豫想(예상)

3

霜 = 雨 + 相

| 3급 / 17획 | (서리 **상**) |

解說 　'雨(비 우)'와 '相(서로/모양 상)'을 조합한 글자로, '사람이 식물(木)을 돌보아 (目) 주는 것을 시샘하여 하늘(天)에서 비(雨)처럼 내리는 서리'라는 뜻을 나타낸다. ＊'雨(비 우)'는 하늘(天)에서 일어나는 천체현상(天體現象)을 나타내는 글자이다.

例文 　① 秋霜(추상)　② 霜降(상강)　③ 雪上加霜(설상가상)

4　霜 = 女 ＋ 霜

| 1급 / 20획 | (홀어미 / 과부 **상**) |

解說 　'女(여자 여)'와 '霜(서리 상)'을 조합한 글자임. '서리(霜)를 맞아 피해를 입은 초목처럼 남편을 잃고 기운이 없는 여자(女)'라는 데서 '홀어미 / 과부'라는 뜻을 나타낸다.

例文 　① 靑孀寡婦(청상과부)　② 孀婦(상부 ; 과부 / 홀어미)

5　箱 = 竹 ＋ 相

| 2급 / 15획 | (상자 **상**) |

解說 　'竹(대 / 대나무 죽)'과 '相(서로 / 모양 상)'을 조합한 글자로, '대나무(竹)로 엮어 만든 상자'라는 뜻을 나타낸다.

例文 　① 箱子(상자)　② 書箱(서상)

1

象

4급 / 12획	(코끼리 / 모습 **상**)	甲骨文字	金文	篆文

解說 ‘긴 코를 가진 코끼리 모양’ 을 본떠서 ‘코끼리 / 코끼리 모습’ 이라는 뜻이다.

例文 ① 象牙(상아) ② 象形文字(상형문자) ③ 印象(인상) ④ 形象(형상)

2

像 = 人 + 象

3급 / 14획	(모양 / 닮을 **상**)

解說 ‘人(사람 인)’과 ‘象(코끼리 / 모습 상)’을 조합한 글자임. ‘코끼리를 본 적이 없는 양자강(楊子江) 북쪽 사람(人)들은 그림으로만 코끼리(象)를 보았다’ 는 데서 ‘닮은 모양 / 닮았다’ 는 뜻을 나타낸다.

例文 ① 銅像(동상) ② 佛像(불상) ③ 肖像畫(초상화) ④ 自畫像(자화상)

3

豫 = 予 + 象

4급 / 16획	(미리 **예**)	篆文

解說 ‘予(나 여)’와 ‘象(코끼리 / 모습 상)’을 조합한 글자임. ‘베를 짤 때 사용하는 북(予)과 코끼리(象)를 이용해서 앞날의 일을 미리 점을 쳤다’ 는 뜻이다.

例文 ① 豫賣(예매) ② 豫買(예매) ③ 豫約(예약) ④ 豫告(예고) ⑤ 豫備(예비)

21 色 (빛 색) 그룹 漢字

1 色 = 人 + 巴   篆文

7급 / 6획	(빛 / 예쁜여자 **색**)	篆文

解說 ‘人(사람 인)’과 ‘巴(꿇어앉은사람 / 무릎마디 절)’을 조합한 글자임. ‘무릎을 꿇고 엎드려 있는 사람(巴) 위에 또 한 사람(人)이 포개져 남녀가 이상한 포즈로 사랑을 하고 있을 때의 감정이 얼굴에 나타난다’는 데서 ‘낯빛 / (사물의) 색깔 / 예쁜 여자 / 섹스’라는 뜻으로 발전하여 쓰이게 되었다.

例文 ① 顔色(안색) ② 英雄好色(영웅호색) ③ 色情(색정) ④ 才色(재색)

2 絕 = 糸 + 刀 + 巴

4급 / 12획	(끊을 **절**)	金文	古文	篆文

解說 ‘糸(실 사)’와 ‘刀(칼 도)’, ‘巴’를 조합한 글자임. 금문(金文)과 고문(古文)에서는 ‘칼(刀)로 실(絲)을 끊다’이고, 전문(篆文)에서는 ‘칭칭 묶여 있는 실(糸)의 매듭(巴)을 칼(刀)로 자른다’는 데서 ‘(칼로) 끊다 / 죽다 / 멸하다’는 뜻으로 발전하여 쓰이게 되었다. ＊일본 상용한자에서는 ‘絶’로, 중국 간체자(簡體字)에서는 ‘绝(9획)’으로 표기한다.

例文 ① 絕交(절교) ② 絕望(절망) ③ 絕緣體(절연체) ④ 拒絕(거절)하다 ⑤ 絕世美人(절세미인) ⑥ 絕長補短(절장보단)

색	嗇
장	墻 薔 檣

---

1 嗇 = 來 + 回

| 1급 / 13획 | (아낄 **색**) | 甲骨文字 1 | 甲骨文字 2 | 篆文 |

解說　'來(올 래)'와 '回'를 조합한 글자임. '식량인 밀/보리(來)를 창고(回)에 보관해 두고 아끼며 먹는다'는 데서 '(창고에) 집어넣다/아끼다'는 뜻을 나타낸다. *'來(올 래)'는 하늘을 향해 자라는 밀/보리 모양을 본뜬 글자인데, '밀/보리'는 '하늘이 내려준 것/하늘에서 내려온 것'이라는 데서 '오다'는 뜻을 나타낸다. *'來(올 래)'에 관한 자세한 설명은 1권 참조 바람. *중국 간체자(簡體字)에서는 '啬(11획)'으로 표기한다.

例文　① 吝嗇(인색)하다　② 嗇夫(색부 ; 낮은 벼슬/농부)

---

2 墻 = 土 + 嗇

| 3급 / 16획 | (담 **장**) |

解說　'土(흙 토)'와 '嗇(아낄 색)'을 조합한 글자임. '창고(嗇)를 보관하기 위해 흙(土)으로 만든 담'이라는 뜻을 나타낸다. *'牆(담 장)'의 속자(俗字)임. *중국 간체자(簡體字)에서는 '墙(14획)'으로 표기한다.

例文　① 越墻 / 越牆(월장 ; 담을 넘음)　② 路柳墻花(노류장화 ; 기생/娼女)

---

3 薔 = 艸 + 嗇

| 1급 / 17획 | (장미 **장**) |

解說　'艸(풀 초)'와 '嗇(아낄 색)'을 조합한 글자임. '혼자 보고 즐기기엔 아까운(嗇) 화초(艸)'라는 데서 '장미'라는 뜻을 나타낸다. ＊중국 간체자(簡體字)에서는 '薔(14획)'으로 표기한다. ＊'艸(풀 초)'가 다른 글자와 조합하여 글자 위쪽에 오면 '艹(초두머리)'로 글자 모양이 바뀐다.

例文　① 薔薇(장미)　② 白薔薇(백장미)　③ 黑薔薇(흑장미)

4

檣 ＝ 木 ＋ 嗇

| 1급 / 17획 | (돛대 **장**) |

解說　'木(나무 목)'과 '嗇(아낄 색)'을 조합한 글자로, '來(올 래) 글자 모양처럼 만든 나무(木)로 된 돛대'라는 뜻을 나타낸다. ＊중국 간체자(簡體字)에서는 '樯(15획)'으로 표기한다.

例文　① 檣樓(장루 ; 돛대 위에 만든 臺)　② 檣竿(장간 ; 돛대)

1

生

| 8급 / 5획 | (날 生) | 金文 1 | 金文 2 | 篆文 |

解說 '땅에서 힘차게 솟아올라오는 초목의 싹 모양'을 본뜬 상형문자로 '살아가다 / 싱싱하다 / (사물이) 생기다 / (사람이) 태어나다'는 뜻을 나타낸다.

例文 ① 先生(선생) ② 生物(생물) ③ 生産(생산) ④ 生命(생명) ⑤ 生家(생가)

2

牲 = 牛 + 生

| 1급 / 9획 | (희생 生) | 甲骨文字 | 金文 | 篆文 |

解說 '牛(소 우)'와 '生(날 생)'을 조합한 글자임. 갑골문자(甲骨文字)에서는 '羊+生'이고, 금문(金文)과 전문(篆文)에서는 '牛+生'으로, '신(神)에게 양(羊)이나 소(牛)를 산(生) 채로 바치는 희생제물'임을 나타내는 글자이다.

例文 ① 犧牲(희생) ② 牲牢(생뢰 ; 제물용 짐승) ③ 牲犢(생독 ; 제물용 송아지)

3

甥 = 生 + 男

| 1급 / 12획 | (생질 / 조카 生) |

解說 '生(날 생)'과 '男(사내 남)'을 조합한 글자임. '자매가 낳은(生) 남자(男)아이'라는 데서 '생질 / 조카'라는 뜻을 나타낸다.

例文 ① 甥姪(생질) ② 甥姪婦(생질부) ③ 甥館(생관 ; 사위가 쓰는 방)

---

4 **姓** = 女 + 生

| 7급 / 8획 | (성씨 / 자손 **성**) |

解說 '女(여자 여)'와 '生(날 생)'을 조합한 글자임. '티베트 지방의 모계사회(母系社會)에서는 부모가 자녀를 낳으면(生) 어머니(女) 성(姓)을 따른다'는 데서 '성씨/자손'이라는 뜻을 나타낸다.

例文 ① 姓名(성명) ② 同姓同名(동성동명) ③ 百姓(백성) ④ 姓銜(성함)

---

5 **性** = 心 + 生

| 5급 / 8획 | (성품 / 바탕 / 색욕 **성**) |

解說 '心(마음 심)'과 '生(날 생)'을 조합한 글자임. '사람이 태어날(生) 때부터 마음(心) 속에 갖고 있는 본 바탕'이라는 데서 '성품/성질/성욕(性慾)'이라는 뜻을 나타낸다. *'心(마음 심)'이 다른 글자와 조합하여 글자 왼쪽에 오면 '忄(마음심변/심방변)'으로 글자 모양이 바뀐다.

例文 ① 性品(성품) ② 性格(성격) ③ 女性(여성) ④ 性生活(성생활) ⑤ 性慾(성욕)

---

6 **星** = 晶 + 生

| 4급 / 9획 | (별 **성**) | 甲骨文字 | 金文 | 篆文 |

解說 금문(金文)과 전문(篆文)에서는 '晶(맑을 정)'과 '生(날 생)'을 조합한 글자임. '수많은 별들(晶)이 서로 연결(生)되어 반짝이며 빛나는 모습'에서 '별'이라는 뜻을 나타낸다.

例文 ① 金星(금성) ② 火星(화성) ③ 水星(수성) ④ 彗星(혜성) ⑤ 土星(토성)

---

7 **醒** = 酉 + 星

| 1급 / 16획 | (깰 **성**) |

解說 '酉(술단지 / 술병 유)'와 '星(별 성)'을 조합한 글자임. '술(酉)에 취해 있을 때는 보이지 않던 밤하늘의 별(星)이, 술(酉)이 깨니까 밤하늘의 별(星)이 보일 정도로 기분이 맑아진다'는 데서 '(술이) 깨다'는 뜻을 나타낸다.

例文 ① 醒覺(성각 ; 깨달음) ② 覺醒(각성) ③ 覺醒劑(각성제)

---

8 隆 = 降 + 生

| 3급 / 12획 | (높을 / 성할 **륭**) | 篆文 |

🐛 **解說**　'降(내릴 강)'과 '生(날 생)'을 조합한 글자임. '하늘의 신(神)이 사다리(阜)를 타고 내려와(夂 ; 내려오는발자국) 머무는 곳은 뭐든지 잘 된다(生)'는 데서 '융성하다/번창하다/높여지다'는 뜻을 나타낸다. *일본 상용한자에서는 '隆(11획)'으로 1획이 줄어든다. *阜(언덕/사다리 부)가 다른 글자와 조합하여 글자 왼쪽에 오면 'ß (좌부변)'으로 글자 모양이 바뀐다. *'降(내릴 강)'은 '하늘의 신(神)이 사다리(ß /阜)를 타고 땅으로 내려온다'는 뜻의 글자이다.

🐛 **例文**　① 隆盛(융성)　② 隆起(융기)　③ 隆崇(융숭)한 대접

9 旌 = 㫃 + 生

| 2급 / 11획 | (기 / 깃발 / 깃대 **정**) |

🐛 **解說**　'㫃(깃발 언)'과 '生(날 생)'을 조합한 글자임. '어린애가 태어난(生) 집안에는 아무나 출입하지 말라는 표시로 집앞에 깃발(㫃)을 단다'는 데서 '기/깃발/깃대'라는 뜻을 나타낸다.

🐛 **例文**　① 강원도 旌善(정선)　② 旌善(정선) 아리랑

書 = 聿 + 者		金文 1	金文 2	篆文
6급/10획	(글/책 **서**)			

解說 　금문(金文)과 전문(篆文)에서는 '聿(붓 율)'과 '者'를 조합한 글자로, '부적(符籍)에 적힌 신성한 글자' 라는 뜻에서 '책/서적' 이라는 뜻으로 발전하여 쓰이게 되었다. ＊중국 간체자(簡體字)에서는 '书(4획)' 으로 표기한다. ＊'者'는 원래 '외부로부터의 침입을 막기 위해 흙(土)으로 높이 쌓은 토담' 인데, 이 토담(者) 속에 '외부의 공격을 방지하는 뜻의 내용을 붓으로 그리거나 글을 써서 묻은 신성한 부적/글자' 라는 뜻이다. ＊'者(자)'에 관한 더 자세한 설명은 3권 '者(자)그룹漢字' 참조

例文 　① 書籍(서적) ② 書架(서가) ③ 書類(서류) ④ 願書(원서) ⑤ 書堂(서당)

晝 = 聿 + 日 + H		金文	篆文
6급/11획	(낮 **주**)		

解說 　금문(金文)에서는 '聿(붓 율)'과 '日(해/날 일)'을 조합한 글자이고, 전문(篆文)에서는 '聿(붓 율)'과 '日(해 일)', 'H 모양' 을 조합한 글자임. '하루의 일과' 를 '아침 해(日) 뜰 때부터 저녁 해질 때까지의 과정(H)' 을 표시하였고, '낮(日) 동안에 손(又)에 뭔가를 들고(書) 일하는 모습' 에서 '낮' 이라는 뜻을 나타내게 되었다. ＊일본 상용한자와 중국 간체자(簡體字)에서는 '昼(9획)' 으로 표기한다.

例文 　① 晝間(주간) ② 晝耕夜讀(주경야독) ③ 晝夜(주야) ④ 白晝(백주)

3 

畫 = 聿 + 周		金文 1	金文 2	篆文
6급 / 12획	(그림 **화**)			

解說　금문(金文)에서는 '聿(붓 율)'과 '周'를 조합한 글자임. '사각형 방패(周)에다 적군을 두렵게 하는 그림을 그렸다(聿)'는 데서 '그림/그리다'는 뜻을 나타낸다. ＊일본 상용한자에서는 '画(8획)'으로, 중국 간체자(簡體字)에서는 '画'으로 글자 모양이 약간 다르게 표기한다. ＊'畵'는 속자(俗字)임.

例文　① 畫家(화가)　② 畫伯(화백)　③ 書畫(서화)　④ 映畫(영화)　⑤ 漫畫(만화)

4

劃 = 畫 + 刀		金文	篆文
3급 / 14획	(그을 / 계획할 **획**)		

解說　'畫(그림 화)'와 '刀(칼 도)'를 조합한 글자임. '사각형 방패(周)에 그려진 그림(畫)을 칼(刀)로 새긴다'는 데서 '(칼로) 선을 긋다 / 계획하다 / 꾀하다'는 뜻으로 발전하여 쓰이게 되었다. ＊'刀(칼 도)'가 다른 글자와 조합하여 글자 오른쪽에 오면 'リ(선칼도)'로 글자 모양이 바뀐다. ＊일본 상용한자에서는 '画(8획)'으로, 중국 간체자(簡體字)에서는 '划(6획)'으로 표기한다.

例文　① 劃順(획순)　② 劃數(획수)　③ 企劃(기획)　④ 計劃(계획)　⑤ 劃策(획책)

1

庶 = 广 + 廿 + 火　　　厐　　　匥　　　厐

| 3급/11획 | (여러/무리 서) | 金文 1 | 金文 2 | 篆文 |

解說　‘广(집 엄)’과 ‘廿’, ‘火(불 화)’를 조합한 회의문자(會意文字)임. ‘집안(广)에 불 (火)을 피워놓고 그 위에 냄비(廿)를 얹어 요리한 것을 여러 사람이 먹는다’ 는 데서 ‘여럿/ 무리’ 라는 뜻을 나타내게 되었다. ＊‘火(불 화)’가 다른 글자와 조합하여 글자 아래쪽에 오 면 ‘灬(불화발)’로 글자 모양이 바뀐다.

例文　① 庶民(서민)　② 庶務課(서무과)　③ 庶子(서자)　④ 庶出(서출)

2

蔗 = 艸 + 庶

| 1급/15획 | (사탕수수 자) |

解說　‘艸(풀 초)’와 ‘庶(여러 서)’를 조합한 글자임. ‘여러 사람(庶)이 맛있게 먹는 초목 (艸)’ 이라는 데서 ‘사탕수수’ 라는 뜻을 나타낸다. ＊중국 간체자(簡體字)에서는 ‘蔗(14 획)’으로 표기한다. ＊‘艸(풀 초)’가 다른 글자와 조합하여 글자 위쪽에 오면 ‘艹(초두머 리)’로 글자 모양이 바뀐다.

例文　① 蔗田(자전)　② 蔗糖(자당 ; 설탕)　③ 甘蔗(감자 ; 사탕수수)

3

遮 = 庶 + 辶

| 2급/15획 | (가릴/가로막을 차) |

解說　‘庶(여러 서)’와 ‘辶(쉬엄쉬엄갈/뜀 착)’을 조합한 글자임. ‘여러 사람(庶)이 모여 사는 고을로 외부의 적이 침입해 들어오지(辶) 못하도록 여러 사람(庶)이 힘을 합쳐 차단한다’는 데서 ‘가로막다/차단하다/가리다’는 뜻으로 발전하여 쓰이게 되었다. ＊일본 상용한자와 중국 간체자(簡體字)에서는 ‘遮(14획)’으로 표기한다.

例文　① 遮斷(차단)　② 遮陽(차양)　③ 遮光幕(차광막)

4	席 = 庶 + 巾		㡌	席
6급 / 10획	(자리 **석**)		金文	篆文

解說　‘庶(여러 서)’와 ‘巾(수건 건)’을 조합한 글자임. 금문(金文)에서는 ‘厂+巾’이고, 전문(篆文)에서는 ‘广+廿+巾’으로 묘사하여 ‘집안에 여러 사람(庶)이 앉도록 자리(巾)를 깔다’는 데서 ‘자리/좌석/깔개’라는 뜻을 나타낸다. ＊땅바닥에 직접 까는 것은 ‘筵’이라고 하며, 그 ‘筵’ 위에 까는 것은 ‘席’이라고 하였다.

例文　① 出席(출석)　② 座席(좌석)　③ 席卷 / 席捲(석권)

1	黍 = 禾 + 水				
1급 / 12획	(기장 **서**)	甲骨文字	金文	篆文

解說 ‘禾(벼 화)’와 ‘水(물 수)’를 조합한 글자임. ‘물(水) 없이도 밭에서 잘 자라는 벼(禾)’라는 데서 ‘기장’이라는 뜻을 나타낸다.

例文 ① 黍粟(서속 ; 기장과 조) ② 黍酒(서주) ③ 黍麪(서면)

2	黎 = 黍 + 勿		篆文
1급 / 15획	(검을 / 많을 **려**)	

解說 ‘黍(기장 서)’와 ‘勿(말 / 금할 물)’을 조합한 글자로, ‘희미한 빛 / 새벽녘 / 많다’는 뜻을 나타낸다.

例文 ① 黎明(여명) ② 黎明期(여명기) ③ 黎民(여민 ; 백성 / 서민들)

3	稷 = 禾 + 畟
2급 / 15획	(피 / 곡신(穀神) **직**)

解說 ‘禾(벼 화)’와 ‘畟(보습날카로울 측)’을 조합한 글자인데, ‘오곡(五穀)을 맡은 신(神) / 피 / 기장’이라는 뜻을 나타낸다.

例文 ① 稷神(직신 ; 곡식의 신) ② 社稷(사직 ; 나라) ③ 社稷公園(사직공원)

夕				D	D	P
7급 / 3획		(저녁 **석**)		甲骨文字	金文	篆文

解說 '해가 지고 어두워질 때에 나타난 초승달이나 반달 모양'을 본떠서 '저녁/밤'이라는 뜻을 나타낸다. *초승달과 반달은 '夕'이고, 보름달은 '月'로 표현하는 수가 있다.

例文 ① 夕刊新聞(석간신문) ② 夕食(석식) ③ 朝夕(조석)

夙 = 凡 + 夕				설	설	附
1급 / 6획		(이를/아침 **숙**)		甲骨文字	金文	篆文

解說 '凡(무릇 범)'과 '夕(저녁 석)'을 조합한 글자임. 갑골문자(甲骨文字)와 금문(金文)에서는 '대부분(凡)의 사람들은 달(夕)이 떠 있는 이른 새벽부터 일한다'는 뜻이다.

例文 ① 夙興夜寐(숙흥야매 ; 온종일 부지런함) ② 夙成(숙성 ; 早熟함)

夢 = 莧 + 夕				蔑	辮	蔑
3급 / 14획		(꿈 **몽**)		甲骨文字 1	甲骨文字 2	篆文

解說 '莧'과 '夕(저녁 석)'을 조합한 글자임. '밤(夕)에 눈(目)을 무섭게 하고 두 뿔(艸) 달린 마녀가 꿈에 나타나 괴롭힌다'는 데서 '꿈/꿈꾸다'는 뜻을 나타낸다. *일본 상용한자에서는 '夢(13획)'으로, 중국 간체자(簡體字)에서는 '梦'으로 표기한다.

例文 ① 夢寐間(몽매간) ② 解夢(해몽) ③ 夢遊病(몽유병)

1

石		甲骨文字	金文	篆文
6급 / 5획	(돌 **석**)			

解說　‘厂(굴바위 엄)’ 과 ‘口’ 를 조합한 글자로, ‘절벽(厂) 아래에 굴러 떨어져 흩어져 있는 작은 돌(口)’ 이라는 데서 ‘돌/돌덩이/돌맹이’ 라는 뜻을 나타낸다.

例文　① 石器時代(석기시대)　② 石工(석공)　③ 石窟庵(석굴암)　④ 石炭(석탄)

2

碩 = 石 + 頁

2급 / 14획	(클 **석**)

解說　‘石(돌 석)’ 과 ‘頁(머리 혈)’ 을 조합한 글자임. ‘두뇌(頁)가 많은 지식으로 돌(石)처럼 꽉 차 있다’ 는 데서 ‘(두뇌의 용량이) 크다’ 는 뜻을 나타낸다.

例文　① 碩士(석사)　② 碩學(석학 ; 大學者)　③ 碩座教授(석좌교수)

3

拓 = 手 + 石

3급 / 8획	(넓힐 **척**/박을 **탁**)

解說　‘手(손 수)’ 와 ‘石(돌 석)’ 을 조합한 글자임. 원래는 ‘손(手)으로 돌(石)을 줍다’ 는 뜻이었으나, 훗날 ‘손(手)으로 돌(石)을 주워내어 개척하다’ 는 데서 ‘넓히다’ 는 뜻으로, ‘손(手)으로 돌(石)을 들어 두드려 박다’ 는 데서 ‘박다’ 는 뜻으로 쓰이게 되었다. * ‘手(손

수)’가 다른 글자와 조합하여 글자 왼쪽에 오면 ‘扌(손수변)’으로 글자 모양이 바뀐다.

例文 ① 開拓(개척) ② 干拓事業(간척사업) ③ 拓本(탁본 ; 金石에 새긴 글씨나 그림을 그대로 박아냄/또는 박아낸 그 종이)

4

宕 = 宀 + 石

1급/8획	(호탕할/돌굴 **탕**)

解說 ‘宀(집 면)’과 ‘石(돌 석)’을 조합한 글자임. ‘돌(石)로 된 집(宀)’이라는 데서 ‘돌굴/넓다/크다’는 뜻으로 발전하여 쓰이게 되었다.

例文 ① 豪宕(호탕) ② 성격이 疏宕(소탕)하다 ③ 跌宕(질탕)하게 마시다

5

妬 = 女 + 石

1급/8획	(샘낼 **투**)

解說 ‘女(여자 여)’와 ‘石(돌 석)’을 조합한 글자임. ‘샘이 나서 남에게 돌(石)을 던지는 여자(女)’라는 데서 ‘샘내다/시샘하다/강새암하다’는 뜻을 나타낸다.

例文 ① 嫉妬(질투) ② 妬忌心(투기심) ③ 妬賢嫉能(투현질능)

6

磊 = 石 + 石 + 石

1급/15획	(돌무더기 **뢰**)

解說 ‘石(돌 석)’ 세 글자를 조합한 글자임. ‘많은 돌들(石石) 위에 또 돌(石)이 많이 쌓여 있는 모양’에서 ‘돌무더기/돌이 많이 쌓여 있다’는 뜻을 나타낸다.

例文 ① 磊落(뇌락 ; 磊磊/너그러워서 작은 일에 얽매이지 않음)

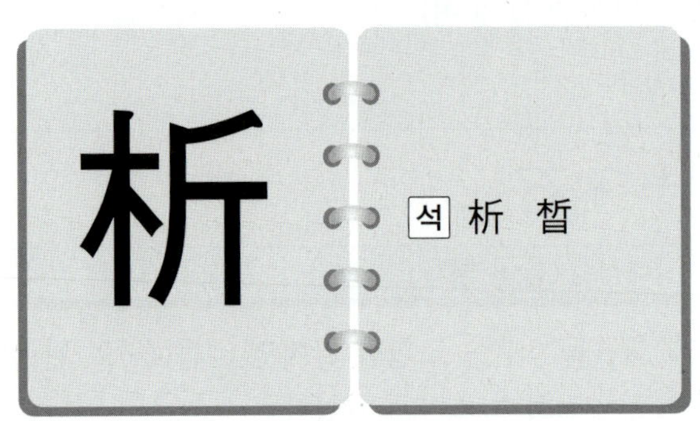

1 析 = 木 + 斤

| 3급8획 | (쪼갤 **석**) | 甲骨文字 | 金文 | 篆文 |

解說 ‘木(나무 목)’과 ‘斤(도끼 근)’을 조합한 글자임. 갑골문자(甲骨文字)에서는 ‘도끼 (斤)로 나무(木)를 쪼개는 모습’으로 묘사하여 ‘쪼개다/가르다/나누다’는 뜻을 나타낸다.

例文 ① 分析(분석) ② 析出(석출 ; 분석해 냄) ③ 析薪(석신 ; 장작을 팸)

2 晳 = 析 + 日

| 2급/12획 | (밝을 **석**) |

解說 ‘析(쪼갤 석)’과 ‘日(날/해 일)’을 조합한 글자임. ‘날씨가 좋은 날(日)에 나무를 쪼갠다(析)’는 데서 ‘밝다/환하다’는 뜻을 나타낸다. *중국 간체자(簡體字)에서는 ‘晰’ 으로 표기한다.

例文 ① 두뇌가 明晳(명석)하다

昔 (옛 석) 그룹 漢字

석	昔	惜		
적	籍	착	錯	
차	借	조	措	
자	藉	작	鵲	
초	醋			

1

昔 ＝肉＋日

3급/8획	(예/옛 석)	甲骨文字	金文	篆文

解說 ‘肉(고기 육)’과 ‘日(해/날 일)’을 조합한 가차문자(假借文字)임. 갑골문자(甲骨文字)에서는 ‘유목민들이 겨울에 먹을 고기(肉)를 얇게 썰어서 햇볕(日)에 말려 오랫동안 보관해 둔 육포(肉脯)’라는 뜻인데, 훗날 때와 관련하여 ‘옛/오래다’는 뜻을 나타내게 되었다.

例文 ① 昔日(석일) ② 昔年(석년) ③ 今昔之感(금석지감)

2

惜 ＝心＋昔

3급/11획	(아낄 석)

解說 ‘心(마음 심)’과 ‘昔(예/옛 석)’을 조합한 글자임. ‘소중한 식량인 육포(昔)를 아끼듯이, 소중한 것을 마음속(心)에 오래오래 간직한다’는 데서 ‘아끼다/아까워하다’는 뜻을 나타낸다. *‘心(마음 심)’이 다른 글자와 조합하여 글자 왼쪽에 오면 ‘忄(마음심변/심방변)’으로 글자 모양이 바뀐다.

例文 ① 惜別(석별)의 情(정) ② 哀惜(애석)하다 ③ 惜敗(석패)

3

籍 ＝竹＋耒＋昔

4급/20획	(문서/호적 적)

解說 '竹(대/대나무 죽)'과 '耒(쟁기 뢰)', '昔(예/옛 석)'을 조합한 글자임. '논밭을 차례대로 쟁기질(耒)하듯이, 과거(昔)의 일을 차례대로 대쪽(竹)에 기록한다'는 데서 '문서/호적'이라는 뜻을 나타낸다. *중국에서 종이가 발명된 것은 기원 2세기 초(初)이므로, 그 이전의 대부분의 기록은 갑골문자(甲骨文字)와 금문(金文)이며, 붓이 발명된 후에는 나무(木)나 대쪽(竹)에 기록하였는데, 이것을 목간(木簡) 또는 죽간(竹簡)이라고 부른다.

例文 ① 戶籍(호적) ② 國籍(국적) ③ 學籍簿(학적부)

4

錯 = 金 + 昔

3급/16획　　(어긋날/섞일 **착**)

解說 '金(쇠 금)'과 '昔(예/옛 석)'을 조합한 글자임. '쇠(金)에다 여러 번 칠하여 육포(昔)처럼 쭈글쭈글해 보인다'는 데서 '겹쳐 쌓이다/여러 가지가 섞이다/어긋나다'는 뜻을 나타낸다. *중국 간체자(簡體字)에서는 '错'으로 표기한다.

例文 ① 錯覺(착각) ② 錯視(착시) ③ 錯雜(착잡) ④ 錯誤(착오)

5

借 = 人 + 昔

3급/10획　　(빌/빌릴 **차**)

解說 '人(사람 인)'과 '昔(예/옛 석)'을 조합한 글자임. 원래는 '백성(人)이 나라의 땅을 오랫동안(昔) 경작한다'는 데서 '(땅을) 빌리다'는 뜻을 나타내었는데, 지금은 '(모든 면에서) 빌리다'는 뜻으로 쓰이게 되었다.

例文 ① 借入(차입) ② 借款(차관) ③ 借用(차용)

6

措 = 手 + 昔

2급/11획　　(둘/놓을 **조**)

解說 '手(손 수)'와 '昔(예/옛 석)'을 조합한 글자임. '육포(昔)를 먹기 위해서 손(手)으로 찢어서 다른 그릇 위에 포개 놓다'에서 '놓다/두다'는 뜻을 나타낸다. *'手(손 수)'가 다른 글자와 조합하여 글자 왼쪽에 오면 '扌(손수변)'으로 글자 모양이 바뀐다.

例文 ① 措處/措置(조처/조치 ; 일을 처리함) ③ 措大(조대 ; 청렴한 선비)

7

藉 ＝ 艹 ＋ 耒 ＋ 昔

| 1급 / 18획 | (깔/위로할 **자**) |

解說　'艹(풀 초)'와 '耒(쟁기 뢰)', '昔(예/옛 석)'을 조합한 글자로, '쟁기질(耒)하다가 풀밭(艹)에 앉아 쉬면서 포(昔)를 먹는다'는 데서 '자리를 깔다/위로하다/핑개하다'는 뜻을 나타낸다. ＊일본 상용한자와 중국 간체자(簡體字)에서는 '藉(17획)'으로 획수가 줄어들며 글자 모양이 약간 다르게 표기한다. ＊'籍(문서/호적 적)'과 혼동하기 쉬운 글자이다. ＊'艹(풀 초)'가 다른 글자와 조합하여 글자 위쪽에 오면 '艹'(초두머리)'로 글자 모양이 바뀐다.

例文　① 慰藉料(위자료)　② 憑藉(빙자)　③ 유혈(流血)이 狼藉(낭자)하다

8

鵲 ＝ 昔 ＋ 鳥

| 1급 / 19획 | (까치 **작**) |

解說　'昔(예/옛 석)'과 '鳥(새 조)'를 조합한 글자로, '햇볕에 말리는 포(昔)를 먹으러 모여드는 까치(鳥)'라는 뜻을 나타낸다. ＊중국 간체자(簡體字)에서는 '鹊'으로 표기한다.

例文　① 烏鵲橋(오작교)　② 鵲報(작보 ; 기쁜 소식)　③ 인천시 鵲田洞(작전동)

9

醋 ＝ 酉 ＋ 昔

| 1급 / 15획 | (초/식초 **초**/권할 **작**) |

解說　'酉(술단지/술병 유)'와 '昔(예/옛 석)'을 조합한 글자임. '과일 술(酉)이 되라고 설탕 없이 담근 것이 오래되면(昔) 식초가 된다'는 데서, 또 '술(酉)과 안주(昔)를 함께 권한다'는 데서 '초/식초/권하다'는 뜻을 나타낸다. ＊방부제 역할을 하는 설탕을 안 넣고 과일주를 담그면 식초가 되는 것은 다 아는 사실이다.

例文　① 食醋(식초)　② 醋酸(초산)　③ 酒醋(주작 ; 술을 권함)

1

舄

| 12획 | (신발 **석**/까치 **작**) | | 金文 | 篆文 |

解說 '앞쪽에는 아름다운 장식이 달려 있고, 바닥은 2중으로 된 고급 신발 모양'을 본뜬 상형문자인데, 설문(說文)에서는 '까치 모양'의 상형문자로 설명함으로써 '신발/까치'라는 뜻을 나타내게 되었다.

2

潟 = 水 + 舄

| 1급/15획 | (개펄 **석**) |

解說 '水(물 수)'와 '舄(신발 석/까치 작)'을 조합한 글자로, '조수(潮水)가 드나들어 염분이 많은 개펄'이라는 뜻을 나타낸다. *중국 간체자(簡體字)에서는 '舄(12획)'으로 표기한다. *'水(물 수)가 다른 글자와 조합하여 글자 왼쪽에 오면 'ʔ(삼수변)'으로 글자 모양이 바뀐다.

例文 ① 干潟(간석) ② 干潟地(간석지)

3 寫 = 宀 + 舄

5급 / 15획　　　　　(베낄 **사**)

解說　'宀(집 면)'과 '舄(까치 작 / 신발 석)'을 조합한 글자임. '신(神)을 섬기는 건물(宀)에서 신는 신발(舄)을 본떠서 만든 예식용(禮式用) 신발'이라는 데서 '베끼다 / 본뜨다 / 복사하다'는 뜻을 나타낸다. *일본 상용한자와 중국 간체자(簡體字)에서는 '写(5획)'으로 표기한다.

例文　① 複寫本(복사본)　② 寫本(사본)　③ 寫眞(사진)　④ 描寫(묘사)

4 瀉 = 水 + 寫

1급 / 18획　　　　　(쏟을 / 게울 **사**)

解說　'水(물 수)'와 '寫(베낄 사)'를 조합한 글자로, 무슨 이유인지는 모르지만 '(물을) 기울여 쏟다 / 게우다 / 설사하다'는 뜻을 나타낸다. *중국 간체자(簡體字)에서는 '泻(8획)'으로 표기한다. *'水(물 수)'가 다른 글자와 조합하여 글자 왼쪽에 오면 'ⅰ(삼수변)'으로 글자 모양이 바뀐다.

例文　① 泄瀉(설사)　② 吐瀉藿亂(토사곽란)　③ 一瀉千里(일사천리)

선	先 銑
세	洗
찬	贊 讚 鑽 瓚

---

1 先 = 之 + 儿

| 8급 / 6획 | (먼저 **선**) | 甲骨文字 | 金文 | 篆文 |

解說 '之(발자국/갈 지)'와 '儿(걷는사람 인)'을 조합한 회의문자(會意文字)임. '사람(儿)이 걸어갈(之) 때 맨 먼저 앞서는 것은 발끝'이라는 데서 '먼저/앞'이라는 뜻이다.

例文 ① 先生(선생) ② 先覺者(선각자) ③ 先見之明(선견지명) ④ 優先順位(우선순위)

---

2 銑 = 金 + 先

| 1급 / 14획 | (무쇠 **선**) |

解說 '金(쇠 금)'과 '先(먼저 선)'을 조합한 글자임. '철광석을 불에 녹이면 맨 먼저(先) 무쇠(金)가 된다'는 데서 '무쇠'라는 뜻을 나타낸다.

例文 ① 銑鐵(선철 ; 무쇠)

---

3 洗 = 水 + 先

| 5급 / 9획 | (씻을 **세**) |

解說 '水(물 수)'와 '先(먼저 선)'을 조합한 글자임. 옛날에는 '여행에서 돌아오면 다른 지방의 더러움을 떨쳐버리기 위해서 맨 먼저 물(水)로 발(先)을 씻었다'고 한다.

例文 ① 洗面臺(세면대) ② 洗車(세차) ③ 洗手(세수) ④ 洗劑(세제)

4 贊 = 先 + 先 + 貝

3급 / 19획　　　　(도울 / 기릴 **찬**)

解說　‘先+先(먼저 선)’과 ‘貝(돈 / 재물 / 조개 패)’를 조합한 글자임. ‘재물(貝) 위에다 신(神)을 부르는 도구(先先)를 얹어서 기도하는 것’, 또는 ‘신(神)의 도움을 받아서 일이 성취되었다’는 데서 ‘돕다 / 기리다’는 뜻을 나타낸다. *일본 상용한자에서는 ‘賛(15획)’으로, 중국 간체자(簡體字)에서는 ‘赞’으로 표기한다.

例文　① 贊同(찬동)　② 贊成(찬성)　③ 贊助(찬조)　④ 協贊(협찬)

5 讚 = 言 + 贊

4급 / 26획　　　　(기릴 **찬**)

解說　‘言(말씀 언)’과 ‘贊(도울 찬)’을 조합한 글자임. ‘신(神)에게 기도(言)한 결과 신(神)의 도움(贊)으로 일이 성취되었다’는 데서 ‘기리다’는 뜻을 나타낸다. *일본에서는 ‘讃(22획)’으로, 중국 간체자(簡體字)에서는 ‘赞’으로 표기한다.

例文　① 讚美(찬미)　② 讚頌(찬송)　③ 讚揚(찬양)　④ 稱讚(칭찬)　⑤ 禮讚(예찬)

6 鑽 = 金 + 贊

2급 / 27획　　　　(뚫을 / 끌 **찬**)

解說　‘金(쇠 금)’과 ‘贊(도울 찬)’을 조합한 글자임. ‘쇠(金)로 된 끌로 구멍을 뚫다’는 데서 ‘뚫다 / 끌’이라는 뜻을 나타낸다. *중국 간체자(簡體字)에서는 ‘钻’으로 표기한다.

例文　① 鑽石(찬석 ; 돌을 뚫음)　② 研鑽(연찬 ; 깊이 연구함)

7 瓚 = 玉 + 贊

2급 / 23획　　　　(옥잔 / 술그릇 **찬**)

解說　‘玉(구슬 옥)’과 ‘贊(도울 찬)’을 조합한 글자임. ‘손잡이가 옥(玉)으로 된 술잔’이라는 데서 ‘옥잔(玉盞) / 술그릇’이라는 뜻인데, 주로 인명(人名)에 사용한다. *玉(구슬 옥)이 다른 글자와 조합하여 글자 왼쪽에 오면 ‘玉(구슬옥변)’으로 글자 모양이 바뀐다. 이 경우에는 ‘王(임금 왕)’이라고 하지 않음에 유의해야 한다.

---

1 宣 = 宀 + 亘

4급/9획	(베풀/널리알릴 **선**)	甲骨文字	金文	篆文

解說 '宀(집 면)'과 '亘(돌 선/뻗칠 궁)'을 조합한 회의문자(會意文字)임. '신(神)'을 섬기는 집(宀)에 있는 반원형(半圓形)의 방을 "宣"이라고 하였는데, 이곳에서 재판이나 어떤 의식이 행해질 때, 이곳에서 하는 말을 "선언(宣言)/선포(宣布)"라고 하였다'는 데서 '고루 알리다/널리 말하다/널리 알리다'는 뜻으로 발전하여 쓰이게 되었다. * '亘(뻗칠 궁)'에 관한 더 자세한 설명은 1권 '亘(뻗칠 궁)그룹 漢字' 참조.

例文 ① 宣傳(선전) ② 宣戰布告(선전포고) ③ 宣言(선언) ④ 宣布(선포)

---

2 瑄 = 玉 + 宣

2급/12획	(도리옥 **선**)

解說 '玉(구슬 옥)'과 '宣(베풀 선)'을 조합한 글자로, '도리옥'이라는 뜻을 나타낸다. * '도리옥'이란, 정일품 및 종일품의 벼슬아치가 붙이던 옥관자(玉貫子)/환옥(環玉)을 말한다. * '관자(貫子)'는 '망건에 달아서 망건당줄을 꿰는 고리'를 말한다.

例文 ① 瑄玉(선옥 ; 벼슬아치 冠에 붙이는 옥)

---

3 渲 = 水 + 宣

특급/12획	(바림 **선**)

解說 '水(물 수)'와 '宣(베풀/널리알릴 선)'를 조합한 글자로, '채색(彩色)'을 점점 엷게 하여 흐리게 하는 방법/바림'이라는 뜻을 나타낸다.

例文 ① 渲染法(선염법 ; 물감을 번지게 하여 몽롱한 효과를 내는 기법)

4	喧 = 口 + 宣
1급 / 13획	(지껄일 **훤**)

解說 '口(입 구)'와 '宣(베풀 선)'을 조합한 글자임. '입(口)으로 널리 알리다(宣)'는 데서 '(입으로) 지껄이다 / 시끄럽다'는 뜻을 나타낸다.

例文 ① 喧嘩 / 喧譁(훤화 ; 지껄여 떠듦) ② 喧騷(훤소 ; 왁자지껄 떠듦)

1　旋 = 放 + 疋

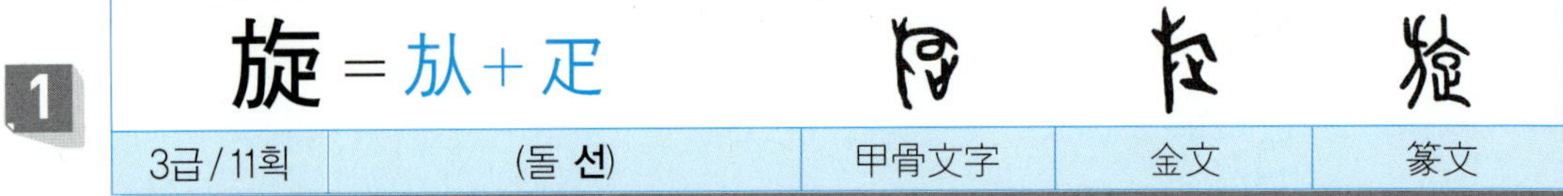

3급 / 11획	(돌 선)	甲骨文字	金文	篆文

解說　'放(깃발 언)'과 '疋(발 소)'를 조합한 회의문자(會意文字)임. 갑골문자(甲骨文字)에서는 '깃발이 펄럭이는 깃대(放)를 들고 마을(口)을 돌아다닌다(疋)'로 묘사하여 '(마을을) 빙글빙글 돌다'는 뜻을 나타낸다.

例文　① 旋回(선회)　② 旋風的(선풍적)　③ 螺旋形(나선형)　④ 斡旋(알선)

2　璇 = 玉 + 旋

2급 / 15획	(옥 선)

解說　'玉(구슬 옥)'과 '旋(돌 선)'을 조합한 글자로 ; '굴러가는(旋) 옥(玉)'이라는 뜻을 나타낸다. *玉(구슬 옥)이 다른 글자와 조합하여 글자 왼쪽에 오면 '王(구슬옥변)'으로 글자 모양이 바뀐다. 이 경우에는 '王(임금 왕)'이라고 하지 않음에 유의해야 한다.

例文　① 璇機(선기 ; 천체를 관측하는 기계)

1 善 = 羊 + 言言				
5급 / 12획	(착할 / 좋을 **선**)	金文 1	金文 2	篆文

解說　금문(金文)에서는 '羊(양 양)'과 '言+言(말씀 언)'을 조합한 회의문자(會意文字)임. 원래는 '신(神) 앞에서 재판을 받을 때 원고와 피고가 각각 양(羊)을 받치고 하는 두 사람의 맹세의 말(言+言)'이었는데, 훗날 '양쪽(言+言) 모두 좋은 결론을 구한다'는 데서 '착하다 / 좋다'는 뜻으로 발전하여 쓰이게 되었다.

例文　① 善良(선량)　② 善惡(선악)　③ 改善(개선)　④ 最善(최선)　⑤ 善心(선심)

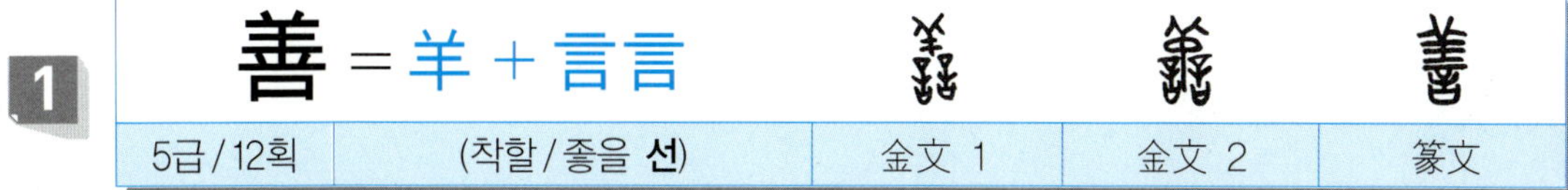

2 繕 = 糸 + 善	
2급 / 18획	(기울 **선**)

解說　'糸(실 사)'와 '善(착할 / 좋을 선)'을 조합한 글자임. '오래된 헌옷을 실(糸)로 기워서 좋게(善) 한다'는 데서 '실로 기우다 / 수선하다 / 수리하다 / 보수하다'는 뜻을 나타낸다. * 중국 간체자(簡體字)에서는 '缮'으로 표기한다.

例文　① 修繕(수선)　② 營繕(영선 ; 건물을 짓거나 수리하는 일)

3 膳 = 肉 + 善	
1급 / 16획	(선물 / 반찬 **선**)

解說 ‘肉(고기 육)’과 ‘善(착할/좋을 선)’을 조합한 글자임. ‘누구나 좋아하는(善) 고기(肉)로 선물한다/반찬을 만들다’는 데서 ‘선물하다/반찬’이라는 뜻을 나타낸다. *‘肉(몸/고기 육)’이 다른 글자와 조합하여 글자 왼쪽에 오면 ‘月(육달월)’로 글자 모양이 바뀐다.

例文 ① 膳物(선물) ② 膳賜(선사 ; 친근·애정·존경의 뜻으로 남에게 물품을 줌)

4 羨 = 羊 + 水 + 欠

1급 / 13획　　　(부러워할 선)

解說 ‘羊(양 양)’과 ‘水(물 수)’, ‘欠(입벌릴 흠)’을 조합한 글자임. ‘맛있는 양(羊)고기 요리에 입을 벌리고(欠) 군침(水)을 흘린다’는 데서 ‘부러워하다/부럽다’는 뜻을 나타낸다. *중국 간체자(簡體字)에서는 ‘羡(12획)’으로 1획이 줄어든다.

例文 ① 羨望(선망)의 대상(對象) ② 羨慕(선모 ; 부러워하며 사모함)

1

舌		甲骨文字 1	甲骨文字 2	篆文
4급 / 6획	(혀 **설**)			

解說　갑골문자(甲骨文字)에서는 '끝 모양이 둘로 갈라져 있는 걸로 보아, 입(口) 밖으로 내민 뱀의 혓바닥 모양'을 본뜬 상형문자(象形文字)로, '혀 / 혀로 맛보다 / 핥다 / 말하다'는 뜻으로 발전하여 쓰이게 되었다.

例文　① 口舌數(구설수)　② 舌端音(설단음)　③ 舌癌(설암)

2

括 = 手 + 氏 + 口		篆文
1급 / 9획	(묶을 **괄**)	

解說　전문(篆文)에서는 '手(손 수)'와 '氏 + 口'을 조합한 글자로, '손잡이가 달린 칼(氏)로 신(神)에게 바치는 축문이 든 그릇(口)을 찔러서 기도의 효과를 없애는 범죄행위자를 묶는 것'처럼 보이고, 해서(楷書)에서는 '手(손 수)'와 '舌(혀 설)'을 조합한 글자로, '혀(舌)를 잘못 사용하면 손(手)이 묶인다'는 데서 '묶다 / 묶이다'는 뜻을 나타내는 것 같다. ＊'手(손 수)'가 다른 글자와 조합하여 글자 왼쪽에 오면 'ㅊ(손수변)'으로 글자 모양이 바뀐다.

例文　① 括弧(괄호)　② 一括(일괄)　③ 包括的(포괄적)　④ 括約筋(괄약근)

3

刮 = 舌 + 刀		篆文
1급 / 8획	(긁을 / 비빌 / 깎을 **괄**)	

解說　전문(篆文)에서는 ‘氏＋口＋刀’를 조합한 글자로, ‘손잡이가 달린 칼(氏)로 신(神)에게 바치는 축문이 든 그릇(口)을 찌르거나 칼(刀)로 깎아서 기도의 효과를 없애는 범죄행위’처럼 보이고, 해서(楷書)에서는 ‘舌(혀 설)’과 ‘刀(칼 도)’를 조합한 글자로, ‘긁다／비비다／깎다’는 뜻을 나타낸다. ＊‘刀(칼 도)’가 다른 글자와 조합하여 글자 오른쪽에 오면 ‘刂(선칼도)’로 글자 모양이 바뀐다.

例文　① 刮目(괄목) ② 刮目相對(괄목상대)

4	活 ＝ 水 ＋ 舌		篆文
	7급／9획	(살 **활**)	

解說　전문(篆文)에서는 ‘水＋氏＋口’를 조합한 글자로 ‘손잡이가 달린 칼(氏)로 물(水)이 콸콸／생기있게 잘 흘러가도록 확 터준다(口)’이고, 해서(楷書)에서는 ‘水(물 수)’와 ‘舌(혀 설)’을 조합한 글자로 ‘혀(舌)를 내밀 듯이 물(水)이 둑을 넘쳐흐른다’는 데서 ‘물이 힘차게 흐르다／생기있게 살다’는 뜻으로 발전하여 쓰이게 되었다.

例文　① 活力(활력) ② 活動(활동) ③ 生活(생활) ④ 活潑(활발) ⑤ 活用(활용)

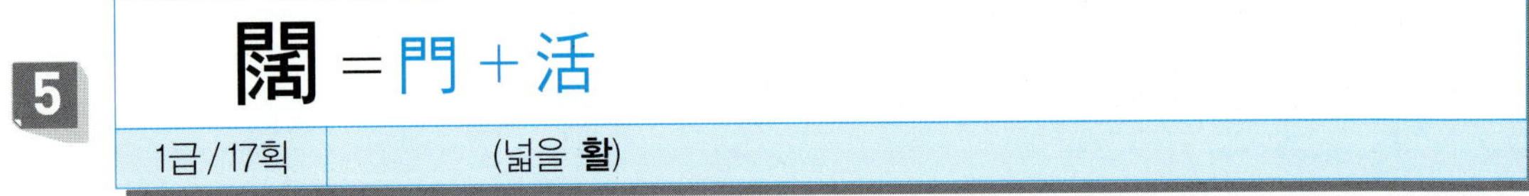

5	闊 ＝ 門 ＋ 活	
	1급／17획	(넓을 **활**)

解說　‘門(문 문)’과 ‘活(살 활)’을 조합한 글자임. ‘물(水)이 콸콸(活) 자유롭게 흐르듯이, 자유롭게 드나드는 넓은 문(門)’이라는 데서 ‘넓다’는 뜻을 나타낸다. ＊중국 간체자(簡體字)에서는 ‘阔’으로 표기한다.

例文　① 廣闊(광활) ② 快闊(쾌활) ③ 闊葉樹(활엽수)

6	話 ＝ 言 ＋ 舌		篆文
	7급／13획	(말씀 **화**)	

解說　전문(篆文)에서는 ‘言＋氏＋口’를 조합한 글자로 ‘신(神)에게 맹세한 말(言)의 효과를 없애는 행위(氏＋口)’이고, 해서(楷書)에서는 ‘言(말씀 언)’과 ‘舌(혀 설)’을 조합한 글자로 ‘혀(舌)를 통해서 말(言)이 나온다／이야기하다’로 발전하여 쓰이게 되었다. ＊중국 간체자(簡體字)에서는 ‘话’로 표기한다.

例文　① 對話(대화) ② 話法(화법) ③ 談話文(담화문) ④ 話頭(화두)

섬 韱 纖 殲

참 懺 讖

첨 籤

1

鐵 = 人人 + 戈 + 韭

韱 (篆文)

| 17획 | (산부추 / 가냘플 **섬**) | 篆文 |

解說 '人人(사람 인)'과 '戈(창 과)', '韭(부추 구)'를 조합한 글자임. '사람들(人人)이 창(戈)으로 산(山)에서 자라는 가느다란 부추(韭)를 한꺼번에 싹둑싹둑 베다'는 데서 '가냘 프다 / 가늘다'는 뜻의 식물 '산(山)부추'라는 뜻을 나타낸다. * 한국 속담에 '봄에 나는 부 추는 사위한테도 안 준다'는 말이 있다.

2

纖 = 糸 + 韱

| 2급 / 23획 | (가늘 **섬**) |

解說 '糸(실 사)'와 '韱(부추 섬)'을 조합한 글자임. '산(山)에서 자라는 산부추(韱)처럼 가느다란 실(糸)타래'라는 데서 '가느다란 실 / 가늘다 / 섬유'라는 뜻을 나타낸다. * 일본 상 용한자에서는 '繊(17획)'으로, 중국 간체자(簡體字)에서는 '纤(6획)'으로 표기한다.

例文 ① 纖維(섬유) ② 纖細(섬세) ③ 合纖(합섬) ④ 纖纖玉手(섬섬옥수)

3

殲 = 歹 + 韱

| 1급 / 21획 | (다죽일 **섬**) |

解說 ‘歹(뼈앙상할 알)’과 ‘韱(산부추 섬)’을 조합한 글자임. ‘부추(韭)를 베듯이 창(戈)으로 사람들(人人)을 죽여 뼈(歹)만 앙상하게 남았다’는 뜻을 나타낸다. ＊중국 간체자(簡體字)에서는 ‘歼(7획)’으로 표기한다.

例文 ① 殲滅(섬멸) ② 殲撲(섬박)

---

4 **懺 = 心 + 韱**

1급 / 20획   (뉘우칠 **참**)

解說 ‘心(마음 심)’과 ‘韱(산부추 섬)’을 조합한 글자임. ‘부추(韭)를 베듯이 창(戈)으로 사람들(人人)을 죽인 것에 대해 뉘우친다’는 데서 ‘뉘우치다’는 뜻을 나타낸다. ＊중국 간체자(簡體字)에서는 ‘忏(6획)’으로 표기한다. ＊‘心(마음 심)’이 다른 글자와 조합하여 글자 왼쪽에 오면 ‘忄(마음심변/심방변)’으로 글자 모양이 바뀐다.

例文 ① 懺悔(참회) ② 懺悔錄(참회록)

---

5 **讖 = 言 + 韱**

1급 / 24획   (예언 **참**)

解說 ‘言(말씀 언)’과 ‘韱(산부추 섬)’을 조합한 글자로, 무슨 이유인지는 알 수 없으나 ‘예언/조짐’이라는 뜻을 나타낸다. ＊중국 간체자(簡體字)에서는 ‘谶’으로 표기한다.

例文 ① 讖言(참언 ; 예언하는 말) ② 讖書(참서 ; 참언을 모은 책)

---

6 **籤 = 竹 + 韱**

1급 / 23획   (제비/점대 **첨**)

解說 ‘竹(대/대나무 죽)’과 ‘韱(산부추 섬)’을 조합한 글자임. ‘부추(韱)처럼 가냘픈 대나무(竹)를 이용해서 점을 치다/제비를 뽑다’는 데서 ‘점대/제비’라는 뜻을 나타낸다. ＊중국 간체자(簡體字)에서는 ‘签(13획)’으로 표기한다.

例文 ① 抽籤(추첨) ② 當籤(당첨) ③ 籤紙(첨지)

1

成 = 戊 + 丁　　　甲骨文字　金文　篆文

6급/7획	(이룰 **성**)	甲骨文字	金文	篆文

解說　갑골문자(甲骨文字)와 금문(金文)에서는 '戈(창 과)'와 'ㅣ'을 조합한 글자이고, 전문(篆文)에서는 '戊(도끼 무)'와 '丁'을 조합한 글자임. '창이든 도끼이든 무기(戈/戊)를 만드는 일이 끝나면 장식(ㅣ/丁)을 달아서 부정(不淨)을 없앰으로써 모든 작업이 끝났다'는 데서 '(모든 일을) 이루다/(모든 일이) 이루어지다/다 되다'는 뜻을 나타낸다. *일본 상용한자와 중국 간체자(簡體字)에서는 '成(6획)'으로 표기한다. *무기 제작이 끝나면 부정(不淨)을 없애고 복(福)을 가져온다는 붉은 천으로 된 장식을 다는 것으로 추정된다.

例文　① 成功(성공)　② 成果(성과)　③ 成績(성적)　④ 達成(달성)　⑤ 成敗(성패)

2

城 = 土 + 成　　　金文 1　金文 2　篆文

4급/10획	(재/성 **성**)	金文 1	金文 2	篆文

解說　금문(金文)에서는 '기다란 성곽'과 '成(이룰 성)'을 조합한 글자이고, 전문(篆文)에서는 '土(흙 토)'와 '成(이룰 성)'을 조합한 글자임. '흙(土)을 쌓아 담을 만들었다(成)'는 데서 '재/성(城)'이라는 뜻을 나타낸다. *일본 상용한자와 중국 간체자(簡體字)에서는 '城(9획)'으로 표기한다.

例文　① 南漢山城(남한산성)　② 城門(성문)　③ 城郭(성곽)　④ 城壁(성벽)

3 盛 = 成 + 皿 | 甲骨文字 | 金文 | 篆文

4급 / 12획 | (성할 / 담을 **성**) | 甲骨文字 | 金文 | 篆文

解說 '成(이룰 성)'과 '皿(그릇 명)'을 조합한 글자임. '신(神) 앞에 준비해 둔 그릇(皿) 위에 부정(不淨)을 없앤 무기(戈 / 戊)를 수북하게 쌓아놓고 제사지낸다'는 데서 '성하다 / 한창이다 /(그릇에) 담다'는 뜻을 나타낸다. * 일본 상용한자와 중국 간체자(簡體字)에서는 '盛(11획)'으로 표기한다.

例文 ① 盛大(성대) ② 盛行(성행) ③ 盛需期(성수기) ④ 繁盛(번성)

4 誠 = 言 + 成

4급 / 14획 | (정성 **성**)

解說 '言(말씀 언)'과 '成(이룰 성)'을 조합한 글자임. '부정(不淨)을 없앤 무기(戈 / 戊)를 신(神) 앞에 두고 소원이 이루어지기(成)를 빈다(言)'는 데서 '정성 / 진실 / 참'이라는 뜻으로 발전하여 쓰이게 되었다. * 중국 간체자(簡體字)에서는 '诚'으로 표기한다.

例文 ① 誠金(성금) ② 誠實(성실) ③ 精誠(정성) ④ 至誠(지성)이면 感天(감천)

5 晟 = 日 + 成

2급 / 11획 | (밝을 **성**)

解說 '日(해 일)'과 '成(이룰 성)'을 조합한 글자임. '태양(日)이 온전히 빛나듯이 온전히 이루어졌다(成)'는 데서 '밝다 / 환하다'는 뜻을 나타내는데, 주로 인명(人名)에 사용한다. * 중국 간체자(簡體字)에서는 '晟(10획)'으로 표기한다.

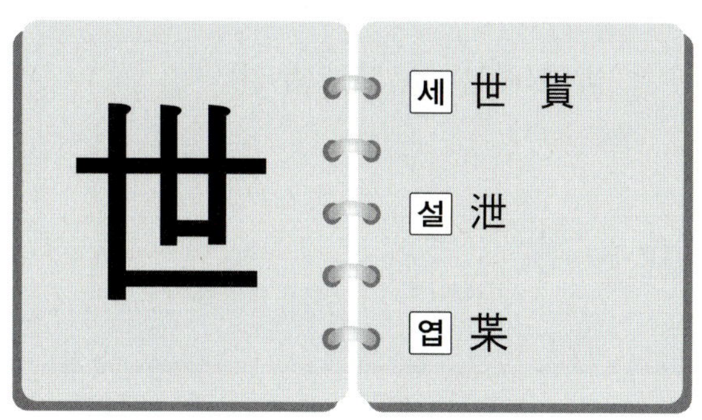

1

世		屮	屮	世
7급 / 5획	(인간 / 시대 **세**)	金文 1	金文 2	篆文

解說　금문(金文)과 전문(篆文)에서는 '나뭇가지에서 새싹이 돋아나는 모양'을 본뜬 상형문자임. '여러 갈래로 난 나뭇가지에서 새싹이 돋아나듯이 인간 사회의 여러 구조'라는 데서 '인간 세상 / 세월의 흐름 / 한 세대'라는 뜻을 나타낸다. *설문(說文)에서는 '十 + 十 + 十'으로 하여 '인간의 한 세대는 30년'이라는 뜻을 나타내는데, 이것은 '인간의 한 세대는 대략 30년으로 계산한다'는 사고방식이 반영된 것이다.

例文　① 世代(세대)　② 世上(세상)　③ 世界(세계)　④ 近世(근세)　⑤ 末世(말세)

2

貰 = 世 + 貝

2급 / 12획	(세놓을 **세**)

解說　'世(인간 / 시대 세)'와 '貝(돈 / 재물 / 조개 패)'를 조합한 글자임. '새싹이 돋아나는 (世) 앞날만 바라보고 돈(貝) 없이도 외상으로 물건을 주거나 사다'는 데서 '세를 놓다'는 뜻으로 쓰이게 되었다. *중국 간체자(簡體字)에서는 '貰(9획)'으로 표기한다.

例文　① 月貰(월세)　② 傳貰(전세)

3

泄 = 水 + 世

1급 / 8획	(샐 **설**)

解說　‘水(물 수)’와 ‘世(인간/세대 세)’를 조합한 글자임. ‘새싹이 돋아나는(世) 나뭇가지 끝에는 물(水)이 새어나온 듯이 물방울이 맺혀있다’는 데서 ‘(물이) 새다/틈에서 흘러나오다’는 뜻을 나타낸다.

例文　① 泄瀉(설사)　② 排泄(배설)　③ 漏泄(누설)

4　枼 = 世 + 木
9획　(넓을 엽)

解說　‘世(인간/세대 세)’와 ‘木(나무 목)’을 조합한 글자임. ‘나무(木)에서 새싹(世)이 넓게 퍼져 나온다’는 뜻인데, 이와 관련된 한자 葉(잎/세대 엽), 渫(파낼 설), 蝶(나비 접), 諜(염탐할 첩), 牒(편지 첩)은 2권 ‘枼(넓을 엽)그룹 漢字’참조.

1

歲 = 步 + 戍

| 5급 / 13획 | (해/나이 **세**) | 甲骨文字 | 金文 | 篆文 |

解說 '步(걸을 보)'와 '戍(도끼 월)'을 조합한 회의문자(會意文字)임. 갑골문자(甲骨文字)와 금문(金文)에서는 '도끼(戍)'의 부정(不淨)을 없애기 위해 넘어가는 발자국(步) 모양으로, '이런 행사는 1년에 한 번 있다'는 데서 '한 해/나이'라는 뜻을 나타낸다. * 일본에서는 '歲'로, 간체자(簡體字)에서는 '岁(6획)'으로 표기한다.

例文 ④ 歲月(세월) ② 歲拜(세배) ③ 歲暮(세모) ④ 100歲(세)

2

濊 = 水 + 歲

| 2급 / 16획 | (깊을 / 종족이름 **예**) |

解說 '水(물 수)'와 '歲(해 세)'를 조합한 글자로, '물(水)이 깊다'는 뜻이다.

例文 ① 濊貊(예맥 ; 고구려 前身인 부족국가)

3

穢 = 禾 + 歲

| 1급 / 18획 | (더러울 / 잡초 **예**) |

解說 '禾(벼 화)'와 '歲(해/나이 세)'를 조합한 글자로, '벼(禾)포기 사이에 난 잡초/더럽다'는 뜻을 나타낸다.

例文 ① 穢德(예덕 ; 임금의 나쁜 행실) ② 穢氣(예기 ; 더러운 냄새)

1

少		小	少	少
7급 / 4획	(적을 / 젊을 **소**)	甲骨文字	金文	篆文

解說　‘小(작을 소)’와 ‘丿’을 조합한 글자처럼 보이지만, 금문(金文)에서는 ‘조그마한 조개(?)를 끈으로 묶어 놓은 모양’을 본뜬 상형문자로, ‘(수효가) 적다 / (나이가) 적다 / 어리다 / 조금’ 이라는 뜻을 나타낸다.

例文　① 少年(소년)　② 少女(소녀)　③ 少壯派(소장파)　④ 減少(감소)

2

妙 ＝ 女 ＋ 少
4급 / 7획　　(묘할 / 젊을 / 예쁠 **묘**)

解說　‘女(여자 여)’와 ‘少(적을 / 젊을 소)’를 조합한 글자임. ‘나이가 어린(少) 여자(女)는 살결이 곱다’는 데서 ‘(살결이) 묘하다 / 젊다 / 예쁘다’는 뜻을 나타낸다.

例文　① 妙齡(묘령)　② 妙技(묘기)　③ 妙案(묘안)　④ 妙藥(묘약)

3

渺 ＝ 水 ＋ 目 ＋ 少
1급 / 12획　　(아득할 / 물질펀할 **묘**)

解說　‘水(물 수)’와 ‘目(눈 목)’, ‘少(적을 소)’를 조합한 글자임. ‘먼 곳의 물(水)이 눈(目)에 아득하게(少) 보인다’는 데서 ‘아득하다’는 뜻을 나타낸다.

例文　① 渺然(묘연 ; 아득히 멂)　② 渺茫(묘망 ; 끝없이 넓고 아득함)

4

沙 = 水 + 少

3급/7획	(모래 **사**)

解說 '水(물 수)'와 '少(적을 소)'를 조합한 글자임. '물(水)에 휩쓸려 흘러내려가는 자잘한(少) 것'이라는 데서 '모래'라는 뜻을 나타낸다. *'水(물 수)가 다른 글자와 조합하여 글자 왼쪽에 오면 'ㆍ(삼수변)'으로 글자 모양이 바뀐다.

例文 ① 沙漠(사막) ② 黃沙 / 黃砂(황사) ③ 白沙場(백사장) ④ 山沙汰(산사태)

5

娑 = 沙 + 女

1급/10획	(춤출 / 사바세상 **사**)

解說 '沙(모래 사)'와 '女(여자 여)'를 조합한 글자임. '물(水)에 휩쓸려 흘러내려가는 자잘한(少) 모래(沙)처럼 너울거리며 춤추는 여자(女)의 모습'에서 '춤추다'는 뜻을 나타낸다.

例文 ① 娑婆(사바 ; 속세 / 인간 세계) ② 娑婆世上(사바세상)

6

紗 = 糸 + 少

1급/10획	(비단 **사**)

解說 '糸(실 사)'와 '少(적을 소)'를 조합한 글자로, '비단'이라는 뜻을 나타낸다.

例文 ① 紗帽(사모 ; 비단으로 만든 모자) ② 紗帽冠帶(사모관대)

7

省 = 生 + 目

6급/9획	(살필 / 마을 **성** / 덜 생)	甲骨文字	金文	篆文

解說 금문(金文)과 전문(篆文)에서는 '生(날 생)'과 '目(눈 목)'을 조합한 글자로 '이곳저곳을 생산적으로/긍정적으로 이 마을 저 마을을 자세히 살핀다'는 데서 '살피다/마을/대궐'이라는 뜻이고, 해서(楷書)에서는 '少(적을/젊을 소)'와 '目(눈 목)'을 조합한 글자로 '잘 살펴보고(目) 불필요한 것(少)은 제거한다'는 데서 '줄이다/덜다/아끼다'는 뜻으로 발전하여 쓰이게 되었다.

例文 ① 省墓(성묘) ② 省察(성찰) ③ 國防省(국방성) ④ 省略(생략)

---

8 抄 = 手 + 少

| 3급 / 7획 | (뽑을 / 베낄 **초**) |

解說 '手(손 수)'와 '少(적을 / 젊을 소)'를 조합한 글자임. '많은 것 중에서 조금(少) 있는 것을 손(手)으로 가려낸다'는 데서 '뽑다 / 베끼다'는 뜻을 나타낸다. * '手(손 수)'가 다른 글자와 조합하여 글자 왼쪽에 오면 '扌(손수변)'으로 글자 모양이 바뀐다.

例文 ① 住民登錄抄本(주민등록초본) ② 抄出(초출 ; 가려서 뽑아냄) ③ 抄譯(초역)

---

9 秒 = 禾 + 少

| 3급 / 12획 | (분초 **초** / 벼끝 **묘**) |

解說 '禾(벼 화)'와 '少(적을 / 젊을 소)'를 조합한 글자임. '벼(禾) 이삭의 끝(少) 부분'이라는 데서 '까끄라기 / 미세함'이라는 뜻을 나타낸다.

例文 ① 秒針(초침) ② 分秒(분초) ③ 秒忽(묘홀 ; 작은 것)

---

10 炒 = 火 + 少

| 1급 / 8획 | (볶을 **초**) |

解說 '火(불 화)'와 '少(적을 / 젊을 소)'를 조합한 글자임. '음식을 불(火)에 살짝(少) 볶는다'는 데서 '(불에) 볶다'는 뜻을 나타낸다.

例文 ① 炒麵(초면 ; 기름에 볶은 국수)

---

11 小

| 8급 / 3획 | (작을 **소**) | 甲骨文字 | 金文 | 篆文 |

解說 '조그마한 물건(조개?)들이 흩어져 있는 모양'을 본뜬 상형문자로 '부피가 작다 / 크기가 작다'는 뜻을 나타낸다.

例文 ① 小型(소형) ② 小貪大失(소탐대실) ③ 弱小國家(약소국가) ④ 最小(최소)

召 (부를 소) 그룹 漢字

1

召 = 人 + 口

| 3급/5획 | (부를 소) | 甲骨文字 | 金文 | 篆文 |

解說　'人(사람 인)'과 '口'를 조합한 회의문자(會意文字)임. 갑골문자(甲骨文字)에서는 '신(神)에게 바치는 축문이 든 그릇(口) 위에 하늘에서 내려온 신(人)을 양손으로 환영하면서 신(神)을 부른다' 이고, 금문(金文)에서는 '신(神)에게 바치는 술(酉)과 축문이 든 그릇(口) 위에 하늘에서 내려온 신(人)을 양손으로 환영하면서 신(神)을 부른다' 는 데서 '(윗사람이) 부르다' 는 뜻을 나타내게 되었다.　＊'酉(술단지/술독/술병 유)'는 '술'을 묘사하는 글자이다.

例文　① 召集(소집)　② 召喚狀(소환장)　③ 召命(소명)

2

昭 = 日 + 召

| 3급/9획 | (밝을 소) |

解說　'日(날 일)'과 '召(부를 소)'를 조합한 글자임. '하늘에서 내려온 신(召)의 위광이 태양(日)처럼 밝게 빛난다' 는 데서 '밝다' 는 뜻을 나타낸다.

例文　① 昭詳(소상)하게 설명하다　② 昭明(소명 ; 밝음)

3

沼 = 水 + 召

| 2급/8획 | (못/연못 소) |

解說 '水(물 수)'와 '召(부를 소)'를 조합한 글자임. '하늘에서 내려온 신(召)이 몸을 감는 물(水)'이라는 데서 '못/연못'이라는 뜻을 나타낸다. *연못에는 귀신과 관련된 이야기가 너무나도 많다. *水(물 수)가 다른 글자와 조합하여 글자 왼쪽에 오면 'ⅰ(삼수변)'으로 글자 모양이 바뀐다.

例文 ① 경기도 德沼(덕소) ② 沼澤植物(소택식물)

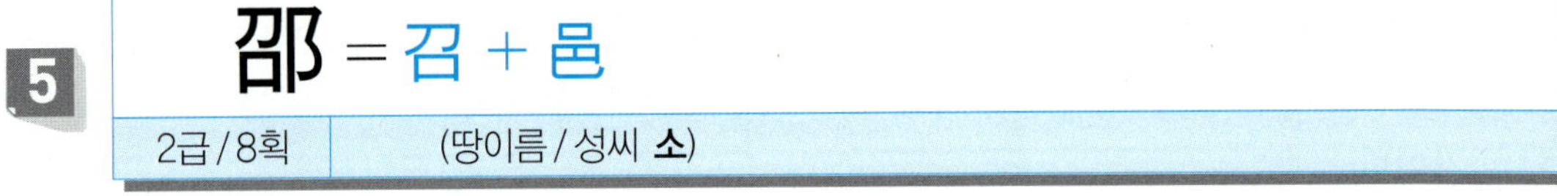

4 紹 = 糸 + 召				
2급/11획	(이을 **소**)	金文 1	金文 2	篆文

解說 '糸(실 사)'와 '召(부를 소)'를 조합한 글자임. 금문(金文)1에서는 '신(神)에게 바치는 축문이 든 그릇(口)을 손(又)에 들고(攴) 있는데, 앞쪽에는 하늘에서 내려온 신(人)이 있고, 뒤쪽에는 사람이 무릎을 꿇고(卩/巳) 절하는 모습'이고, 금문(金文)2에서는 '하늘에서 내려온 신(人)과 무릎을 꿇은 사람(卩/巳)을 끈(糸)으로 이어준다'는 데서 '(하늘의 신(神)과 사람을 끈으로) 잇다'는 뜻을 나타낸다.

例文 ① 紹介(소개) ② 紹介狀(소개장)

5 邵 = 召 + 邑	
2급/8획	(땅이름/성씨 **소**)

解說 '召(부를 소)'와 '邑(고을 읍)'을 조합한 글자임. '하늘에서 내려온 신(召)이 머무는 고을(邑)'이라는 뜻을 나타내는데, 주로 지명(地名)이나 인명(人名)에 사용한다. *'邑(고을 읍)'이 다른 글자와 조합하여 글자 오른쪽에 오면 'ⅰ(우부방)'으로 글자 모양이 바뀐다.

例文 ① 邵台輔(소태보 ; 고려왕조의 文臣)

6 照 = 昭 + 火	
3급/13획	(비칠 **조**)

解說 '昭(밝을 소)'와 '火(불 화)'를 조합한 글자임. '불(火)을 켜서 밝게(昭) 비춘다'는 데서 '(불을) 비춘다'는 뜻을 나타낸다. *'火(불 화)'가 다른 글자와 조합하여 글자 아래쪽에 오면 '灬'로 글자 모양이 바뀐다.

例文 ① 照明(조명) ② 落照(낙조) ③ 探照燈(탐조등) ④ 參照(참조)

7 詔 = 言 + 召

1급/12획　　　(조서 **조**)

解說　'言(말씀 언)'과 '召(부를 소)'를 조합한 글자임. '임금이 신하를 불러서(召) 말한다(言)'는 데서 '임금의 명령/칙명(勅命)'이라는 뜻을 나타낸다. *중국 간체자(簡體字)에서는 '诏'로 표기한다.

例文　① 詔書(조서)　② 詔勅(조칙)

8 招 = 手 + 召

4급/8획　　　(부를 **초**)

解說　'手(손 수)'와 '召(부를 소)'를 조합한 글자임. '윗사람이 아랫사람을 손짓(手)하여 부른다(召)'는 데서 '손짓하다/불러오다'는 뜻을 나타낸다. *'手(손 수)'가 다른 글자와 조합하여 글자 왼쪽에 오면 '扌(손수변)'으로 글자 모양이 바뀐다.

例文　① 招待狀(초대장)　② 招請狀(초청장)　③ 招人鐘(초인종)

9 超 = 走 + 召

3급/12획　　　(뛰어넘을 **초**)

解說　'走(달릴 주)'와 '召(부를 소)'를 조합한 글자임. '윗사람이 아랫사람을 부르면(召) 장애물이 있더라도 뛰어넘어 달려(走)간다'는 데서 '뛰어넘다'는 뜻을 나타낸다.

例文　① 超過(초과)　② 超越(초월)　③ 超然(초연)　④ 超能力(초능력)

10 貂 = 豸 + 召

1급/12획　　　(담비 **초**)

解說　'豸(맹수/해태 치)'와 '召(부를 소)'를 조합한 글자로, '담비'라는 뜻을 나타낸다. *'담비'는 족제비과의 일종임.

例文　① 狗尾續貂(구미속초 ; 벼슬을 함부로 줌/담비 꼬리가 모자라 개 꼬리로 장식함)

소 喿

조 操 燥 藻
   繰 躁

1   喿 = 品 + 木

| 13획 | (떠들/시끄러울 **소**) | 金文 | 篆文 |

解說   '신(神)에게 바치는 축문(祝文)이 든 그릇(口)을 나무(木)에 여러 개(品) 매달아 놓고 여기저기서 신(神)에게 기도한다'는 데서 '떠들다/시끄럽다'는 뜻을 나타낸다.

2   操 = 手 + 喿

| 5급/16획 | (잡을/부릴 **조**) |

解說   '手(손 수)'와 '喿(떠들/시끄러울 소)'를 조합한 글자임. '무당이 신(神)에게 바치는 축문(祝文)이 든 그릇(口)을 여러 개(品) 매달아 놓은 나무(木)를 손(手)으로 잡고 흔들다'는 데서 '손에 꼭 쥐다/손으로 조종하다'는 뜻을 나타낸다. * '手(손 수)'가 다른 글자와 조합하여 글자 왼쪽에 오면 'ㅊ(손수변)'으로 글자 모양이 바뀐다.

例文   ① 操縱士(조종사) ② 操心(조심) ③ 操作(조작) ④ 體操(체조)

3   燥 = 火 + 喿

| 3급/17획 | (마를 **조**) |

解說   '火(불 화)'와 '喿(떠들/시끄러울 소)'를 조합한 글자임. '무당굿이 끝난 푸른 나무(喿)를 불(火)에 던져 넣는다'는 데서 '(물기가) 마르다/(물기를) 말리다'는 뜻을 나타낸다.

例文   ① 乾燥(건조) ② 焦燥(초조) ③ 燥渴(조갈 ; 목이 마름)

4 藻 = 艸 + 喿

1급 / 20획	(마름/말 **조**)

解說 '艸(풀 초)'와 '水(물 수)', '喿(떠들/시끄러울 소)'를 조합한 글자로, '말/마름'이라는 뜻을 나타낸다. *일본 상용한자와 중국 간체자(簡體字)에서는 '藻(19획)'으로 표기한다. *'艸(풀 초)'가 다른 글자와 조합하여 글자 위쪽에 오면 '艹(초두머리)'로 글자 모양이 바뀐다.

例文 ① 海藻類(해조류) ② 水藻類(수조류)

5 繰 = 糸 + 喿

1급 / 19획	(고치켤 **조**)

解說 '糸(실 사)'와 '喿(떠들/시끄러울 소)'를 조합한 글자임. '명주실(糸)'의 원료인 누에고치(品)가 나무(木)에 많이 달려 있는 모양(喿)'에서 '고치를 켜다'는 뜻을 나타내게 되었다. *중국 간체자(簡體字)에서는 '缲'로 표기한다.

例文 ① 繰絲(조사 ; 고치로 실을 켬)

6 躁 = 足 + 喿

1급 / 20획	(조급할/떠들 **조**)

解說 '足(발 족)'과 '喿(떠들/시끄러울 소)'를 조합한 글자로, '발(足)로 뛰어다니며 기도한다(喿)'는 데서 '성급하다/조급하다/떠들다'는 뜻을 나타낸다.

例文 ① 躁急(조급) ② 躁急症(조급증) ③ 躁鬱病(조울병)

---

1 束

| 5급/7획 | (묶을 속) | 甲骨文字 | 金文 | 篆文 |

解說 '잡동사니 나무(木)를 다발로 묶었다(口)'는 상형문자(象形文字)로, '한곳에 묶다/다발 짓다'는 뜻을 나타낸다.

例文 ① 約束(약속) ② 束手無策(속수무책) ③ 結束(결속) ④ 束縛(속박)

---

2 速 = 束 + 辶

| 6급/11획 | (빠를 속) |

解說 '束(묶을 속)'과 '辶(쉬엄쉬엄갈/뛸 착)'을 조합한 글자임. '많은 나무들을 묶어서 (束) 운반(辶)하니까 속도가 빠르다'는 데서 '시간이 절약되다/빠르다'는 뜻이다. * 일본 상용한자와 중국 간체자(簡體字)에서는 '速(10획)'으로 표기한다.

例文 ① 速度(속도) ② 速成(속성) ③ 時速(시속) ④ 秒速(초속) ⑤ 光速(광속)

---

3 疎 = 疋 + 束

| 1급/12획 | (성길/드물 소) |

解說 '疋(발 소)'와 '束(묶을 속)'을 조합한 글자임. '두 발(疋)을 묶어도(束) 공간은 있게 마련이다'는 데서 '공간이 트이다/공간이 생기다'는 뜻을 나타낸다.

例文 ① 疎忽(소홀)하다 ② 生疎(생소)하다

4 　**悚** = 心 + 束

1급 / 10획　　　(두려울 **송**)

解說　'心(마음 심)'과 '束(묶을 속)'을 조합한 글자임. '두려운 마음에 심장(心)을 옥죄다(束)'는 데서 '두려워하다/두렵다'는 뜻을 나타낸다. ＊'心(마음 심)'이 다른 글자와 조합하여 글자 왼쪽에 오면 '忄(마음심변/심방변)'으로 글자 모양이 바뀐다.

例文　① 悚懼(송구)스럽다　② 罪悚(죄송)하다　③ 惶悚(황송)하다

5　**剌** = 束 + 刀

1급 / 9획　　(발랄할 / 어그러질 **랄** / 수라 **라**)

解說　'束(묶을 속)'과 '刀(칼 도)'를 조합한 글자임. '묶어둔(束) 끈에 칼(刀)을 들이대니 툭하고 끊어진다'는 데서 '어그러지다'는 뜻을 나타낸다. ＊'刺(찌를 자)'와 혼동할 수 있음에 유의해야 한다. ＊'刀(칼 도)'가 다른 글자와 조합하여 글자 오른쪽에 오면 'リ(선칼도)'로 글자 모양이 바뀐다.

例文　① 潑剌(발랄)하다　② 水剌床(수라상 ; 임금의 식사)

6　**辣** = 辛 + 束

1급 / 14획　　(매울 **랄**)

解說　'辛(혹독할 / 매울 / 고생 신)'과 '束(묶을 속)'을 조합한 글자임. '죄인을 묶어(束)놓고 문신하는 바늘(辛)로 찌르니 그 맛이 맵다'는 뜻을 나타낸다.

例文　① 惡辣(악랄)하다　② 辛辣(신랄)하다　③ 辣手(날수 ; 날쌘 솜씨)

7　**勅** = 束 + 力

1급 / 9획　　(칙서 / 조서 **칙**)

解說　'束(묶을 속)'과 '力(힘 력)'을 조합한 글자임. '임금의 명령은 사람을 묶는(束) 힘(力)이 있다'는 데서 '칙서/조서'라는 뜻을 나타낸다. ＊'敕(칙)'과 동일한 글자임.

例文　① 勅令(칙령)　② 勅書(칙서)　③ 詔勅(조칙)　④ 勅使(칙사)

45　巽 (부드러울 손) 그룹 漢字

1　巽

| 12획 | (부드러울 / 손괘 **손**) | | 古文 | 篆文 |

解說　전문(篆文)에서는 '신전(神殿) 앞의 무대(丌) 위에서 두 사람(巳巳)이 부드럽게 춤을 춘다'로 묘사하여 '부드럽다'는 뜻을 나타낸다.

例文　① 巽方(손방 ; 동남 방향)　② 巽位(손위 ; 동남방)

2　選 = 巽 + 辶

| 5급 / 16획 | (가릴 **선**) |

解說　'巽(부드러울 손)'과 '辶(쉬엄쉬엄갈 / 뛸 착)'을 조합한 글자임. '신전(神殿) 앞의 무대(丌) 위로 춤추러 가는(辶) 사람들(巽)은 많은 사람 중에서 뽑힌 사람이다'는 데서 '골라 뽑다 / 가리다 / 추려내다'는 뜻을 나타낸다.　＊일본 상용한자에서는 '選(15획)'으로, 중국 간체자(簡體字)에서는 '选(9획)'으로 표기한다.

例文　① 選手(선수)　② 選擧(선거)　③ 選擇(선택)　④ 選定(선정)　⑤ 選別(선별)

3　撰 = 手 + 巽

| 1급 / 15획 | (지을 **찬**) |

解說 　'手(손 수)'와 '巽(부드러울 손)'을 조합한 글자임. '신전(神殿) 앞의 무대(丌) 위에서 손(手)을 흔들며 춤추는 사람들(巽)이 신(神)을 위해서 시문(詩文)을 짓다'는 데서 '(글을) 짓다/기록하다'는 뜻을 나타낸다.

例文 　① 撰集(찬집 ; 시문을 가려서 엮은 책)　② 撰定(찬정 ; 시문을 골라 정함)

4

饌 = 食 + 巽

1급 / 21획	(반찬 **찬**)

解說 　'食(먹을 식)'과 '巽(부드러울 손)'을 조합한 글자임. '신(神)을 섬기는(巽) 일에 사용할 제사음식(食)'이라는 데서 '음식/음식을 차려내다/반찬'이라는 뜻을 나타낸다. *중국 간체자(簡體字)에서는 '馔'으로 표기한다.

例文 　① 飯饌(반찬)　② 珍羞盛饌(진수성찬)

| 수 | 手 |
| 배 | 拜 湃 |

1 手

手		⟨金文 모양⟩	⟨金文 모양⟩	⟨篆文 모양⟩
7급/4획	(손/사람 **수**)	金文 1	金文 2	篆文

解說 '다섯 손가락의 손 모양'을 본뜬 상형문자(象形文字)로, '사람의 손' 또는 '뭔가를 하는 사람'이라는 뜻을 나타낸다.

例文 ① 手足(수족) ② 手術(수술) ③ 歌手(가수) ④ 助手(조수) ⑤ 手不釋卷(수불석권)

2 拜

拜				
4급/9획	(절할/삼갈 **배**)	金文 1	金文 2	篆文

解說 '엎드려서 손(手)으로 화초나 농작물을 돌보는 모습이 엎드려 절하는 것과 닮았다'는 데서 '절하다/엎드리다/(행동을) 삼가다'는 뜻을 나타낸다. *일본 상용한자에서는 '拜(8획)'으로 표기한다.

例文 ① 歲拜(세배) ② 崇拜(숭배) ③ 參拜(참배) ④ 拜上(배상)

3 湃 = 水 + 拜

湃 = 水 + 拜	
1급/12획	(물결칠 **배**)

解說 '水(물 수)'와 '拜(절할/삼갈 배)'를 조합한 글자로, '많은 사람들이 엎드려 절하는 모습(拜)이 마치 물결(水)이 치는 것과 닮았다'는 데서 '물결이 치다'는 뜻을 나타낸다.

例文 ① 澎湃(팽배 ; 기운/思潮가 맹렬한 기세로 일어남)

1　水

8급/4획	(물 수)	甲骨文字	金文	篆文

解說　'끊임없이 흐르는 물의 모양'을 본뜬 글자로, '물/강/시내'라는 뜻을 나타내나, 다른 글자와 조합해서 글자 아래쪽에 오면 '氺'로 글자 모양이 바뀐다

例文　① 水面(수면)　② 上水道(상수도)　③ 下水道(하수도)　④ 水魚之交(수어지교)

2　尿 = 尸 + 水

2급/7획	(오줌 뇨)	甲骨文字 1	甲骨文字 2	篆文

解說　갑골문자(甲骨文字)에서는 '사람(人)이 서서 오줌(水)을 누는 모습'이고, 전문(篆文)에서는 '尾(짐승꼬리 미)'와 '水(물 수)'를 조합한 글자로, '짐승이 오줌을 누다'는 뜻을 나타낸다.

例文　① 放尿(방뇨)　② 尿道炎(요도염)　③ 糖尿病(당뇨병)

3　氷 = 冫 + 水

5급/5획	(얼음 빙)	金文	篆文 1	篆文 2

解說　'冫(얼음 빙)'과 '水(물 수)'를 조합한 글자임. '강물의 가장자리 물(水)이 얼어서 생긴 얼음무늬(冫) 모양'에서 '얼음'이라는 뜻을 나타낸다.

例文　① 結氷(결빙)　② 氷上(빙상)　③ 氷河(빙하)　④ 氷壁(빙벽)　⑤ 氷板(빙판)

4 永			𣱱	𣱱	𣱳
6급/5획		(길 **영**)	甲骨文字	金文	篆文

解說 '여러 갈래의 물(水)줄기가 하나로 합쳐져 멀리멀리 기다랗게 흘러가는 모양'을 본뜬 상형문자(象形文字)로, '(시간이) 길다/오래다'는 뜻을 나타낸다.

例文 ① 永久(영구) ② 永遠(영원) ③ 永生(영생) ④ 永住權(영주권)

---

5 泳 = 水 + 永
3급/8획   (헤엄칠 **영**)

解說 '水(물 수)'와 '永(길 영)'을 조합한 글자임. '흐르는 물속(水)에서 몸을 길게(永) 뻗고 떠다닌다'는 데서 '헤엄치다/수영하다'는 뜻을 나타낸다. * '水(물 수)가 다른 글자와 조합하여 글자 왼쪽에 오면 'ⅰ(삼수변)'으로 글자 모양이 바뀐다.

例文 ① 水泳(수영) ② 背泳(배영) ③ 蝶泳(접영) ④ 遊泳(유영)

---

6 詠 = 言 + 永
3급/12획   (읊을 **영**)

解說 '言(말씀 언)'과 '永(길 영)'을 조합한 글자임. '신(神) 앞에서 축문(祝文)을 읽거나 맹세의 말(言)을 할 때 소리를 길게(永) 뽑아 읊으다'는 데서 '읊다/읊으다'는 뜻을 나타낸다.

例文 ① 吟詠(음영 ; 시를 읊음) ② 詠歎(영탄 ; 목소리를 길게 읊음)

---

7 昶 = 永 + 日
2급/9획   (해길 **창**)

解說 '永(길 영)'과 '日(날/해 일)'을 조합한 글자로, '여름철의 낮 동안의 해(日)가 길다(永)'는 데서 '해가 길다'는 뜻인데, 주로 인명(人名)에 사용한다.

48 殳 (몽둥이 수) 그룹 漢字

1 殳

| 4획 | (몽둥이/창 **수**) | 金文 | 篆文 |

解說 '손에 몽둥이나 창을 들고 있는 모양'을 본뜬 글자로 '치다/때리다/부수다/던지다'는 뜻을 나타내며, 다른 글자와 조합한 한자(漢字)의 오른쪽이나 아래쪽에 쓰인다.

2 殺

| 4급 / 11획 | (죽일 **살** / 감할 / 어수선할 **쇄**) | 甲骨文字 | 金文 | 篆文 |

解說 갑골문자(甲骨文字)에서는 '재앙을 가져온다는 짐승을 몽둥이(殳)로 때려죽여서 재앙을 없앤다'는 데서 '죽이다/재앙을 줄이다/어수선하다'는 뜻을 나타낸다. * 일본 상용한자에서는 '殺(10획)'으로, 중국 간체자(簡體字)에서는 '杀(6획)'으로 표기한다.

例文 ① 殺人(살인) ② 殺菌(살균) ③ 殺身成仁(살신성인) ④ 相殺(상쇄)

3 設 = 言 + 殳

| 4급 / 11획 | (베풀 **설**) |

解說 '言(말씀 언)'과 '殳(몽둥이/창 수)'를 조합한 글자임. '신(神) 앞에 무기(殳)를 늘어놓고 맹세의 말(言)로 부정(不淨)을 없앤다'인데, 훗날 '신(神)에게 제사지낼 때 제기(祭器)를 늘어놓다/베풀다'는 뜻을 나타내게 되었다. * 간체자(簡體字)는 '设'로 표기한다.

例文 ① 設立(설립) ② 設定(설정) ③ 設置(설치) ④ 施設(시설)

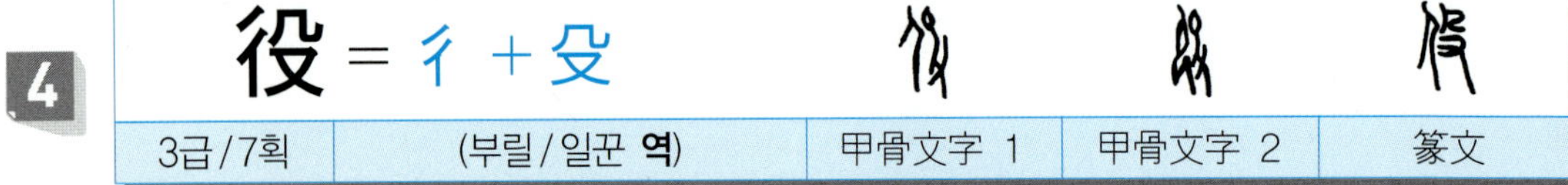

4 役 = 彳 + 殳

| 3급/7획 | (부릴/일꾼 **역**) | 甲骨文字 1 | 甲骨文字 2 | 篆文 |

解說　'彳(조금씩걸을 척)'과 '殳(몽둥이/창 수)'를 조합한 글자임. '무기(殳)를 갖고 국경을 지키도록 사람을 보낸다(彳)'는 데서 '사람을 부리다/일꾼'이라는 뜻으로 발전하여 쓰이게 되었다.

例文　① 役割(역할)　② 兵役(병역)　③ 用役(용역)　④ 配役(배역)

5 疫 = 疒 + 殳

| 3급/9획 | (전염병 **역**) |

解說　'疒(병들어기댈 역)'과 '殳(몽둥이/창 수)'를 조합한 글자임. '사람을 괴롭히는 (殳) 유행병(疒)'이라는 데서 '전염병'이라는 뜻을 나타낸다.

例文　① 疫病(역병)　② 檢疫(검역)　③ 紅疫(홍역)　④ 免疫(면역)

6 投 = 手 + 殳

| 4급/7획 | (던질 **투**) |

解說　'手(손 수)'와 '殳(몽둥이/창 수)'를 조합한 글자임. '손(手)에 들고 있던 무기(殳)를 던진다'는 데서 '던지다/버리다'는 뜻을 나타낸다. * '手(손 수)'가 다른 글자와 조합하여 글자 왼쪽에 오면 '扌(손수변)'으로 글자 모양이 바뀐다.

例文　① 投票(투표)　② 投書(투서)　③ 投機(투기)　④ 投資(투자)

7 毀 / 毇 = 臼 + 工 + 殳

| 3급/13획 | (헐 **훼**) |

解說　'臼(절구 구)'와 '工(장인 공)', '殳(몽둥이/창 수)'를 조합한 글자임. '물레(工)에 얹어 빙글빙글 돌리면서 만든 그릇(臼)이 잘못 만들어지면 몽둥이(殳)로 때려부순다'는 데서 '헐다/깨뜨리다'는 뜻을 나타낸다. * '毀(훼)'의 속자(俗字)임.

例文　① 毀損(훼손)　② 毀謗(훼방)

8　股 = 肉 + 殳

| 1급/8획 | (넓적다리 **고**) |

解說　'肉(몸/고기 육)'과 '殳(몽둥이/창 수)'를 조합한 글자임. '사람 몸(肉)에서 몽둥이(殳) 모양의 가랑이'라는 데서 '넓적다리/가랑이'라는 뜻을 나타낸다. ＊'肉(몸/고기 육)'이 다른 글자와 조합하여 글자 왼쪽에 오면 '月(육달월)'로 글자 모양이 바뀐다.

例文　① 股關節(고관절)　② 股肱之臣(고굉지신 ; 임금이 가장 신임하는 신하)

1

守 = 宀 + 寸

| 4급/6획 | (지킬 **수**) | 金文 1 | 金文 2 | 篆文 |

解說　'宀(집 면)'과 '寸(손/마디 촌)'을 조합한 글자임. 금문(金文)과 전문(篆文)에서는 '손(寸/手)에 무기(丨)를 들고 신(神)을 섬기는 건물/관청 건물(宀)을 지킨다'는 데서 '지키다'는 뜻을 나타낸다.

例文　① 守衞/守衛(수위)　② 守備隊(수비대)　③ 死守(사수)　④ 守株待兔(수주대토)

2

狩 = 犬 + 守

| 1급/9획 | (사냥할 **수**) | 甲骨文字 | 金文 | 篆文 |

解說　'犬(개 견)'과 '守(지킬 수)'를 조합한 글자임. 갑골문자(甲骨文字)와 금문(金文)에서는 '사냥할 때 방패(單)와 사냥개(犬)를 동원했다'이고, 전문(篆文)에서는 '신(神)을 섬기는 집(守)에 바칠 짐승을 잡는데 사냥개(犬)를 동원했다'로 묘사하여 '사냥/사냥하다'는 뜻을 나타낸다. ＊'犬(개 견)'이 다른 글자와 조합하여 글자 왼쪽에 오면 '犭(짐승변/개견변)'으로 글자 모양이 바뀐다.

例文　① 狩獵(수렵)　② 狩獵期(수렵기)　③ 巡狩(순수)

1

受 = 爪 + 冖 + 又

4급 / 8획	(받을 **수**)	甲骨文字	金文	篆文

解說　'爪(손/손톱 조)'와 '冖(덮을 멱)', '又(오른손/또 우)'를 조합한 글자임. 갑골문자(甲骨文字)와 금문(金文)에서는 '한 손(爪)으로 물건(舟/그릇에 담긴 것)을 주면 또 한 손(又)으로 받는다/주고받다'는 뜻을 나타냈으나, 훗날 전문(篆文)에서는 '두 손(爪+又)으로 물건(冖)을 받는다'는 뜻으로 쓰이게 되었다. *일본 상용한자와 중국 간체자(簡體字)에서는 '受'로 글자 모양이 약간 다르게 표기한다.

例文　① 受講生(수강생) ② 受納(수납) ③ 受賞(수상) ④ 受驗生(수험생)

2

授 = 手 + 受

4급 / 11획	(줄/가르칠 **수**)			篆文

解說　'手(손 수)'와 '受(받을 수)'를 조합한 글자임. '윗사람이 한 손(手)으로 물건(冖)을 주면 아랫사람이 두 손(爪+又)으로 받는다(受)'는 데서 '남에게 주다/가르치다'는 뜻을 나타낸다. *일본 상용한자와 중국 간체자(簡體字)에서는 '授'로 글자 모양이 약간 다르게 표기한다. *'手(손 수)'가 다른 글자와 조합하여 글자 왼쪽에 오면 'ㅈ(손수변)'으로 글자 모양이 바뀐다.

例文　① 教授(교수) ② 傳授(전수) ③ 授乳(수유) ④ 授業(수업) ⑤ 授賞式(수상식)

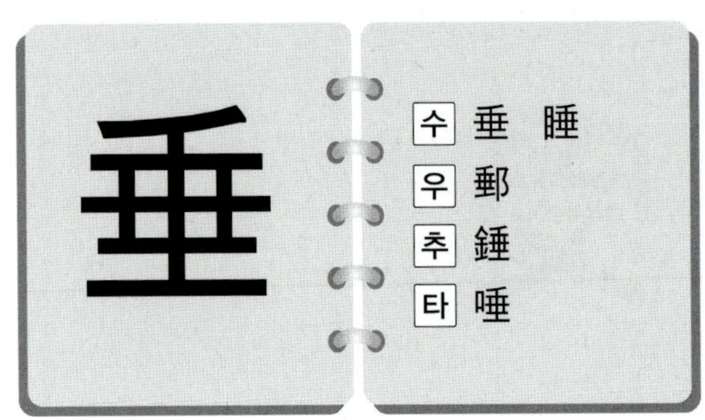

1

垂

篆文

3급 / 8획	(드리울 / 늘어질 **수**)

解說　'초목의 잎이 땅(土)에 닿을 정도로 양쪽으로 축 쳐져 있는 모양'을 본뜬 회의문자(會意文字)로, '늘어지다 / 아래로 처지다 / 드리우다' 는 뜻을 나타낸다.

例文　① 垂直線(수직선)　② 垂簾聽政(수렴청정)　③ 腦下垂體(뇌하수체)

2

睡 = 目 + 垂

3급 / 13획	(졸음 / 잠잘 **수**)

解說　'目(눈 목)'과 '垂(드리울 / 늘어질 수)'를 조합한 글자임. '졸려서 눈꺼풀(目)이 아래로 처져있다(垂)'는 데서 '졸리다 / 잠자다' 는 뜻을 나타낸다.

例文　① 睡眠(수면)　② 睡眠劑(수면제)　③ 午睡(오수)　④ 昏睡狀態(혼수상태)

3

郵 = 垂 + 邑

4급 / 11획	(우편 **우**)

解說　'垂(드리울 / 늘어질 수)'와 '邑(고을 읍)'을 조합한 글자임. '중앙(邑)에서 멀리 떨어진 변방 / 변두리(垂)에 문서를 주고받기 위한 숙소를 "郵"라고 하였다'는 '는 데서 '우편 / 역참(驛站) / 오두막집'이라는 뜻으로 발전하여 쓰이게 되었다. *중국 간체자(簡體字)

에서는 '邮(8획)'으로 표기한다. * '邑(고을 읍)'이 다른 글자와 조합하여 글자 오른쪽에 오면 '阝(우부방)'으로 글자 모양이 바뀐다.

例文   ① 郵便(우편) ② 郵遞局(우체국) ③ 郵票(우표) ④ 郵送(우송)

4　**錘** = 金 + 垂

1급 / 16획　　　　　(저울추 **추**)

解說   '金(쇠 금)'과 '垂(드리울/늘어질 수)'를 조합한 글자임. '저울대에 늘어져(垂) 있는 쇠(金)'라는 데서 '저울추'라는 뜻을 나타낸다. * 중국 간체자(簡體字)에서는 '锤'로 표기한다.

例文   ① 秤錘(칭추 ; 저울추) ② 錘鐘(추종 ; 추가 달린 시계)

5　**唾** = 口 + 垂

1급 / 11획　　　　　(침 **타**)

解說   '口(입 구)'와 '垂(드리울/늘어질 수)'를 조합한 글자임. '입(口)에서 흘러내리는 (垂) 것'이라는 데서 '침'이라는 뜻을 나타낸다.

例文   ① 唾液(타액) ② 唾具(타구) ③ 唾面自乾(타면자건 ; 인내가 필요함) ④ 唾手可得(타수가득 ; 손에 침을 뱉듯이 쉽게 일을 성취함)

1

首

| 5급/9획 | (머리/우두머리 **수**) | 金文 1 | 金文 2 | 篆文 |

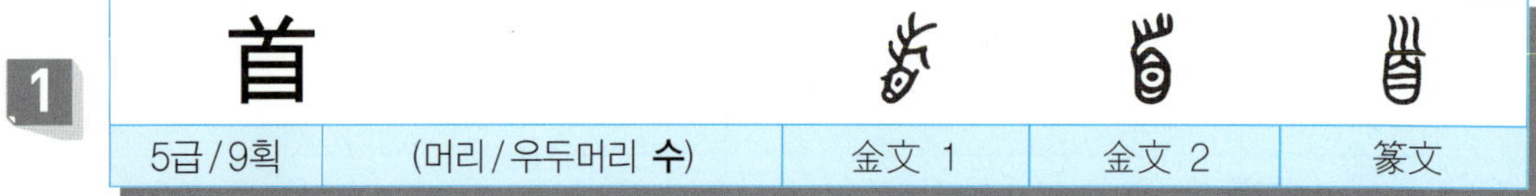

解說 '사람의 얼굴(目)과 머리털(巛) 모양'을 본뜬 상형문자(象形文字)로, '맨 위/우두머리/첫째/사람'이라는 뜻을 나타낸다.

例文 ① 首都(수도) ② 元首(원수) ③ 首丘初心(수구초심) ④ 首鼠兩端(수서양단)

2

道 = 首 + 辶

| 7급/13획 | (길/도 **도**) | 金文 1 | 金文 2 | 篆文 |

解說 금문(金文)에서는 '行(갈/다닐 행)'과 '首(머리 수)'를, 전문(篆文)에서는 '首(머리 수)'와 '辶(쉬엄쉬엄갈/뛸 착)'을 조합한 글자로, '우두머리(首)가 가는(辶) 길/사람이 지키고 실천해야 할 바른 길/도리'라는 뜻으로 쓰이게 되었다.

例文 ① 道路(도로) ② 道德(도덕) ③ 道理(도리) ④ 道義(도의) ⑤ 鐵道(철도)

3

導 = 道 + 寸

| 4급/16획 | (인도할/이끌 **도**) | 金文 1 | 金文 2 | 篆文 |

解說 '道(길 도)'와 '寸(손/마디 촌)'을 합친 글자임. '우두머리(首)가 부하들의 손(寸)을 잡고 이끌고 간다(辶)'는 데서 '손을 끌고 길을 가다/인도하다'는 뜻을 나타내게 되었다.

例文 ① 引導(인도) ② 誘導(유도) ③ 善導(선도) ④ 半導體(반도체)

---

1   㣇 = 八 + 豕   篆文

| 9획 | (짐승잡을 **수**) | | 篆文 |

解說   '八'과 '豕(돼지/짐승 시)'를 조합한 글자임. '신(神)에게 바칠 짐승(豕)을 잡으려 (八) 발자국만 따라간다'는 데서 '짐승을 따르다/짐승을 잡다'는 뜻을 나타낸다.

---

2   遂 = 㣇 + 辶

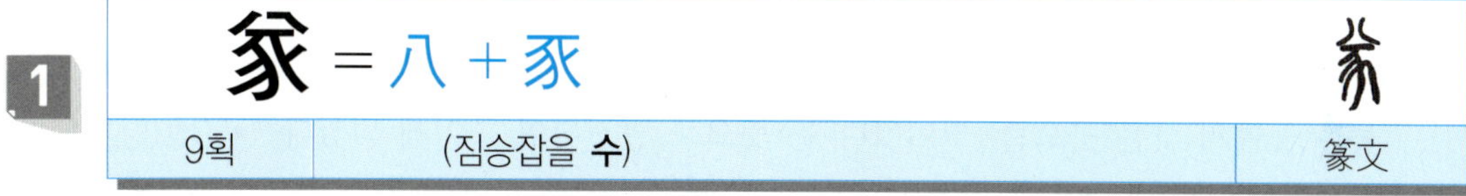

| 3급/13획 | (드디어/이룰 **수**) | 金文 1 | 金文 2 | 篆文 |

解說   '㣇(짐승잡을 수)'와 '辶(쉬엄쉬엄갈/뛸 착)'을 조합한 글자임. 금문(金文)과 전문 (篆文)에서는 '신(神)에게 바칠 짐승(㣇)을 끝까지 따라가(辶) 드디어 잡았다'는 데서 '드 디어/(뜻을) 이루다'는 뜻을 나타낸다. * 일본 상용한자와 중국 간체자(簡體字)에서는 '遂 (12획)'으로 표기한다.

例文   ① 遂行(수행) ② 完遂(완수) ③ 未遂(미수)

---

3   隊 = 阜 + 㣇

| 4급/12획 | (무리 **대**) | | 篆文 |

解說   '阜(언덕/사다리 부)'와 '㣇(짐승잡을 수)'를 조합한 글자임. '신(神)이 오르내리 는 사다리(阜) 앞에 희생제물로 잡아온 동물(㣇)들을 죽 늘어놓았다'는 데서 '무리/동아리' 라는 뜻을 나타낸다. * 일본 상용한자에서는 '隊'로 글자 모양이 약간 다르게, 중국 간체자

(簡體字)에서는 '队(5획)' 으로 표기한다. * 阜(언덕/사다리 부)가 다른 글자와 조합하여 글자 왼쪽에 오면 '阝(좌부변)' 으로 글자 모양이 바뀐다.

例文 ① 軍隊(군대) ② 隊長(대장) ③ 部隊(부대) ④ 入隊(입대) ⑤ 隊列(대열)

4

墜 = 㒸 + 土

1급/15획	(떨어질 **추**)	甲骨文字	金文	篆文

解說 '隊(무리 대)' 와 '土(흙 토)' 를 조합한 글자임. 갑골문자(甲骨文字)에서는 '하늘의 신(神)이 사다리(阜)를 타고 내려오다가 땅으로 떨어지는 모습' 으로 묘사하였고, 금문(金文)에서는 '阜(사다리/언덕 부)' 와 '짐승을 때려잡는 모습' 으로 묘사하였고, 전문(篆文)에서는 '隊(무리 대)' 와 '土(흙 토)' 를 조합한 글자로, '토신(土神)에게 제사지내기 위해서 잡은 짐승(㒸)들을 늘어놓은 곳으로 하늘의 신(神)이 사다리(阜)를 타고 내려온다' 는 데서 '(높은 곳에서 낮은 곳으로) 떨어지다' 는 뜻으로 발전하여 쓰이게 되었다. * '地(땅 지)' 의 초문자(初文字)임. * 일본 상용한자에서는 '墜' 로 글자 모양이 약간 다르게, 중국 간체자(簡體字)에서는 '坠(8획)' 으로 표기한다.

例文 ① 墜落(추락) ② 擊墜(격추) ③ 失墜(실추)

1

叟 = 宀 + 火 + 又

| 10획 | (늙은이 **수**) | 甲骨文字 | 古文 | 篆文 |

解說　고문(古文)과 전문(篆文)에서는 '宀(집 면)'과, '火(불 화)', '又(오른손/또 우)'를 조합한 글자임. '집안(宀)의 가장 중요한 불(火)을 그 집안의 어른이 직접 자기 손(又)으로 관리한다'는 데서 '집안의 어른/늙은이'라는 뜻을 나타내게 되었다. ＊고대(古代)에는 불(火)을 매우 소중히 여겨 그 집안의 어른만이 관리하였다고 한다.

2

搜 = 手 + 叟

| 3급 / 13획 | (찾을 **수**) |

解說　'手(손 수)'와 '叟(늙은이 수)'를 조합한 글자임. '어두운 집(宀)에서 잃어버린 물건을 찾기 위해 손(又)에 횃불(火)을 들고 손(手)으로 더듬어 찾는다'는 데서 '찾다/수색하다'는 뜻을 나타낸다.

例文　① 搜査(수사)　② 搜索(수색)　③ 搜所聞(수소문)

3

嫂 = 女 + 叟

| 1급 / 13획 | (형수 **수**) |

解說 ‘女(여자 여)’와 ‘叟(늙은이 수)’를 조합한 글자임. ‘나보다 나이가 많은 사람(叟)의 여자(女)’라는 데서 ‘형수/형의 아내’라는 뜻을 나타낸다.

例文 ① 兄嫂(형수) ② 弟嫂(제수) ③ 季嫂(계수 ; 弟嫂)

4 瘦 = 疒 + 叟

1급/15획　　　(여월/파리할 **수**)

解說 ‘疒(병들어기댈 역)’과 ‘叟(늙은이 수)’를 조합한 글자임. ‘노인(叟)이 병(疒)이 들면 몸이 야위다/여위다’는 데서 ‘몸이 야위다/여위다’는 뜻을 나타낸다.

例文 ① 瘦瘠(수척) ② 瘦軀(수구)

수	壽
주	鑄 疇 躊
도	燾 濤 禱

1

壽			金文 1	金文 2	篆文
3급 / 14획	(목숨 **수**)				

解說 금문(金文)에서는 '노인(耂)이 구불구불한 밭고랑(弓) 사이에 신(神)에게 바치는 축문(祝文)이 든 그릇들(口口)을 앞에 두고 풍작을 빈다'는 데서 '(풍년이 들어야) 목숨이 길게 이어지다/장수하다'는 뜻으로 발전하여 쓰이게 되었다. *빨리 외우려면, 전화번호 '4101(士一工一)+9000(口寸)번'으로 한 번 통화해보면 어떨까요(?). *일본 상용한자와 중국 간체자(簡體字)에서는 '寿(7획)'으로 표기한다.

例文 ① 長壽(장수) ② 壽命(수명) ③ 萬壽無疆(만수무강) ④ 米壽(미수)

2

鑄 = 金 + 壽			甲骨文字	金文 1	金文 2	篆文
3급 / 22획	(쇠불릴 **주**)					

解說 '金(쇠 금)'과 '壽(목숨 수)'를 조합한 글자임. 금문(金文)에서는 '불로 금속을 녹여 거푸집에 계속 잇대어 부어서 기물을 만든다'는 데서 '(쇠를) 부어 만들다'는 뜻을 나타낸다. *일본 상용한자에서는 '鋳(15획)'으로, 중국 간체자(簡體字)에서는 '铸'로 표기한다.

例文 ① 鑄物(주물) ② 鑄貨(주화) ③ 鑄造(주조)

3

疇 = 田 + 壽			甲骨文字	篆文 1	篆文 2
2급 / 19획	(밭이랑 **주**)				

解說 '田(밭 전)'과 '壽(목숨 수)'를 조합한 글자임. 전문(篆文)에서는 '밭이랑/밭고랑(田) 사이를 이리저리(弓) 옮겨다니는 발자국 모양'으로 묘사하여 '밭이랑'이라는 뜻을 나타낸다.

例文 ① 範疇(범주) ② 田疇(전주)

4 躊 = 足 + 壽
1급 / 21획 　　(머뭇거릴 **주**)

解說 '足(발 족)'과 '壽(목숨 수)'를 조합한 글자로, '계속 끊임없이(壽) 걷다(足)보면 지치게 마련이다'는 데서 '머뭇거리다'는 뜻을 나타낸다.

例文 ① 躊躇(주저)하다

5 燾 = 壽 + 火
2급 / 18획 　　(비칠 / 비출 **도**)

解說 '壽(목숨 수)'와 '火(불 화)'를 조합한 글자로, '(빛을) 비추다 / (빛이) 비치다'는 뜻을 나타낸다. * '火(불 화)'가 다른 글자와 조합하여 글자 아래쪽에 오면 '灬'로 바뀐다.

例文 ① 燾育(도육 ; 보호하여 기름)

6 濤 = 水 + 壽
1급 / 17획 　　(물결 **도**)

解說 '水(물 수)'와 '壽(목숨 수)'를 조합한 글자임. '길게 끊임없이 이어지는(壽) 물결(水)'이라는 데서 '파도 / 물결'이라는 뜻을 나타낸다.

例文 ① 波濤(파도) ② 疾風怒濤(질풍노도) ③ 狂濤(광도)

7 禱 = 示 + 壽
1급 / 19획 　　(빌 / 기도할 **도**)

解說 '示(제사지낼 / 보일 시)'와 '壽(목숨 수)'를 조합한 글자임. '신(神)에게 제사지낼(示) 때 계속 길게(壽) 빌다'는 데서 '(神에게) 빌다 / 기도하다'는 뜻을 나타낸다. * 중국 간체자(簡體字)에서는 '祷(11획)'으로 표기한다.

例文 ① 祈禱(기도)하다 ② 默禱(묵도)

赤 (콩 숙) 그룹 漢字

---

1 赤

| 6획 | (콩/큰도끼 **숙**) | 篆文 |

解說　설문(說文)에서는 '콩/콩이 자라는 모양'이라고 설명하고 있으나, 이 글자와 관련된 글자(叔)의 금문(金文)에서는 '빛이 나는 큰 도끼'라는 것을 알 수 있으나, 단독으로는 쓰이지 않는다.

---

2 叔 = 上 + 小 + 又

| 4급/8획 | (아재비 **숙**) | 金文 1 | 金文 2 | 篆文 |

解說　'赤(큰도끼 숙)'과 '又(오른손/또 우)'를 조합한 글자임. 금문(金文)에서는 '커다란 도끼를 두 손에 들고 있는 젊은이의 모습'으로 '아재비/숙부'라는 뜻을 나타낸다.

例文　① 叔父(숙부)　② 叔母(숙모)　③ 叔姪(숙질 ; 삼촌과 조카)

---

3 淑 = 水 + 叔

| 3급/11획 | (맑을/착할 **숙**) | 金文 1 | 金文 2 | 篆文 |

解說　금문(金文)에서는 '끈을 매달아 쏜 화살'이고, 전문(篆文)에서는 '水(물 수)'와 '叔(아재비 숙)'을 조합한 글자로, '물이 맑다/여자의 행실이 좋다'는 뜻이다.

例文　① 淑女(숙녀)　② 貞淑(정숙 ; 행실이 고움)　③ 靜淑(정숙 ; 차분함)

4

菽 = 艸 + 叔

| 1급 / 12획 | (콩 **숙**) |

解說　'艸(풀 초)'와 '叔(아재비 숙)'을 조합한 글자임. '尗(콩 숙)'만으로는 '콩'이라는 뜻이 부족하여 '艸(풀 초)'를 추가하여 '콩'이라는 뜻을 나타낸다. *중국 간체자(簡體字)에서는 '菽(11획)'으로 표기한다. *'艸(풀 초)'가 다른 글자와 조합하여 글자 위쪽에 오면 '艹(초두머리)'로 글자 모양이 바뀐다.

例文　① 菽麥(숙맥 ; 콩인지 보리인지 구별 못 하는 어리석고 못난 사람)

5

督 = 叔 + 目

| 4급 / 13획 | (감독할 **독**) |

解說　'叔(아재비 숙)'과 '目(눈 목)'을 조합한 글자임. '젊은이(叔)들의 행동을 눈(目)으로 살핀다'는 데서 '감독/감독하다'는 뜻을 나타내는 것 같다.

例文　① 監督(감독)　② 督勵(독려)　③ 督促(독촉)　④ 總督(총독)

6

寂 = 宀 + 叔

| 3급 / 11획 | (고요할 **적**) |

解說　'宀(집 면)'과 '叔(아재비 숙)'을 조합한 글자임. '젊은이(叔)들이 무기(尗)를 들고 (又) 전쟁터로, 또는 사냥하러 떠난 집안(宀)에는 사람의 목소리가 들리지 않아 조용하다'는 데서 '고요하다/쓸쓸하다'는 뜻을 나타낸다.

例文　① 寂寞(적막)　② 閑寂(한적)　③ 入寂(입적 ; 수도승의 죽음)

7

戚 = 戉 + 叔

| 3급 / 11획 | (친척 / 겨레 **척**) |

解說　'戉(도끼 무)'와 '尗'을 조합한 글자임. '큰 도끼(尗)이든 작은 도끼(戉)이든 간에 같은 종류이다'는 데서 '친척/겨레'라는 뜻을 나타낸다.

例文　① 親戚(친척)　② 外戚(외척)　③ 姻戚(인척)

1 㐴 = 享 + 丸

| 3급 / 11획 | (누구 **숙**) | 甲骨文字 | 金文 | 篆文 |

解說 해서(楷書)에서는 '享(누릴 향)'과 '丸(둥글 환)'을 조합한 글자이나, 전문(篆文)에서는 '제사지낼(享) 양(羊)고기 요리를 하는 모습'으로 묘사하여 '누가 이렇게 맛있는 요리를 하였느냐?'는 데서 '누구'라는 뜻을 나타낸다.

例文 ① 㐴誰(숙수 ; 누구) ② 㐴能禦之(숙능어지 ; 누가 능히 막으랴?/막을 수 없음)

2 熟 = 㐴 + 火

| 3급 / 15획 | (익을 / 익힐 **숙**) |

解說 '㐴(누구 숙)'과 '火(불 화)'를 조합한 글자임. '불(火)에 잘 익힌 양고기(羊)를 손님에게 대접(㐴)한다'는 데서 '(불에) 익다 / 익히다'는 뜻을 나타낸다.

例文 ① 熟達(숙달) ② 熟練(숙련) ③ 熟眠(숙면) ④ 熟成(숙성)

3 塾 = 㐴 + 土

| 1급 / 14획 | (글방 / 서당 **숙**) | 篆文 |

解說 '㐴(누구 숙)'과 '土(흙 토)'를 조합한 글자로, 원래는 '손님을 접대(㐴)하는 문옆 방'이라는 뜻이었으나, 훗날 '글방 / 서당'이라는 뜻으로 쓰이게 되었다.

例文 ① 義塾(의숙) ② 私塾(사숙) ③ 塾生(숙생)

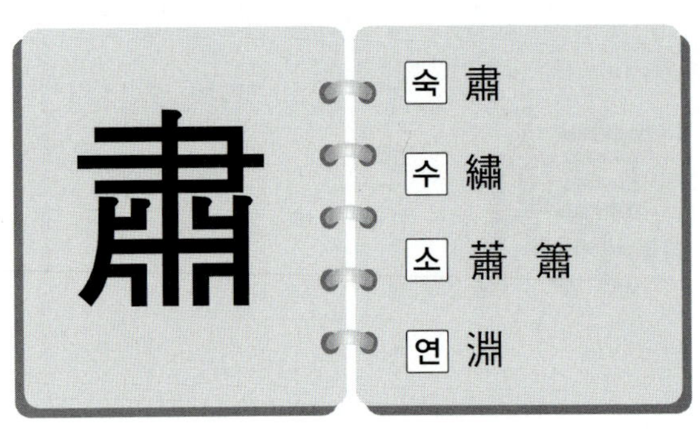

1   肅 = 聿 + 片 + 爿   [甲骨文字]   [金文]   [篆文]

4급 / 13획	(엄숙할 **숙**)	甲骨文字	金文	篆文

解說   갑골문자(甲骨文字)와 금문(金文)에서는 '손(又)에 든 붓(聿)으로 어떤 설계도(設計圖)를 신중하게 그리는 모습'에서 '엄숙하다/정숙히 하다'는 뜻을 나타낸다. * 일본 상용한자에서는 '肅(11획)'으로, 중국 간체자(簡體字)에서는 '肃(8획)'으로 표기한다.

例文   ① 靜肅(정숙)   ② 嚴肅(엄숙)   ③ 肅淸(숙청)

2   繡 = 糸 + 肅

1급 / 19획	(수놓을 **수**)

解說   '糸(실 사)'와 '肅(엄숙할 숙)'을 조합한 글자임. '어떤 도면(肅)에 따라 실(糸)로 수를 놓는다'는 데서 '(비단 옷에) 수를 놓다'는 뜻을 나타낸다. * 중국 간체자(簡體字)에서는 '绣'로 표기한다.

例文   ① 刺繡(자수)   ② 錦繡江山(금수강산)   ③ 繡屛(수병)

3   蕭 = 艸 + 肅

1급 / 17획	(쑥 / 쓸쓸할 **소**)

解說 ‘艸(풀 초)’와 ‘肅(엄숙할 숙)’을 조합한 글자로, ‘쑥/쓸쓸하다’는 뜻을 나타낸다. *중국 간체자(簡體字)에서는 ‘萧(11획)’으로 표기한다. *‘艸(풀 초)’가 다른 글자와 조합하여 글자 위쪽에 오면 ‘⁺⁺(초두머리)’로 글자 모양이 바뀐다.

例文 ① 蕭寂(소적 ; 쓸쓸하고 호젓함) ② 蕭森(소삼 ; 쓸쓸함)

4

簫 = 竹 + 肅

1급 / 19획	(통소 **소**)

解說 ‘竹(대/대나무 죽)’과 ‘肅(엄숙할 숙)’을 조합한 글자임. ‘대나무(竹)에다 질서정연하게(肅) 구멍을 뚫어 만든 악기’라는 데서 ‘통소’라는 뜻을 나타낸다. *중국 간체자(簡體字)에서는 ‘箫(14획)’으로 표기한다.

例文 ① 短簫(단소) ② 簫鼓(소고) ③ 玉簫(옥소)

5

淵 = 水 + 片 + 爿

2급 / 12획	(못/연못 **연**)	金文 1	金文 2	篆文

解說 금문(金文)과 전문(篆文)에서는 ‘물(水)이 흘러들어왔다가 흘러나가도록 양쪽에 입구가 있는 연못’이라는 데서 ‘못/연못’이라는 뜻을 나타낸다. *중국 간체자(簡體字)에서는 ‘渊(11획)’으로 표기한다. *‘水(물 수)가 다른 글자와 조합하여 글자 왼쪽에 오면 ‘氵(삼수변)’으로 글자 모양이 바뀐다.

例文 ① 深淵(심연 ; 깊은 못) ② 淵潭(연담 ; 연못)

1　旬 = 日 + 勹

| 3급/6획 | (열흘 **순**) | 甲骨文字 | 金文 | 篆文 |

解說　'日(날/해 일)'과 '勹(쌀 포)'를 조합한 글자임. '은왕조(殷王朝) 때부터 날짜(日)를 계산할 때 열흘씩 묶어서(勹) 한 단위로 계산하였다'는 데서 '열흘/10일'이라는 뜻임.

例文　① 初旬(초순)　② 上旬(상순)　③ 中旬(중순)　④ 下旬(하순)

2　殉 = 歹 + 旬

| 3급/10획 | (따라죽을/목숨바칠 **순**) |

解說　'歹(뼈앙상할 알)'과 '旬(열흘 순)'을 조합한 글자로, '먼저 죽은 왕(王)의 뒤를 따라 열흘(旬) 안에 따라죽다(歹)/목숨을 바치다'는 뜻으로 발전하여 쓰이게 되었다. *훗날 이런 폐단을 막기 위해 '토우(土偶/흙인형)'을 사용하게 되었다.

例文　① 殉葬(순장)　② 殉敎者(순교자)　③ 殉愛譜(순애보)　④ 殉職(순직)

3　洵 = 水 + 旬

| 2급/9획 | (참으로/소리없이울 **순**) |

解說　'水(물 수)'와 '旬(열흘 순)'을 조합한 글자임. '죽은 사람을 위해 열흘(旬) 동안 눈물(水)을 흘리며 운다'는 뜻을 나타낸다.

例文　① 洵涕(순체 ; 소리 없이 눈물을 흘리며 욺)

4
筍 = 艹 + 旬

2급 / 10획	(풀이름 **순**)

解說　'艹(풀 초)'와 '旬(열흘 순)'을 조합한 글자로, '열흘(旬)이면 다 자라는 풀(艹)'이라는 뜻을 나타내나, 주로 인명(人名)에 사용한다. ＊중국 간체자(簡體字)에서는 '筍(9획)'으로 표기한다. ＊'艹(풀 초)'가 다른 글자와 조합하여 글자 위쪽에 오면 '艹(초두머리)'로 글자 모양이 바뀐다.

例文　① 筍子(순자 ; 筍況이 지은 20권의 책)

5
珣 = 玉 + 旬

2급 / 10획	(옥이름 **순**)

解說　'玉(구슬 옥)'과 '旬(열흘 순)'을 조합한 글자로, 주로 인명(人名)에 사용한다. ＊玉(구슬 옥)이 다른 글자와 조합하여 글자 왼쪽에 오면 '王(구슬옥변)'으로 글자 모양이 바뀐다. 이 경우에는 '王(임금 왕)'이라고 하지 않음에 유의해야 한다.

6
筍 = 竹 + 旬

1급 / 12획	(죽순 **순**)

解說　'竹(대 / 대나무 죽)'과 '旬(열흘 순)'을 조합한 글자임. '열흘(旬)이면 다 자라는 대나무(竹)'라는 데서 '죽순'이라는 뜻을 나타낸다.

例文　① 竹筍(죽순) ② 筍席(순석 ; 죽순 껍질로 만든 자리)

7
絢 = 糸 + 旬

1급 / 12획	(무늬 / 고울 **현**)

解說　'糸(실 사)'와 '旬(열흘 순)'을 조합한 글자로, '무늬 / 곱다'는 뜻을 나타낸다.

例文　① 絢爛(현란) ② 絢飾(현식 ; 예쁘게 꾸밈)

1	盾		盾
2급 / 9획	(방패 **순**)		篆文

🐛 **解說** '몸 전체와 눈(目) 위까지 가리는 방패(干)'를 본뜬 상형문자(象形文字)로, '방패'라는 뜻을 나타낸다.

🐛 **例文** ① 矛盾(모순) ② 盾鼻(순비 ; 방패의 손잡이) ③ 圓盾(원순 ; 둥근 방패)

2	循 = 척 + 盾
3급 / 12획	(돌 **순**)

🐛 **解說** '彳(조금씩걸을 척)'과 '盾(방패 순)'을 조합한 글자임. '군인들이 방패(盾)를 들고 거리(行)를 돌아다닌다(彳)'는 데서 '돌다 / 따라가다'는 뜻을 나타낸다.

🐛 **例文** ① 循行(순행) ② 循環(순환) ③ 循環列車(순환열차) ④ 惡循環(악순환)

3	遁 = 盾 + 辶
1급 / 13획	(숨을 / 달아날 **둔**)

🐛 **解說** '盾(방패 순)'과 '辶(쉬엄쉬엄갈 / 뛸 착)'을 조합한 글자임. '방패(盾)로 몸을 가리고 달아난다(辶)'는 데서 '(은밀한 곳에) 숨다 / 달아나다'는 뜻을 나타낸다.

🐛 **例文** ① 遁甲(둔갑) ② 隱遁(은둔) ③ 遁避(둔피 ; 숨어서 피함)

1

濕 = 水 + 日 + 絲		籀
3급 / 17획	(젖을 **습**)	篆文

解說　'水(물 수)'와 '日(해 일)', '絲(실 사)'를 조합한 글자임. 원래는 '태양(日) 모양의 물건에 실(絲)로 된 장식을 매달아 신(神)을 부르는 의식(儀式)을 행하는 물(水)이 많은 곳'이라는 데서 '(물에) 젖다 / 습기차다'는 뜻을 나타낸다. ＊일본 상용한자와 중국 간체자(簡體字)에서는 '湿(12획)'으로 표기한다. ＊'水(물 수)가 다른 글자와 조합하여 글자 왼쪽에 오면 'ⅰ(삼수변)'으로 글자 모양이 바뀐다.

例文　① 濕氣(습기)　② 濕度(습도)　③ 除濕機(제습기)

2

顯 = 日 + 絲 + 頁				
4급 / 23획	(나타날 **현**)	金文 1	金文 2	篆文

解說　'日(해 일)', '絲(실 사)', '頁(머리 혈)'을 조합한 글자임. 원래는 '태양(日) 모양의 물건에 실(絲)로 된 장식을 매달아 놓고 엎드려 절하며(頁) 신(神)을 부르면 신(神)이 나타난다'는 데서 '나타나다'는 뜻을 나타낸다. ＊'頁(머리 혈)'은 '어떤 의식(儀式)을 행할 때 머리에 관을 쓰고 이마가 땅에 닿도록 절하는 모습'을 표현한 글자이다. ＊일본 상용한자에서는 '顕(18획)'으로, 중국 간체자(簡體字)에서는 '显(9획)'으로 표기한다.

例文　① 顯微鏡(현미경)　② 顯忠日(현충일)　③ 顯著(현저)　④ 顯示(현시)

62 升 (되 승) 그룹 漢字

승	升	昇
비	飛	

1

升		甲骨文字	金文	篆文
2급 / 4획	(되 **승**)			

解說 갑골문자(甲骨文字)와 금문(金文)에서는 '손잡이가 달린 국자로 술을 떠올려서 되로 되는 모양'을 본뜬 상형문자(象形文字)로, 현대에는 '1.8리터 용량의 되'라는 뜻이다.

例文 ① 一升(일승 ; 1.8리터)

2

昇 = 日 + 升		篆文
3급 / 8획	(오를 / 해돋을 **승**)	

解說 '日(날/해 일)'과 '升(되 승)'을 조합한 글자임. '국자(升)로 술을 떠올리듯이 해(日)가 떠오른다'는 데서 '해가 돋다 / 위로 올라가다'는 뜻을 나타낸다. *중국 간체자(簡體字)에서는 '升(4획)'으로 표기한다.

例文 ① 昇降機(승강기) ② 昇進(승진) ③ 昇格(승격) ④ 昇遐(승하 ; 임금이 사망함)

3

飛		篆文
4급 / 9획	(날 **비**)	

解說 '목이 긴 새가 양쪽 날개를 펴고 하늘로 날아오르는 모양'을 본뜬 글자로, '(하늘을) 날다'는 뜻을 나타낸다. *중국 간체자(簡體字)에서는 '飞(3획)'으로 표기한다.

例文 ① 飛翔(비상) ② 飛行機(비행기) ③ 飛散(비산) ④ 飛虎(비호)

<table>
<tr><td>丞</td><td>甲骨文字</td><td>金文</td><td>篆文</td></tr>
</table>

1 丞

1급/6획	(정승/도울 **승**)	甲骨文字	金文	篆文

解說　갑골문자(甲骨文字)에서는 '함정(凵)에 빠져 있는 사람(卩)을 양손으로 끌어올리다'이고, 금문(金文)에서는 '양손으로 사람을 떠받들다'로 묘사하여 '돕다/(임금을 돕는) 정승'이라는 뜻을 나타낸다.

例文　① 政丞(정승)　② 丞相(승상)

2 承 = 手 + 卩 + 廾

4급/8획	(이을 **승**)	金文 1	金文 2	篆文

解說　금문(金文)에서는 '무릎을 꿇고 앉아 있는 사람(卩)을 양손(廾)으로 들어올린다'로 묘사하여 '벼슬이 높은 사람의 명령을 삼가 받들다'는 뜻을 나타낸다.

例文　① 繼承(계승)　② 承繼(승계)　③ 承諾(승낙)　④ 承認(승인)　⑤ 傳承(전승)

3 蒸 = 艸 + 烝

3급/14획	(찔 **증**)	篆文

解說　'艸(풀 초)'와 '烝'을 조합한 글자임. '신(神)을 섬기는 데 사용하는 삼(麻)을 삶아서 두 손(烝)으로 껍집을 벗긴다'는 데서 '(김/수증기로) 찌다'는 뜻을 나타낸다.

例文　① 水蒸氣(수증기)　② 蒸發(증발)　③ 蒸溜水(증류수)　④ 汗蒸幕(한증막)

1 乘 = 大 + 舛 + 木

| 3급 / 10획 | (탈 / 곱할 **승**) | 甲骨文字 | 金文 | 篆文 |

解說 '大(큰 대)'와 '舛(왼발오른발 / 어겨질 천)', '木(나무 목)'을 조합한 회의문자(會意文字)임. '나무(木) 위에 사람(大)이 양발(舛)로 버티고 서 있다'는 데서 '탈것에 타다 / (數를) 곱하다'는 뜻을 나타낸다. *일본 상용한자에서는 '乘(9획)'으로 표기한다.

例文 ① 乘馬(승마) ② 乘車場(승차장) ③ 搭乘(탑승) ④ 加減乘除(가감승제)

2 剩 = 乘 + 刀

| 1급 / 12획 | (남을 **잉**) |

解說 '乘(탈 승)'과 '刀(칼 도)'를 조합한 글자임. '칼(刂=刀)을 찬 사람은 나무에 오르지(乘) 않고 땅에 남아서 싸운다'는 데서 '남다'는 뜻을 나타낸다. *일본 상용한자에서는 '剰(11획)'으로 표기한다.

例文 ① 過剩(과잉) ② 剩餘金(잉여금) ③ 剩餘物資(잉여물자)

3 乖

| 1급 / 8획 | (어그러질 **괴**) | 篆文 |

解說 '양(羊)의 두 뿔이 좌우로 갈라져 서로 반대 방향으로 어그러져 있다'는 뜻임.

例文 ① 乖離(괴리 ; 배반하여 떨어져 나감) ② 乖愎(괴팍)

65 市 (저자 시) 그룹 漢字

1

市

| 7급/5획 | (저자 **시**) | 金文 | 篆文 |

解說   해서(楷書)에서는 '앞치마(巾)를 두르고 물건을 파는 사람(ㅗ)'을 나타내는 글자이나, 금문(金文)과 전문(篆文)에서는 '시장이 서는 장소를 표시하기 위해 높이 세우는 표지판 모양'을 본떠서 '시장/저자'라는 뜻을 나타낸다. *시장이 서는 곳에는 많은 사람이 몰려들기 때문에 높은 표지판을 세우고, 감독관을 파견하여 관리하곤 하였다는 기록이 있다.

例文   ① 南大門市場(남대문시장) ② 서울市長(서울시장) ③ 市民(시민)

2

柿 = 木 + 市

| 1급/9획 | (감 **시**) |

解說   '木(나무 목)'과 '市(저자 시)'를 조합한 글자로, '감'이라는 뜻을 나타낸다.

例文   ① 紅柿(홍시) ② 軟柿(연시)

3

姉 = 女 + 市

| 4급/8획 | (손위누이 **자**) |

解說   '女(여자 여)'와 '市(저자 시)'를 조합한 글자임. '혼자서 시장(市)을 다녀올 수 있는 여자(女)'라는 데서 '손위누이'라는 뜻을 나타낸다. *간체자(簡體字)는 '姊'임.

例文   ① 姉妹(자매) ② 姉妹結緣(자매결연) ③ 姉兄(자형)

4 肺 = 肉 + 市

3급 / 9획	(허파 **폐**)

解說 '肉(몸/고기 육)'과 '市(저자 시)'를 조합한 글자임. '몸통(肉)의 좌우에 있는 허파 (市) 모양'을 본떠서 '허파'라는 뜻을 나타낸다. * '肉(몸/고기 육)'이 다른 글자와 조합하여 글자 왼쪽에 오면 '月(육달월)'로 글자 모양이 바뀐다.

例文 ① 肺活量(폐활량) ② 肺炎(폐렴) ③ 肺病(폐병) ④ 心肺(심폐)

---

5 沛 = 水 + 市

1급 / 8획	(비쏟아질 **패**)

解說 '水(물 수)'와 '市(저자 시)'를 조합한 글자로, '비가 쏟아진다'는 뜻을 나타낸다. * '水(물 수)가 다른 글자와 조합하여 글자 왼쪽에 오면 '氵(삼수변)'으로 글자 모양이 바뀐다.

例文 ① 沛然(패연 ; 비가 세차게 쏟아짐) ② 顚沛(전패 ; 엎드러지고 자빠짐)

---

6 佩 = 人 + 凡 + 巾

1급 / 8획	(찰/노리개 **패**)	金文 1	金文 2	篆文

解說 '人(사람 인)', '凡(무릇 범)', '巾(수건 건)'를 조합한 글자임. '사람(人) 허리에 늘 어뜨린(凡) 장식천(巾)처럼 허리에 차는 노리개'라는 데서 '(허리에) 차다/노리개'라는 뜻을 나타낸다.

例文 ① 佩刀(패도) ② 佩物(패물 ; 몸에 차는 노리개) ③ 佩用(패용 ; 몸에 달거나 참)

1

尸		ʔ	ʔ	尸
3획	(몸/주검 **시**)	甲骨文字	金文	篆文

解說　'몸을 쪼그리고 앉아 있는 사람', 또는 '몸을 구부리고 죽은 사람'을 본뜬 상형문자이나, 단독으로는 잘 쓰이지 않는다.

2

刷 ＝尸＋巾＋刀		杤
3급/8획	(인쇄할/청소할 **쇄**)	篆文

解說　'나무에다 칼(刀)로 글자를 새기고 지울 때 생기는 부스러기를 허리(尸)에 찬 천(巾)으로 닦아내면서 작업한다'는 데서 '인쇄하다/청소하다'는 뜻을 나타낸다. ＊'刀(칼도)'가 다른 글자와 조합하여 글자 오른쪽에 오면 'ㅣ(선칼도)'로 글자 모양이 바뀐다.

例文　① 印刷(인쇄)　② 印刷所(인쇄소)　③ 縮刷(축쇄)　④ 刷新(쇄신)

1	示		丁	干	示
	5급/5획	(제사지낼/보일 **시**)	甲骨文字 1	甲骨文字 2	篆文

解說　* '示(제사상/제사지낼/보일 시)'는 '조상신(祖上神)에게 제사지내기 위해 음식을 차려놓은 조그마한 제사상'을 본뜬 상형문자로, '제사상에 차린 음식을 조상신에게 보여준다'는 데서 '남에게 보이다/가르치다'는 뜻으로 발전하여 쓰이게 된 글자인데, 주로 '신(神)/제사(祭祀)와 관련된 일'에 사용하는 글자이다.　* '하늘의 신(神)'은 '帝(하느님/임금 제)'로 묘사하는데, 자세한 것은 3권 '帝(임금 제)그룹 漢字'참조.　* '示(제사지낼/보일 시)'와 관련된 한자로는 '神(귀신 신), 祖(할아비 조), 祝(빌 축), 祭(제사 제), 禮(예도/예절 례), 祈(빌 기) 등등이 있다.

例文　① 示範(시범)　② 揭示板(게시판)　③ 示威(시위)

2	視 = 示 + 見		視
	4급/12획	(볼 **시**)	篆文

解說　'示(보일/제사 시)'와 '見(볼 견)'을 조합한 글자임. '제사상(示) 앞에서 신(神)의 모습을 우러러 본다(見)'는 데서 '(눈으로) 보다'는 뜻을 나타낸다.　* 일본 상용한자에서는 '視(11획)'으로, 중국 간체자(簡體字)에서는 '视'로 표기한다.

例文　① 視力(시력)　② 視察(시찰)　③ 視覺(시각)　④ 注視(주시)

---

1 矢

| 3급/5획 | (화살 **시**) | 甲骨文字 | 金文 | 篆文 |

解說　'화살(화살촉/화살대/화살의 날개)'를 본뜬 상형문자(象形文字)로, '화살/화살과 관련된 것'이라는 뜻을 나타낸다. ＊고대에 화살은 신성한 것으로 여겨, 어떤 일을 맹세할 때에 그 증표로서 화살을 종종 이용하였다. 그 중에서도 '族＝㫃(깃발 언)＋矢(화살 시)'는 씨족을 나타내는 깃발(㫃) 아래서 자신의 화살(矢)을 꺾으며 맹세하면 한 씨족으로 받아들였다고 하는 글자이다.

例文　① 弓矢(궁시 ; 활과 화살)　② 嚆矢(효시 ; 사물의 시작)

---

2 矣 ＝ 厶 ＋ 矢

| 3급/7획 | (어조사/말그칠 **의**) | 金文 | 篆文 |

解說　'쟁기(厶) 위에 화살(矢)을 얹어 신(神) 앞에서 부정(不淨)을 떨쳐버렸다'는 뜻의 회의문자(會意文字)이다. 주로 '문장을 끝맺거나 강조할 때의 어조사'로 문말(文末)에 쓰인다.

例文　① 萬事休矣(만사휴의 ; 모든 것이 끝남)　② 汝矣島(여의도)

---

3 埃 ＝ 土 ＋ 矣

| 2급/10획 | (티끌 **애**) |

 '土(흙 토)'와 '矣(어조사 의)'를 조합한 글자임. '쟁기(厶) 위에 화살(矢)을 얹어 신(神) 앞에서 부정(不淨)을 떨쳐버리기 전에 흙(土)먼지부터 깨끗이 없앤다'는 데서 '티끌'이라는 뜻을 나타낸다.

 ① 塵埃(진애 ; 세상의 속된 것) ② 埃及(애급 ; 이집트)

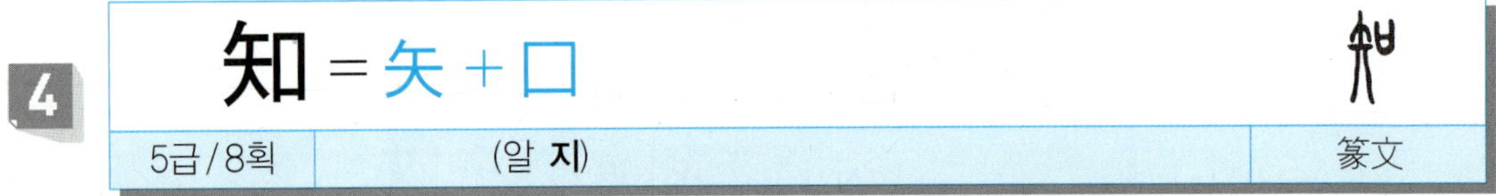

4　知 = 矢 + 口

5급 / 8획　　　(알 **지**)　　　篆文

 '矢(화살 시)'와 '口(입 구)'를 조합한 글자임. '신(神)에게 바치는 축문(祝文)이 든 그릇(口) 옆에 화살(矢)을 두고 맹세를 함으로써 모든 것이 밝혀지다'는 데서 '알게 되다 / 깨닫게 되다'는 뜻을 나타낸다.

 ① 知性(지성) ② 知識(지식) ③ 知能(지능) ④ 探知機(탐지기)

5　智 = 知 + 曰

4급 / 12획　　　(슬기 / 지혜 **지**)　　　甲骨文字　　　金文　　　篆文

 해서(楷書)에서는 '知(알 지)'와 '曰(가로되 왈)'을 조합한 글자로, '지혜 / 슬기'라는 뜻을 나타내나, 갑골문자(甲骨文字)에서는 '干(방패 간)＋口＋矢'로 구성된 글자이고, 금문(金文)과 전문(篆文)에서는 '干＋口＋矢＋曰'로 구성된 글자이다. ＊전쟁 무기(칼 / 활 / 창 / 방패)는 종종 신성한 것으로 여겨져 신(神)에게 제사지낼 때 자주 등장하는 기구이다.

 ① 智慧(지혜) ② 智德(지덕) ③ 奇智(기지) ④ 智謀(지모)

6　短 = 矢 + 豆

6급 / 12획　　　(짧을 / 모자랄 **단**)　　　篆文

 '矢(화살 시)'와 '豆(제사그릇 / 콩 두)'를 조합한 글자임. '제사지낼 때 사용하는 제기(豆)는 화살(矢)보다 짧다'는 데서 '짧다'는 뜻을 나타낸다. ＊고대에는, 화살(矢)의 길이를 기준으로 하여 물건의 길고짧음을 표현하곤 하였다.

 ① 短期間(단기간) ② 短縮(단축) ③ 短點(단점) ④ 一長一短(일장일단)

---

1 豚 ＝ 肉 ＋ 豕

3급 / 11획	(돼지 **돈**)	甲骨文字	金文	篆文

解說 ‘肉(몸／고기 육)’과 ‘豕(돼지 시)’를 조합한 글자로, ‘살(肉)이 통통하게 찐 돼지(豕)’라는 뜻을 나타낸다.

例文 ① 豚肉(돈육) ② 豚舍(돈사) ③ 養豚(양돈) ④ 種豚(종돈)

---

2 逐 ＝ 豕 ＋ 辶

3급 / 11획	(쫓을 **축**)	甲骨文字	金文	篆文

解說 ‘豕(돼지 시)’와 ‘辶(쉬엄쉬엄갈／뛸 착)’을 조합한 글자임. 갑골문자(甲骨文字)에서는 ‘앞서가는 멧돼지(豕)를 뒤쫓아가는 사람의 발자국(止) 모양’으로 묘사하여 ‘(멧돼지를) 쫓다／물리치다／다투다’는 뜻을 나타낸다.

例文 ① 逐出(축출) ② 驅逐艦(구축함) ③ 逐鹿者不見山(축록자불견산) ④ 角逐(각축)

---

3 毅 ＝ 立 ＋ 豕 ＋ 殳

1급 / 15획	(굳셀 **의**)		金文	篆文

解說 ‘화가 나서 몸을 일으켜 세운(立) 멧돼지(豕)에게 몽둥이(殳)를 들고 맞서다’는 데서 ‘굳세다／강하다’는 뜻을 나타낸다.

例文 ① 毅然(의연 ; 의지가 굳세고 단호함) ② 剛毅(강의 ; 강직함)

1 是 = 日 + 正

| 4급 / 9획 | (이/옳을 시) | 金文 1 | 金文 2 | 篆文 |

解說 금문(金文)에서는 '숟가락 모양'을 본떠서 '이것'이고, 전문(篆文)에서는 '日(날/해 일)'과 '正(바를 정)'을 조합하여 '밝은 태양(日) 아래서 올바르게(正) 살아간다'는 데서 '바르다/옳다'는 뜻을 나타낸다.

例文 ① 是非之心(시비지심) ② 是是非非(시시비비) ③ 是認(시인) ④ 是正(시정)

2 匙 = 是 + 匕

| 1급 / 11획 | (숟가락 시) |

解說 '是(이/옳을 시)'와 '匕(숟가락 비)'를 조합한 글자임. '是'가 '이/이것/올바르다'로 쓰이게 되자, 훗날 '是+匕=匙'로 '숟가락'이라는 뜻으로 쓰이게 되었다.

例文 ① 匙箸(시저 ; 숟가락과 젓가락) ② 十匙一飯(십시일반)

3 湜 = 水 + 是

| 2급 / 12획 | (물맑을 식) |

解說 '水(물 수)'와 '是(이/옳을 시)'를 조합한 글자임. '물(水)이 맑아야 해(日)가 물속까지 비친다'는 데서 '물이 맑다'는 뜻을 나타내는데 주로 인명(人名)에 사용한다. * '水(물 수)가 다른 글자와 조합하여 글자 왼쪽에 오면 'ㆍ氵(삼수변)'으로 글자 모양이 바뀐다.

4 題 = 是 + 頁

| 6급 / 18획 | (제목 / 이마 **제**) |

解說 '是(이/옳을 시)'와 '頁(머리 혈)'을 조합한 글자임. '숟가락(是)의 동그란 부분과 사람 얼굴(頁)의 이마 부분이 닮았다'는 '이마/책 이름/표제'라는 뜻으로 발전하여 쓰이게 되었다. * 중국 간체자(簡體字)에서는 '题'로 표기한다.

例文 ① 題目(제목) ② 宿題(숙제) ③ 表題(표제) ④ 課題(과제) ⑤ 難題(난제)

5 提 = 手 + 是

| 4급 / 12획 | (끌 / 들 **제**) |

解說 '手(손 수)'와 '是(이/옳을 시)'를 조합한 글자임. '손(手)에 든 숟가락(是)으로 음식을 입으로 가져가다', 또는 '숟가락(是)을 손(手)에 들다'에서 '끌어가다/(손에) 들다'는 뜻을 나타낸다. * '手(손 수)'가 다른 글자와 조합하여 글자 왼쪽에 오면 '扌(손수변)'으로 글자 모양이 바뀐다.

例文 ① 提案(제안) ② 提出(제출) ③ 提起(제기) ④ 提供(제공)

6 堤 = 土 + 是

| 3급 / 12획 | (둑 **제**) |

解說 '土(흙 토)'와 '是(이/옳을 시)'를 조합한 글자로, '흙(土)으로 쌓아 올린 둑(是) 모양'이라는 뜻을 나타낸다.

例文 ① 堤防(제방) ② 防潮堤(방조제) ③ 防波堤(방파제)

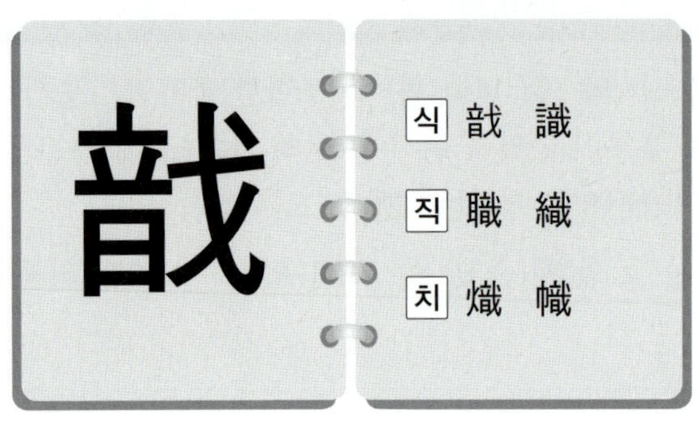

1 戠 = 音 + 戈

13획	(붉은무늬/붉은천 **식/치**)	甲骨文字	金文	篆文

解說　'音(소리 음)'과 '戈(창 과)'를 조합한 글자임. 갑골문자(甲骨文字)와 금문(金文)에서는 '신(神)에게 바치는 축문이 든 그릇(口)과 깃대로 사용하는 창(戈)에 부정(不淨)을 없앤다는 붉은 천을 매달아 표시를 하다'는 뜻을 나타낸다고 한다. ＊'織'의 금문(金文)과 비슷한 것으로 보아 '붉은 천'으로 생각된다. ＊'音(소리 음)'은 '신(神)에게 맹세한 말(言)에 대해 신(神)이 반응(一)을 보이는 소리'라는 뜻의 글자이다. ＊'音(소리 음)그룹漢字' 참조.

2 識 = 言 + 戠

5급 / 19획	(알 **식**/기록할 **지**)	金文	篆文

解說　'言(말씀 언)'과 '戠(붉은무늬/붉은천 식/치)'를 조합한 글자임. '창(戈)에 매달린 붉은 천(戠)만으로도 부정(不淨)을 없앴다는 것을 알 수 있는데, 말(言)로 설명해 주니 더 잘 알게 되었다'는 데서 '(사물을 구별해) 알다/표하다/기록하다'는 뜻으로 발전하여 쓰이게 되었다. ＊중국 간체자(簡體字)에서는 '识'로 표기한다.

例文　① 知識(지식) ② 認識(인식) ③ 識別(식별) ④ 標識板(표지판)

3 職 = 耳 + 戠

4급 / 18획	(직분/벼슬 **직**)	金文 1	金文 2	篆文

🐛 **解說**　'耳(귀 이)'와 '戠(붉은무늬/붉은천 식)'를 조합한 글자임. 금문(金文) 1에서는 '首 +戠'이고, 전문(篆文)에서는 '耳+戠'로 '전쟁터에서 적군의 목(首)이나 귀(耳)를 잘라서 붉은 천(戠)에 꿰어 갖고 오는 전공(戰功)에 따라 벼슬을 주는 것'을 '職'이라고 한 데서 '벼슬/직분'이라는 뜻으로 쓰이게 되었다.　＊중국 간체자(簡體字)에서는 '职'으로 표기한다.

🐛 **例文**　① 職責(직책)　② 職業(직업)　③ 職位(직위)　④ 職種(직종)　⑤ 職分(직분)

4	織 ＝ 糸 ＋ 戠		威	蒻	纖
	4급/18획	(짤 **직**)	金文 1	金文 2	篆文

🐛 **解說**　'糸(실 사)'와 '戠(붉은무늬/붉은천 식)'를 조합한 글자임. 금문(金文)에서의 '戠'과 '織'은 비슷한 글자이나, '戠'만으로는 '베를 짜다'는 뜻이 부족하므로 '糸+戠'로 하여 '베를 짜다'는 뜻으로 쓰이게 되었다.　＊중국 간체자(簡體字)에서는 '织'으로 표기한다.

🐛 **例文**　① 織女(직녀)　② 織物(직물)　③ 組織(조직)　④ 紡織工場(방직공장)

5	熾 ＝ 火 ＋ 戠
	1급/17획 ⟶ (성할 **치**)

🐛 **解說**　'火(불 화)'와 '戠(붉은무늬/붉은천 치)'를 조합한 글자임. '불(火)이 붉은 천(戠)처럼 타오른다'는 데서 '(기운이) 왕성하다'는 뜻을 나타낸다.　＊중국 간체자(簡體字)에서는 '炽'로 표기한다.

🐛 **例文**　① 熾烈(치열 ; 세력이 강함)　② 熾熱(치열 ; 혹독한 더위)

6	幟 ＝ 巾 ＋ 戠
	1급/16획 ⟶ (기/깃발 **치**)

🐛 **解說**　'巾(수건 건)'과 '戠(붉은무늬/붉은천 치)'를 조합한 글자임. '눈에 가장 잘 띄는 깃발(巾)은 붉은 천(戠)'이라는 뜻을 나타낸다.　＊중국 간체자(簡體字)에서는 '帜'로 표기한다.

🐛 **例文**　① 旗幟(기치 ; 기(旗)/어떤 일에 대한 분명한 태도 또는 주의(主義)·주장(主張)

1 　**式** = 工 + 弋

篆文

| 6급 / 6획 | (법 **식**) | 篆文 |

解說　'工(장인 공)'과 '弋(주살 익)'을 조합한 글자로, '신(神)을 섬기는 사람이 화살(弋)과 신(神)을 부르는 도구(工)를 사용해서 부정(不淨)을 떨쳐버리고 올바른 상태로 회복시키는 의식을 행한다'는 데서 '방식/방법'이라는 뜻으로 발전하여 쓰이게 되었다. * '弋(주살 익)'은 화살에 끈 또는 그물을 매달아 쏘아서 새를 잡는 도구임.

例文　① 方式(방식)　② 公式(공식)　③ 格式(격식)　④ 正式(정식)　⑤ 式順(식순)

2 　**拭** = 手 + 式

| 1급 / 9획 | (씻을 / 닦을 **식**) |

解說　'手(손 수)'와 '式(법 식)'을 조합한 글자임. '신(神)을 섬기는 사람이 손(手)으로 신(神)을 부르는 도구(式)를 깨끗이 닦아 부정을 없앤다'는 데서 '(깨끗이) 닦다/씻다'는 뜻을 나타낸다. * '手(손 수)'가 다른 글자와 조합하여 글자 왼쪽에 오면 '扌(손수변)'으로 글자 모양이 바뀐다.

例文　① 拂拭(불식 ; 말끔히 씻어 없앰)　② 拭目(식목 ; 눈을 닦고 자세히 봄)

3 　**軾** = 車 + 式

| 2급 / 13획 | (수레가로나무 **식**) |

🐛 **解說**　‘車(수레 거/차)’와 ‘式(법 식)’을 조합한 글자임. ‘수레(車)를 탈 때 손으로 쥐는 수레앞쪽의 가로나무’라는 뜻을 나타내는데, 주로 인명(人名)에 사용한다. *중국 간체자(簡體字)에서는 ‘轼’으로 표기한다.

4

$$試 = 言 + 式$$

4급 / 13획	(시험 **시**)

🐛 **解說**　‘言(말씀 언)’과 ‘式(법 식)’을 조합한 글자임. ‘일정한 방식(式)에 따라 말(言)로 물어본다’는 데서 ‘시험하다 / 조사하다 / 테스트하다’는 뜻을 나타낸다. *중국 간체자(簡體字)에서는 ‘试’로 표기한다.

🐛 **例文**　① 試驗(시험) ② 試飮(시음) ③ 試食(시식) ④ 試合(시합) ⑤ 入試(입시)

5

$$弒 = 殺 + 式$$

1급 / 13획	(윗사람죽일 **시**)

🐛 **解說**　‘殺(죽일 살)’과 ‘式’을 조합한 글자임. 원래는 ‘짐승을 잡아서(殺) 신(神)에게 바치고 부정을 떨쳐버린다(式)’인데, 훗날 ‘신하가 임금을 죽이다 / 자식이 부모를 죽이다’는 뜻으로 발전하여 쓰이게 되었다. *중국 간체자(簡體字)에서는 ‘弑(12획)’으로 표기한다.

🐛 **例文**　① 弒害(시해 ; 부모나 임금을 죽임) ② 대통령 弒害事件(시해사건)

1

食		甲骨文字	金文	篆文
7급/9획	(밥/먹을 **식**)			

解說 '밥이 수북하게 담긴 밥그릇과 그 뚜껑 모양'을 본뜬 상형문자(象形文字)로, '식사/음식물/먹다'는 뜻을 나타낸다.

例文 ① 食事(식사) ② 食堂(식당) ③ 間食(간식) ④ 朝食(조식) ⑤ 夕食(석식)

2

飾 = 食 + 人 + 巾

3급/14획	(꾸밀 **식**)	篆文

解說 '食(밥/먹을 식)'과 '人(사람 인)', '巾(수건 건)'을 조합한 글자임. '식사(食)를 준비하는 사람(人)이 행주(巾)로 식탁이나 그릇을 깨끗이 닦는다'는 데서 '(예쁘게) 꾸미다'는 뜻을 나타낸다.

例文 ① 修飾語(수식어) ② 裝飾(장식) ③ 虛禮虛飾(허례허식)

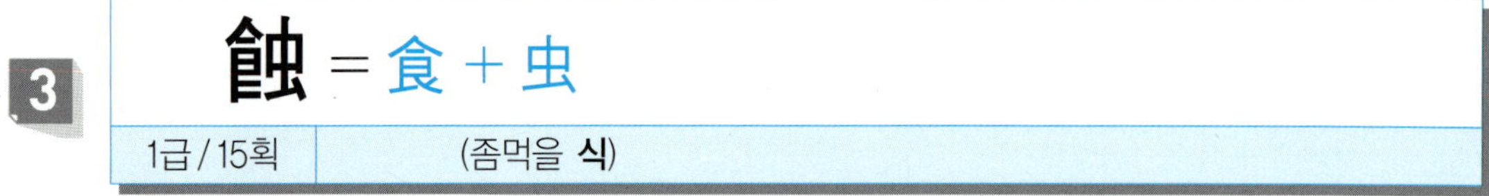

3

蝕 = 食 + 虫

1급/15획	(좀먹을 **식**)

解說 '食(밥/먹을 식)'과 '虫(벌레 충)'을 조합한 글자임. '벌레(虫)가 조금씩 먹어(食)들어 간다'는 데서 '벌레가 먹다/좀먹다'는 뜻을 나타낸다.

例文 ① 侵蝕(침식) ② 日蝕(일식) ③ 月蝕(월식) ④ 蠶蝕(잠식)

1

息 = 自 + 心

| 4급 / 10획 | (숨쉴 / 쉴 / 아들 **식**) | 金文 | 篆文 |

解說 '自(스스로 자)'와 '心(마음 심)'을 조합한 글자임. '심장(心)의 상태가 코(自)로 숨쉴 때 나타난다'는 데서 '숨쉬다 / 쉬다'의 뜻을 나타내나, '아들'이라는 뜻으로도 쓰일 때가 있다. * '自'는 '사람의 코 모양'을 본뜬 상형문자이다.

例文 ① 安息(안식) ② 休息(휴식) ③ 消息(소식) ④ 子息(자식)

2

熄 = 火 + 息

| 1급 / 14획 | (불꺼질 **식**) |

解說 '火(불 화)'와 '息(쉴 식)'을 조합한 글자임. '활활 타오르는 불(火)이 쉰다(息)'는 데서 '불이 꺼지다'는 뜻을 나타낸다.

例文 ① 내란(內亂)을 終熄(종식)시키다 ② 熄滅(식멸)

3

憩 = 舌 + 息

| 2급 / 16획 | (쉴 **게**) |

解說 '舌(혀 설)'과 '息(숨쉴 식)'을 조합한 글자임. '일이 힘든 나머지 입밖으로 혀(舌)를 내놓고 헉헉대며 숨을 쉰다(息)'는 데서 '쉬다'는 뜻을 나타낸다.

例文 ① 休憩所(휴게소) ② 休憩室(휴게실)

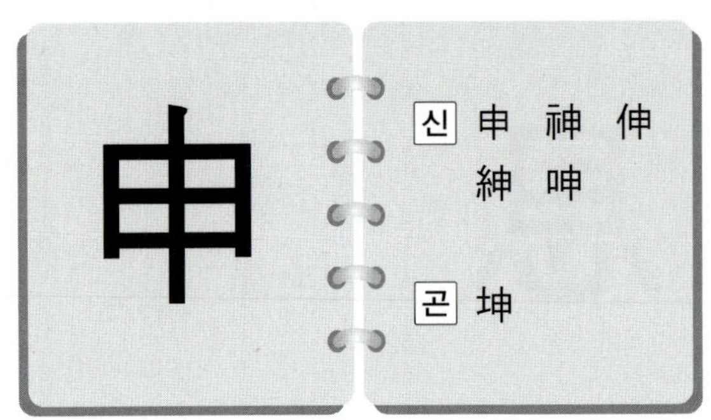

1 申

| 4급/5획 | (납/펼/말할/원숭이 **신**) | 甲骨文字 | 金文 | 篆文 |

解說 갑골문자(甲骨文字)와 금문(金文)에서는 '번갯불이 위아래로 좌우로 퍼지는 모양'을 본뜬 상형문자로 '펴다/퍼지다'는 뜻이나, 또한 '번개는 하늘의 신(神)이 인간에게 나타나 말을 하는 것'이라는 데서 '말을 하다'는 뜻으로 발전하여 쓰이게 되었다. ＊'神(귀신 신)'의 초문자(初文字)임.

例文 ① 申告(신고) ② 申請(신청) ③ 上申(상신) ④ 內申成績(내신성적)

2 神 ＝ 示 ＋ 申

| 6급/10획 | (귀신/정신 **신**) | 金文 1 | 金文 2 | 篆文 |

解說 '示(제사지낼/보일 시)'와 '申(번개/말할 신)'을 조합한 글자임. '번갯불 모양의 "申"이 "말하다"는 뜻'으로 쓰이게 되자, 제사상을 나타내는 '示(제사지낼/보일 시)'를 추가하여 '하느님/신(神)'이라는 뜻을 나타내게 되었다. ＊일본 상용한자와 중국 간체자(簡體字)에서는 '神(9획)'으로 표기한다.

例文 ① 神仙(신선) ② 山神靈(산신령) ③ 神聖(신성) ④ 神出鬼沒(신출귀몰)

3 伸 ＝ 人 ＋ 申

| 3급/7획 | (펼 **신**) | | 篆文 |

🐛 **解說**　'亻=人(사람 인)'과 '申(번개/말할 신)'을 조합한 글자임. '번갯불 모양의 "申"이 "말하다"는 뜻'으로 쓰이게 되자, 人(사람 인)을 추가하여 '(사람이 기지개를) 펴다/(몸이) 펴지다/(몸을) 늘리다'는 뜻을 나타내게 되었다.

🐛 **例文**　① 국력(國力)이 伸張(신장)되다　② 伸縮性(신축성)

4　**紳** = 糸 + 申

2급 / 11획　　　　(띠 / 벼슬아치 **신**)

🐛 **解說**　'糸(실 사)'와 '申(번개/말할 신)'을 조합한 글자임. '벼슬아치들의 허리에 띠를 띠고 남은 부분을 늘어뜨리는(申) 장식용 띠(糸)'라는 뜻을 나타낸다. * 중국 간체자(簡體字)에서는 '绅'으로 표기한다.

🐛 **例文**　① 紳士(신사)　② 紳士協定(신사협정 ; 비공식의 국제 협정)

5　**呻** = 口 + 申

1급 / 8획　　　　(읊조릴 **신**)

🐛 **解說**　'口(입 구)'와 '申(번개/말할 신)'을 조합한 글자임. '하늘에서 연거푸 번개(申)가 치면 괜히 두려운 생각이 들어 자신도 모르게 "아이구 하느님 살려 주세요!!"하고 입(口)밖으로 소리가 나온다'는 데서 '읊조리다/낮은 소리로 읊다'는 뜻을 나타낸다.

🐛 **例文**　① 呻吟(신음)하다

6　**坤** = 土 + 申

3급 / 8획　　　　(땅 **곤**)

🐛 **解說**　'土(흙 토)'와 '申(번개/말할 신)'을 조합한 글자로, '번개(申)가 칠 때, 번개가 땅(土)'으로 내려온다는 뜻을 나타낸다.

🐛 **例文**　① 乾坤一擲(건곤일척 ; 운명을 건 단판 싸움)

臣			甲骨文字 1	甲骨文字 2	金文	篆文
5급/7획	(신하 **신**)					

解說 금문(金文)에서는 '위쪽을 쳐다보는 눈(目) 모양'으로 묘사한 글자임. '目(눈 목)'의 변형된 글자로, '하늘을 쳐다보며 신(神)을 섬기는 사람', 또는 '임금님 앞에 엎드려 위쪽을 쳐다본다'는 데서 '엎드리다/신하'라는 뜻을 나타낸다.

例文 ① 臣下(신하) ② 功臣(공신) ③ 奸臣(간신) ④ 忠臣(충신) ⑤ 君臣(군신)

2 宦 = 宀 + 臣

1급/10획	(벼슬/내시 **환**)

解說 '宀(집 면)'과 '臣(신하 신)'을 조합한 글자임. '궁궐(宀)에서 임금을 섬기는 신하(臣)'라는 데서 '벼슬/벼슬아치/내시'라는 뜻을 나타낸다.

例文 ① 宦官(환관) ② 宦路(환로 ; 벼슬 길)

3 臥 = 臣 + 人

3급/9획	(누울/엎딜 **와**)

解說 '臣(신하 신)'과 '人'을 조합한 글자임. '신하(臣)처럼 엎드려 있는 사람(人)'이라는 데서 '눕다/엎드리다'는 뜻을 나타낸다. * 중국 간체자(簡體字)에서는 '卧'로 표기함.

例文 ① 臥病(와병) ② 臥薪嘗膽(와신상담)

4

臨 = 臥 + 品		金文 1	金文 2	篆文
3급 / 18획	(임할 / 볼 **림**)	金文 1	金文 2	篆文

解說 '臥(누울 와)'와 '品'을 조합한 글자임. '신(神)에게 바치는 축문(祝文)이 든 그릇(口)을 여러 개(品) 두고 엎드려(臥)열심히 기도하면 신(神)이 하늘에서 내려다본다'는 데서 '내려다 보다 / 가까이 가다 / 임하다'는 뜻을 나타낸다. *중국 간체자(簡體字)에서는 '临'으로 표기한다.

例文 ① 君臨(군림) ② 臨時(임시) ③ 臨終(임종) ④ 臨迫(임박) ⑤ 臨檢(임검)

5

熙		金文	篆文
2급 / 14획	(빛날 **희**)	金文	篆文

解說 금문(金文)에서는 '포대기에 싸인 아이(巳)에게 젖을 먹이는 어머니(母)의 젖가슴 모양'이고, 전문(篆文)에서는 '어머니가 젖먹는 아이(巳)를 안고 불(灬 = 火)처럼 밝게 웃는다'는 데서 '기뻐하다 / 빛나다'는 뜻을 나타낸다. *중국 간체자(簡體字)에서는 '熙(15획)'으로 표기한다. *'火(불 화)'가 다른 글자와 조합하여 글자 아래쪽에 오면 '灬(불화발)'로 글자 모양이 바뀐다.

例文 ① 熙笑(희소 ; 기뻐하여 웃음) ② 熙怡(희이 ; 기뻐함)

6

姬		甲骨文字	金文	篆文
2급 / 9획	(계집 / 아씨 **희**)	甲骨文字	金文	篆文

解說 갑골문자(甲骨文字)와 금문(金文)에서는 '女(여자 여)'와 '브라자'를 조합한 글자임. '성인이 된 여자(女)의 젖가슴 2개를 크게 묘사한 글자'로, '아씨 / 여자'라는 뜻을 나타낸다. *일본 상용한자에서는 '姬(10획)'으로, 중국 간체자(簡體字)에서는 '姬'으로 글자 모양이 약간 다르게 표기한다.

例文 ① 舞姬(무희) ② 歌姬(가희) ③ 寵姬(총희 ; 임금의 총애를 받는 여자)

1	辛		甲骨文字	金文	篆文
	3급 / 7획	(매울 / 혹독할 / 고생 **신**)			

解說　'노예가 도망가지 못하도록 노예의 이마에 문신을 하는 손잡이가 달린 커다란 바늘' 모양을 본뜬 상형문자(象形文字)로, '혹독하다 / 맵다 / 고생스럽다 / 괴롭다 / 죄 / 죄인' 이라는 뜻을 나타낸다.

例文　① 辛味(신미 ; 매운 맛) ② 辛辣(신랄)하게 비평하다

2	辯 = 辛 + 言 + 辛		篆文
	4급 / 21획	(말씀 / 말잘할 **변**)	

解說　'辛(매울 / 혹독할 / 고생 신) 두 글자와 '言(말씀 언)'을 조합한 글자임. '법정에서 원고와 피고(辛+辛) 두 사람이 자기 자신에게 유리하게끔 말(言)로 설명한다.'는 데서 '말씀 / 말 잘하다'는 뜻을 나타낸다.　* 일본 상용한자에서는 '弁(5획)'으로, 중국 간체자(簡體字)에서는 '辩'으로 표기한다.

例文　① 辯護士(변호사) ② 辯論(변론) ③ 答辯(답변) ④ 雄辯(웅변)

2	辨 = 辛 + 刀 + 辛		金文	篆文
	3급 / 16획	(분별할 **변**)		

解說 '辛(매울/혹독할/고생 신)' 두 글자와 '刀(칼 도)'를 조합한 글자임. '재판하는 과정에서 원고와 피고(辛+辛)의 변론을 듣고 칼(刀)로 자르듯이 판단한다'는 데서 '분별하다'는 뜻을 나타낸다.

例文 ① 辨明(변명) ② 辨證法(변증법) ③ 辨償(변상) ④ 辨別力(변별력)

4

辦 = 辛 + 刀 + 辛

辦 篆文

| 1급 / 16획 | (힘들일 **판**) | | 篆文 |

解說 '辛(매울/혹독할/고생 신)' 두 글자와 '力(힘 력)'을 조합한 글자임. '원고와 피고(辛+辛) 두 사람이 힘(力)을 다해 말다툼하다'는 데서 '힘쓰다/힘들이다'는 뜻을 나타낸다. *중국 간체자(簡體字)에서는 '办(4획)'으로 표기한다.

例文 ① 辦嚴(판엄 ; 길 떠날 채비)

5

宰 = 宀 + 辛

| 3급 / 10획 | (재상/다스릴 **재**) | 甲骨文字 | 金文 | 篆文 |

解說 '宀(집 면)'과 '辛(매울/혹독할/고생 신)'을 조합한 글자임. '조상신을 섬기는 집(宀)에서의 잔치를 위해 손잡이가 달린 칼(辛)로 희생제물을 조리하는 우두머리'라는 데서 '우두머리/재상/다스리다'라는 뜻으로 발전하여 쓰이게 되었다. *희생제물을 조리하는 일은 주로 그 씨족의 우두머리가 하였다고 한다.

例文 ① 宰相(재상 ; 總理/首相) ② 主宰(주재)하다

6

滓 = 水 + 宰

| 1급 / 13획 | (찌끼 **재**) |

解說 '水(물 수)'와 '宰(재상/다스릴 재)'를 조합한 글자임. '희생제물을 조리한(宰) 탕(水)속에 남은 찌꺼기'라는 데서 '찌끼/찌꺼기'라는 뜻을 나타낸다. *'水(물 수)가 다른 글자와 조합하여 글자 왼쪽에 오면 'ⅰ(삼수변)'으로 글자 모양이 바뀐다.

例文 ① 일제(日帝)의 殘滓(잔재) ② 滓穢(재예 ; 찌꺼기)

1 丮

3획	(빠를 **신**)	金文	古文	篆文

解說　'깃발을 휘날리며 빠르게 달려가는 모양'을 본떠서 '빠르다 / 신속하다'는 뜻을 나타내나, 단독으로는 쓰이지 않는다.

2 迅

1급/7획	(빠를 **신**)	篆文

解說　'丮(빠를 신)'과 '辶(쉬엄쉬엄갈 / 뛸 착)'을 조합한 글자임. '깃발을 휘날리며 재빠르게(丮) 뛰어간다(辶)'는 데서 '빠르다 / 신속하다'는 뜻을 나타낸다. ＊일본 상용한자와 중국 간체자(簡體字)에서는 '迅(6획)'으로 표기한다.

例文　① 迅速(신속)하다　② 迅雨(신우 ; 소나기)

3 訊

1급 / 10획	(물을 **신**)

解說　'言(말씀 언)'과 '丮(빠를 신)'을 조합한 글자임. '숨쉴 틈도 없이 빠른(丮) 속도로 계속 묻는다(言)'는 데서 '잇달아 질문하다 / 추궁하다'는 뜻을 나타낸다. ＊중국 간체자(簡體字)에서는 '讯'으로 표기한다.

例文　① 訊問(신문 ; 죄인을 조사하여 물음)

新 = 辛 + 木 + 斤		甲骨文字	金文	篆文
6급 / 13획	(새 **신**)			

解說 ‘辛(매울/혹독할/고생 신)’과 ‘木(나무 목)’, ‘斤(도끼 근)’을 조합한 글자임. 자료에는 ‘돌아가신 부모님의 위패(位牌)를 만들기 위해 손잡이가 달린 침(辛)을 던져서 새로 선택한 나무(木)를 도끼(斤)로 잘랐다’는 데서 ‘새롭다’는 뜻을 나타낸다고 한다.

例文 ① 新聞(신문) ② 新入生(신입생) ③ 新學期(신학기) ④ 更新(갱신/경신)

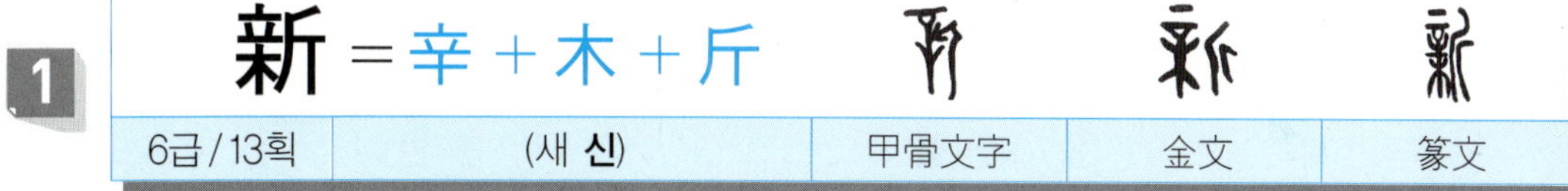

薪 = 艸 + 新
1급 / 17획   (섶/땔나무 **신**)

解說 ‘艸(풀 초)’와 ‘新(새 신)’을 조합한 글자임. 자료에는 ‘손잡이가 달린 침(辛)을 던져서 선택한 나무(木)를 도끼(斤)로 잘라서 부모님의 위패(親)를 새로(新) 만든 후 나머지는 땔감(艸)으로 사용했다’는 데서 ‘섶/땔나무’라는 뜻을 나타낸다고 한다. *‘親(친할/어버이 친)’은 1권 ‘見(볼 견)그룹 한자’ 참조. *중국 간체자(簡體字)에서는 ‘薪(16획)’으로 표기한다. *‘艸(풀 초)’가 다른 글자와 조합하여 글자 위쪽에 오면 “⺿”(초두머리)’로 글자 모양이 바뀐다.

例文 ① 薪木(신목 ; 땔나무) ② 臥薪嘗膽(와신상담)

---

1   **失** = 手 + 乙

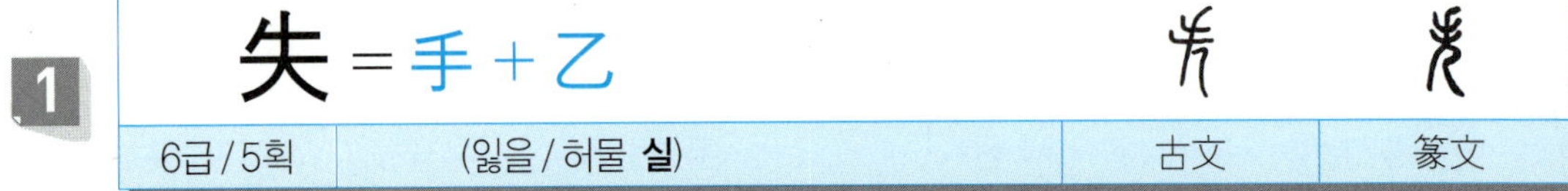

6급/5획	(잃을/허물 **실**)	古文	篆文

解說   고문(古文)에서는 '手(손 수)'와 '乙'을 조합한 글자로, '손(手)에 들고 있던 물건이 미끄러져(乙) 놓치다'는 데서 '잃다/그르치다/허물'이라는 뜻으로 발전하여 쓰이게 되었다. *어떤 학자는 '손(手)을 높이 들고 몸을 흔들며(乙) 정신없이 춤을 추던 무당이 자신을 망각했다'로 설명하고 있다.

例文   ① 失手(실수)   ② 失敗(실패)   ③ 失望(실망)   ④ 失明(실명)   ⑤ 失神(실신)

---

2   **佚** = 人 + 失

1급/7획	(편안 **일**/질탕 **질**)

解說   '人(사람 인)'과 '失(잃을 실)'을 조합한 글자임. '일상생활에서 벗어난(失) 사람(人)', 또는 '실수(失)를 잘 하는 사람(人)'이라는 데서, '편안하다/(성품이) 흐리터분하다'는 뜻을 나타낸다.

例文   ① 佚女(일녀 ; 미인)   ② 佚罰(일벌 ; 죄)   ③ 佚蕩(질탕)하게 마시고 놀다

---

3   **秩** = 禾 + 失

3급/10획	(차례 **질**)

解說   '禾(벼 화)'와 '失(잃을 실)'을 조합한 글자임. '볏단(禾)이 흘러내리지(失) 않도록 차곡차곡 쌓아올린다'는 데서 '차례/순서'라는 뜻을 나타낸다.

例文   ① 秩序(질서)를 지키다 ② 無秩序(무질서)하다

4

$$帙 = 巾 + 失$$

| 1급/8획 | (책권차례/책갑 **질**) |

解說   '巾(수건 건)'과 '失(잃을 실)'을 조합한 글자임. '책이 분실(失)되지 않도록 보자기(巾)로 싸서 묶어 둔다'는 데서 '책갑/책권 차례'라는 뜻을 나타낸다.

例文   ① 全帙(전질) ② 書帙(서질)

5

$$迭 = 失 + 辶$$

| 1급/9획 | (갈마들/바꿀 **질**) |

解說   '辶(쉬엄쉬엄갈/뛸 착)'과 '失(잃을 실)'을 조합한 글자임. '일정한 코스를 벗어나서(失) 간다(辶)'는 데서 '(사람을) 교체하다/바꾸다/갈마들다'는 뜻을 나타낸다. * 일본 상용한자와 중국 간체자(簡體字)에서는 '迭(8획)'으로 표기한다.

例文   ① 更迭(경질 ; 어떤 직위의 사람이 바뀜)

6

$$跌 = 足 + 失$$

| 1급/12획 | (거꾸러질 **질**) |

解說   '足(발 족)'과 '失(잃을 실)'을 조합한 글자임. '발(足)이 빗나가다(失)/발(足)을 헛디디다(失)'는 데서 '거꾸러지다/넘어지다'는 뜻을 나타낸다.

例文   ① 蹉跌(차질)이 생기다 ② 跌宕/佚蕩(질탕)하게 마시고 놀다

실 室

질 窒 膣

1

$$室 = 宀 + 至$$

8급 / 9획	(집/방/아내 **실**)	甲骨文字	金文	篆文

解說 '宀(집 면)'과 '至(이를 지)'를 조합한 글자임. '옛날에는 신성한 화살을 쏘아 화살이 도달한 지점(至)을 선택하여 신(神)을 섬기는 건물(宀)을 지었다'는 데서 '집/방/아내'라는 뜻으로 발전하여 쓰이게 되었다. * '至(이를 지)'는 화살이 땅으로 꽂히는 글자임.

例文 ① 敎室(교실) ② 室內(실내) ③ 寢室(침실) ④ 居室(거실) ⑤ 正室(정실)

2

$$窒 = 穴 + 至$$

2급 / 11획	(막힐/원소 **질**)

解說 '穴(구멍 혈)'과 '至(이를 지)'를 조합한 글자임. '어떤 구멍(穴)에 화살이 박히다(至)'는 데서 '꽉 막히다/처넣어지다'는 뜻을 나타낸다.

例文 ① 窒息(질식) ② 窒息死(질식사) ③ 窒塞(질색) ④ 窒素(질소)

3

$$膣 = 肉 + 窒$$

1급 / 15획	(음도/보지 **질**)

解說 '肉(몸/고기 육)'과 '窒(막힐 질)'을 조합한 글자로, '여자 몸(肉)의 생식기(穴)에 남자의 심볼이 화살처럼 꽂힌다(至)'는 데서 '여자의 음도(陰道)/보지'라는 뜻을 나타낸다.

例文 ① 膣(질 ; 여자 생식기의 일부) ② 膣炎(질염)

1 甚 = 甘 + 匹

| 3급 / 9획 | (심할 **심**) | | 金文 | 篆文 |

解說 '甘(달 감)'과 '匹(짝 필)'을 조합한 글자임. '한 쌍의 남녀(匹)가 만나기만 하면 포옹하면서 뽀뽀하며 나누는 사랑의 달콤함(甘)이 동양인의 눈에는 너무 지나치다'는 데서 '몹시 / 아주 / 너무하다'는 뜻을 나타낸다. ＊'甘(달 감)'은 단맛을 보는 혀끝 부분을 나타내는 글자이며, '匹(짝 필)'은 나란히 서 있는 두 마리 말(馬)의 가슴 부분을 묘사한 글자이다. ＊중국 간체자(簡體字)에서는 '甚'으로 글자 모양이 약간 다르게 표기한다.

例文 ① 極甚(극심)하다 ② 激甚(격심)하다 ③ 甚至於(심지어)

2 斟 = 甚 + 斗

| 1급 / 13획 | (짐작할 **짐**) |

解說 '甚(심할 심)'과 '斗(말 두)'를 조합한 글자임. '두 사람(匹)의 달콤한(甘) 사랑(甚)도 국자(斗)로 술을 떠마시며 상대방의 마음을 떠본다'는 데서 '술을 따르다 / 헤아리다 / 짐작하다'는 뜻을 나타낸다. ＊중국 간체자(簡體字)에서는 '斟'으로 글자 모양이 약간 다르게 표기한다.

例文 ① 斟酌(짐작 ; ㉠ 어림잡아 헤아림 ㉡ 술을 따름)

3 堪 = 土 + 甚

| 1급 / 12획 | (견딜 / 맡을 **감**) |

解說 '土(흙 토)'와 '甚(심할 심)'을 조합한 글자임. '두 남녀(匹)가 사랑(甚)한다면 어떤 곳(土)에서든지 어려움을 참으며 살아갈 수 있다'는 데서 '(어려움이나 압력을) 견디다/이겨내다/감당하다'는 뜻을 나타낸다. ＊중국 간체자(簡體字)에서는 '堪'으로 글자 모양이 약간 다르게 표기한다.

例文 ① 堪耐(감내 ; 참고 견딤) ② 堪當(감당)해 내다

4 勘 = 甚 + 力

| 1급 / 11획 | (헤아릴 / 살필 **감**) |

解說 '甚(심할 심)'과 '力(힘 력)'을 조합한 글자임. '두 남녀(匹)가 힘껏(力) 뽀뽀(甚)를 하더라도 주위를 살펴서 눈치껏 한다'는 데서 '(주변을) 헤아리다/살피다'는 뜻을 나타낸다. ＊중국 간체자(簡體字)에서는 '勘'으로 글자 모양이 약간 다르게 표기한다.

例文 ① 勘案(감안 ; 헤아려 살핌) ② 勘斷(감단 ; 죄를 심리하여 처단함)

1 罙 = 穴 + 木

| 8획 | (불밝힐 **심**) | 金文 | 篆文 |

解說 원래는 '穴(구멍 혈)'과 '木(나무 목)'을 조합한 글자임. '어두운 굴(穴)속에서 손(又)에 횃불(火)을 들고 있는 모습'을 본뜬 글자이다.

2 深 = 水 + 穴 + 木

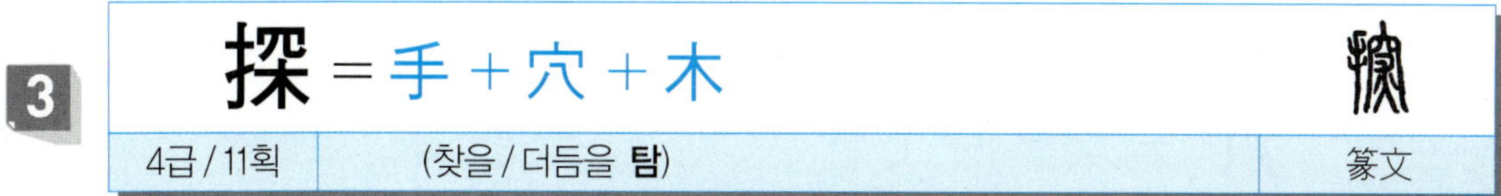

| 4급 / 11획 | (깊을 **심**) | 金文 | 篆文 |

解說 '水(물 수)'와 '穴(구멍 혈)', '木(나무 목)'을 조합한 글자임. '물(水)이 흐르는 깊은 굴속(穴)에서 손(又)에 횃불(火)을 들고 있다'는 데서 '깊다'는 뜻을 나타낸다.

例文 ① 深山幽谷(심산유곡) ② 深夜(심야) ③ 水深(수심) ④ 深思熟考(심사숙고)

3 探 = 手 + 穴 + 木

| 4급 / 11획 | (찾을/더듬을 **탐**) | 篆文 |

解說 '手(손 수)'와 '穴(구멍 혈)', '木(나무 목)'을 조합한 글자임. '깊은 굴속(穴)에서 한 손(又)에 횃불(火)을 들고, 또 한 손(手)으로는 물건을 찾는다'는 데서 '더듬어 찾다'는 뜻을 나타낸다.

例文 ① 探究(탐구) ② 探査(탐사) ③ 探險隊(탐험대) ④ 探偵小說(탐정소설)

1

| 8급 / 2획 | (열 **십**) | 甲骨文字 | 金文 | 篆文 |

解說 갑골문자(甲骨文字)와 금문(金文)에서는 '나무막대기 10개를 하나로 묶은 모양'을 본뜬 지사문자(指事文字)로, '열 / 열 개 / 10' 이라는 뜻을 나타낸다.

例文 ① 十中八九(십중팔구) ② 十字架(십자가) ③ 十長生(십장생) ④ 十誠命(십계명)

2

| 1급 / 4획 | (열사람 **십** / 세간 **집**) |

解說 '人(사람 인)'과 '十(열 십)'을 조합한 글자임. '열(十) 사람(人)이 한 조'라는 데서 '열 사람 / (열 사람이 사용하는) 세간 / 살림살이' 라는 뜻으로 발전하여 쓰이게 되었다.

例文 ① 什長(십장 ; 열 사람의 우두머리) ② 什器(집기) ③ 什物(집물)

3

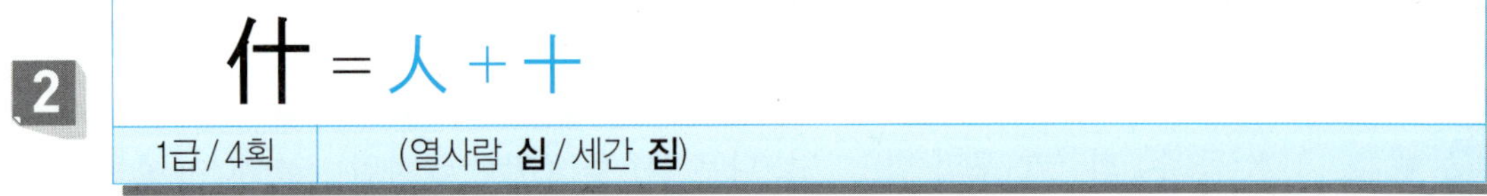

| 1급 / 5획 | (즙 **즙**) |

解說 '水(물 수)'와 '十(열 십)'을 조합한 글자임. '열(十) 가지 약초로 담근 술(水)'이라는 데서 '즙' 이라는 뜻으로 발전하여 쓰이게 된 것 같다.

例文 ① 果實汁(과실즙) ② 生汁(생즙) ③ 膽汁(담즙) ④ 汁液(즙액)

4

卍

| 1급 / 6획 | (만/만자 **만**) |

🐛 **解說**　‘十(열 십)’자를 구부려 놓은 글자임. 원래는 인도의 크리슈나신(神)의 가슴에 난 털 모양으로, 불교에서는 길상만덕(吉祥萬德)의 표시라고 한다.

🐛 **例文**　① 卍字(만자) ② 卍海(만해 ; ‘韓龍雲’의 法號)

5

針 = 金 + 十

| 4급 / 10획 | (바늘 **침**) |

🐛 **解說**　‘金(쇠 금)’과 ‘十(열 십)’을 조합한 글자임. ‘쇠(金)로 만든 바늘(l)구멍에 실을 꿴 모양(十)’을 본뜬 글자로, ‘바늘’이라는 뜻을 나타낸다.

🐛 **例文**　① 針葉樹(침엽수) ② 檢針(검침) ③ 時針(시침) ④ 分針(분침) ⑤ 秒針(초침)

6

計 = 言 + 十

| 6급 / 9획 | (셀/꾀할 **계**) |

🐛 **解說**　‘言(말씀 언)’과 ‘十(열 십)’을 조합한 글자임. 정확한 자료가 없어서 알 수가 없으나, ‘숫자를 말할(言) 때 십(十/10) 단위로 끊어서 강조하여 말한다’는 데서 ‘셈하다/(일을)꾀하다’는 뜻으로 쓰이는 것 같다.

🐛 **例文**　① 計算(계산) ② 計劃(계획) ③ 家計簿(가계부) ④ 時計(시계)

7

千 = 人 + 一

| 7급 / 3획 | (일천 **천**) | 甲骨文字 | 金文 | 篆文 |

🐛 **解說**　갑골문자(甲骨文字)와 금문(金文)에서는 ‘人(사람 인)’의 발 부분에 짧은 가로선을 그어서 ‘천/1000’이라는 뜻을 나타낸다. ＊갑골문자(甲骨文字)에서는 ‘2000/3000’을 나타낼 때는 ‘人(사람 인)’의 발 부분에 짧은 가로선을 2개/3개를 그어서 나타내었다.

🐛 **例文**　① 千慮一失(천려일실) ② 千載一遇(천재일우) ③ 千差萬別(천차만별) ④ 千篇一律(천편일률) ⑤ 千辛萬苦(천신만고) ⑥ 千態萬象(천태만상) ⑦ 千里眼(천리안)

85 氏(씨족 씨) 그룹 漢字

1 氏 — 4급 / 4획 | (씨족 / 성씨 **씨**) | 甲骨文字 | 金文 | 篆文

解說 '손잡이가 달린 조그마한 칼 모양'을 본뜬 상형문자(象形文字)로, '씨족(氏族)/사람의 성(姓)'이라는 뜻을 나타낸다. *고대 중국에서는 조상 신(神)에게 제사를 지낸 후에 씨족끼리 행해지는 잔치 때, 이 작은 칼(氏)로 제사에 사용한 고기를 잘라 나누어 먹음으로써 이 칼이 씨족의 상징이 되었다고 한다. *'氐(낮출 저)'에 관한 글자는 3권 '氐(낮출 저) 그룹漢字'에서 설명할 것임.

例文 ① 氏族社會(씨족사회) ② 姓氏(성씨) ③ 金氏(김씨) ④ 李氏(이씨)

2 紙 = 糸 + 氏 — 7급 / 10획 | (종이 **지**)

解說 '糸(실 사)'와 '氏(씨)'를 조합한 글자임. 종이가 없던 옛날에는 '묵은 솜(糸) 따위를 물에 풀어 판자에 펴서 종이를 만들었다'고 하는데, 여기서 '氏'는 발음을 나타낸다. *중국 간체자(簡體字)에서는 '纸'로 표기한다.

例文 ① 白紙(백지) ② 新聞紙(신문지) ③ 圖畫紙(도화지) ④ A4用紙(용지)

3 昏 = 氏 + 日 — 3급 / 8획 | (어두울 / 해저물 **혼**) | 甲骨文字 | 金文 | 篆文

解說 '氏(뿌리 씨)'와 '日(날/해 일)'을 조합한 글자임. '씨족(氏族)들의 모임과 잔치는 해(日)가 진 후에 행해졌다'는 데서 '해가 저물다/어둡다'는 뜻을 나타낸다. * '婚(혼인할 혼)'의 초문자(初文字)임.

例文 ① 黃昏(황혼) ② 昏迷(혼미) ③ 昏睡狀態(혼수상태)

4	婚 = 女 + 昏		金文 1	金文 2	篆文
4급/11획	(혼인할 **혼**)				

解說 '女(여자 여)'와 '昏(어두울 혼)'을 조합한 글자임. 옛날의 '결혼식은 씨족들의 모임과 잔치가 열리는 저녁(昏)에 하였는데, 그 때 신부(女)를 자신들의 씨족(氏族)사회로 받아들인다'는 의미였다고 한다. * 오늘날 낮에 하는 결혼식에도 촛불이 등장하는 것은 바로 이런 관습에서 생겨난 것이라고 한다.

例文 ① 約婚(약혼) ② 結婚(결혼) ③ 未婚(미혼) ④ 婚談(혼담) ⑤ 婚需(혼수)

1	牙		金文 1	金文 2	篆文
3급/4획	(어금니 **아**)				

🐛 **解說**　금문(金文)에서는 '짐승 이빨의 윗니와 아랫니가 구부러져 서로 맞물려 있는 모양'을 본뜬 상형문자로, '이빨/치아(齒牙)'라는 뜻을 나타낸다. ＊일본 상용한자에서는 '牙(5획)'으로 1획이 늘어나며 글자 모양이 약간 다르게 표기한다.

🐛 **例文**　① 象牙(상아)　② 齒牙(치아)　③ 牙城(아성)

2	芽 = 艸 + 牙	
3급/8획	(싹 **아**)	

🐛 **解說**　'艸(풀 초)'와 '牙(어금니 아)'를 조합한 글자임. '초목의 싹(艸)이 동물의 이빨(牙)처럼 돋아난다'는 데서 '싹/싹이 나오다'는 뜻을 나타낸다. ＊일본 상용한자와 중국 간체자(簡體字)에서는 '芽(8획)'으로 글자 모양 약간 다르게 표기한다. ＊'艸(풀 초)'가 다른 글자와 조합하여 글자 위쪽에 오면 '艹'(초두머리)'로 글자 모양이 바뀐다.

🐛 **例文**　① 麥芽(맥아)　② 發芽(발아)　③ 胚芽(배아)줄기세포

3	雅 = 牙 + 隹	
3급/12획	(맑을 **아**)	

解說　'牙(어금니 아)'와 '隹(새 추)'를 조합한 글자임. '조그마한 새(隹)의 입(牙)에서 나는 울음소리가 우아하다'는 데서 '맑다/우아하다'는 뜻을 나타낸다. ＊일본 상용한자에서는 '雅(13획)'으로 1획이 늘어난다.

例文　① 優雅(우아) ② 淸雅(청아) ③ 雅量(아량) ④ 雅號(아호)

4

訝 ＝ 言 ＋ 牙

| 1급 / 11획 | (의심할 **아**) |

解說　'言(말씀 언)'과 '牙(어금니 아)'를 조합한 글자로, '짐승의 이빨(牙)처럼 약간 구부러진(牙) 말(言)을 하다'는 데서 '의심스럽다/의심하다'는 뜻을 나타낸다. ＊중국 간체자(簡體字)에서는 '讶'로 표기한다.

例文　① 疑訝(의아)하다 ② 疑訝(의아)스럽다는 얼굴로 쳐다보다

5

邪 ＝ 牙 ＋ 邑

| 3급 / 7획 | (간사할 **사**) |

解說　'牙(어금니 아)'와 '邑(고을 읍)'을 조합한 글자로, '사람들이 사는 마을(邑)에서 구부러진(牙) 행동을 하다'는 데서 '간사하다'는 뜻을 나타낸다. ＊'邑(고을 읍)'이 다른 글자와 조합하여 글자 오른쪽에 오면 'ß (우부방)'으로 글자 모양이 바뀐다. ＊일본 상용한자에서는 '邪(8획)'으로 1획이 늘어나며 글자 모양이 약간 다르게 표기한다.

例文　① 邪惡(사악)하다 ② 奸邪(간사)하다 ③ 妖邪(요사)하다

6

穿 ＝ 穴 ＋ 牙

| 1급 / 9획 | (뚫을 **천**) |

解說　'穴(구멍 혈)'과 '牙(어금니 아)'를 조합한 글자임. '짐승이 날카로운 이빨(牙)로 물어 구멍(穴)을 내다'는 데서 '(구멍을) 뚫다'는 뜻을 나타낸다.

例文　① 穿孔(천공) ② 穿孔機(천공기) ③ 水滴石穿(수적석천)

1

兒			
5급/8획	(아이 **아**)	甲骨文字	金文	篆文

解說 '아이의 머리를 머리 중앙에서 두 갈래로 갈라 귀 위에서 둥글게 땋은 머리 모양'을 본뜬 상형문자로, '아이/사내아이'라는 뜻을 나타낸다. * 예기 내칙(禮記, 內則)에는 '사내아이는 생후 3개월에 남각(男角)을 한다'로 되어 있다. * 일본 상용한자에서는 '児(7획)'으로, 중국 간체자(簡體字)에서는 'ル(2획)'으로 표기한다.

例文 ① 兒童(아동) ② 小兒(소아) ③ 兒女子(아녀자) ④ 幸運兒(행운아)

2

兜		
1급/11획	(투구 **두**/**도**)	篆文

解說 '머리(白)에 투구를 쓴 사람(儿)'의 모습을 나타낸 상형문자로, '투구'라는 뜻을 나타낸다.

例文 ① 兜鍪(두무 ; 투구) ② 兜率歌(두솔가/도솔가)

1

我		戈	我	我
3급/7획	(나 **아**)	甲骨文字	金文	篆文

解說 갑골문자(甲骨文字)와 금문(金文)에서는 '커다란 톱 모양'을 본뜬 상형문자인데, '집단의 우두머리/두목'을 나타내는 1인칭의 대명사 '나'라는 뜻으로 쓰이게 되었다.

例文 ① 我田引水(아전인수) ② 我執(아집) ③ 我軍(아군) ④ 自我意識(자아의식)

2

餓 = 食 + 我
3급/16획   (주릴 **아**)

解說 '食(밥/먹을 식)'과 '我(나 아)'를 조합한 글자임. '먹을 것(食)이 모자라 야위어 인체의 뼈가 톱니(我)처럼 들쭉날쭉하다'는 데서 '굶주리다'는 뜻이다.

例文 ① 飢餓/饑餓(기아) ② 餓死(아사)

3

俄 = 人 + 我
1급/9획   (아까/갑자기 **아**)

解說 '人(사람 인)'과 '我(나 아)'를 조합한 글자로, '아까/잠시/갑자기'라는 뜻을 나타낸다.

例文 ① 俄然(아연 ; 갑자기) ② 俄然(아연) 긴장감이 돌다

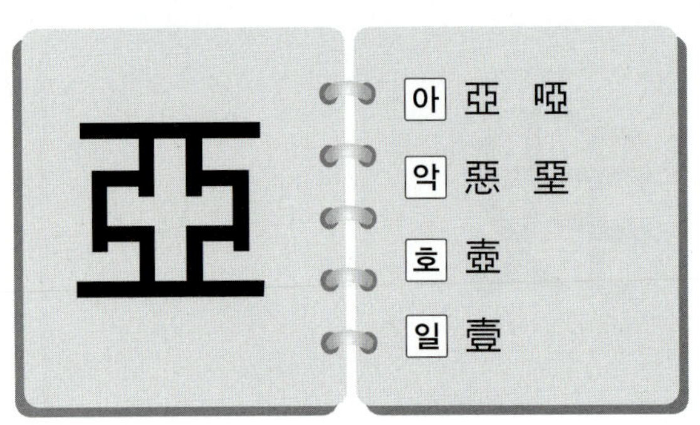

1

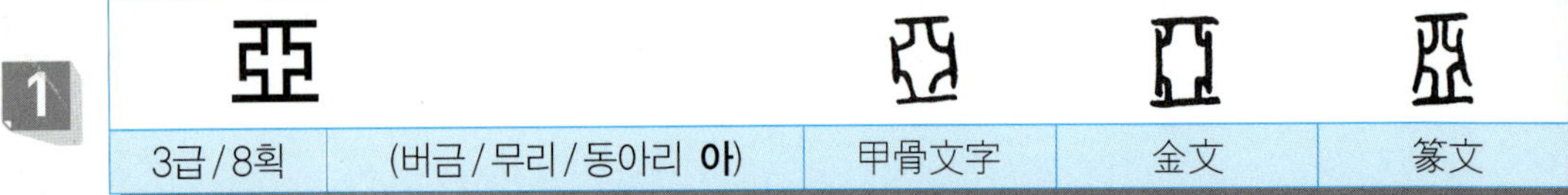

亞		甲骨文字	金文	篆文
3급/8획	(버금/무리/동아리 **아**)	甲骨文字	金文	篆文

解說 고대 중국의 왕족/귀족/족장들의 '지하 묘실(墓室) 평면도'를 본뜬 상형문자로, 장례식을 집행하는 신관(神官)의 옷에 "아(亞)"를 새겨넣어 '(족장에) 다음가는/버금가는 사람'이라는 뜻을 나타낸다. * 일본 상용한자에서는 '亜(7획)'으로, 중국 간체자(簡體字)에서는 '亚(6획)'으로 표기한다.

例文 ① 亞熱帶(아열대) ② 亞寒帶(아한대) ③ 東南亞(동남아) ④ 亞鉛(아연)

2

啞 = 口 + 亞

1급/11획	(벙어리 **아**)

解說 '口(입 구)'와 '亞(버금 아)'를 조합한 글자임. '입(口)이 비뚤어진(亞) 사람'이라는 데서 '벙어리'라는 뜻을 나타낸다. * 중국 간체자(簡體字)에서는 '哑(9획)'으로 표기한다.

例文 ① 盲啞學校(맹아학교) ② 聾啞學校(농아학교) ③ 啞然失色(아연실색 ; 몹시 놀라서 얼굴빛이 변함)

3

惡 = 亞 + 心

5급/12획	(악할 **악**/미워할 **오**)

解說 ‘亞(버금 아)’와 ‘心(마음 심)’을 조합한 글자임. ‘비뚤어진(亞) 마음(心)’이라는 데서 ‘흉하다/나쁘다/미워하다’는 뜻으로 발전하여 쓰이게 되었다. * 일본 상용한자에서는 ‘悪(11획)’으로, 중국 간체자(簡體字)에서는 ‘恶(10획)’으로 표기한다.

例文 ① 惡夢(악몽) ② 惡談(악담) ③ 惡寒(오한) ④ 憎惡心(증오심)

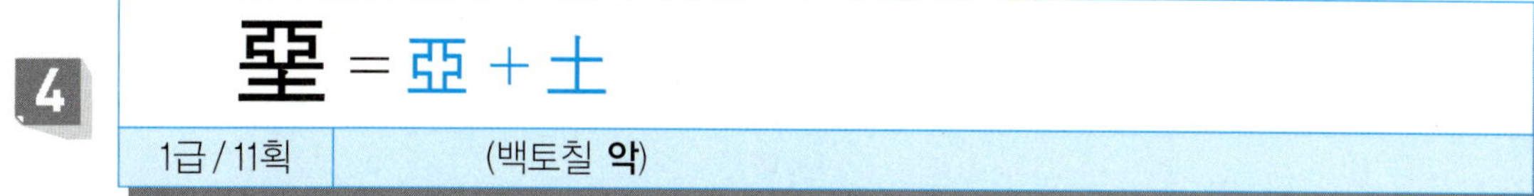

4

1급 / 11획	(백토칠 **악**)

解說 ‘亞(버금 아)’와 ‘土(흙 토)’를 조합한 글자임. 고대 중국의 ‘지하 묘실(亞)의 천정이나 벽을 흰 흙(土)으로 칠하였다’는 데서 ‘흰 흙을 바르다/백토(白土)를 칠하다’는 뜻을 나타낸다. * 중국 간체자(簡體字)에서는 ‘垩(9획)’으로 표기한다.

例文 ① 白堊館(백악관) ② 堊壁(악벽)

5

특급 / 12획	(항아리 **호**)	甲骨文字	金文	篆文

解說 ‘뚜껑이 있는 항아리’를 본뜬 상형문자로, ‘항아리’라는 뜻을 나타낸다. * 중국 간체자(簡體字)에서는 ‘壶(10획)’으로 표기한다.

例文 ① 壺狀(호상) ② 壺中(호중) ③ 壺中天(호중천 ; 별천지)

6

2급 / 12획	(한 **일**)	篆文

解說 전문(篆文)에서는 ‘壺(항아리 호)’와 ‘吉(길할 길)’을 조합한 글자임. ‘오로지 좋은 (吉) 일이 있는 축제날에 사용하려고 하나의 항아리(壺) 속에 술을 담가 두었다’는 데서 ‘오로지 / 하나’라는 뜻으로 쓰이게 되었다. * 사업 거래할 때 숫자 ‘一(한 일)’의 변조를 막기 위해 종종 사용하는 글자인데, 일본 상용한자에서는 ‘壱(7획)’으로 획수가 줄어든다.

1

咢		金文 1	金文 2	篆文
9획	(곧은말할 **악**)			

解說 　금문(金文)에서는 '나뭇가지에다 신(神)에게 소원을 비는 쪽지를 많이 붙인 모양' 을 본뜬 글자로, 금문(金文) 1에서는 '(신(神)에게) 고을(邑)에서 일어나고 있는 사실 그대 로 말하다 / 곧은 말을 하다' 는 뜻을 나타낸다.

2

$$愕 = 心 + 咢$$

1급 / 12획	(놀랄 **악**)

解說 　'心(마음 심)' 과 '咢(곧은말할 악)' 을 조합한 글자임. '떠들석한 기도(咢) 소리에 심장(心)이 놀라다' 는 뜻을 나타낸다. ＊ '心(마음 심)' 이 다른 글자와 조합하여 글자 왼쪽 에 오면 '忄(마음심변 / 심방변)' 으로 글자 모양이 바뀐다.

例文 　① 驚愕(경악)

3

$$顎 = 咢 + 頁$$

1급 / 15획	(턱 **악**)

解說 　'咢(곧은말할 악)' 과 '頁(머리 혈)' 을 조합한 글자로, '(얼굴의) 턱' 이라는 뜻을 나 타낸다.

例文 　① 上顎(상악)　② 下顎(하악)　③ 顎骨(악골)

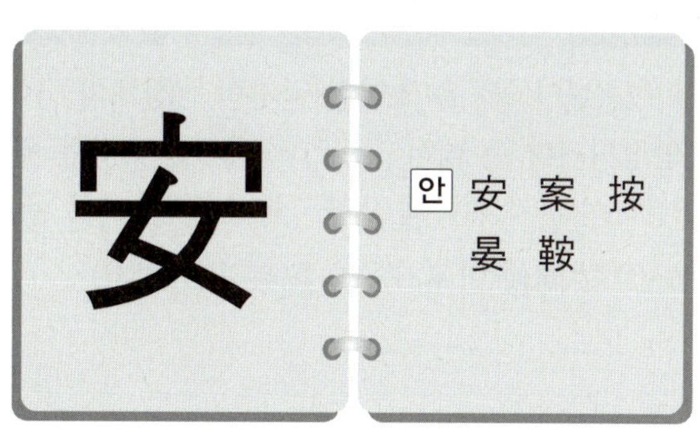

| | | 안 安 案 按 |
| | | 晏 鞍 |

1 安 = 宀 + 女

| 7급/6획 | (편안 **안**) | 甲骨文字 | 金文 | 篆文 |

解說 '宀(집 면)'과 '女(여자 여)'를 조합한 글자임. 갑골문자(甲骨文字)에서는 '시집온 여자(女)가 물(水)로 몸을 깨끗이 하고 남편의 조상신(神)을 섬기는 집(宀)에서 남편 집안의 식구가 되었다는 의식을 행하며, 집안의 평안을 비는 모습'이고, 금문(金文)에서는 '시집온 여자(女)가 남편의 조상(神)을 섬기는 집(宀)에서 기다란 옷을 입고, 즉 정장(正裝)을 하고 남편 집안의 식구가 되었다는 의식을 행하는 모습'에서 '편안하다 / 평온하다'는 뜻을 나타낸다고 한다. * '여자(女)는 집(宀)안에만 있어야 그 집안이 편안하다'는 말은 본래의 뜻과는 거리가 먼 이야기다.

例文 ① 安心(안심) ② 平安(평안) ③ 不安(불안)

2 

案 = 安 + 木

| 5급/10획 | (책상 / 초안 **안**) |

解說 '安(편안 안)'과 '木(나무 목)'을 조합한 글자임. '시집온 여자(女)가 남편의 조상신(神)을 섬기는 집(宀)에서 집안의 평안을 빌 때 음식을 차려놓는 테이블(木)'이었으나, 훗날 '그 테이블 위에서 공부도 하고 여러 가지 아이디어를 고안해 내었다'는 데서 '책상 / 초안(草案) / 안건(案件)'이라는 뜻으로 발전하여 쓰이게 된 것 같다.

例文 ① 案件(안건) ② 草案(초안) ③ 提案(제안) ④ 答案紙(답안지)

3 按 = 手 + 安

1급/9획	(누를/어루만질 **안**)

解說 '手(손 수)'와 '安(편안 안)'을 조합한 글자임. '신체의 굳어진 곳을 손(手)으로 주물러서 편안(安)하게 안정시키다'는 데서 '누르다/어루만지다'는 뜻을 나타낸다. * '手(손수)'가 다른 글자와 조합하여 글자 왼쪽에 오면 '扌(손수변)'으로 글자 모양이 바뀐다.

例文 ① 按摩(안마) ② 按撫使(안무사) ③ 按察使(안찰사)

4 晏 = 日 + 安

1급/10획	(늦을/맑을 **안**)

解說 '日(해/날 일)'과 '安(편안 안)'을 조합한 글자임. '해(日)가 지붕(宀) 위로 떠오를 때까지 느긋하게(安) 잠을 잔다'는 데서 '(시간이) 늦다/(하늘이) 맑다'는 뜻을 나타낸다.

例文 ① 晏起(안기) ② 晏然(안연 ; 마음이 침착함) ③ 晏如(안여 ; 마음이 침착함)

5 鞍 = 革 + 安

1급/15획	(안장 **안**)

解說 '革(가죽 혁)'과 '安(편안 안)'을 조합한 글자임. '말(馬)을 탈 때 몸을 편안(安)하게 해 주는 가죽(革)으로 된 마구(馬具)'라는 데서 '안장'이라는 뜻을 나타낸다.

例文 ① 鞍裝(안장) ② 鞍馬(안마 ; 안장을 지운 말)

안	雁
응	應 鷹 膺

1

$$雁 = 厂 + 人 + 隹$$

| 3급 / 12획 | (기러기 **안**) | 篆文 1 | 篆文 2 |

解說　'厂'과 '人', '隹(새 추)'를 조합한 글자임. '기러기(隹)들의 날아가는 모양'이 '厂' 또는 '人' 형태로 질서정연하다'는 데서 생겨난 글자인 것 같다. * '기러기(隹)는 평생에 두 번 짝짓지 않는다' 하여 '결혼식 때 신랑신부에게 예물로 주는 새'라는 것은 널리 알려진 사실이다.

例文　① 雁書(안서)　② 雁信(안신)　③ 雁行(안행)

2

$$應 = 广 + 人 + 隹 + 心$$

| 4급 / 17획 | (응할 **응**) | 金文 | 篆文 |

解說　금문(金文)에서는 '매사냥할 때 매(隹)가 먹이를 물고 와서 사람(人)의 품안에 안겨 있는 모습'인데, '매사냥의 결과는 신(神)의 뜻에 달려있다 / 신(神)이 허락해야 한다 / 신(神)의 응답이다'는 데서 '응하다 / 대답하다 / 승낙하다'는 뜻으로 발전하여 쓰이게 되었다. * 일본 상용한자에서는 '応(7획)'으로, 중국 간체자(簡體字)에서는 '应(7획)'으로 표기한다.

例文　① 應答(응답)　② 應援(응원)　③ 應急患者(응급환자)　④ 應試(응시)

3

$$鷹 = 广 + 人 + 隹 + 鳥$$

| 2급 / 24획 | (매 **응**) | 金文 | 篆文 |

解說 금문(金文)에서는 '매사냥을 하는 "鷹(응할 응)"과 동일한 글자로, '신(神)의 뜻을 알아보기 위해 새(鳥)를 사냥하는 매(鷹)'라는 뜻을 나타낸다. * 중국 간체자(簡體字)에서는 '鹰'으로 표기한다.

例文 ① 서울시 鷹岩洞(응암동) ② 鷹犬(응견 ; 충실한 부하)

<table>
<tr><td rowspan="2">4</td><td colspan="2">膺 = 广 + 人 + 隹 + 肉</td><td>金文 이미지</td><td>篆文 이미지</td></tr>
<tr><td>1급 / 17획</td><td>(가슴 / 가까이할 응)</td><td>金文</td><td>篆文</td></tr>
</table>

解說 금문(金文)에서는 '매사냥을 하는 "鷹(응할 응)"과 비슷한 글자로, 사람의 품에 안겨 있는 매'이고, 전문(篆文)에서는 '침대(爿)에 누워있는 사람(人)의 품(肉)에 안겨 있는 매(鷹?)'라는 데서 '가슴 / 가까이 하다'는 뜻을 나타낸다.

例文 ① 膺懲(응징 ; 징계함 / 정복(征服)함) ② 拳拳服膺(권권복응 ; 마음에 깊이 새김)

앙	卬 仰 昂
영	迎
억	抑

1

卬 = 人 + 卩

| 4획 | (우러러볼 **앙**) | 甲骨文字 1 | 甲骨文字 2 | 篆文 |

解說 '人(사람 인)'과 '卩/卪(무릎꿇은사람/무릎마디 절)'을 조합한 회의문자임. 갑골문자(甲骨文字)에서는 '한 사람이 무릎을 꿇고(卩) 앉아, 앞에 서 있는 사람(人)을 쳐다보는 모습'에서 '우러러보다'는 뜻을 나타낸다. * '仰(우러를 앙)'의 초문자(初文字)임,

2

仰 = 人 + 卬

| 3급 / 6획 | (우러를 **앙**) |

解說 '人(사람 인)'과 '卬(우러러볼 앙)'을 조합한 글자임. '상하관계(上下關係)의 사람(卬) 중에서 무릎을 꿇고 앉아 있는 아래쪽의 사람(卩)이 위쪽의 사람(人)을 올려다보다'에서 '우러르다/우러러보다'는 뜻을 나타낸다.

例文 ① 仰望(앙망) ② 仰慕(앙모) ③ 仰天大笑(앙천대소) ④ 信仰(신앙)

3

昂 = 日 + 卬

| 1급 / 8획 | (높을 / 오를 **앙**) |

解說 '日(해/날 일)'과 '卬(우러러볼 앙)'을 조합한 글자임. '하늘을 우러러볼(卬) 정도로 높이 떠 있는 태양(日)'이라는 데서 '(해가) 높다/(해가 높이) 떠오르다'는 뜻을 나타낸다.

例文 ① 昂騰(앙등) ② 昂貴(앙귀) ③ 激昂(격앙 ; 몹시 흥분함)

4 **迎** = 卬 + 辶

4급 / 8획 　　　　(맞을 **영**)

解說　'辶(쉬엄쉬엄갈/뛸 착)'과 '卬(우러러볼 앙)'을 조합한 글자임. '신분이 낮은 사람(卩)이 신분이 높은 사람(人)이 오는 것을 환영하러 간다(辶)'는 데서 '맞이하다/마중하다'는 뜻을 나타낸다. * 일본 상용한자와 중국 간체자(簡體字)에서는 '迎(7획)'으로 표기한다.

例文　① 迎賓館(영빈관)　② 歡迎(환영)　③ 迎入(영입)　④ 迎接(영접)

5 **抑** = 手 + 卬 　　　　　　　　　　　　　　　　　　　　　　篆文(image)

3급 / 7획 　　　　(누를 **억**)　　　　　　　　　　　　　　　　篆文

解說　'手(손 수)'와 '卬(우러러볼 앙)'을 조합한 글자임. 자료에 의하면 전문(篆文)에서는 '침대에 누워 있는 상하관계(上下關係)의 사람(卬) 중에서 위쪽의 사람(人)이 아래쪽의 사람(卩)을 두 손(手)으로 꽉 껴안다'는 데서 '누르다/억제하다'는 뜻을 나타낸다. * '手(손 수)'가 다른 글자와 조합하여 글자 왼쪽에 오면 '扌(손수변)'으로 글자 모양이 바뀐다.

例文　① 抑制(억제)　② 抑壓(억압)　③ 抑鬱(억울)

1

央

| 3급/5획 | (가운데 **앙**) | 甲骨文字 | 金文 | 篆文 |

解說 갑골문자(甲骨文字)와 금문(金文)에서는 '죄를 지은 사람(大)의 목에 칼이 씌워져 있다' 는 상형문자로 '한가운데/중앙' 이라는 뜻을 나타낸다.

例文 ① 中央(중앙) ② 中央政府(중앙정부) ③ 中央廳(중앙청) ④ 震央地(진앙지)

2

殃 = 歹 + 央

| 3급/9획 | (재앙 **앙**) |

解說 '歹(뼈앙상할 알)' 과 '央(가운데 앙)' 을 조합한 글자임. '목에 칼이 씌워져 있는 사람(央)은 죽음(歹)이 가깝다' 는 데서 '재앙' 이라는 뜻을 나타낸다.

例文 ① 災殃(재앙) ② 殃禍(앙화) ③ 殃及池魚(앙급지어)

3

怏 = 心 + 央

| 1급/8획 | (원망할 **앙**) |

解說 '心(마음 심)' 과 '央(가운데 앙)' 을 조합한 글자임. '목에 칼이 씌워진 사람(央)의 마음(心) 상태' 라는 데서 '원망하다' 는 뜻을 나타낸다. * '心(마음 심)' 이 다른 글자와 조합하여 글자 왼쪽에 오면 '忄(마음심변/심방변)' 으로 글자 모양이 바뀐다.

例文 ① 怏心(앙심)을 품다 ② 두 사람은 怏宿(앙숙)이다

4 秧 = 禾 + 央

| 1급 / 10획 | (모/심을 **앙**) |

解說　‘禾(벼 화)’와 ‘央(가운데 앙)’을 조합한 글자로, ‘1년 중에서 한가운데(央) 달(6월 경)에 볏모(禾)를 심는다’는 데서 ‘볏모/볏모를 심다’는 뜻을 나타낸다.

例文　① 移秧(이앙)　② 移秧期(이앙기)　③ 移秧機(이앙기)

5 鴦 = 央 + 鳥

| 1급 / 16획 | (원앙 **앙**) |

解說　‘央(가운데 앙)’과 ‘鳥(새 조)’를 조합한 글자로, ‘목에 칼을 씌운(央) 듯이 새(鳥)의 목에 흰색의 둥근 테두리가 있어서, 목 위쪽과 목 아래쪽의 무늬가 완전히 다른 새(鳥)’라는 데서 ‘원앙새’라는 뜻을 나타낸다.　＊‘鴛鴦(원앙)’의 ‘鴛(원)’은 수컷을 ‘鴦(앙)’은 암컷을 가리키는 글자이다.　＊동물학자들의 말에 의하면 ‘원앙(鴛鴦)은 바람둥이’라고 한다.　＊중국 간체자(簡體字)에서는 ‘鸯’으로 표기한다.

例文　① 鴛鴦衾(원앙금)　② 鴛鴦衾枕(원앙금침)

6 映 = 日 + 央

| 4급 / 9획 | (비칠 **영**) |

解說　‘日(해/날 일)’과 ‘央(가운데 앙)’을 조합한 글자임. ‘태양(日)이 하늘 한가운데(央)서 비친다’는 데서 ‘반사해서 비추다’는 뜻으로 발전하여 쓰이게 되었다.

例文　① 映畫(영화)　② 映像(영상)　③ 映寫機(영사기)

7 英 = 艸 + 央

| 6급 / 9획 | (꽃부리 / 영웅 / 빼어날 **영**) |

解說　‘艸(풀 초)’와 ‘央(가운데 앙)’을 조합한 글자임. ‘꽃(艸)에서 가장 아름다운 부분(央)인 한 송이 꽃의 꽃잎 전체’라는 뜻을 나타낸다.　＊일본 상용한자와 중국 간체자(簡體

字)에서는 '英(8획)'으로 표기한다. * '艸(풀 초)'가 다른 글자와 조합하여 글자 위쪽에 오
면 '艹(초두머리)'로 글자 모양이 바뀐다.

例文　① 英雄(영웅)　② 英才敎育(영재교육)　③ 英國(영국)　④ 英語(영어)

---

8 **暎** = 日 + 英

2급 / 13획　　　　　(비칠 **영**)

解說　'日(해/날 일)'과 '英(꽃부리 영)'을 조합한 글자로, '해(日)가 아름답게(英) 빛나
다'는 뜻을 나타내며, 주로 인명(人名)에 사용한다.

---

9 **瑛** = 玉 + 英

2급 / 13획　　　　　(옥빛 **영**)

解說　'玉(구슬 옥)'과 '英(꽃부리 영)'을 조합한 글자로, '옥빛'이라는 뜻을 나타내며,
주로 인명(人名)에 사용한다. * 玉(구슬 옥)이 다른 글자와 조합하여 글자 왼쪽에 오면 '王
(구슬옥변)'으로 글자 모양이 바뀐다. 이 경우에는 '王(임금 왕)'이라고 하지 않음에 유의해
야 한다.

例文　① 瑛琚(영거 ; 수정으로 만들어 몸에 차는 패옥(佩玉))

---

1 厓 = 厂 + 圭

| 8획 | (언덕/낭떠러지 애) | 篆文 |

解說 '厂(굴바위 엄)'과 '圭(서옥 규)'를 조합한 글자로, '언덕(厂) 모양'이나 '낭떠러지 (厂) 모양'이라는 데서 '언덕/낭떠러지/벼랑'이라는 뜻을 나타낸다.

---

2 涯 = 水 + 厓

| 3급 / 11획 | (물가 애) |

解說 '水(물 수)'와 '厓(언덕/낭떠러지 애)'를 조합한 글자로, '물가(水)의 언덕(厓)'이 라는 뜻을 나타낸다. * '水(물 수)가 다른 글자와 조합하여 글자 왼쪽에 오면 'ㆍ(삼수변)' 으로 글자 모양이 바뀐다.

例文 ① 生涯(생애 ; 한평생) ② 天涯의 孤兒(천애의 고아)

---

3 崖 = 山 + 厓

| 1급 / 11획 | (벼랑 애) |

解說 '山(메/뫼 산)'과 '厓(언덕/낭떠러지 애)'를 조합한 글자로, '산(山)의 낭떠러지/ 벼랑(厓)'이라는 뜻을 나타낸다.

例文 ① 斷崖(단애 ; 벼랑/낭떠러지) ② 涯岸(애안 ; 물가의 낭떠러지)

1

愛		金文 1	金文 2	篆文
6급13획	(사랑 애)			

解說 금문(金文)에서는 '사랑하는 사람을 뒤에 남겨두고 뒤돌아보며 발걸음(夊)을 옮기는 사람의 마음(心)'이라는 데서 '사랑／사랑하다'는 뜻을 나타낸다. ＊ 일본 상용한자에서는 '愛'로, 중국 간체자(簡體字)에서는 '爱(10획)'으로 글자 모양이 약간 다르게 표기한다.

例文 ① 愛情(애정) ② 愛玩動物(애완동물) ③ 愛好(애호) ④ 愛讀者(애독자)

2

曖 ＝ 日 ＋ 愛	
1급／17획	(희미할／가릴 애)

解說 '日(해／날 일)'과 '愛(사랑 애)'를 조합한 글자로, '구름이 태양(日)을 사랑(愛)하여 달라붙어 있다'는 데서 '(태양이) 희미하다／(구름이 태양을) 가리다'는 뜻을 나타낸다. ＊ 중국 간체자(簡體字)에서는 '暧(14획)'으로 표기한다.

例文 ① 曖昧(애매) ② 曖昧模糊(애매모호) ③ 曖昧說(애매설)

---

1 厄 = 厂 + 卩 | 金文 | 篆文

| 3급 / 4획 | (재앙 / 액 **액**) | 金文 | 篆文 |

解說　'厂(굴바위 엄)'과 '卩(무릎꿇은사람 / 무릎마디 절)'을 조합한 글자임. 전문(篆文)에서는 '지진이 나서 무너져 내린 바위(厂)에 깔린 사람(卩)'으로 묘사하여 '재앙'이라는 뜻을 나타낸다.

例文　① 厄難(액난 ; 재앙을 만남) ② 厄年(액년) ③ 厄運(액운) ④ 厄(액)땜

2 扼 = 手 + 厄

| 1급 / 7획 | (잡을 / 움켜쥘 **액**) |

解說　'手(손 수)'와 '厄(재앙 액)'을 조합한 글자임. '사람을 붙잡아 손(手)으로 고통(厄)을 가한다'는 데서 '잡다 / 움켜쥐다'는 뜻을 나타낸다. * '手(손 수)'가 다른 글자와 조합하여 글자 왼쪽에 오면 '扌(손수변)'으로 글자 모양이 바뀐다.

例文　① 扼喉(액후 ; 목을 조름) ② 扼喉撫背(액후무배 ; 앞에서는 목을 조르고 뒤에서는 등을 밀어 피할 수가 없음) ③ 扼守(액수 ; 要所를 지킴)

야	也	
지	地	池
타	他	
시	施	
이	弛	
치	馳	

1 也

3급 / 3획	(어조사 / 이를 / 또 / 뱀 **야**)	金文	篆文

解說 '몸을 사리고 있는 뱀의 모양'을 본뜬 글자처럼 보인다. 훗날, 말을 시작하거나 끝낼 때에 사용하는 "…도다 / …구나"라는 뜻임. 설문(說文)에서는 '여자의 생식기'라고 한다.

例文 ① 及其也(급기야) ② 言則是也(언즉시야 ; 말이 사리에 맞음) ③ 也帶(야대)

2 地 = 土 + 也

7급 / 6획	(따 / 땅 **지**)	金文 1	金文 2	篆文

解說 '土(흙 토)'와 '也(야)'를 조합한 글자임. 금문(金文)과 전문(篆文)에서는 '토신(土神)에게 제사지내기 위해서 잡은 짐승(豸)들을 늘어놓은 곳으로 하늘의 신(神)이 사다리(阜)를 타고 내려온다'는 데서 '땅'이라는 뜻을 나타낸다.

例文 ① 地球(지구) ② 地平線(지평선) ③ 地方(지방) ④ 地域(지역) ⑤ 地面(지면)

3 池 = 水 + 也

3급 / 6획	(못 **지**)	篆文

解說 '水(물 수)'와 '也(야)'를 조합한 글자임. '호수의 가장자리가 뱀처럼 꾸불꾸불한(也) 물(水)웅덩이'라는 데서 '못 / 연못'이라는 뜻을 나타낸다.

例文 ① 貯水池(저수지) ② 乾電池(건전지) ③ 池魚之殃(지어지앙)

4 他 ＝ 人 ＋ 也　　

| 5급 / 5획 | (다를 / 남 **타**) | 金文 |

解說　'人(사람 인)'과 '也(야)'를 조합한 글자로, '뱀(也)처럼 징그러운 사람(人)을 멀리하다'는 데서 '남 /(보통 사람과는) 다른 사람 / 다르다'는 뜻으로 발전하여 쓰이게 되었다.

例文　① 他人(타인)　② 他界(타계)　③ 他律(타율)　④ 他山之石(타산지석)

---

5 施 ＝ 㫃 ＋ 也

| 4급 / 9획 | (베풀 **시**) | 金文 | 篆文 |

解說　'㫃(깃발 언)'과 '也(야)'를 조합한 글자임. 금문(金文)에서는 '깃발(㫃)이 바람에 펄럭일 때 기폭이 뱀(也)처럼 구불거리며 말렸다가 펴지다'는 글자인데, '군대에서 명령을 전할 때 깃발(㫃)을 흔들어서 신호를 보낸다'는 데서 '(깃발이) 펴지다 /(널리) 베풀다 / 주다'는 뜻으로 발전하여 쓰이게 되었다.

例文　① 施工(시공)　② 施設(시설)　③ 施行(시행)　④ 施政(시정)　⑤ 實施(실시)

---

6 弛 ＝ 弓 ＋ 也

| 1급 / 6획 | (늦출 / 느슨할 **이**) |

解說　'弓(활 궁)'과 '也(야)'를 조합한 글자임. '활(弓) 시위도 벗겨지면 뱀(也)처럼 구불구불하며 느슨하다'는 데서 '느슨하다 / 느슨하게 하다'는 뜻을 나타낸다.

例文　① 弛緩(이완)　② 기강(紀綱)이 解弛(해이)해지다

---

7 馳 ＝ 馬 ＋ 也

| 1급 / 13획 | (달릴 **치**) |

解說　'馬(말 마)'와 '也(야)'를 조합한 글자임. '말(馬)이 뱀(也)처럼 빨리 달린다'는 데서 '빨리 달리다 / 질주하다'는 뜻을 나타낸다. ＊ 간체자(簡體字)에서는 '驰'로 표기함.

例文　① 馳報(치보 ; 急報)　② 馳進(치진 ; 달려나옴)　③ 馳突(치돌 ; 돌격함)

1

夜 = 大 + 夕 + ノ

| 6급 / 8획 | (밤 **야**) | 金文 1 | 金文 2 | 篆文 |

解說 '大(큰 대)'와 '夕(저녁 석)', 'ノ'을 조합한 글자임. 금문(金文) 2와 전문(篆文)에서는 '달(夕)이 떠서 질(ノ) 때까지 누워있는 사람(大)의 모습'을 묘사하여 '밤/야간'이라는 뜻을 나타낸다. * '夕(저녁 석)'은 초승달과 반달을, '月(달 월)'은 보름달을 의미한다.

例文 ① 夜間(야간) ② 夜景(야경) ③ 夜光(야광) ④ 深夜(심야) ⑤ 夜行性(야행성)

2

液 = 水 + 夜

| 4급 / 11획 | (진 / 즙 / 액체 **액**) |

解說 '水(물 수)'와 '夜(밤 야)'를 조합한 글자임. '모든 초목은 밤(夜)이 지나면 잎 끝에 물(水)방울이 맺혀 있다'는 데서 '진 / 즙 / 액체'라는 뜻을 나타낸다.

例文 ① 樹液(수액) ② 胃液(위액) ③ 唾液(타액) ④ 液晶(액정) ⑤ 液體(액체)

3

腋 = 肉 + 夜

| 1급 / 12획 | (겨드랑이 **액**) |

解說 '肉(몸 / 고기 육)'과 '夜(밤 야)'를 조합한 글자로, '겨드랑이'라는 뜻이다.

例文 ① 腋毛(액모) ② 腋臭(액취) ③ 腋汗(액한) ④ 腋芽(액아)

1 耶 = 耳 + 邑

3급 / 9획 　 (어조사 / 그런가 **야**)

解說 '耳(귀 이)'와 '邑(고을 읍)'을 조합한 글자임. '고을(邑)에 퍼진 소문(耳)이 과연 그러한가?'라는 데서 의문을 나타내는 어조사(語助辭)이다. * '邑(고을 읍)'이 다른 글자와 조합하여 글자 오른쪽에 오면 'ß (우부방)'으로 글자 모양이 바뀐다.

例文 ① 有耶無耶(유야무야) ② 耶蘇(야소 ; 예수)

2 倻 = 人 + 耶

2급 / 11획 　 (가야 / 나라이름 **야**)

解說 '人(사람 인)'과 '耶(야)'를 조합한 글자로, '가야 / 나라이름'이라는 뜻이다.

例文 ① 伽倻(가야) ② 伽倻國(가야국) ③ 伽倻山(가야산)

3 揶 = 手 + 耶

1급 / 12획 　 (야유할 / 조롱할 **야**)

解說 '手(손 수)'와 '耶(야)'를 조합한 글자임. '고을(邑)에 퍼진 소문을 듣고(耳) 손가락질(手)하다'는 데서 '야유하다 / 조롱하다 / 희롱하다'는 뜻을 나타낸다. * '手(손 수)'가 다른 글자와 조합하여 글자 왼쪽에 오면 '扌(손수변)'으로 글자 모양이 바뀐다.

例文 ① 揶揄(야유)

4 **爺** = 父 + 耶

| 1급 / 13획 | (아비 / 웃어른 **야**) |

解說　'父(아비 부)'와 '耶(야)'를 조합한 글자임. '고을(邑)에 퍼진 소문(耳)을 훤히 알고 있는 아버지(父)'라는 데서 '아비 / 웃어른'이라는 뜻을 타나낸다.

例文　① 爺爺(야야 ; 아버지)　② 好好爺(호호야 ; 인품이 좋은 노인)

5 **椰** = 木 + 耶

| 특급 / 13획 | (야자나무 **야**) |

解說　'木(나무 목)'과 '耶(야)'를 조합한 글자로, '야자나무'라는 뜻이다..

例文　① 椰子(야자)　② 椰樹(야수 ; 야자나무)

약	若
락	諾
야	惹
닉	匿
특	慝

1

若 = 艹 + 右		甲骨文字	金文	篆文
3급 / 9획	(같을 / 어릴 **약** / 반야 **야**)			

解說   자료에 의하면 갑골문자(甲骨文字)에서는 '젊은 무당이 긴 머리를 흐트러뜨리고 양손을 높이 들어 신들린 것처럼 정신없이 춤을 춘다'는 상형문자이고, 금문(金文)과 전문(篆文)에서는 '젊은 무당이 신(神)에게 바치는 축문이 든 그릇(口)을 앞에 두고 두 손을 높이 들어 신들린 것처럼 정신없이 춤을 춘다'는 데서 '(신들린 것) 같다 / (나이가) 어리다'라는 뜻을 나타낸다고 한다. * '諾(허락할 락)'의 초문자(初文字)임. * 일본 상용한자와 중국 간체자(簡體字)에서는 '若(8획)'으로 표기한다.

例文   ① 若年(약년) ② 明若觀火(명약관화) ③ 泰然自若(태연자약) ④ 般若(반야)

2

諾 = 言 + 若		甲骨文字	金文	篆文
3급 / 16획	(허락할 **낙** / **락**)			

解說   '言(말씀 언)'과 '若(같을 약)'을 조합한 글자임. '젊은 무당(若)이 춤을 추며 신(神)에게 요청하는 말(言)을 들은 하늘의 신(神)이 듣고 "좋다"고 승낙한다'는 데서 '승낙하다 / 허락하다 / 대답하다'는 뜻을 나타낸다고 한다. * 갑골문자(甲骨文字)와 금문(金文)에서는 '若'과 동일한 글자이다. * 일본 상용한자에서는 '諾(15획)'으로, 중국 간체자(簡體字)에서는 '诺'으로 표기한다.

例文   ① 許諾(허락) ② 承諾(승낙) ③ 受諾(수락)

---

3 

惹 = 若 + 心		篆文
2급 / 13획	(이끌 **야**)	

🐛 **解說**　'若(같을/어릴 약)'과 '心(마음 심)'을 조합한 글자임. '젊은 무당(若)이 정신없이 춤을 추어 마음(心)을 끌다'는 데서 '끌어당기다/이끌다'는 뜻을 나타낸다. ＊중국 간체자(簡體字)에서는 '惹(12획)'으로 표기한다.

🐛 **例文**　① 혼란을 惹起(야기)하다　② 惹端(야단)을 치다

4 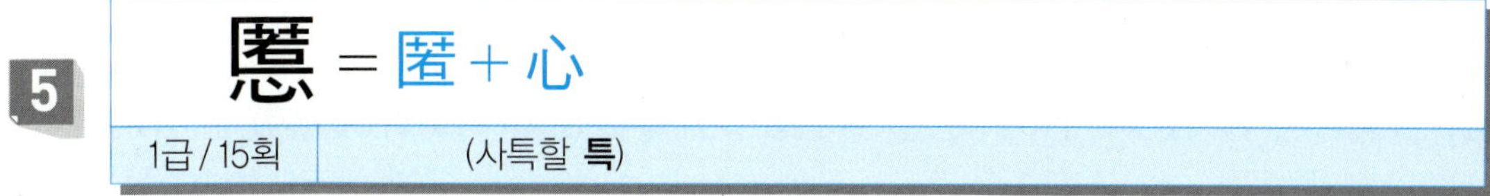

匿 = ㄷ + 若		金文	篆文
1급 / 11획	(숨길/숨을 **닉**)		

🐛 **解說**　'ㄷ(감출 혜)'와 '若(같을 약)'을 조합한 글자임. '젊은 무당(若)이 은밀한 곳(ㄷ)에 숨어서 굿을 한다'는 데서 '숨다/숨기다'는 뜻을 나타낸다. ＊중국 간체자(簡體字)에서는 '匿(10획)'으로 표기한다.

🐛 **例文**　① 隱匿罪(은닉죄)　② 匿名(익명)으로 투서하다

5

慝 = 匿 + 心	
1급 / 15획	(사특할 **특**)

🐛 **解說**　'匿(숨을 닉)'과 '心(마음 심)'을 조합한 글자임. '못되고 악한 짓을 하여 은밀한 곳(ㄷ)으로 숨으려고(匿) 하는 마음(心)'에서 '사특하다/못되고 악하다'는 뜻을 나타낸다. ＊중국 간체자(簡體字)에서는 '慝(14획)'으로 표기한다.

🐛 **例文**　① 邪慝(사특 ; 못되고 악함)　② 姦慝(간특)

1

弱

| 6급 / 10획 | (약할 **약**) | 篆文 |

🐛 **解說**　'어떤 의식(儀式)을 행할 때 사용하는 장식이 달린 두 개의 활(弓+弓)'을 본뜬 글자인데, '장식용 활은 전투에서 사용하는 활에 비하여 약하다'는 데서 '약하다'는 뜻을 나타낸다. 더 자세한 것은 '1권 弓(활 궁) 그룹 漢字' 참조. * 어떤 학자는 '어린 새의 약한 두 날개'라고 주장하기도 한다. * 일본 상용한자와 중국 간체자(簡體字)에서는 '弱'으로 글자 모양이 약간 다르게 표기한다.

🐛 **例文**　① 弱肉強食(약육강식)　② 弱小國家(약소국가)　③ 老弱者(노약자)　④ 強弱(강약)

2

溺 = 水 + 弱

| 2급 / 13획 | (빠질 **닉** / 오줌 **뇨**) |

🐛 **解說**　'水(물 수)'와 '弱(약할 약)'을 조합한 글자임. '수영에 약한(弱) 사람은 물(水)에 빠진다'는 데서 '(물에) 빠지다'는 뜻인데, 훗날 '오줌'이라는 뜻으로도 쓰이게 되었다. * 중국 간체자(簡體字)에서는 '溺'으로 표기한다. * '水(물 수)가 다른 글자와 조합하여 글자 왼쪽에 오면 'ﾞ(삼수변)'으로 글자 모양이 바뀐다.

🐛 **例文**　① 耽溺(탐닉)　② 溺死者(익사자)　③ 溺器(요기 ; 요강)

호	護
확	穫
획	獲

1 護 = 言 + 蒦

| 4급 / 14획 | (도울 / 지킬 **호**) | 篆文 |

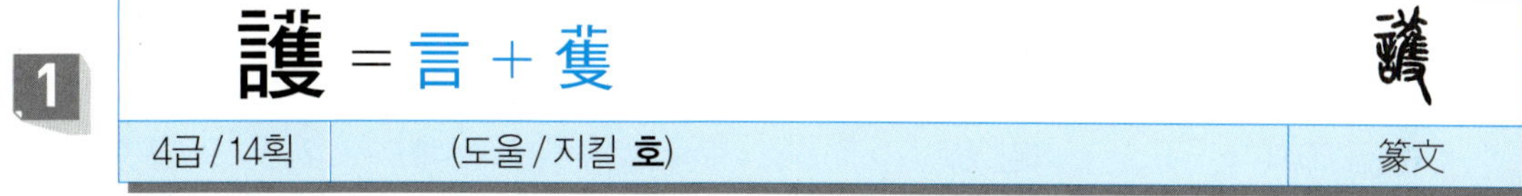

解說　'言(말씀 언)'과 '蒦(손에잡을 약)'을 조합한 글자임. '조점(鳥占 ; 새에 의한 점)'을 칠 때, 손(又)에 든 새/수리부엉이(雈)에게 도와달라고 말한다(言)'는 데서 '돕다/보호하다/지키다'는 뜻을 나타낸다고 한다.

例文　① 保護(보호)　② 護衛兵(호위병)　③ 護疾而忌醫(호질이기의)

2 穫 = 禾 + 蒦

| 3급 / 19획 | (거둘 **확**) | 篆文 |

解說　'禾(벼 화)'와 '蒦(손에잡을 약)'을 조합한 글자로, '농작물(禾)을 수확하다/거두어들이다'는 뜻을 나타낸다.

例文　① 收穫(수확)　② 收穫期(수확기)

3 獲 = 犬 + 蒦

| 3급 / 17획 | (얻을 **획**) | 甲骨文字 | 金文 | 篆文 |

解說　'犬(개 견)'과 '蒦(손에잡을 약)'을 조합한 글자로, '사냥개(犬)와 매(隹)를 동원하여 새사냥을 한다'는 데서 '손에 넣다/얻다'는 뜻을 나타낸다.

例文　① 獲得(획득)　② 濫獲(남획)　③ 漁獲高(어획고)　④ 捕獲(포획)

1

羊		甲骨文字 1	甲骨文字 2	篆文
4급 / 6획	(양 **양**)			

解説　'방어용 뿔이 달린 순한 양' 모양을 본뜬 상형문자로, '양' 이라는 뜻을 나타낸다.
＊'羊(양 양)'과 관련된 '義(옳을 의)'는 '義(옳을 의)그룹漢字' 참조.

例文　① 羊頭狗肉(양두구육)　② 羊毛(양모)　③ 牧羊(목양)　④ 羊皮紙(양피지)

2

洋 ＝ 水 ＋ 羊
6급 / 9획　　　(큰바다 **양**)

解説　'水(물 수)'와 '羊(양 양)'을 조합한 글자임. '수많은 양떼(羊)가 움직이는 것이 마치 바닷물(水)이 출렁이는 것과 같다'는 데서 '큰바다 / 서양' 이라는 뜻으로 발전하여 쓰이게 되었다.　＊'水(물 수)가 다른 글자와 조합하여 글자 왼쪽에 오면 'ㅎ(삼수변)'으로 글자 모양이 바뀐다.

例文　① 太平洋(태평양)　② 大西洋(대서양)　③ 西洋(서양)　④ 洋服(양복)

3

養 ＝ 羊 ＋ 食		甲骨文字	金文	篆文
5급 / 15획	(기를 **양**)			

解說 '羊(양 양)'과 '食(먹을 식)'을 조합한 글자임. 갑골문자(甲骨文字)와 금문(金文)에서는 '손(又)에 막대기(丨)를 들고 양(羊)을 친다'이고, 전문(篆文)에서는 '양(羊)고기를 먹는다(食)'는 데서 '(양고기를 먹기 위해서) 양을 기르다 / 양육하다 / 성장시키다'는 뜻으로 발전하여 쓰이게 되었다. * 중국 간체자(簡體字)에서는 '养(10획)'으로 표기한다.

例文 ① 養虎遺患(양호유환) ② 養育(양육) ③ 養成(양성) ④ 敎養(교양)

4

$$癢 = 疒 + 養$$

| 1급 / 20획 | (가려울 **양**) |

解說 '疒(병들어기댈 역)'과 '羊(양 양)'을 조합한 글자로, '몸이 가렵다'는 뜻을 나타낸다. * 중국 간체자(簡體字)에서는 '痒(11획)'으로 표기한다.

例文 ① 癢痛(양통) ② 隔靴搔癢(격화소양) ③ 隔靴爬癢(격화파양)

5

$$樣 = 木 + 羊 + 永$$

| 4급 / 15획 | (모양 **양**) |

解說 '木(나무 목)'과 '羊(양 양)', '永(길 영)'을 조합한 글자임. '강 물줄기(水)가 여러 갈래로 길게(永) 뻗어 흘러가는 것처럼 나뭇가지(木)도 여러 갈래로 갈라져 있다'라는 데서 '모양 / 무늬 / 형상 / 생김새'라는 뜻을 나타낸다. * 여기서 '羊(양)'은 발음을 나타낸다. * 일본 상용한자에서는 '様(14획)'으로, 중국 간체자(簡體字)에서는 '样(10획)'으로 표기한다.

例文 ① 模樣(모양) ② 多樣(다양) ③ 各樣各色(각양각색) ④ 樣相(양상)

6

$$恙 = 羊 + 心$$

| 1급 / 10획 | (병 / 근심할 **양**) |

解說 '羊(양 양)'과 '心(마음 심)'을 조합한 글자임. '희생제물로 바쳐지는 양(羊)을 볼 때마다 마음(心)이 아프다'는 데서 '근심하다 / 병'이라는 뜻을 나타낸다.

例文 ① 恙病(양병 ; 病) ② 無恙(무양)

7	**姜** = 羊 + 女		𤝗	羗	姜
	2급 / 9획	(성 / 성씨 **강**)	甲骨文字	金文	篆文

解說 '羊(양 양)'과 '女(여자 여)'를 조합한 글자임. 티베트 지방의 모계사회(母系社會)에서 '양(羊)치는 여자(女)'로 추정되는데, 주로 인명(人名)에 사용한다. * 속칭(俗稱) '제비강'으로 불리는 이유는 '제비 모양'이라는 데서 나온 말이다.

例文 ① 姜邯贊(강감찬)

8	**祥** = 示 + 羊
	3급 / 11획 　　　(상서 / 복 / 조짐 **상**)

解說 '示(제사지낼 / 보일 시)'와 '羊(양 양)'을 조합한 글자임. '양(羊)을 잡아 신(神)에게 제사(示)를 지내니 복을 받을 것 같다'는 데서 '좋은 징조 / 복 / 조짐이 있을 것 같다'는 뜻을 나타낸다. * '示(제사지낼 / 보일 시)'에 관한 더 자세한 설명은 '示(보일 시)그룹漢字' 참조 * 일본 상용한자와 중국 간체자(簡體字)에서는 '祥(10획)'으로 표기한다.

例文 ① 祥瑞(상서)롭다 ② 不祥事(불상사) ③ 發祥地(발상지) ④ 祥雲(상운)

9	**詳** = 言 + 羊
	3급 / 13획 　　　(자세할 **상**)

解說 '言(말씀 언)'과 '羊(양 양)'을 조합한 글자임. '양(羊)을 잡아 신(神)에게 바치고 소원하는 바를, 또는 신(神)에게 맹세하는 말(言)을 자세한 말로 아뢴다'는 데서 '자세하다'는 뜻을 나타낸다. * 중국 간체자(簡體字)에서는 '详'으로 표기한다.

例文 ① 詳細(상세) ② 仔詳(자상) ③ 身元未詳(신원미상) ④ 詳述(상술)

10	**庠** = 广 + 羊
	2급 / 9획 　　　(학교 **상**)

解說 '广(집 엄)'과 '羊(양 양)'을 조합한 글자로, 은(殷)나라 때 '학교'라는 뜻으로 쓰이게 되었다. * 주(周)나라 때는 '학교'를 '序(서)'라고 하였다.

例文 ① 庠校(상교 ; 학교) ② 庠序(상서 ; 鄕里의 학교)

11 **翔** = 羊 + 羽

1급 / 12획	(날 / 높이날 **상**)

解說　'羊(양 양)'과 '羽(깃 우)'를 조합한 글자임. '양(羊)이 다가오자 새가 날개(羽)를 퍼덕이며 하늘로 날아간다'는 데서 '높이 날다 / 날아오르다'는 뜻을 나타낸다. * 중국 간체자(簡體字)에서는 '翔'으로 표기한다.

例文　① 飛翔(비상)　② 翔集(상집)

12 **着** = 羊 + 目

5급 / 12획	(붙을 / 옷입을 / 닿을 **착**)

解說　'羊(양 양)'과 '目(눈 목)'을 조합한 글자이나, 원래는 '著(나타날 저/붙을 착)'의 속자(俗字)로, '붙다 / 옷입다 / 닿다 / 도착하다'는 뜻을 나타낸다. * '著(나타날 저/붙을 착)'에 관한 설명은 3권 '者(사람 자) 그룹 漢字' 참조. * '著(저)'를 초서체(草書體)로 흘려쓰면 '着(착)'처럼 보인다. * 중국 간체자(簡體字)에서는 '着(11획)'으로 표기한다.

例文　① 着眼(착안)　② 着服(착복)　③ 着地(착지)　④ 到着(도착)

13 **南**

8급 / 6획	(남녘 **남**)	甲骨文字	金文 1	金文 2	篆文

解說　'중국의 남쪽 지방 호남(湖南)에 거주하는 사람들 묘족(苗族)이 공중에 매달아 놓고 사용하던 악기 모양'을 본뜬 상형문자로, '남쪽 지방의 악기'라는 데서 '남쪽'이라는 뜻으로 발전하여 쓰이게 되었다.

例文　① 南向(남향)　② 南東風(남동풍)　③ 南北(남북)　④ 南男北女(남남북녀)　⑤ 南柯一夢(남가일몽)　⑥ 南橘北枳(남귤북지)

1

易		丮	易	易
9획	(햇살 양)	甲骨文字	金文	篆文

解說 '태양(日)이 떠올라 햇살이 아래로 퍼져나가는(勿) 모양'이라는 학설과, '받침대 (一) 위에 둔 옥구슬(日)에서 반사되는 빛이 아래로 퍼져나가는(勿) 모양'이라는 학설이 있으나, 단독으로는 쓰이질 않는다. ＊'陽(볕 양)'의 초문자(初文字)임.

2

陽 = 阜 + 易		阝	陽	陽
6급 / 12획	(볕 양)	甲骨文字	金文	篆文

解說 '阜(사다리 / 언덕 부)'와 '易(햇살 양)'을 조합한 글자임. 갑골문자(甲骨文字)에서는 '하늘의 신(神)이 오르내리는 사다리(阜) 앞에 둔 옥(玉)구슬 모양'이고, 금문(金文)과 전문(篆文)에서는 '하늘의 신(神)이 오르내리는 언덕(阜)에 내리비치는(勿) 태양(日)의 햇살(勿)'이라는 데서 '만물에 정기(精氣)를 불어넣어준다'는 뜻이었으나, 훗날 '햇볕 / 태양 / 따뜻함 / 남쪽 / 양기(陽氣)'라는 뜻으로 발전하여 쓰이게 되었다. ＊중국 간체자(簡體字)에서는 '阳(7획)'으로 표기한다. ＊阜(언덕 / 사다리 부)가 다른 글자와 조합하여 글자 왼쪽에 오면 '阝(좌부변)'으로 글자 모양이 바뀐다.

例文 ① 太陽(태양) ② 陽曆(양력) ③ 陽地(양지) ④ 陽氣(양기) ⑤ 夕陽(석양)

3

楊 = 木 + 易	
3급 / 13획	(버들 양)

解說　'木(나무 목)'과 '昜(햇살 양)'을 조합한 글자임. '햇살이 내리비치는(昜) 것처럼 아래쪽으로 처진 나뭇가지(木) 모양'에서 '수양버들/버드나무'라는 뜻을 나타낸다. * 중국 간체자(簡體字)에서는 '杨'으로 표기한다.

例文　① 垂楊(수양)　② 楊貴妃(양귀비)　③ 楊柳(양류)

解說　'手(손 수)'와 '昜(햇살 양)'을 조합한 글자임. 금문(金文)에서는 '서커스단원 중의 한 사람이 옥구슬(昜) 여러 개를 손(手)에 들고 공중에 차례로 던지고 받기를 계속한다'는 데서 '높이 날리다/높이 올리다/칭찬하다'는 뜻으로 발전하여 쓰이게 되었다. * 중국 간체자(簡體字)에서는 '扬'으로 표기한다. * '手(손 수)'가 다른 글자와 조합하여 글자 왼쪽에 오면 '扌(손수변)'으로 글자 모양이 바뀐다.

例文　① 揭揚(게양)　② 宣揚(선양)　③ 讚揚(찬양)　④ 意氣揚揚(의기양양)

5
瘍 ＝ 疒 ＋ 昜
1급/14획　(헐/종기 양)

解說　'疒(병들어기댈 역)'과 '昜(햇살 양)'을 조합한 글자임. '해(昜)가 떠오르듯이 상처(疒)가 벌겋게 부어오르다'는 데서 '상처가 헐다/종기(腫氣)/부스럼'이라는 뜻을 나타낸다. * 중국 간체자(簡體字)에서는 '疡'으로 표기한다.

例文　① 胃潰瘍(위궤양)　② 腫瘍(종양)

6
傷 ＝ 人 ＋ 人 ＋ 昜
4급/13획　(다칠/상할 상)　篆文

解說　'人(사람 인)'과 '人' '昜(햇살 양)'을 조합한 글자임. 설문(說文)에는 '창에 의한 상처'라고 되어 있으나, '정기(精氣)를 불어넣어 주는 옥구슬(昜)이 사람들(人人)의 발에 밟혀서 상처가 난 것'이라는 데서 '상처/상처를 입다/다치다'는 뜻을 나타낸다. * 중국 간체자(簡體字)에서는 '伤(6획)'으로 표기한다.

例文　① 傷處(상처)　② 傷害(상해)　③ 傷痍勇士(상이용사)　④ 傷弓之鳥(상궁지조)

7

觴 = 角 + 人 + 昜

1급 / 18획　　　(잔 / 술잔 **상**)

解說　'角(뿔 각)'과, '人', '昜(햇살 양)'을 조합한 글자임. '동물의 뿔(角)에 빗살무늬(昜)를 새겨서 만든 술잔'이라는 뜻을 나타낸다. * 중국 간체자(簡體字)에서는 '觞'으로 표기한다.

例文　① 濫觴(남상 ; 사물의 시작 / 큰 강물도 한 잔 정도의 물에서 시작됨)

8

場 = 土 + 昜

7급 / 12획　　　(마당 **장**)

解說　'土(흙 토)'와 '昜(햇살 양)'을 조합한 글자임. '토신(土神)에게 제사 지내기 위해 평평하게 만든 장소'가 본래의 의미였으나, 훗날 '신(神)으로부터 받은 정기(精氣) / 양기(陽氣)를 사람에게 불어넣어 주기 위해 의식을 행하는 장소로 평평하게 만든 장소'라는 데서 '터 / 장소 / 마당 / 구획'이라는 뜻으로 발전하여 쓰이게 되었다. * 중국 간체자(簡體字)에서는 '场'으로 표기한다.

例文　① 場所(장소)　② 運動場(운동장)　③ 競技場(경기장)　④ 場面(장면)

9

腸 = 肉 + 昜

4급 / 13획　　　(창자 **장**)

解說　'肉(몸 / 고기 육)'과 '昜(햇살 양)'을 조합한 글자로, '우리 몸(肉)의 위(胃)에서부터 항문에 이르는 가늘고 긴(勿) 소화기관'이라는 데서 '창자'라는 뜻을 나타낸다. * 중국 간체자(簡體字)에서는 '肠'으로 표기한다. * '肉(몸 / 고기 육)'이 다른 글자와 조합하여 글자 왼쪽에 오면 '月(육달월)'로 글자 모양이 바뀐다.

例文　① 胃腸(위장)　② 大腸(대장)　③ 小腸(소장)　④ 十二指腸(십이지장)

10

暢 = 申 + 昜

3급 / 14획　　　(화창할 **창**)

解說　‘申(번개/말할 신)’과 ‘昜(햇살 양)’을 조합한 글자로, ‘번개(申)치듯이 태양(昜)이 밝게 빛난다’는 데서 ‘(날씨가) 화창하다/(거침없이) 발랄하다’는 뜻을 나타낸다.　＊중국 간체자(簡體字)에서는 ‘畅’으로 표기한다.　＊‘申(신)’은 번개치는 모양을 본뜬 글자로, 하늘의 신(神)이 인간에게 나타나 말하는 것임을 나타내는 글자이다.　＊더 자세한 것은 ‘申(납/펼 신)그룹漢字’ 참조.

例文　① 和暢(화창)하다　② 流暢(유창)하다　③ 暢達(창달 ; 거침없이 발달함)

11　**湯** ＝ 水 ＋ 昜

3급 / 12획　　　(끓을 **탕**)

解說　‘水(물 수)’와 ‘昜(햇살 양)’을 조합한 글자로, ‘태양(昜)에 의해서 따뜻하게 데워진 물(水)’이라는 데서 ‘(물을) 끓이다/(물이) 끓다’는 뜻으로 발전하여 쓰이게 되었다.　＊중국 간체자(簡體字)에서는 ‘汤’으로 표기한다.　＊‘水(물 수)가 다른 글자와 조합하여 글자 왼쪽에 오면 ‘氵(삼수변)’으로 글자 모양이 바뀐다.

例文　① 男湯(남탕)　② 女湯(여탕)　③ 藥湯器(약탕기)　④ 湯藥(탕약)

12　**蕩** ＝ 艸 ＋ 湯

1급 / 16획　　　(방탕할/쓸어버릴 **탕**)

解說　‘艸(풀 초)’와 ‘湯(끓을 탕)’을 조합한 글자임. ‘끓는 물(湯)에 집어넣은 채소(艸)가 제멋대로 움직인다’는 데서 ‘제멋대로 움직이다/방탕하다’는 뜻을 나타낸다.　＊중국 간체자(簡體字)에서는 ‘荡’으로 표기한다.　＊‘艸(풀 초)’가 다른 글자와 조합하여 글자 위쪽에 오면 ‘艹(초두머리)’로 글자 모양이 바뀐다.

例文　① 放蕩(방탕)하다　② 蕩盡(탕진)하다　③ 掃蕩(소탕)　④ 浩蕩(호탕)

21 襄 (부풀어오를 양) 그룹 漢字

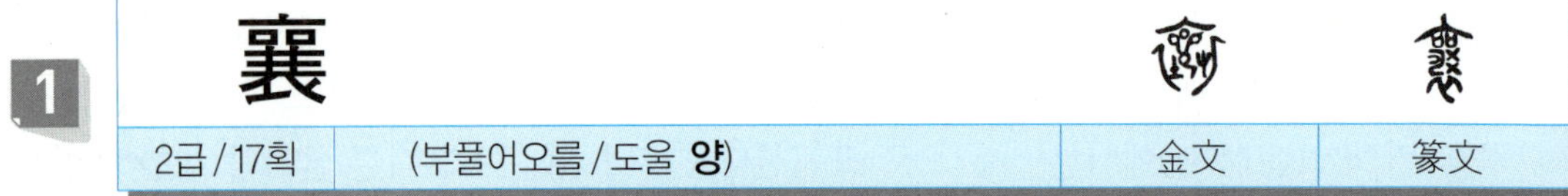

1 襄

2급/17획	(부풀어오를/도울 **양**)	金文	篆文

解說 '죽은 사람의 옷(衣)속에 부적과 기타 여러 가지 물건 따위를 잔뜩 넣어서 사악(邪惡)한 기운을 물리친다'는 데서 '(가슴이) 부풀어 오르다/(악귀를) 물리치다/(죽은 사람을) 돕다'는 뜻을 나타낸다.

例文 ① 襄事(양사 ; 장례식) ② 강원도 襄陽(양양)

2 壤 = 土 + 襄

3급/20획	(흙덩이 **양**)

解說 '土(흙 토)'와 '襄(부풀어오를 양)'을 조합한 글자임. '논밭을 개간하면 땅(土)이 부풀어 오른다(襄)'는 데서 '흙덩이/흙'이라는 뜻을 나타낸다. * 일본에서는 '壌(16획)'임.

例文 ① 土壤(토양) ② 擊壤歌(격양가) ③ 天壤之差(천양지차)

3 讓 = 言 + 襄

3급/24획	(사양할 **양**)

解說 '言(말씀 언)'과 '襄(도울 양)'을 조합한 글자임. '상대방에게 도움(襄)이 되는 말(言)을 한다'는 데서 '사양하다/겸손하다/넘겨주다'는 뜻을 나타낸다. * 일본 상용한자에서는 '譲(20획)'으로, 중국 간체자(簡體字)에서는 '让'으로 표기한다.

 ① 讓渡(양도) ② 分讓(분양) ③ 讓步(양보) ④ 辭讓(사양) ⑤ 謙讓語(겸양어)

4 **孃** = **女** + **襄**

2급 / 20획　　(아가씨 **양**)

解說　'女(여자 여)'와 '襄(부풀어오를 양)'을 조합한 글자임. '성인이 되어 젖가슴(口口)이 부풀어 오른(襄) 여자(女)'라는 데서 '아가씨'라는 뜻을 나타낸다. * 일본 상용한자에서는 '嬢(16획)'으로, 중국 간체자(簡體字)에서는 '娘'으로 표기한다.

例文　① 令孃(영양 ; 따님) ② 金孃(김양) ③ 李孃(이양)

5 **攘** = **手** + **襄**

1급 / 20획　　(물리칠 **양**)

解說　'手(손 수)'와 '襄(양)'을 조합한 글자임. '죽은 사람의 옷(衣)속에 부적 따위를 잔뜩 넣어 사악(邪惡)한 기운을 물리치듯이(襄) 손(手)으로 사람을 밀쳐서 물리친다'는 뜻임.

例文　① 攘夷(양이) ② 攘斥(양척) ③ 攘袂(양메 ; 소매를 걷고 벌떡 일어남)

6 **釀** = **酉** + **襄**

1급 / 24획　　(술빚을 **양**)

解說　'酉(술단지/술독/술병 유)'와 '襄(부풀어오를 양)'을 조합한 글자임. '술단지(酉)에 재료를 가득 채워넣고 발효시키니 술(酉)이 익어 부풀어 오른다(襄)'는 데서 '술을 빚다'는 뜻을 나타낸다. * 일본에서는 '醸(20획)'으로, 간체자(簡體字)에서는 '酿'으로 표기한다.

例文　① 釀造(양조) ② 釀造場(양조장)

7 **囊** = **束** + **襄**

1급 / 22획　　(주머니 **낭**)

解說　'束(동녘 동)'과 '襄(부풀어오를 양)'을 조합한 글자로, '괴나리봇짐(束)에 온갖 잡동사니(襄)가 들어 있는 모양'을 본뜬 글자로, '주머니'라는 뜻을 나타낸다. * '束(동녘 동)'은 '괴나리봇짐'을 나타내는 글자이다.

例文　① 背囊(배낭) ② 囊中之錐(낭중지추 ; 유능한 자는 저절로 드러남)

1 於 = 㫃 + ㅣ

3급 / 8획	(어조사 **어** / 탄식할 **오**)	金文 1	金文 2	篆文

解說 금문(金文)에서는 '까마귀 울음소리'를 흉내내는 상형문자라고 하는데, 전문(篆文)에서는 '㫃(깃발 언)'과 'ㅣ'을 조합한 글자로, '관계 / 피동 / 비교'를 나타내는 어조사 (語助辭)로 쓰인다.

例文 ① 於此彼(어차피) ② 於中間(어중간) ③ 甚至於(심지어) ④ 於呼(오호)

2 瘀 = 疒 + 於

1급 / 13획	(어혈질 / 멍들 **어**)

解說 '疒(병들어기댈 역)'과 '於(까마귀울음소리 어)'를 조합한 글자로, '까마귀(於) 색깔처럼 시커멓게 멍(疒)이 들었다'는 뜻을 나타낸다.

例文 ① 瘀血(어혈 ; 타박상으로 한곳에 피가 맺혀 있는 증세)

3 閼 = 門 + 於

2급 / 16획	(막을 **알**)

解說 '門(문 문)'과 '於(까마귀울음소리 어)'를 조합한 글자로, '듣기에 거북한 까마귀 울음소리(於)에 문을 막다 / 문을 닫다'는 뜻을 나타내나, 주로 인명(人名)에 사용한다.

例文 ① 金閼智(김알지 ; 안동 김씨 시조) ② 閼伽(알가 ; 부처에게 바치는 淨水)

어	魚	漁
선	鮮	
소	蘇	
로	魯	
귀	龜	

1 魚

5급/11획	(고기/물고기 **어**)	甲骨文字	金文	篆文

解說 '물고기 모양'을 본뜬 상형문자로, '물고기/생선'이라는 뜻을 나타낸다. * 여기서 '灬'는 물고기의 지느러미와 꼬리를 가리킨다. * 중국 간체자(簡體字)에서는 '鱼'로 표기한다.

例文 ① 魚頭肉尾(어두육미) ② 養魚場(양어장) ③ 魚雷(어뢰) ④ 活魚(활어)

2 漁 = 水 + 魚

5급/14획	(고기잡을 **어**)	甲骨文字	金文	篆文

解說 '水(물 수)'와 '魚(물고기 어)'를 조합한 글자임. 갑골문자(甲骨文字)와 금문(金文)에서는 '그물(网)로 물고기(魚)를 잡다'이고, 금문(金文)에서는, '두 손(手＋手)으로 물고기를 잡다'는 데서 '물고기를 잡다'는 뜻이나. * 중국 간체자(簡體字)에서는 '渔'로 표기한다.

例文 ① 漁夫/漁父(어부) ② 漁父之利(어부지리) ③ 漁網(어망) ④ 漁業(어업)

3 鮮 = 魚 + 羊

5급/17획	(고울/생선 **선**)	金文 1	金文 2	篆文

解說 ‘魚(물고기 어)’와 ‘羊(양 양)’을 조합한 글자임. ‘싱싱한 양(羊)고기는 노린내가 나고, 싱싱한 생선(魚)은 비린내가 난다’는 데서 ‘싱싱하다/날 것이다/색깔이 곱다’는 뜻으로 발전하여 쓰이게 되었다. ＊중국 간체자(簡體字)에서는 ‘鲜’으로 표기한다.

例文 ① 生鮮(생선) ② 新鮮(신선) ③ 鮮明(선명) ④ 朝鮮(조선)

4	蘇 = 艸 + 魚 + 禾				
	3급 / 20획	(되살아날 **소**)	金文 1	金文 2	篆文

解說 ‘艸(풀 초)’와 ‘魚(물고기 어)’, ‘禾(벼 화)’를 조합한 글자임. ‘병든 환자가 쌀밥(禾)과 물고기(魚)와 약초(艸)를 먹고 다시 살아났다’는 데서 ‘되살아나다/깨어나다’는 뜻을 나타낸다. ＊중국 간체자(簡體字)에서는 ‘苏(7획)’으로 표기한다.

例文 ① 蘇生(소생) ② 蘇鐵(소철) ③ 蘇聯(소련) ④ 蘇東坡(소동파)

5	魯 = 魚 + 曰				
	2급 / 15획	(노나라/미련할 **로**)	甲骨文字	金文	篆文

解說 ‘魚’와 ‘曰(가로되 왈)’을 조합한 글자임. ‘신(神)에게 희생제물로 바치는 것은 네 발 달린 짐승인데, 신(曰) 앞에 물고기(魚)를 바친 미련한 사람’이라는 데서 ‘미련하다/우둔하다’는 뜻을 나타낸다. ＊중국 간체자(簡體字)에서는 ‘鲁(12획)’으로 표기한다.
＊‘曰(가로되 왈)그룹 漢字’ 참조

例文 ① 魚魯不辨(어로불변 ; 魚와 魯를 구분 못함/아주 무식함) ② 魯迅(노신)

6	龜	
	3급 / 16획	(거북 **귀**/나라 **구**/틀 **균**)

解說 ‘거북이 모양’을 본뜬 상형문자로, ‘거북’이라는 뜻을 나타내나, 지명(地名)은 ‘구’로 읽는다. ＊‘거북의 등 껍데기에 글씨를 새겨서 불에 태워 갈라진 모양을 보고 길흉을 판단한다’는 데서 ‘(피부가) 갈라지다/터지다/트다’는 뜻을 나타낸다. ＊일본에서는 ‘亀(11획)’, 중국 간체자는 ‘龟(7획)’으로 표기한다.

例文 ① 龜鑑(귀감) ② 龜甲(귀갑) ③ 龜甲文字(귀갑문자) ④ 경상북도 龜尾市(구미시) ⑤ 부산시 龜浦(구포) ⑥ 龜手(균수) ⑦ 龜裂(균열) ⑧ 龜拆(균탁)

御 (거느릴 어) 그룹 漢字

어 御 禦

1

御

| 3급 / 11획 | (거느릴 / 임금 **어**) | 甲骨文字 | 金文 | 篆文 |

解說　갑골문자(甲骨文字)와 금문(金文)에서는 '임금이 많은 신하를 거느리고 가서(行) 절 굿공이(午) 모양의 신(神) 앞에 나아가(止) 무릎(卩)을 꿇고 절하는 모습'을 본뜬 글자로, '(많은 신하를) 거느리다 / 부리다 / 컨트롤하다 / (임금으로) 모시다 / 임금'이라는 뜻으로 발전하여 쓰이게 되었다.

例文　① 御命(어명)　② 御駕(어가)　③ 御用(어용)　④ 制御(제어)

2

禦 = 御 + 示

| 1급 / 16획 | (막을 **어**) | 甲骨文字 | 金文 | 篆文 |

解說　'御(거느릴 어)'와 '示(제사지낼 / 보일 시)'를 조합한 글자임. '임금이 많은 신하를 거느리고(御) 가서(彳) 절굿공이(午) 모양의 신(神) 앞에 나아가 제사상(示) 앞에서 무릎(卩)을 꿇고 절을 하며(御) 신(神)에게 부탁하여 재앙을 막는다'는 뜻을 나타낸다. ＊중국 간체자(簡體字)에서는 '御(11획)'으로 표기한다.

例文　① 防禦(방어)　② 禦寒(어한 ; 추위를 막음)　③ 禦戰(어전 ; 적과 싸움)

1 言 = 辛 + 口 / 甲骨文字 / 金文 / 篆文

| 6급 / 7획 | (말씀 **언**) | 甲骨文字 | 金文 | 篆文 |

解說 '辛(매울/혹독할/고생 신)'과 '口'를 조합한 글자임. '신(神)에게 드리는 축문(祝文)이 든 그릇(口)을 앞에 두고 신(神)에게 맹세한 서약의 말을 지키지 않을 경우에는 바늘(辛)로 문신을 해도 좋다'는 뜻의 글자이다.

例文 ① 言語道斷(언어도단) ② 言中有骨(언중유골) ③ 言行一致(언행일치) ④ 言論(언론) ⑤ 言及(언급) ⑥ 言聲(언성) ⑦ 發言(발언)

2 閽 = 門 + 言

| 2급 / 15획 | (향기 / 화기애애할 **은**) |

解說 '門(문 문)'과 '言(말씀 언)'을 조합한 글자로, '집안에서 하는 말(言)이 문(門)밖으로 새어나가지 않을 만큼 조용조용하게 말을 한다'는 데서 '화기애애하다'는 뜻을 나타내는데, 주로 인명(人名)에 사용한다.

例文 ① 南誾(남은 ; 조선왕조 개국공신)

3 信 = 人 + 言

| 6급 / 9획 | (믿을 / 소식 **신**) | 金文 1 | 金文 2 | 篆文 |

解說 　'人(사람 인)'과 '言(말씀 언)'을 조합한 글자임. '신(神) 앞에서 맹세한 사람의 말(言)은 믿을 수 있다'는 데서 '믿다/참되다/소식'이라는 뜻을 나타낸다.

例文 　① 信用(신용) ② 信義(신의) ③ 信賴(신뢰) ④ 信賞必罰(신상필벌)

4	罰 ＝ 网 ＋ 言 ＋ 刀		劚	劚
4급 / 14획	(벌할 **벌**)		金文	篆文

解說 　'网(그물 망)'과 '言(말씀 언)', '刀(칼 도)'를 조합한 글자임. '신(神) 앞에서 맹세한 말(言)을 지키지 않은 사람에게 그물(网)로 덮어씌우고 칼(刀)로 내리친다'는 데서 '죄/벌/벌을 주다/형벌을 과(課)하다'는 뜻으로 발전하여 쓰이게 되었다. ＊'网(그물 망)'이 다른 글자와 조합하여 글자 위쪽에 오면 'ㅍ'으로 글자 모양이 바뀌며, '刀(칼 도)'가 다른 글자와 조합하여 글자 오른쪽에 오면 'ㅣ(선칼도)'로 글자 모양이 바뀐다.

例文 　① 罰金(벌금) ② 罰則(벌칙) ③ 處罰(처벌) ④ 罰酒(벌주) ⑤ 嚴罰(엄벌) ⑥ 信賞必罰(신상필벌) ⑦ 天罰(천벌) ⑧ 刑罰(형벌) ⑨ 體罰(체벌) ⑩ 懲罰(징벌)

	언	彥 諺
	안	顔
	산	産
	살	薩

1 彥 = 文 + 厂 + 彡

2급 / 9획	(선비 **언**)	金文	篆文

解說 '文(글월 문)'과 '厂(굴바위 엄)', '彡(무늬 삼)'을 조합한 글자임. 자료에는 '일정한 나이에 달해 성인식成人式)을 할 때 이마(厂)에 삼(彡) 모양의 문신(文)을 한다'는 데서, '선비'라는 뜻을 나타내게 되었다고 한다. * 일본과 중국 간체자(簡體字)에서는 '彦'으로 글자 모양이 약간 다르게 표기한다.

例文 ① 彥士(언사 ; 선비) ② 彥會(언회 ; 英才들의 모임) ③ 울산시 彥陽(언양)

2 諺 = 言 + 彥

1급 / 16획	(언문 / 속담 / 상말 **언**)

解說 '言(말씀 언)'과 '彥(선비 언)'을 조합한 글자로, '젊은이(彥)들이 하는 세련되지 못한 말(言)'이라는 데서 '상말/속담'이라는 뜻을 나타낸다. * 중국 간체자(簡體字)에서는 '谚'으로 표기한다. * '한글'을 비하하여 칭할 때 '언문(諺文)'이라고 하였다.

例文 ① 諺文(언문 ; 한글) ② 諺語(언어 ; 속담) ③ 諺解(언해 ; 한글로 풀이함)

3 顔 = 彥 + 頁

3급 / 18획	(낯 / 얼굴 **안**)	金文	篆文

解說　'彦(선비 언)'과 '頁(머리 혈)'을 조합한 글자임. '성인식(成人式)을 할 때의 선비(彦)의 얼굴(頁)'이라는 뜻을 나타낸다. * 일본 상용한자에서는 '顔'으로, 중국 간체자(簡體字)에서는 '颜'으로 표기한다. * '頁(머리 혈)'은 '어떤 의식(儀式)을 행할 때 머리에 관을 쓰고 이마가 땅에 닿도록 절하는 모습'을 표현한 글자이다.

例文　① 顔面(안면)　② 顔色(안색)　③ 厚顔無恥(후안무치)　④ 童顔(동안)

4

産 = 文 ＋ 厂 ＋ 生		金	窟
5급 / 11획	(낳을 / 생산할 **산**)	金文	篆文

解說　'文(글월 문)'과, '厂(굴바위 엄)', '生(날 생)'을 조합한 글자임. '어린애가 태어나면(生) 아이의 이마(厂)에 임시로 Ｘ표 문신(文)을 하여 악(惡)한 영(靈)이 접근하지 못하게 하였다'는 데서 생겨난 글자이다. * 일본 상용한자에서는 '産'으로, 중국 간체자(簡體字)에서는 '产(6획)'으로 표기한다. * '文'에 관한 더 자세한 설명은, 1권 '文(글월 문) 그룹 漢字' 참조.

例文　① 産卵(산란)　② 生産(생산)　③ 出産(출산)　④ 産業團地(산업단지)

5

薩 = 艸 ＋ 阜 ＋ 産
1급 / 18획　　　　(보살 **살**)

解說　'艸(풀 초)'와 '阜(사다리 / 언덕 부)', '産(낳을 산)'을 조합한 글자로, '불교의 보살'이라는 뜻을 나타낸다. * 중국 간체자(簡體字)에서는 '萨(12획)'으로 표기한다. * '艸(풀 초)'가 다른 글자와 조합하여 글자 위쪽에 오면 '艹(초두머리)'로 글자 모양이 바뀐다. * 阜(언덕 / 사다리 부)가 다른 글자와 조합하여 글자 왼쪽에 오면 '阝(좌부변)'으로 글자 모양이 바뀐다.

例文　① 菩薩(보살)　② 彌勒菩薩(미륵보살)

1 奄 = 大 + 申

| 1급/8획 | (문득/가릴 **엄**) | 金文 | 篆文 |

解說 '大(큰 대)'와 '申(번개/말할 신)'을 조합한 글자임. '번개(申)를 동반한 커다란 (大) 구름이 갑자기 하늘을 덮어 가린다'는 데서 '문득/갑자기/덮다/가리다'는 뜻을 나타 낸다.

例文 ① 奄棄(엄기 ; 임금이 갑자기 사망함) ② 奄尹(엄윤 ; 내시의 우두머리)

2 掩 = 手 + 奄

| 1급/11획 | (가릴 **엄**) |

解說 '手(손 수)'와 '奄(문득/가릴 엄)'을 조합한 글자로, '손(手)으로 덮어 가리다(奄)' 는 뜻을 나타낸다.

例文 ① 掩護射擊(엄호사격) ② 掩襲(엄습) ③ 掩蓋(엄개 ; 창호나 방공호의 덮개)

3 庵 = 广 + 奄

| 1급/11획 | (암자 **암**) |

解說 '广(집 엄)'과 '奄(문득/가릴 엄)'을 조합한 글자로, '불상(佛像)이 있는 조그마한 집(广)'이라는 뜻을 나타낸다.

例文 ① 庵子(암자) ② 庵主(암주) ③ 草庵(초암 ; 초가지붕의 암자)

業 [업 業]
對 [대 對]
鑿 [착 鑿]

1 業

| 6급 / 13획 | (일 / 업 **업**) | 金文 1 | 金文 2 | 篆文 |

解說 '악기들이 줄에 걸려 있는 모양'을 본뜬 상형문자임. '악기를 만들거나 그 악기들에 무늬 따위를 새기는 것을 업으로 한다'는 데서 '일 / 업'이라는 뜻을 나타낸다.

例文 ① 業務日誌(업무일지) ② 業績(업적) ③ 開業(개업) ④ 創業(창업)

2 對

| 6급 / 14획 | (대할 / 짝 **대**) | 甲骨文字 | 金文 | 篆文 |

解說 성벽 등을 쌓아올리거나 기초를 다질 때, '두 사람이 마주 서서 손(寸)에 도구(丵)를 들고 흙을 때려서 단단히 굳힌다'는 데서 '마주 대하다 / 대답하다 / 짝'이라는 뜻으로 발전하여 쓰이게 되었다.

例文 ① 對人關係(대인관계) ② 對空射擊(대공사격) ③ 對面(대면) ④ 對話(대화)

3 鑿

| 1급 / 28획 | (뚫을 **착**) | | | 篆文 |

解說 '나무에다 구멍을 뚫는 데에 사용하는 쇠(金)로 된 끌(丵)'이라는 뜻의 글자로, '구멍을 뚫다'라는 뜻을 나타낸다.

例文 ① 鑿岩機(착암기) ② 掘鑿(굴착 ; 구멍을 뚫음)

---

1 予

| 3급 / 4획 | (나/줄 **여**) | 篆文 |

解說 '베를 짤 때 날실 사이를 좌우로 왔다갔다 하는 북 모양' 을 본뜬 상형문자인데, '나/주다' 는 뜻을 나타낸다.

例文 ① 予小子(여소자 ; 임금의 自稱) ② 予奪 / 與奪(여탈 ; 줌과 빼앗음)

---

2 野 = 里 + 予

| 6급 / 11획 | (들 / 성밖 **야**) | 甲骨文字 | 金文 | 篆文 |

解說 갑골문자(甲骨文字)에서는 '林(수풀 림)'과 '土(흙 토)'를 조합한 글자로 '토신(土神)에게 제사지내는 숲(林)' 이고, 전문(篆文)에서는 '里(마을 리)'와 '予(여)'를 조합하여 '베틀의 북(予)처럼 자주 왕래할 수 있는 성밖 마을(里)' 이라는 뜻을 나타낸다.

例文 ① 林野(임야) ② 野外(야외) ③ 野遊會(야유회) ④ 野黨(야당)

---

3 預 = 予 + 頁

| 2급 / 13획 | (맡길 **예**) |

解說 '予(나 여)' 와 '頁(머리 혈)' 을 조합한 글자임. 아직까지 정확한 자료가 없어서 자세히 알 수가 없으나, '(남에게 뭔가를) 맡기다' 는 뜻을 나타낸다.

例文 ① 預金(예금) ② 預託(예탁) ③ 預置(예치) ④ 預言者(예언자)

---

4 豫 = 予 + 象

4급/16획　　(미리 **예**)

解說　'予(나 여)'와 '象(코끼리 상)'을 조합한 글자임. 정확한 자료가 없어서 자세히 알 수가 없으나 '베를 짜는 북(予)과 코끼리(象)를 이용하여 장래 일을 미리 점친다'로 추리할 수 있을 것 같다. *일본의 상용한자는 '予(4획)'으로 표기한다.

例文　① 豫言(예언)　② 豫定(예정)　③ 豫言者(예언자)　④ 豫告(예고)

---

5 序 = 广 + 予

5급/7획　　(차례 **서**)

解說　'广(집 엄)'과 '予(나 여)'를 조합한 글자임. 자료에 의하면 원래는 '집(广) 앞의 동서로 뻗어 안팎을 구별해 주는 복도와 같은 건물'이라는 데서 '차례/순서'라는 뜻을 나타낸다고 한다.

例文　① 秩序(질서)　② 序頭(서두)　③ 序列(서열)　④ 順序(순서)　⑤ 序論(서론)

---

6 舒 = 舍 + 予

2급/12획　　(펼 **서**)

解說　'舍(집 사)'와 '予(나/줄 여)'를 조합한 글자로, '햇볕에 말린 것이나 개킨 것을 펴다'는 뜻인데, 주로 지명(地名)에 사용한다.

例文　① 충청남도 舒川(서천)

---

7 抒 = 手 + 予

1급/7획　　(풀/떠낼 **서**)

解說　'手(손 수)'와 '予(나/줄 여)'를 조합한 글자임. '베를 짤 때 손(手)으로 북(予)을 다루다'는 데서 '손으로 퍼내다/떠내다'는 뜻을 나타낸다. *'手(손 수)'가 다른 글자와 조합하여 글자 왼쪽에 오면 '扌(손수변)'으로 글자 모양이 바뀐다.

例文　① 抒厠(서측 ; 오물을 퍼냄)　② 抒情詩(서정시)　③ 抒情的(서정적)

1 舁

| 9획 | (마주들 **여**) | 篆文 |

解說 　전문(篆文)에서는 '두 사람이 마주 보고 양손으로 어떤 물건을 들고 있다'는 데서 '마주 들다'는 뜻을 나타내나, 단독으로는 쓰이질 않는다.

2 輿 = 車 + 舁

| 3급 / 17획 | (수레 / 가마 **여**) | 甲骨文字 | 古文 | 篆文 |

解說 　'車(수레 거)'와 '舁(마주들 여)'를 조합한 글자임. '두 사람이 수레(車)나 가마를 마주 들고(舁) 있다'는 데서 '수레 / 가마'라는 뜻을 나타낸다.

例文 　① 輿論(여론)　② 輿望(여망)　③ 大東輿地圖(대동여지도)

3 與 = 与 + 舁

| 4급 / 14획 | (더불 / 줄 **여**) | 金文 1 | 金文 2 | 篆文 |

解說 　'与(여)'와 '舁(마주들 여)'를 조합한 글자임. '상아?(与)와 같은 귀중한 물건을 두 사람이 마주 들어서(舁) 운반한다'는 데서 '더불어 / 함께 / 주다 / 편들다'는 뜻으로 발전하여 쓰이게 되었다.

例文 　① 與黨(여당)　② 與圈(여권)　③ 與件(여건)　④ 贈與稅(증여세)

4　舉 ＝ 與 ＋ 手

5급 / 18획	(들 거)	金文	篆文

🐛 **解說**　‘與(더불/줄 여)’와 ‘手(손 수)’를 조합한 글자임. ‘상아?(牙)와 같은 귀중한 물건을 두 사람이 마주 들어서(舁) 운반하는 모습에, 또 하나의 손(手)을 추가’ 하여 ‘높이 들다/들어 올리다’ 는 뜻을 나타낸다.

🐛 **例文**　① 一擧手一投足(일거수일투족) ② 擧手敬禮(거수경례) ③ 擧論(거론)

5　嶼 ＝ 山 ＋ 與

1급 / 17획	(작은섬 서)

🐛 **解說**　‘山(메/뫼 산)’과 ‘與(더불/줄 여)’를 조합한 글자로, ‘바다 가운데의 몇 개의 섬(山)이 모여(與) 있는 것’ 이라는 데서 ‘작은 섬’ 이라는 뜻을 나타낸다.

🐛 **例文**　① 島嶼地方(도서지방)

6　譽 ＝ 與 ＋ 言

3급	(기릴/명예 예)

🐛 **解說**　‘與(더불/줄 여)’와 ‘言(말씀 언)’을 조합한 글자임. ‘두 사람이 물건을 마주 들어 올리(與)듯이 말(言)로써 칭찬하여 사람을 들어올린다’ 는 데서 ‘칭찬하다/기리다’ 는 뜻임.

🐛 **例文**　① 名譽(명예) ② 榮譽(영예)

7　興 ＝ 同 ＋ 舁

4급 / 16획	(일/일어날 흥)	甲骨文字	金文	篆文

🐛 **解說**　‘同(한가지 동)’과 ‘舁(마주들 여)’를 조합한 글자임. 갑골문자(甲骨文字)와 금문(金文)에서는 ‘두 사람이 양손으로 술통(同)을 들고 있는 모습’ 인데, 이것은 ‘제사를 지낼 때 두 사람이 양손으로 술통(同)을 마주 들어서(舁) 땅에 쏟고 지신(地神)을 불러일으키는 의식(儀式)’ 에서 ‘(神을) 일으키다/(神이) 일어나다/(神이) 기뻐하다’ 는 뜻으로 쓰인다.

🐛 **例文**　① 興亡盛衰(흥망성쇠) ② 興盡悲來(흥진비래) ③ 興奮(흥분) ④ 復興(부흥)

31 余(나/침 여) 그룹 漢字

---

1 余

| 3급/7획 | (나/침 **여**) | 甲骨文字 | 金文 | 篆文 |

解說 갑골문자(甲骨文字)와 금문(金文)에서는 '손잡이가 달린 수술용 칼', 또는 '손잡이가 달린 커다란 침(針)'을 본뜬 글자로, 금문(金文)에서는 1인칭 칭호 '나'라는 뜻으로 자주 쓰였다.

例文 ① 余輩(여배 ; 우리들) ② 余月(여월 ; 음력 4월)

---

2 餘 = 食 + 余

| 4급/16획 | (남을 **여**) |

解說 '食(밥/먹을 식)'와 '余(나/침 여)'를 조합한 글자임. 설문(說文)에서는 '음식이 많다'로 설명하고 있으나, '음식(食)은 나(余) 혼자서 먹으면 맛이 없어서 남기게 마련이다'는 데서 훗날 '먹고도 남다'는 뜻으로 발전하여 쓰이게 되었다. * 일본 상용한자에서는 '余(7획)'으로, 중국 간체자(簡體字)에서는 '馀'으로 표기한다.

例文 ① 餘談(여담) ② 餘念(여념) ③ 餘分(여분) ④ 餘暇(여가)

---

3 途 = 余 + 辶

| 3급/11획 | (길 **도**) |

解說　'余(나/침 여)'와 'ⅰ_(쉬엄쉬엄갈/뛸 착)'을 조합한 글자임. 자료에 의하면 '손잡이가 달린 커다란 침(余)으로 땅속을 찔러서 부정(不淨)한 것이나 악령(惡靈)을 제거한 길(ⅰ_)'이라는 뜻을 나타낸다고 한다. ＊일본 상용한자와 중국 간체자(簡體字)에서는 '途(10획)'으로 표기한다.

例文　① 前途(전도)　② 途中(도중)　③ 方途(방도)　④ 用途(용도)　⑤ 別途(별도)

4　塗 ＝ 水 ＋ 余 ＋ 土

3급 / 13획　　(칠할 / 진흙 **도**)

解說　'水(물 수)'와 '余(나/침 여)', '土(흙 토)'를 조합한 글자임. '물기(水)가 있는 땅(土)을 침(余)으로 찔러서 부정(不淨)한 것이나 악령(惡靈)을 물리치는 일을 할 때, 자연히 침(余)에 진흙이 묻는다'는 데서 '진흙/칠하다'는 뜻을 나타낸다. ＊중국 간체자(簡體字)에서는 '涂(10획)'으로 표기한다. ＊'水(물 수)가 다른 글자와 조합하여 글자 왼쪽에 오면 'ⅰ(삼수변)'으로 글자 모양이 바뀐다.

例文　① 塗料(도료)　② 塗裝工事(도장공사)　③ 塗炭(도탄)에 빠지다

5　斜 ＝ 余 ＋ 斗

3급 / 11획　　(비낄 / 기울 **사**)　　　　篆文

解說　'余(나/침 여)'와 '斗(국자/말 두)'를 조합한 글자임. 자료에 의하면 '손잡이가 달린 국자(斗)를 비스듬하게 하여 물을 뜬다'는 데서 '비스듬하다/기울다'는 뜻을 나타낸다고 한다.

例文　① 傾斜地(경사지)　② 斜線(사선)　③ 斜塔(사탑)　④ 斜陽(사양)　⑤ 斜視(사시)

6　徐 ＝ ⅰ ＋ 余

3급 / 10획　　(천천히 **서**)　　　　篆文

解說　'ⅰ(조금씩걸을 척)'와 '余(나/침 여)'를 조합한 글자임. 자료에 의하면 '손잡이가 달린 커다란 침(余)으로 땅속을 찔러서 부정(不淨)한 것이나 악령(惡靈)을 제거하며 천천히(ⅰ) 길을 간다'는 데서 '천천히 가다/평온한 마음으로 가다'는 뜻을 나타낸다고 한다.

例文　① 徐行(서행)　② 徐徐(서서)히

7 敍 = 余 + 攴

3급 / 11획 　　(펼 / 차례 **서**)

🐛 **解說**　'余(나 / 침 여)'와 '攴(때릴 / 칠 / 다스릴 복)'을 조합한 글자임. '메스(余)로 고름을 제거하니(攴) 통증이 완화되고 점차로 회복된다'는 데서 '순서대로 되다 / 차례 / 차례로 말하다'는 뜻으로 발전하여 쓰이게 되었다. ＊일본 상용한자와 중국 간체자(簡體字)에서는 '叙(9획)'으로 표기한다.

🐛 **例文**　① 敍述(서술)　② 敍任(서임)　③ 敍事詩(서사시)　④ 敍勳(서훈)　⑤ 追敍(추서)

8 除 = 阜 + 余　　　　　　　　　　　　　　　　除

4급 / 10획 　　(덜 / 제할 **제**)　　　　　　　　篆文

🐛 **解說**　'阜(사다리 / 언덕 부)'와 '余(나 / 침 여)'를 조합한 글자임. 자료에 의하면 '신(神)이 오르내리는 사다리(阜)가 있는 거룩한 곳에 커다란 침(余)으로 땅속을 찔러서 부정(不淨)한 것이나 악령(惡靈)을 제거한다'는 데서 '제거하다 / 없애다 / 나누다'는 뜻으로 발전하여 쓰이게 되었다. ＊阜(언덕 / 사다리 부)가 다른 글자와 조합하여 글자 왼쪽에 오면 'ß (좌부변)'으로 글자 모양이 바뀐다.

🐛 **例文**　① 除去(제거)　② 除幕式(제막식)　③ 除名處分(제명처분)　④ 加減乘除(가감승제)

亦 (또 역) 그룹 漢字

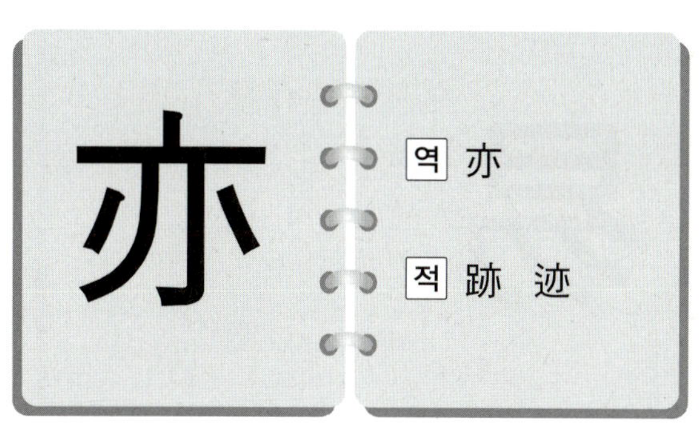

---

1 亦 = 大 + 八

| 3급/6획 | (또/또한 **역**) | 甲骨文字 | 金文 | 篆文 |

解說 '사람(大)의 양쪽(八) 겨드랑이'를 강조한 글자임. '양손에 물건을 들고, 또 양쪽 겨드랑이에 물건을 끼고 있다'는 데서 '또/또한'이라는 뜻을 나타낸다.

例文 ① 亦是(역시) ② 亦步易趨(역보역추 ; 윗사람이 하는 그대로 본받음)

---

2 跡 = 足 + 亦

| 3급/13획 | (발자취 **적**) |

解說 '足(발 족)'과 '亦(또 역)'을 조합한 글자임. '사람(亦)이 걸어간 발(足)자국'이라는 데서 '발자취/발자국'라는 뜻을 나타낸다.

例文 ① 足跡(족적) ② 遺跡/遺蹟(유적) ③ 古跡(고적) ④ 筆跡(필적) ⑤ 追跡(추적)

---

3 迹 = 亦 + 辶

| 1급/10획 | (자취 **적**) |

解說 '亦(또 역)'과 '辶(쉬엄쉬엄갈/뛸 착)'을 조합한 글자임. '사람(亦)이 지나간(辶) 자국'이라는 데서 '자취/흔적'이라는 뜻을 나타낸다.

例文 ① 形迹(형적) ② 痕迹(흔적)

---

1 易 = 日 + 勿

易

4급 / 8획   (바꿀 / 점칠 **역** / 쉬울 **이**)   篆文

解說   '日(해 / 날 일)'과 '勿'을 조합한 글자임. '빗살(勿)처럼 내리비치는 햇(日)빛이 사물을 변화시키는 것은 쉬운 일이다'는 데서 '바꾸다 / 쉽다 / 간략하다 / 점치다'는 뜻으로 발전하여 쓰이게 되었다.

例文   ① 貿易(무역) ② 周易(주역) ③ 易地思之(역지사지) ④ 難易度(난이도)

---

2 錫 = 金 + 易

2급 / 16획   (주석 **석**)

解說   '金(쇠 금)'과 '易(바꿀 **역** / 쉬울 **이**)'를 조합한 글자임. '내리비치는(勿) 햇(日)빛처럼 은백색으로 광택이 나는 금속(金)'이라는 데서 '주석'이라는 뜻이다.

例文   ① 朱錫(주석) ② 錫杖(석장) ③ 錫鑛(석광)

---

3 賜 = 貝 + 易

3급 / 15획   (줄 / 내릴 **사**)

解說   '貝(돈 / 재물 / 조개 패)'와 '易(바꿀 **역** / 쉬울 **이**)'를 조합한 글자임. '내리비치는 (勿) 햇(日)빛처럼 아랫사람에게 재물(貝)을 내려주다'는 뜻이다.

例文   ① 下賜(하사) ② 厚賜(후사) ③ 賜藥(사약)을 받다

---

1 逆 = 屰 + 辶

4급 / 10획	(거스릴 **역**)	甲骨文字	金文	篆文

解說 갑골문자(甲骨文字)와 금문(金文)에서는 '大(큰 대)'를 거꾸로 표현한 '屰(물구나무서기 역)'과 '辶(쉬엄쉬엄갈/뛸 착)'을 조합한 글자임. '물구나무(屰)서서 간다(辶)', 또는 '뒤로 후퇴하는(辶) 사람(屰)'이라는 데서 '거스르다/거꾸로' 라는 뜻을 나타낸다.

例文 ① 反逆(반역) ② 逆賊(역적) ③ 逆轉(역전) ④ 逆風(역풍) ⑤ 逆流(역류)

---

2 朔 = 逆 + 月

3급 / 10획	(초하루 **삭**)	篆文

解說 '屰(물구나무서기 역)'과 '月(달 월)'을 조합한 글자임. '이지러진 그믐달이 반대로(屰) 초승달(月)로 되돌아갔다'는 데서 '초하루/처음/북녘'이라는 뜻을 나타낸다.

例文 ① 月朔(월삭) ② 朔望(삭망) ③ 朔風(삭풍) ④ 朔月貰(삭월세 ; 사글세)

---

3 塑 = 朔 + 土

1급 / 13획	(흙빚을/토우 **소**)

解說 '朔(초하루 삭)'과 '土(흙 토)'를 조합한 글자임. '초하룻날(朔)에 흙(土)으로 빚어 만든 토신(土神)에게 제사지내다'는 뜻을 나타낸다.

例文 ① 塑像(소상 ; 흙으로 만든 사람 형상) ② 彫塑(조소)

4	遡 = 朔 + 辶	
1급/14획	(거스를 **소**)	

解說　'朔(초하루 삭)'과 '辶(쉬엄쉬엄갈/뛸 착)'을 조합한 글자임. '그믐달(月)에서 초
승달(月)로 거스르듯이(屰) 거슬러 간다(辶)'는 데서 '거스르다/거슬러 올라가다/거슬러
내려가다'는 뜻을 나타낸다.

例文　① 遡及(소급)　② 遡風(소풍 ; 맞바람)

5	厥 = 厂 + 屰 + 欠	
3급/12획	(그/숙일 **궐**)	

解說　'厂(굴바위 엄)'과 '屰(물구나무서기 역)', '欠(하품/입벌릴 흠)'을 조합한 글자임.
'깎아지른 벼랑(厂)에서 아래를 내려다보며(屰) 입을 크게 벌리고(欠) 놀란 표정을 짓다'는
데서 '고개 숙이다'는 뜻을 나타낸다.

例文　① 厥角稽首(궐각계수)　② 突厥族(돌궐족 ; 오랑캐)　③ 厥者(궐자 ; 그 사람)

6	蹶 = 足 + 厥	
1급/12획	(일어설 **궐**)	

解說　'足(발 족)'과 '厥(숙일 궐)'을 조합한 글자임. '고개를 숙이고(厥) 생각에 잠겨 있
다가 발(足)로 자리를 박차고 벌떡 일어나다'는 뜻을 나타내는 것 같다.

例文　① 蹶起大會(궐기대회)　② 蹶然(궐연 ; 놀라서 일어섬)

7	闕 = 門 + 欮	
2급/18획	(대궐/빠질 **궐**)	

解說　'門(문 문)'과 '欮(숨찰/기침할 궐)'을 조합한 글자임. '놀라서 입이 벌어질(欠) 정
도로 큰 대문(門)이 있는 건물', 또는 '아무리 큰 대궐(門)이라도 빈틈은 있게 마련이다'는
데서 '대궐/이지러지다/빠지다'는 뜻으로 쓰이게 되었다. ＊'欮(숨찰/기침할 궐)'은 '屰
(물구나무서기 역)'과 '欠(하품/입벌릴 흠)'을 조합한 글자임.

例文　① 宮闕(궁궐)　② 闕席裁判(궐석재판)　③ 補闕選擧(보궐선거)

1 驛 = 馬 + 睪   篆文

| 3급 / 23획 | (역/역말 **역**) | 篆文 |

解說 '馬(말 마)'와 '睪(엿볼/돌볼 역)'을 조합한 글자임. '먼 길을 가는 사람을 위해 말을 갈아타도록 말(馬)을 돌보는(睪) 곳'이라는 데서 '역/역말'이라는 뜻을 나타낸다.
  * '睪(엿볼/돌볼 역)'은 '눈(目)으로 수갑(幸)에 채워진 죄인을 감시한다(目)'는 뜻임.

例文 ① 驛站(역참) ② 驛馬(역마) ③ 驛傳(역전)마라톤 ④ 終着驛(종착역)

2 譯 = 言 + 睪   篆文

| 3급 / 20획 | (번역할 **역**) | 篆文 |

解說 '言(말씀 언)'과 '睪(엿볼/돌볼 역)'을 조합한 글자임. '잡혀온 포로(睪)의 말(言)을 다른 나라말로 통역(通譯)하다'는 데서 '번역하다/통변하다'는 뜻이다.

例文 ① 譯官(역관) ② 飜譯(번역) ③ 意譯(의역) ④ 直譯(직역) ⑤ 對譯(대역)

3 繹 = 糸 + 睪

| 1급 / 19획 | (풀 / 풀어낼 **역**) |

解說 '糸(실 사)'와 '睪(엿볼/돌볼 역)'을 조합한 글자임. '죄인(睪)의 손에 감긴 오랏줄(糸)을 풀어준다'는 데서 '실을 풀다/풀어내다'는 뜻을 나타낸다.

例文 ① 演繹(연역) ② 演繹法(연역법) ③ 演繹的方法(연역적방법)

4 **釋** = 采 + 睪   篆文

3급/20획 　　(풀 석)　　　篆文

解說　'采(짐승발자국 변)'과 '睪(엿볼/즐길 역)'을 조합한 글자임. '짐승 발자국(采)을 보고(睪) 무슨 짐승인지 알아낸다'는 데서 '(뜻을) 풀이하다/풀다/해석하다'는 뜻으로 발전하여 쓰이게 되었다.

例文　① 解釋(해석)　② 講釋(강석)　③ 釋迦牟尼(석가모니)

5 **擇** = 手 + 睪   金文 1　金文 2　篆文

4급/16획 　　(가릴 택)　　金文 1　金文 2　篆文

解說　'手(손 수)'와 '睪(엿볼/즐길 역)'을 조합한 글자임. '잘 살펴서(睪) 손(手)으로 가려내다'는 데서 '(손으로) 택하다/가리다/선택하다'는 뜻을 나타낸다. * '手(손 수)'가 다른 글자와 조합하여 글자 왼쪽에 오면 '扌(손수변)'으로 글자 모양이 바뀐다.

例文　① 選擇(선택)　② 擇日(택일)　③ 兩者擇一(양자택일)　④ 揀擇(간택)

6 **澤** = 手 + 睪   篆文

3급/16획 　　(못/윤날 택)　　　篆文

解說　'水(물 수)'와 '睪(엿볼/즐길 역)'을 조합한 글자임. '주의깊이 살펴(睪) 관리하는 물(水)'이라는 데서 '못/연못/윤기가 나다'는 뜻을 나타낸다. * '水(물 수)가 다른 글자와 조합하여 글자 왼쪽에 오면 '氵(삼수변)'으로 글자 모양이 바뀐다.

例文　① 光澤(광택)　② 惠澤(혜택)　③ 潤澤(윤택)　④ 澤雨(택우)

7 **鐸** = 金 + 睪

1급/21획 　　(방울 탁)

解說　'金(쇠 금)'과 '睪(엿볼/즐길 역)'을 조합한 글자임. '많은 사람의 주의(睪)를 끌도록 흔들어 울리는 쇠붙이(金)'이라는 데서 '방울'이라는 뜻을 나타낸다.

例文　① 鐸鈴(탁령)　② 金鐸(금탁)　③ 木鐸(목탁)

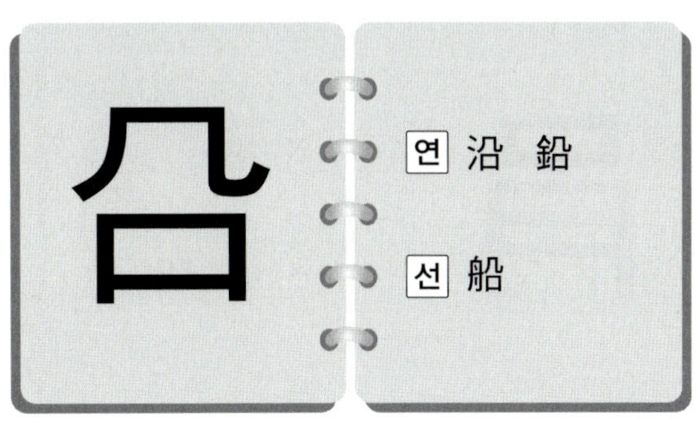

| 연 | 沿 鉛 |
| 선 | 船 |

1

沿 = 水 + 畓

| 3급 / 8획 | (물따라갈 / 따를 **연**) | 篆文 |

解說   '水(물 수)'와 '畓(산속늪 연)'을 조합한 글자임. '산속의 늪(畓)에서 시작된 물(水) 줄기를 따라 내려간다'는 데서 '물따라 내려가다 / 좇다 / 따르다'는 뜻을 나타낸다.

例文   ① 沿道(연도)   ② 沿邊(연변)   ③ 沿岸(연안)   ④ 沿海(연해)   ⑤ 沿革(연혁)

2

鉛 = 金 + 畓

| 4급 / 13획 | (납 **연**) | 篆文 |

解說   '金(쇠 금)'과 '畓(산속늪 연)'을 조합한 글자임. '산속의 늪(畓)처럼 어둡고 잿빛을 띠는 금속(金)'이라는 데서 '납'이라는 뜻을 나타낸다.

例文   ① 亞鉛(아연)   ② 鉛毒(연독)   ③ 鉛刀(연도 ; 무딘 칼)   ④ 鉛筆(연필)

3

船 = 舟 + 八 + 口

| 5급 / 11획 | (배 **선**) | 金文 | 篆文 |

解說   '舟(배 주)'와 '八', '口(입 구)'를 조합한 글자임. '강을 따라 산속의 늪(畓)까지 오르내리는 배(舟)'라는 뜻이나, '성경 창세기에는 노아의 식구(食口) 8(八)명이 방주(方舟)를 타고 홍수를 통과했다'는 이야기가 나온다.

例文   ① 船舶(선박)   ② 船倉(선창)   ③ 乘船(승선)   ④ 下船(하선)   ⑤ 漁船(어선)

연 捐

견 絹 鵑

---

1 

捐 ＝ 手 ＋ 肙

| 1급／10획 | (버릴／덜 **연**) | 篆文 |

解說　'手(손 수)'와 '肙(애벌레／장구벌레 연)'을 조합한 글자임. '손(手)으로 징그러운 애벌레／장구벌레(肙)를 집어서 버린다'는 데서 '(손으로) 집어서 버리다／덜다／기부하다'는 뜻으로 발전하여 쓰이게 되었다.

例文　① 義捐金(의연금)　② 出捐(출연)　③ 出捐金(출연금)　④ 捐補(연보)

---

2 

絹 ＝ 糸 ＋ 肙

| 3급／13획 | (비단 **견**) | 古文 | 篆文 |

解說　'糸(실 사)'와 '肙(애벌레／장구벌레 연)'을 조합한 글자임. '뽕잎을 먹고 자란 누에(肙)가 토해낸 실(糸)'이라는 데서 '비단／명주실'이라는 뜻을 나타낸다.

例文　① 生絹(생견)　② 絹織物(견직물)

---

3 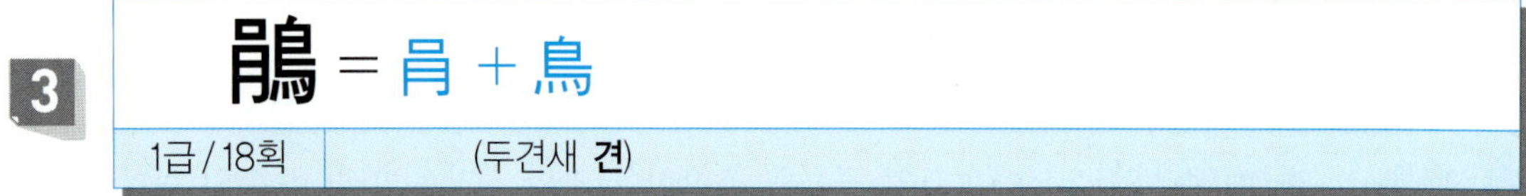

鵑 ＝ 肙 ＋ 鳥

| 1급／18획 | (두견새 **견**) |

解說　'肙(애벌레／장구벌레 연)'과 '鳥(새 조)'를 조합한 글자임. '애벌레(肙)만 먹고 처량하게 우는 새(鳥)'라는 데서 '두견이／두견새／소쩍새'라는 뜻을 나타낸다.

例文　① 杜鵑(두견)　② 鵑血滿胸(견혈만흉 ; 사모하는 마음이 간절함)

1

晏 = 日 + 女

| 7획 | (편안할 **연**) | 篆文 |

🐛 **解說**　'日'와 '女(여자 여)'를 조합한 글자임. 금문(金文)에서는 '여자(女)가 구슬(玉)의 정기(精氣)를 받아들인다'는 데서 '심신이 편안해지다'는 뜻이다.

2

宴 = 宀 + 晏

| 3급 / 10획 | (잔치 / 편안할 **연**) | 金文 1 | 金文 2 | 篆文 |

🐛 **解說**　'宀(집 면)'과 '晏(편안할 연)'을 조합한 글자임. 금문(金文)에서는 '시집온 여자(女)가 남편의 조상신(神)을 섬기는 집(宀)에서 구슬(玉)로 어떤 의식을 거행하는 모습'에서 '편안하게 하다 / 즐기다 / 잔치'라는 뜻으로 발전하여 쓰이게 되었다.

🐛 **例文**　① 宴會(연회)　② 酒宴(주연)　③ 壽宴(수연 ; 회갑잔치)　④ 祝賀宴(축하연)

3

堰 = 土 + 匚 + 晏

| 1급 / 12획 | (둑 / 방죽 / 보 **언**) |

🐛 **解說**　'土(흙 토)'와 '匚(감출 혜)', '晏(편안할 연)'을 조합한 글자임. '흙(土)을 높이 쌓아서 저수지 물을 가두어 두는 둑(匚) / 방죽 / 보(洑)가 완성되자, 모두가 편안하게(晏) 농사를 짓는다'는 데서 '둑 / 방죽 / 보(洑)'라는 뜻을 나타낸다.

🐛 **例文**　① 河口堰(하구언 ; 바닷물이 거슬러 들어오지 못하게 강어귀에 쌓은 둑)

---

1   **延** = 乏 + 廴   延 篆文

4급/7획	(늘일 **연**)	篆文

解說   '乏'과 '廴(길게걸을 인)'을 조합한 글자임. 고대 중국에서는 '왕의 시체(乏)가 지하 깊숙이 묻혀 있어서 그곳(玄室)까지 이어지는 긴 지하도를 "延道(연도)'라고 한다'는 데서 '시간을 끌다/길게 늘이다'는 뜻을 나타낸다. ＊'乏(모자랄 핍)'은 굶어죽은 사람임.

例文   ① 延期(연기)   ② 延着(연착)   ③ 延長戰(연장전)   ④ 延命(연명)

---

2   **筵** = 竹 + 延

1급/13획	(대자리 **연**)

解說   '竹(대나무 죽)'과 '延(늘일 연)'을 조합한 글자임. '바닥에 펼치는(延) 대나무(竹)로 만든 자리'라는 데서 '대자리'라는 뜻을 나타낸다.

例文   ① 筵席(연석 ; 宴會席)   ② 筵上(연상 ; 술자리)   ③ 講筵(강연)

---

3   **誕** = 言 + 延

3급/14획	(낳을 / 거짓 **탄**)

解說   원래는 '사실보다 길게 늘여서(延) 말한다(言)'는 데서 '거짓말하다'는 뜻이었는데, 훗날 시경(詩經)에서 '태어나다'는 뜻으로 쓰이게 되었다.

例文   ① 誕妄(탄망 ; 거짓)   ② 誕言(탄언 ; 거짓말)   ③ 誕生(탄생)   ④ 誕辰(탄신)

연 然 燃
년 撚

---

1 然 = 肉 + 犬 + 火

| 7급 / 12획 | (그럴 **연**) | 金文 | 篆文 |

解說 '肉(고기 육)'과 '犬(개 견)', '火(불 화)'를 조합한 글자임. '하늘의 신(神)에게 짐승(犬) 고기(肉)를 불(火)에 살라 그 향기를 하늘로 올려보내는 것은 당연하다'는 데서 '당연히 그러하다 / 그렇다고 생각하다'는 뜻을 나타낸다. * '燃(불탈 연)'의 초문자(初文字)임.

例文 ① 自然(자연) ② 天然資源(천연자원) ③ 果然(과연)

---

2 燃 = 火 + 然

| 4급 / 16획 | (탈 / 불사를 **연**) |

解說 '火(불 화)'와 '然(그럴 연)'을 조합한 글자로, 한대(漢代)이후 2세기부터 '불에 타다 / 불사르다'는 뜻으로 쓰이게 되었다.

例文 ① 燃燒(연소) ② 燃料(연료) ③ 燃比(연비) ④ 內燃機關(내연기관)

---

3 撚 = 手 + 然

| 1급 / 15획 | (비빌 / 비벼꼴 **년**) |

解說 '手(손 수)'와 '然(그럴 연)'을 조합한 글자임. '성냥이 없던 시절에는 손(手)으로 나무막대기를 판자에 비벼서 불(然)을 만들어냈다'는 데서 '비비다 / 비벼 꼬다'는 뜻이다.

例文 ① 撚絲(연사) ② 撚紙(연지) ③ 撚斷(연단 ; 꼬아서 끊음)

1

冉		甲骨文字	金文	篆文
5획	(늘어질 **염**)			

解說 '장식용 끈이 양쪽으로 늘어진 모양' 또는 '양쪽 무게를 다는 저울 모양'을 본뜬 글자로, '늘어지다 / 약하다 / 세월이 가다'는 뜻을 나타낸다.

2

再 = 冉 + 一		甲骨文字	金文1	金文2	篆文
5급 / 6획	(두 / 거듭 **재**)				

解說 '一(일)'과 '冉(늘어질 염)'을 조합한 글자임. 갑골문자(甲骨文字)와 금문(金文)에서는 '어떤 공간이나 건물 안에 사람(大)이 있고, 문(門)이 2중으로 되어 있다'는 데서 '두 번 / 거듭 / 다시 하다 / 거듭하다'는 뜻을 나타낸다.

例文 ① 再會(재회) ② 再起(재기) ③ 再選(재선) ④ 再三再四(재삼재사) ⑤ 再發(재발)

3

稱 = 禾 + 爪 + 冉			篆文
4급 / 14획	(일컬을 **칭**)		

解說 '禾(벼 화)'와 '爪(손톱 조)', '冉(늘어질 염)'을 조합한 글자임. '손(爪)저울(冉)에 단 곡식(禾)의 무게를 소리내어 말한다'에서 '이르다 / 일컫다 / 칭하다 / 칭찬하다'는 뜻을 나타낸다. * 일본 상용한자와 중국 간체자는 '称(6획)'으로 줄어든다.

例文 ① 名稱(명칭) ② 稱讚(칭찬) ③ 稱頌(칭송) ④ 稱號(칭호) ⑤ 假稱(가칭)

1

炎 = 火 + 火

| 3급/8획 | (불꽃/더울 **염**) | 甲骨文字 | 金文 | 篆文 |

解說 '火(불 화)'와 '火(불 화)'를 조합한 글자임. '활활 타오르는 불꽃 모양'을 본뜬 회의문자(會意文字)로, '불꽃'이라는 뜻을 나타낸다.

例文 ① 炎症(염증) ② 消炎劑(소염제) ③ 炎涼世態(염량세태) ④ 肺炎(폐렴)

2

談 = 言 + 炎

| 5급/15획 | (말씀 **담**) |

解說 '言(말씀 언)'과 '炎(불꽃 염)'을 조합한 글자임. '활활 타오르는 불꽃(炎)처럼 계속되는 이야기(言)'라는 데서 '계속해서 주고받는 이야기'라는 뜻이다. * 중국 간체자(簡體字)에서는 '谈'으로 표기한다.

例文 ① 談笑自若(담소자약) ② 談話文(담화문) ③ 會談(회담) ④ 相談(상담)

3

淡 = 水 + 炎

| 3급/11획 | (맑을/싱거울 **담**) |

解說 '水(물 수)'와 '炎(불꽃 염)'을 조합한 글자임. '불(炎)에 끓인 물(水)은 맛이 싱겁다'는 데서 '(맛이) 싱겁다/엷다/(물이) 맑다'는 뜻을 나타낸다.

例文 ① 淡水(담수) ② 淡水魚(담수어) ③ 冷淡(냉담) ④ 淡白(담백)

4 痰 = 疒 + 炎

1급 / 13획　　　　(가래 **담**)

解說　'疒(병들어기댈 역)'과 '炎(불꽃 염)'을 조합한 글자임. '몸이 피곤하거나(疒) 기관지염(氣管支炎)일 때 나오는 것'이라는 데서 '가래'라는 뜻을 나타낸다.

例文　① 喀痰(객담)　② 喀痰檢査(객담검사)　③ 檢痰(검담)　④ 血痰(혈담)

5 爕 = 言 + 炎 + 又

2급 / 17획　　　　(불꽃 **섭**)　　　　古文　　　篆文

解說　'言(말씀 언)'과 '炎(불꽃 염)', '又(오른손/또 우)'를 조합한 글자인데, '불꽃'이라는 뜻으로 주로 인명(人名)에 사용한다.

例文　① 李仲爕(이중섭)

1 厭 = 厂 + 猒 　　金文　　篆文 1　　篆文 2

2급/14획	(싫어할 **염**)	金文	篆文 1	篆文 2

解說 ‘厂(굴바위 엄)’과 ‘猒(물릴/편안할 염)’을 조합한 글자임. ‘신(神)에게 개(犬)를 바치는 거룩한 장소(厂)에서 그 고기(肉/月)를 많이 먹었다’는 데서 ‘많이 먹고 물리다/싫증나다/싫어하다’는 뜻으로 발전하여 쓰이게 되었다. *중국 간체자(簡體字)에서는 ‘厌(6획)’으로 표기한다.

例文 ① 厭世(염세) ② 厭世主義(염세주의) ③ 厭症(염증)

2 壓 = 厭 + 土

4급/17획	(누를/억누를 **압**)	篆文

解說 ‘厭(싫어할 염)’과 ‘土(흙 토)’를 조합한 글자임. 자료에 의하면 ‘신(神)에게 바친 개(厭)를 땅(土)에 묻어서 땅속의 악령(惡靈)을 눌러 없앤다’는 데서 ‘누르다/억누르다’는 뜻을 나타낸다고 한다. *일본 상용한자에서는 ‘圧(5획)’으로, 중국 간체자(簡體字)에서는 ‘压(6획)’으로 글자 모양이 약간 다르게 표기한다.

例文 ① 壓力(압력) ② 壓制(압제) ③ 壓勝(압승) ④ 壓死(압사) ⑤ 壓迫(압박)

1

某 = 世 + 木

篆文

| 9획 | (넓을 **엽**) | 篆文 |

解說 '世(인간/시대 세)'와 '木(나무 목)'을 조합한 글자임. '나무(木)에서 새로운 잎사 귀(世)가 넓게 퍼져나온다'는 데서 '넓다'는 뜻을 나타낸다. * '世(인간/시대 세)'는 '나뭇 가지에서 새싹이 돋아나는 모양'을 본뜬 상형문자임.

2

葉 = 艹 + 某

| 5급/13획 | (잎/세대 **엽**) |

解說 '艹(풀 초)'와 '某(넓을 엽)'을 조합한 글자임. '초목(草木)의 넓은 잎사귀(葉)가 나왔다가 가을에 떨어진다'는 데서 '잎/세대(世代)'라는 뜻을 나타낸다. * 일본 상용한자 에서는 '葉(12획)'으로, 중국 간체자(簡體字)에서는 '叶(5획)'으로 표기한다.

例文 ① 葉茶(엽차) ② 葉綠素(엽록소) ③ 葉書(엽서) ④ 末葉(말엽)

3

渫 = 水 + 某

| 1급/12획 | (파낼 **설**) |

解說 '水(물 수)'와 '某(넓을 엽)'을 조합한 글자임. '물(水)이 잘 흘러가도록 도랑을 넓 게(某) 판다'는 데서 '파내다'는 뜻을 나타낸다.

例文 ① 浚渫(준설) ② 浚渫工事(준설공사)

---

4 蝶 = 虫 + 枼

3급 / 15획 　　　　(나비 **접**)

解說　‘虫(벌레 충)’과 ‘枼(넓을 엽)’을 조합한 글자임. ‘꿀이 있는 초목(枼)을 찾아다니는 곤충(虫)’이라는 데서 ‘나비’라는 뜻을 나타낸다.

例文　① 蝴蝶蘭(호접란)　② 蝶泳(접영)　③ 蝶舞(접무)

---

5 諜 = 言 + 枼

2급 / 16획 　　　　(염탐할 **첩**)

解說　‘言(말씀 언)’과 ‘枼(넓을 엽)’을 조합한 글자임. ‘광범위(枼)하게 말(言)을 수집한다’는 데서 ‘염탐(廉探)하다 / 엿듣다’는 뜻을 나타낸다. ＊중국 간체자(簡體字)에서는 ‘谍’으로 표기한다.

例文　① 間諜(간첩)　② 諜報員(첩보원)　③ 防諜隊(방첩대)

---

6 牒 = 片 + 枼

1급 / 13획 　　　　(편지 **첩**)

解說　‘片(조각 편)’과 ‘枼(넓을 엽)’을 조합한 글자임. 종이가 없던 시절에 ‘넓은(枼) 나뭇잎 조각(片)에 글을 써서 보낸다’는 데서 ‘편지’라는 뜻을 나타낸다.

例文　① 請牒狀(청첩장)　② 最後通牒(최후통첩)

---

7 棄 　　　　　　　　　　　　甲骨文字　　金文　　篆文

3급 / 11획 　　　　(버릴 **기**)

解說　갑골문자(甲骨文字)와 금문(金文)에서는 ‘어린아이(子)를 바구니에 담아서 물에 띄워버리는 의식(儀式)을 행하는 회의문자(會意文字)’라는 데서 ‘버리다 / 포기하다’는 뜻을 나타낸다. ＊과거 이스라엘의 ‘모세’와 주(周)나라의 시조(始祖) ‘후직(后稷)’은 물에 한 번 버려진 후에 성장한 인물이다. ＊일본 상용한자에서는 ‘棄(12획)’으로 획수가 늘어나고, 중국 간체자(簡體字)에서는 ‘弃(7획)’으로 표기한다.

例文　① 棄權(기권)　② 破棄(파기)　③ 抛棄(포기)　④ 廢棄處分(폐기처분)

	영	嬰
	앵	櫻

1 嬰 = 賏 + 女

1급 / 17획	(갓난아이 **영**)	金文	篆文

解說　'賏'와 '女(여자 여)'를 조합한 글자임. 고대에는, '여자(女)아이가 태어나면 부정(不淨)을 없앤다는 의미로 조가비(賏)를 엮어 목걸이를 만들어서 목에 걸어주었다'는 데서 '갓난아이 / 젖먹이'라는 뜻을 나타낸다. ＊중국 간체자(簡體字)에서는 '嬰'으로 표기한다.

例文　① 嬰兒(영아)　② 愛嬰(애영)

2 櫻 = 木 + 嬰

1급 / 21획	(앵두나무 **앵**)	篆文

解說　'木(나무 목)'과 '嬰(갓난아이 영)'을 조합한 글자임. '앵두나무(木) 열매로 만든 여자(女)아이들의 목걸이(賏)'라는 뜻을 나타낸다. ＊일본 상용한자에서는 '桜(10획)'으로, 중국 간체자(簡體字)에서는 '櫻'으로 표기한다.

例文　① 櫻桃(앵도)　② 櫻脣(앵순)　③ 櫻花(앵화)

예 曳

설 洩

---

1 曳 = 臼 + 人   㬒

| 1급 / 6획 | (끌 **예**) | 篆文 |

🐛 **解說** '臼(두손으로받들 국)'과 '人(사람 인)'을 조합한 글자임. '양손(臼)으로 사람(人)을 끌어당긴다'는 데서 '끌다 / 당기다'는 뜻을 나타낸다.

🐛 **例文** ① 曳引船(예인선) ② 曳船(예선 ; 曳引船)

---

2 洩 = 水 + 曳

| 1급 / 9획 | (물샐 / 넘칠 **설**) |

🐛 **解說** '水(물 수)'와 '曳(끌 예)'를 조합한 글자임. '물(水)을 끌어당기다(曳)'는 데서 '물(水)이 넘치다 / 물이 새다'는 뜻을 나타낸다. * 중국 간체자(簡體字)에서는 '泄'으로 표기한다. * '水(물 수)가 다른 글자와 조합하여 글자 왼쪽에 오면 'ㆍ氵(삼수변)'으로 글자 모양이 바뀐다.

🐛 **例文** ① 漏洩 / 漏泄(누설) ② 洩漏(설루 ; 漏泄)

1

埶

11획	(심을 **예**)

解說 　갑골문자(甲骨文字)와 금문(金文)에서는 '사람이 몸을 굽혀(丸) 흙덩이(土)에 싸인 어린 묘목을 심고 있는 모습'을 본뜬 상형문자이나, 단독으로는 거의 쓰이질 않는다.

2

藝 = 芸 + 埶

4급 / 19획	(재주 **예**)	甲骨文字	金文	篆文

解說 　'芸(김맬 운)'과 '埶(심을 예)'를 조합한 글자임. '묘목을 심고(埶) 김을 맨다(芸)'는 데서 '기술/재주/예능'이라는 뜻으로 발전하여 쓰이게 되었다. ＊농경시대(農耕時代)에는 농작물을 심고 김을 매는 것이 가장 중요한 일이었다. ＊'艸(풀 초)'가 다른 글자와 조합하여 글자 위쪽에 오면 '艹'(초두머리)'로 글자 모양이 바뀐다. ＊일본 상용한자에서는 '芸(김맬 운)'을 '芸(재주 예)'로, 중국 간체자(簡體字)에서는 '艺(4획)'으로 표기한다.

例文 　① 工藝品(공예품) ② 學藝會(학예회) ③ 藝能(예능) ④ 藝術學校(예술학교)

3

熱 = 埶 + 火

5급 / 15획	(더울 / 뜨거울 **열**)		篆文

解說 　'埶(심을 예)'와 '火(불 화)'를 조합한 글자임. '몸을 구부리고(丸) 앉아서 화덕이나 아궁이(坴)에 장작을 집어넣으며 불(火)을 때다'는 데서 '뜨겁다/덥다'는 뜻을 나타낸

다. * 중국 간체자(簡體字)에서는 '热(10획)'으로 표기한다. * '火(불 화)'가 다른 글자와 조합하여 글자 아래쪽에 오면 'ㅆ'로 글자 모양이 바뀐다.

例文　① 熱心(열심)　② 熱烈(열렬)　③ 熱狂(열광)　④ 熱中(열중)　⑤ 熱風(열풍)

4　| 勢 = 埶 + 力 | | 篆文 |

| 4급 / 13획 | (형세 / 세력 **세**) | | 篆文 |

解說　'埶(심을 예)'와 '力(힘 력)'을 조합한 글자임. '공들여(力) 심은(埶) 묘목이 힘차게 자란다'는 데서 '기운차게 뻗다 / 세력 / 형세 / 기세' 라는 뜻으로 발전하여 쓰이게 되었다.
　* 중국 간체자(簡體字)에서는 '势(8획)'으로 표기한다.

例文　① 勢力(세력)　② 權勢(권세)　③ 破竹之勢(파죽지세)　④ 勢不兩立(세불양립)

5　| 褻 = 衣 + 埶 | 金文 | 篆文 |

| 특급 / 17획 | (속옷 / 더러울 **설**) | 金文 | 篆文 |

解說　'衣(옷 의)'와 '埶(심을 예)'를 조합한 글자임. '땀을 흘리며 농사를 지을(埶) 때 입은 속옷(衣)은 더러워지게 마련이다' 는 데서 '속옷은 더럽다' 는 뜻을 나타낸다. * 중국 간체자(簡體字)에서는 '亵(12획)'으로 표기한다.

例文　① 猥褻(외설)　② 猥褻物(외설물)　③ 猥褻小說(외설소설)　④ 猥褻雜誌(외설잡지)

	1		睿			𣦙	𥏂	睿

1 睿

2급 / 14획	(슬기 **예**)	金文	古文	篆文

解說 금문(金文)에서는 '눈만 내놓은 얼굴가리개로 머리 전체를 푹 눌러쓴 사람이 누구인지 알아맞춘다' 는 상형문자로, '(사물을) 꿰뚫어보다 / (사물에) 밝다 / 슬기롭다 / 뛰어나다' 는 뜻으로 발전하여 쓰이게 되었다.

例文 ① 叡智(예지) ② 睿宗(예종) ③ 叡聖文武皇帝(예성문무황제 ; 唐나라 憲宗)

2 璿 = 玉 + 睿

2급 / 18획	(구슬 **선**)

解說 '玉(구슬 옥)'과 '睿(슬기 예)'를 조합한 글자임. '자세히 살펴보니(睿) 뛰어난 옥(玉) / 구슬' 이라는 뜻을 나타낸다. * 중국 간체자(簡體字)에서는 '璇' 으로 표기한다. * 玉(구슬 옥)이 다른 글자와 조합하여 글자 왼쪽에 오면 '王(구슬옥변)' 으로 글자 모양이 바뀐다. 이 경우에는 '王(임금 왕)' 이라고 하지 않음에 유의해야 한다.

例文 ① 璿宮(선궁 ; 옥으로 꾸민 궁전) ② 璿璣(선기 ; 渾天儀)

3 濬 = 水 + 睿

2급 / 17획	(깊을 **준**)

解說 '水(물 수)' 와 '睿(슬기 예)' 를 조합한 글자임. '자세히 살펴보니(睿) 물(水)이 깊다' 는 데서 '물이 깊다/깊은 물' 이라는 뜻을 나타낸다. * 중국 간체자(簡體字)에서는 '浚(10획)' 으로 표기한다. * '水(물 수)가 다른 글자와 조합하여 글자 왼쪽에 오면 '氵(삼수변)' 으로 글자 모양이 바뀐다.

例文 ① 濬潭(준담 ; 깊은 연못) ② 濬哲(준철 ; 뛰어나게 明哲함)

4 壑 = 睿 + 又 + 土

1급 / 17획	(구렁 / 골 **학**)

解說 '睿(슬기 예)' 와 '又(오른손/또 우)', '土(흙 토)' 를 조합한 글자임. '물이 잘 흘러가도록 손(又)으로 골짜기의 흙(土)을 깊숙이 파헤친다(睿)' 는 데서 '구렁/골' 이라는 뜻을 나타낸다.

例文 ① 壑谷(학곡 ; 골짜기 / 구렁 / 지하실)

1 五		𝕏	𝕏	𝕏
8급/4획	(다섯 **오**)	甲骨文字	金文	篆文

解說 '나무를 교차시켜서 2중으로 만든 뚜껑'을 본뜬 상형문자로, '다섯/다섯 개/5'라는 뜻을 나타낸다.

例文 ① 五車之書(오거지서) ② 五里霧中(오리무중)

2 吾 = 五 + 口		𝕏	𝕏	𝕏
3급/7획	(나/우리 **오**)	金文 1	金文 2	篆文

解說 '五(다섯 오)'와 '口'를 조합한 글자임. '신(神)의 계시(啓示)를 부정(不淨)으로부터 안전하게 지키기 위해 신(神)에게 바치는 축문이 든 그릇(口) 위에 뚜껑(五)을 덮다'는 데서 '나/우리'라는 뜻으로 발전하여 쓰이게 되었다.

例文 ① 吾鼻三尺(오비삼척) ② 吾不關焉(오불관언 ; 나는 관계하지 않음) ③ 吾輩(오배 ; 우리들) ④ 吾等(오등 ; 우리들) ⑤ 吾人(오인 ; 나/우리들)

3 悟 = 心 + 吾
3급/10획   (깨달을 **오**)

解說 '心(마음 심)'과 '吾(나 / 우리 오)'를 조합한 글자임. '신(神)의 계시(啓示)를 받고 (吾) 마음(心)이 밝아지다'는 데서 '깨닫다 / 깨우치다'라는 뜻을 나타낸다. * '心(마음 심)'이 다른 글자와 조합하여 글자 왼쪽에 오면 'ㅏ (마음심변 / 심방변)'으로 글자 모양이 바뀐다.

例文 ① 覺悟(각오) ② 悟道(오도 ; 佛道를 깨달음)

---

4 **梧** = 木 + 吾

2급 / 11획   (오동나무 **오**)

解說 '木(나무 목)'과 '吾(나 / 우리 오)'를 조합한 글자임. '오월(五月)에 꽃잎과 꽃받침이 각각 5개로 원추리 모양의 기다란 꽃이 피는 나무(木)'라는 데서 '오동나무'라는 뜻을 나타낸다.

例文 ① 碧梧桐(벽오동) ② 梧桐一葉(오동일엽)

---

5 **伍** = 人 + 五

1급 / 6획   (다섯사람 / 대오 **오**)

解說 '人(사람 인)'과 '五(다섯 오)'를 조합한 글자임. 고대 중국의 '주(周)나라 군대는 5인(人)이 한 조로 되어 있다'는 뜻을 나타낸다.

例文 ① 隊伍(대오) ② 落伍者(낙오자) ③ 伍長(오장)

---

6 **寤** = 宀 + 爿 + 吾

1급 / 14획   (잠깰 **오**)

解說 '宀(집 면)'과 '爿(침대 / 조각널 장)', '吾(나 / 우리 오)'를 조합한 글자임. '신(神)을 섬기는 건물(宀)에서 침대(爿)에 누워 신(神)의 계시를 받고 깜짝 놀라 잠이 깨다'는 데서 '잠이 깨다'는 뜻을 나타낸다.

例文 ① 寤寐(오매) ② 寤寐不忘(오매불망)

---

7 **語** = 言 + 吾

7급 / 14획   (말씀 **어**)   金文 1   金文 2   篆文

解說 '言(말씀 언)'과 '吾(나/우리 오)'를 조합한 글자임. '신(神)으로부터 계시(啓示) 받아 보관하는(吾) 말(言)'이라는 데서 '번갈아 말하다/이야기하다'는 뜻으로 발전하여 쓰이게 되었다. * 중국 간체자(簡體字)에서는 '语'로 표기한다.

例文 ① 語多品小(어다품소) ② 語不成說(어불성설) ③ 言語(언어) ④ 國語(국어)

8

圄 = 口 + 吾

1급 / 10획　　　(옥/감옥 **어**)

解說 '口(에워쌀 위)'와 '吾(나/우리 오)'를 조합한 글자임. '사람(吾)을 일정한 구역 안(口)에 가둔다'는 데서 '옥(獄)/감옥/잡아가두다'는 뜻을 나타낸다.

例文 ① 囹圄(영어)의 몸 ② 獄圄(옥어 ; 감옥)

9

衙 = 行 + 吾

1급 / 13획　　　(마을/관청 **아**)

解說 '行(다닐 행)'과 '吾(나/우리 오)'를 조합한 글자로, '마을/관청/대궐'이라는 뜻을 나타낸다. * 여기서 '마을'은 '왕조(王朝) 때 관원들이 공무(公務)를 처리하던 곳'을 말한다.

例文 ① 官衙(관아) ② 衙前(아전)

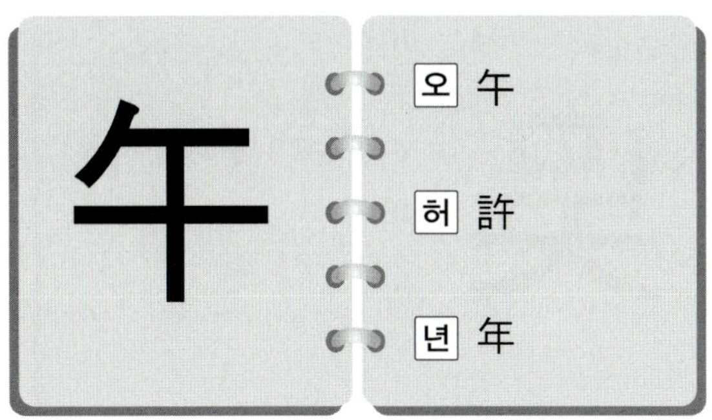

1

午		甲骨文字	金文	篆文
7급 / 4획	(낮 **오**)			

解說　갑골문자(甲骨文字)와 금문(金文)에서는 '신(神)으로 섬기는 절굿공이 모양의 그림자가 가장 짧은 때' 라는 데서 '낮/한낮' 이라는 뜻을 나타낸다.

例文　① 正午(정오)　② 午前(오전)　③ 午後(오후)　④ 午時(오시)　⑤ 午睡(오수)

2

許 = 言 + 午

5급 / 11획	(허락할 **허**)

解說　'言(말씀 언)'과 '午(낮 오)'를 조합한 글자임. '절굿공이(午) 모양의 신(神) 앞에서 맹세의 말(言)을 하자 신(神)이 허락한다' 는 뜻을 나타낸다.

例文　① 許可(허가)　② 許諾(허락)　③ 允許(윤허)　④ 免許(면허)　⑤ 特許(특허)

3

年 = 禾 + 人

8급 / 6획	(해 / 나이 **년**)	甲骨文字	金文	篆文

解說　'禾(벼 화)'와 '人(사람 인)'을 조합한 글자임. '해마다 새해가 되면 볏단(禾)을 짊어지고 풍년을 빌기 위해 춤추는 남자(人)의 모습' 에서 '1년/나이' 라는 뜻을 나타낸다.

例文　① 年老者(연로자)　② 年末年始(연말연시)　③ 豊年(풍년)　④ 凶年(흉년)

---

1 吳 = 口 + 大

| 2급/7획 | (오나라/춤출 **오**) | 金文 1 | 金文 2 | 篆文 |

解說 ‘口’와 ‘大(큰 대)’를 조합한 글자임. ‘신(神)에게 바치는 축문이 든 그릇(口)을 손에 들고 신(神)을 즐겁게 하기 위해 춤추는 사람(大)’이라는 뜻이다. * 일본 상용한자에서는 ‘呉’로, 중국 간체자(簡體字)에서는 ‘吴(7획)’으로 글자 모양이 약간 다르게 표기한다. * 여기서 ‘大(큰 대)’는 ‘두 다리와 두 팔을 벌리고 있는 어른 모습’이다.

例文 ① 吳越之思(오월지사 ; 서로 미워함) ② 吳越同舟(오월동주)

---

2 誤 = 言 + 吳

| 4급/14획 | (그르칠 **오**) | 篆文 |

解說 ‘言(말씀 언)’과 ‘吳(춤출 오)’를 조합한 글자임. ‘신(神)들린 상태에서 춤추는 사람(吳)이 하는 말(言)에는 정상적이 아닌 말이나 오해하기 쉬운 말이 많다’는 데서 ‘그르치다/잘못하다/틀리다’는 뜻을 나타낸다. * 일본 상용한자에서는 ‘誤’으로, 중국 간체자(簡體字)에서는 ‘误’로 글자 모양이 약간 다르게 표기한다.

例文 ① 誤解(오해) ② 誤字(오자) ③ 誤譯(오역) ④ 誤謬(오류) ⑤ 正誤表(정오표)

---

3 娛 = 女 + 吳

| 3급/10획 | (즐길 **오**) | 篆文 |

解說 '女(여자 여)'와 '吳(춤출 오)'를 조합한 글자임. '잔치에서 춤을 추어(吳) 즐겁게 해 주는 여자(女)'라는 데서 '즐기다/즐겁게 하다'는 뜻을 나타낸다. * 일본 상용한자에서는 '娯'로, 중국 간체자(簡體字)에서는 '娱'로 글자 모양이 약간 다르게 표기한다.

例文 ① 娛樂(오락) ② 娛樂室(오락실) ③ 娛遊(오유 ; 즐겁게 놂)

4	虞 = 虍 + 吳		金文 1	金文 2	篆文
	1급 / 13획	(염려할 **우**)			

解說 '虍(범무늬 호)'와 '吳(춤출 오)'를 조합한 글자임. '호랑이 가죽(虍)을 뒤집어쓰고 춤추는 사람(吳)의 모습'에서 '두렵다/두려워하다/근심하다/걱정하다'는 뜻으로 발전하여 쓰이게 되었다. * 일본 상용한자에서는 '虞'로, 중국 간체자(簡體字)에서는 '虞'로 글자 모양이 약간 다르게 표기한다.

例文 ① 虞美人(우미인) ② 虞美人草(우미인초) ③ 虞犯者(우범자) ④ 虞犯地帶(우범지대)

1 敖 = 土 + 方 + 攴   [金文 1]   [金文 2]   [篆文]

11획	(희롱할/놀 **오**)	 金文 1	 金文 2	 篆文

解說 금문(金文)에서는 '지팡이에 몸을 의지하고 있는 머리가 긴 노인을 손(又)에 든 막대기(卜)로 때린다(攴)'이고, 전문(篆文)에서는 '죽은 사람(方)을 때린다(攴)'는 데서 '희롱하며 놀다/방탕하게 놀다'는 뜻을 나타낸다.

2 傲 = 人 + 敖

3급/13획	(거만할 **오**)

解說 '人(사람 인)'과 '敖(희롱할 오)'를 조합한 글자임. '남을 희롱하는(敖) 사람(人)'이라는 데서 '제멋대로 하다/거만하다/업신여기다'는 뜻으로 발전하여 쓰이게 되었다.

例文 ① 傲氣(오기 ; 남에게 지기 싫어하는 마음) ② 傲慢(오만 ; 교만함) ③ 傲不可長 (오불가장 ; 교만한 마음을 억제해야 함)

3 贅 = 敖 + 貝

1급/18획	(혹/군더더기 **췌**)

解說 '敖(희롱할 오)'와 '貝(돈/재물/조개 패)'를 조합한 글자임. '재물(貝)을 마구 탕진하는(敖) 사람'이라는 데서 '쓸데없다/군더더기/혹'이라는 뜻으로 쓰인다.

例文 ① 贅言(췌언) ② 贅居(췌거 ; 처가살이) ③ 贅壻(췌서 ; 데릴사위)

1 奧 ＝ 宀 ＋ 釆 ＋ 廾

| 1급 / 13획 | (깊을 / 속 **오**) | 篆文 |

解說　전문(篆文)에서는 '宀(집 면)'과 '釆(짐승발자국 변)', '廾(두손으로받들 공)'을 조합한 글자임. '신(神)을 섬기는 건물(宀)의 가장 깊숙한 신성한 곳에서 짐승 발다닥(釆)까지 몽땅 두 손(廾)으로 바친다'는 데서 '깊숙하다 / 안 / 속' 이라는 뜻이다.

例文　① 奧妙(오묘)　② 奧地(오지)　③ 深奧(심오)　④ 奧義(오의)

2 壞 ＝ 土 ＋ 奧

| 2급 / 16획 | (물가 / 땅이름 **오**) |

解說　'土(흙 토)'와 '奧(깊을 / 속 오)'를 조합한 글자임. '뭍(土)으로 깊숙이(奧) 들어온 물'에서 '물가 / 땅이름' 이라는 뜻을 나타낸다.

例文　① 壞地利(오지리 ; 오스트리아)

3 懊 ＝ 心 ＋ 奧

| 1급 / 16획 | (한할 **오**) |

解說　'心(마음 심)'과 '奧(깊을 / 속 오)'를 조합한 글자임. '깊은(奧) 속마음(心)으로는 원통하게 생각한다 / 한(恨)하다' 는 뜻을 나타낸다.

例文　① 懊惱(오뇌 ; 원통하여 번민함)　② 懊嘆(오탄 ; 후회)　③ 懊悔(오회 ; 후회)

1

玉		‡	王	王
4급/5획	(구슬 **옥**)	甲骨文字	金文	篆文

解說   금문(金文)과 전문(篆文)에서는 '王'으로 묘사하여 '王(임금 왕)'과 혼돈되는 경향이 있으나, 갑골문자(甲骨文字)에서는 '구슬 3개를 끈으로 꿴 모양'을 본뜬 상형문자이다. *현대에 발굴되는 중국의 고분(古墳)에서는 많은 구슬들이 발견되곤 하는데, 고대 중국인들은 '광택이 나는 단단한 구슬은 생명력을 갖고 있다'고 믿고, 몸에 지니기를 좋아했었다고 한다. 그래서, 장례식 때 사용하는 그릇에도 옥으로 된 그릇이 많았으며, 죽은 사람이 다시 살아서 돌아오라는 의미로 죽은 사람의 입에 옥(玉)을 물리기도 하였는데, 대표적인 글자로는 '環(고리/옥/돌 환)'이 있다. *玉(구슬 옥)이 다른 글자와 조합하여 글자 왼쪽에 오면 '王(구슬옥변)'으로 글자 모양이 바뀐다. 이 경우에는 '王(임금 왕)'이라고 하지 않음에 유의해야 한다. *'玉(구슬 옥)'이 다른 글자와 조합하여 '王'으로 바뀌는 글자로는 '珍(보배 진), 班(나눌 반), 球(구슬 구), 現(나타날 현), 環(고리 환) 등등이 있다.

例文   ① 玉石俱焚(옥석구분) ② 碧玉(벽옥) ③ 紅玉(홍옥) ④ 玉體(옥체) ⑤ 玉座(옥좌)

2

鈺 = 金 + 玉

2급/13획	(보배 **옥**)

解說   '金(쇠 금)'과 '玉(구슬 옥)'을 조합한 글자임. '쇠(金)처럼 단단한 옥(玉)'이라는 뜻으로, 주로 인명(人名)에 사용한다. *중국 간체자(簡體字)에서는 '钰'으로 표기한다.

---

3 **珏** = 玉 + 玉

| 2급/9획 | (쌍옥 **각**) |

解說 ‘玉(구슬 옥)’과 ‘玉(구슬 옥)’을 조합한 글자임. ‘한 쌍／한 세트의 옥(玉)’이라는 뜻으로 주로 인명(人名)에 사용한다. *玉(구슬 옥)이 다른 글자와 조합하여 글자 왼쪽에 오면 ‘王(구슬옥변)’으로 글자 모양이 바뀐다. 이 경우에는 ‘王(임금 왕)’이라고 하지 않음에 유의해야 한다.

例文 ① 崔珏圭(최각규)

4 **班** = 珏 + 刀

| 6급/10획 | (나눌／차례 **반**) |

解說 ‘珏(쌍옥 각)’과 ‘刀(칼 도)’를 조합한 글자임. ‘임금이 구슬(玉)을 둘로 쪼개어(刀) 훗날의 증표로 삼기 위해 신하에게 주었다’는 데서 ‘나누다’는 뜻을, ‘신하의 신분을 나타내는 구슬(玉／珏)의 종류에 따라 벼슬아치의 지위를 나타냈다’는 데서 ‘차례／서열／지위’라는 뜻을 나타낸다. *玉(구슬 옥)이 다른 글자와 조합하여 글자 왼쪽에 오면 ‘王(구슬옥변)’으로 글자 모양이 바뀐다. 이 경우에는 ‘王(임금 왕)’이라고 하지 않음에 유의해야 한다.

例文 ① 兩班(양반) ② 班家(반가 ; 양반 집안) ③ 班長(반장) ④ 卒業班(졸업반)

5 **弄** = 玉 + 廾

| 3급/7획 | (희롱할 **롱**) | 金文 1 | 金文 2 | 篆文 |

解說 ‘玉(구슬 옥)’과 ‘廾(두손으로받들 공)’을 조합한 글자임. ‘옥(玉)으로 된 노리개를 두 손(廾)으로 가지고 놀다’에서 ‘희롱하다／갖고 놀다／업신여기다’는 뜻을 나타낸다. *玉(구슬 옥)이 다른 글자와 조합하여 글자 위쪽에 오면 ‘王’으로 글자 모양이 바뀐다. 이 경우에는 ‘王(임금 왕)’이라고 하지 않음에 유의해야 한다.

例文 ① 戱弄(희롱) ② 弄假成眞(농가성진 ; 假弄成眞) ③ 弄奸(농간)

1

$$屋 = 尸 + 至$$

| 5급 / 9획 | (집/지붕 **옥**) | 古文 | 篆文 |

解說　'尸'와 '至(이를 지)'를 조합한 글자임. '장례식을 치르고 매장하기 전에 시체를 관(棺)에 넣어 두어 풍화(風化)시키는 조그마한 건물'이라는 데서 '(조그마한) 집/지붕'이라는 뜻으로 발전하여 쓰이게 되었다. * '至(이를 지)'는 '화살(矢)이 땅(土)에 꽂히는 장면'을 본뜬 글자로, 화살은 부정(不淨)을 없애고 거룩하게 한다는 뜻이 있는데, 고대에는 신(神)을 섬기는 집(尸)은 신성한 화살을 쏘아서 도달한 지점(至)에 건물을 짓는 관습이 있었다고 한다.

例文　① 家屋(가옥)　② 屋外(옥외)　③ 屋上(옥상)　④ 屋上架屋(옥상가옥 ; 지붕 위에 또 지붕을 얹음/부질없이 덧보태어 하는 일)

2

$$握 = 手 + 屋$$

| 2급 / 12획 | (쥘 **악**) | 篆文 |

解說　'手(손 수)'와 '屋(집 옥)'을 조합한 글자임. '장례식을 치르고 매장하기 전에 시체를 관(棺)에 넣어 두어 풍화(風化)시키는 조그마한 건물(屋)'을 손(手)으로 붙들고 슬퍼한다'는 데서 '손에 쥐다'는 뜻을 나타낸다. * '手(손 수)'가 다른 글자와 조합하여 글자 왼쪽에 오면 '扌(손수변)'으로 글자 모양이 바뀐다.

例文　① 握力(악력)　② 握手(악수)　③ 掌握(장악)　④ 握月擔風(악월담풍 ; 풍월(風月)을 그지없이 사랑함)

옹　雍　擁　甕　壅

1	雍 = 川 + 邑 + 隹	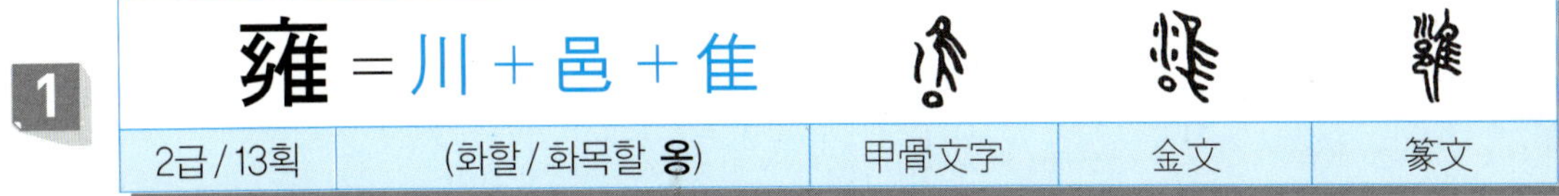		
2급 / 13획	(화할 / 화목할 **옹**)	甲骨文字	金文	篆文

解說　원래는 '川(내 천)'과 '邑(고을 읍), '隹(새 추)'를 조합한 '雖(화목할 / 할미새 옹)'이 초문자(初文字)임. 고대(古代)에는 '사람들은 철새(隹)를 보고, 죽은 조상이 새가 되어 제철이 되면 고을(邑)로 찾아오는 할미새라고 생각하여 호수(川)나 연못 중앙의 섬에 집을 짓고 제사를 지내는 것을 벽옹(璧雝 / 辟雍)'이라고 한데서 '화목하다'는 뜻을 나타낸다.

例文　① 雍容(옹용 ; 온화함)　② 雍和(옹화 ; 화목함)

2	擁 = 手 + 雍	
3급 / 16획	(낄 / 안을 **옹**)	篆文

解說　전문(篆文)에서는 '手(손 수)'와 '雖(화목할 / 할미새 옹)'을 조합한 글자이고, 해서(楷書)에서는 '手(손 수)'와 '雍(화할 / 확목할 옹)'을 조합한 글자임. 고대(古代)에는 '사람들은 철새(隹)를 보고, 죽은 조상이 새가 되어 제철이 되면 찾아오는 할미새(雖 / 雍)라고 생각하여, 반가운 나머지 그 할미새를 두 팔(手)로 껴안다'는 뜻을 나타낸다. ＊중국 간체자(簡體字)에서는 '拥(8획)'으로 표기한다. ＊'手(손 수)'가 다른 글자와 조합하여 글자 왼쪽에 오면 '扌(손수변)'으로 글자 모양이 바뀐다.

例文　① 抱擁(포옹)　② 擁立(옹립)　③ 擁護(옹호)　④ 擁壁(옹벽)

3 2급 / 18획　　**甕** = 雍 + 瓦　　(독 **옹**)　　　篆文

 解說　전문(篆文)에서는 '雝(화목할 / 할미새 옹)'과 '缶(질그릇 부)'를 조합한 글자이나, 해서(楷書)에서는 '雍(화할 / 화목할 옹)'과 '瓦(기와 / 질그릇 와)'를 조합한 글자임. '죽은 조상이 새가 되어 제철이 되면 날아온 할미새(雝)가 머물라는 뜻으로 만든 큰 질그릇(缶)'이라는 데서 '독 / 도가니'라는 뜻을 나타낸다. ＊중국 간체자(簡體字)에서는 '瓮'으로 표기한다.

例文　① 甕器(옹기)　② 甕算畫餠(옹산화병)　③ 甕天(옹천 ; 井中蛙)

4 1급 / 16획　　**壅** = 雍 + 土　　(막을 / 막힐 **옹**)

解說　'雍(화할 / 화목할 옹)'과 '土(흙 토)'를 조합한 글자임. 고대(古代)에는 '사람들은 철새(隹)를 보고, 죽은 조상이 새가 되어 제철이 되면 고을(邑)로 찾아오는 할미새라고 생각하여 호수(川)나 연못 중앙의 섬에 집을 짓고 제사를 지내는 것을 벽옹(璧雝 / 辟雍)'이라고 하였는데, '그곳에는 흙(土)이 많이 쌓여 있어서 물의 흐름이 막혀있다'는 데서 '막히다 / 막다'는 뜻을 나타낸다.

例文　① 壅固執(옹고집)　② 壅塞(옹색)하다

1 瓦

| 3급/5획 | (기와/질그릇 **와**) | 篆文 |

解說　전문(篆文)에서는 '지붕의 기와 모양'을 본뜬 상형문자인데, '기와는 불에 구워서 만든 것/불에 구운 질그릇'이라는 뜻도 포함되어 있는 글자이다.

例文　① 瓦屋(와옥)　② 瓦解(와해 ; 조직이나 기능 따위가 무너져 흩어짐)

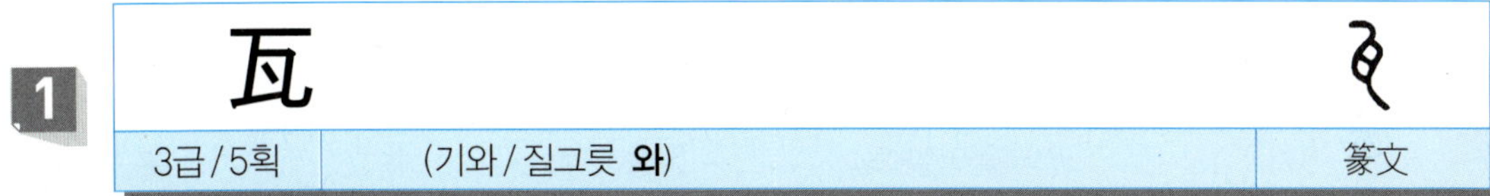

2 互

| 3급/4획 | (서로 **호**) | 篆文 1 | 篆文 2 |

解說　'중앙 부분을 손에 잡고 새끼줄을 아래위로 반복해서 감는 기구'를 본뜬 상형문자로, '서로/번갈아들다'는 뜻을 나타낸다.

例文　① 相互(상호)　② 互角之勢(호각지세)　③ 互惠條約(호혜조약)

1

咼		乙	昏	咼
9획	(입비뚤어질 **와**)	甲骨文字	古文	篆文

解說　'상체(上體)의 얼굴에서 입(口) 주변이 비뚤어져 돌아간 모양'을 본뜬 글자로 '입이 비뚤어지다／소용돌이치다'는 뜻을 나타낸다. ＊중국 간체자(簡體字)는 '呙(7획)'임.

2

渦 ＝ 水 ＋ 咼

1급／12획	(소용돌이 **와**)

解說　'水(물 수)'와 '咼(입비뚤어질 와)'를 조합한 글자임. '비뚤어진 입(咼) 모양처럼 물(水)이 빙글빙글 돈다'는 데서 '소용돌이／소용돌이치다'는 뜻을 나타낸다. ＊중국 간체자(簡體字)에서는 '涡(10획)'으로 표기한다. ＊'水(물 수)가 다른 글자와 조합하여 글자 왼쪽에 오면 'ㅣ(삼수변)'으로 글자 모양이 바뀐다.

例文　① 그런 渦中(와중)에서도　② 渦紋(와문 ; 소용돌이 무늬)　③ 渦水(와수)

3

蝸 ＝ 虫 ＋ 咼

1급／15획	(달팽이 **와**)

解說　'虫(벌레 충)'과 '咼(입비뚤어질 와)'를 조합한 글자임. '껍질이 소용돌이 무늬(咼)처럼 생긴 연체동물(虫)'이라는 데서 '달팽이'라는 뜻을 나타낸다.

例文　① 蝸牛(와우 ; 달팽이)　② 蝸角之爭(와각지쟁 ; 쓸데없는 일로 다툼)

4 **過** = 咼 + 辶

5급 / 13획	(지날 / 지나칠 **과**)

解說　'咼(입비뚤어질 와)'와 '辶(쉬엄쉬엄갈 / 뛸 착)'을 조합한 글자임. '몸이 아픈 사람(咼)이 신(神)에게 낫게 해 달라고 특정한 장소를 지나간다(辶)'는 데서 '(어떤 장소를) 지나다 / 지나가다 / (한도를) 지나치다' 라는 뜻으로 발전하여 쓰이게 되었다. * 일본 상용한자에서는 '過(12획)'으로, 중국 간체자(簡體字)에서는 '过(6획)'으로 표기한다.

例文　① 過去(과거)　② 通過(통과)　③ 過飮(과음)　④ 過食(과식)

5 **禍** = 示 + 咼

3급 / 14획	(재앙 **화**)

解說　'示(제사지낼 / 보일 시)'와 '咼(입비뚤어질 와)'를 조합한 글자임. '신(示 / 神)의 노여움을 사서 입이 비뚤어졌다(咼)'는 데서 '재앙'이라는 뜻을 나타낸다. * 일본 상용한자에서는 '禍(13획)'으로, 중국 간체자(簡體字)에서는 '祸(11획)'으로 표기한다.

例文　① 禍根(화근)이 되다　② 轉禍爲福(전화위복)　③ 災禍(재화)

6 **卨**

2급 / 11획	(벌레 / 사람이름 **설**)	古文	篆文

解說　'머리 앞쪽에 더듬이가 달린 벌레 모양'을 본뜬 상형문자(象形文字)로 주로 인명(人名)에 사용한다.

例文　① 李相卨(이상설 ; 독립 운동가)

1

曰		曰	曰	曰
3급 / 4획	(가로되 / 말할 **왈**)	甲骨文字	金文	篆文

解說   갑골문자(甲骨文字)와 금문(金文)에서는 '신(神)이 축문(祝文)이나 맹세의 말이 든 그릇(ㅂ)의 뚜껑을 들어올려 속에 든 내용을 들여다보고, 그 내용을 말씀하신다'는 데서 '(지위가 높은 사람이) 말하기를 / 말하되 / 말씀하시기를 / 말씀하시되'라는 뜻을 나타내며, 때로는 '口(입 구) + 一 = 曰'로 생각하여 '사람의 입(口)'이라는 뜻을 나타내기도 한다.

例文   ① 孔子曰(공자왈)   ② 孟子曰(맹자왈)

2

晶 = ☆ + ☆ + ☆		品	品	晶
2급 / 12획	(밝을 **정**)	甲骨文字 1	甲骨文字 2	篆文

解說   일부 학자는 '태양이 3개라서 밝게 빛난다'고 주장하기도 하나, '밤하늘의 별들(☆☆☆)이 모여서 반짝반짝 빛나는 광경'을 본뜬 상형문자임. '밤하늘의 별은 태양과 비교해 볼 때, 열(熱)을 수반하지 않으므로 열이 없는데도 빛나는 결정체'라는 뜻을 나타내는 데에 사용하는 글자이다.

例文   ① 水晶(수정)   ② 液晶(액정)   ③ 結晶體(결정체)

王 (임금 왕) 그룹 漢字

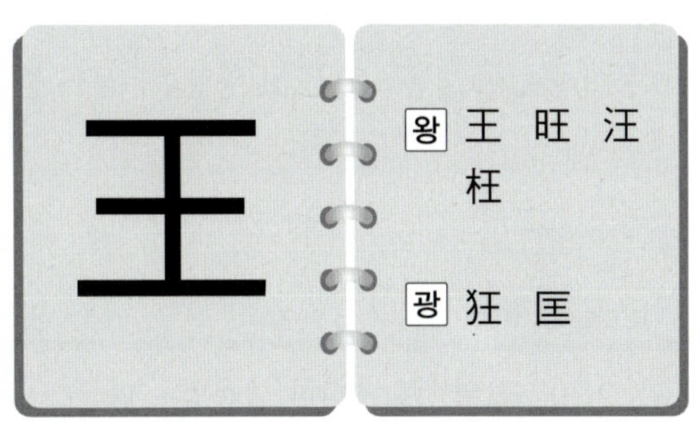

1

王		𣎼	𤣩	王
8급/4획	(임금/왕/ **왕**)	甲骨文字	金文	篆文

解說 '커다란 도끼 모양'을 본뜬 상형문자임. '고대에는 임금의 왕좌(王座) 앞에 커다란 도끼를 만들어 두어 왕의 권위의 상징'으로 하였는데, '王(임금 왕)'은 '임금/아주 크다/으뜸/왕성하다'는 뜻을 나타낸다. * 임금을 보좌하는 '군인 신분을 나타내는 土(선비 사)'는 조그마한 도끼로 표현하였다.

例文 ① 王家(왕가) ② 王位(왕위) ③ 王命(왕명) ④ 王道(왕도)

2

旺 = 日 + 王	
2급/8획	(왕성할 **왕**)

解說 '日(해/날 일)'과 '王(임금 왕)'을 조합한 글자임. '임금(王)의 위세가 태양(日)과 같다'는 데서 '왕성하다/기세가 대단하다'는 뜻을 나타낸다.

例文 ① 旺盛(왕성) ② 旺運(왕운)

3

汪 = 水 + 王	
2급/7획	(넓을 **왕**)

解說 ‘水(물 수)’와 ‘王(임금 왕)’을 조합한 글자임. ‘강물(水)의 흐름이 아주 넓고 크다(王)’는 데서 ‘물의 흐름이 넓다’는 뜻을 나타낸다. * ‘水(물 수)가 다른 글자와 조합하여 글자 왼쪽에 오면 ‘氵(삼수변)’으로 글자 모양이 바뀐다.

例文 ① 汪茫(왕망 ; 물이 한없이 넓음) ② 汪浪(왕랑 ; 눈물이 줄줄 흐름)

4

枉 = 木 + 王

1급/8획   (굽을/굽힐 **왕**)

解說 ‘木(나무 목)’과 ‘王(임금 왕)’을 조합한 글자임. ‘임금(王)이 지나갈 적에는 나무(木)도 몸을 굽힌다’는 데서 ‘굽히다/굽다’는 뜻을 나타낸다.

例文 ① 枉法(왕법 ; 법을 굽힘) ② 枉臨(왕림) ③ 枉尺直尋(왕척직심)

5

狂 = 犬 + 王

3급/7획   (미칠 **광**)   甲骨文字 1   甲骨文字 2   篆文

解說 갑골문자(甲骨文字)와 전문(篆文)에서는 ‘犬(개 견)’과 ‘止(발자국/그칠지)’, 王(임금 왕)’을 조합한 글자임. 임금의 명령으로 먼 곳으로 떠나는 사신(使臣)은 임금의 왕좌 앞에 놓인 신성한 도끼(王)에 발(止)을 얹고 떠나는 의식(儀式)을 행하였는데, 그 의식을 행하면 이상한 힘이 주어지는 것을 “狂(광)”이라고 한 데서 ‘(이상한 기운으로 인해) 정신이 이상하다/제 정신이 아니다/기세가 맹렬하다/사납다/미치다’는 뜻으로 발전하여 쓰이게 되었다. * ‘犬(개 견)’이 다른 글자와 조합하면 ‘犭(짐승변/개견변)’으로 모양이 바뀜.

例文 ① 狂犬病(광견병) ② 熱狂(열광) ③ 狂奔(광분) ④ 狂亂(광란) ⑤ 狂風(광풍)

6

匡 = 匚 + 王

1급/6획   (바를/바로잡을 **광**)   金文   篆文

解說 ‘匚(감출 혜)’와 ‘王(임금 왕)’을 조합한 글자임. ‘임금의 명령으로 일을 바로잡기 위해 은밀히 먼 곳으로 떠나는 사신(使臣)은 임금의 왕좌 앞에 놓인 신성한 도끼(王)에 발(止)을 얹고 떠나는 의식(儀式)을 행하는데, 그 의식을 은밀한 곳(匚)에서 한다’는 데서 ‘(일을) 바로 잡다/바르다’는 뜻을 나타낸다.

例文 ① 匡正(광정 ; 바로 잡음) ② 匡定(광정 ; 도와서 정함) ③ 匡輔(광보 ; 임금을 바르게 도움)

61 畏 (두려워할 외) 그룹 漢字

1 畏

| 3급 / 9획 | (두려워할 **외**) | 甲骨文字 | 金文 | 篆文 |

解說 설문(說文)에서는 '귀신(鬼)의 머리와 호랑이 발톱'이라고 설명하고 있으나, 갑골문자(甲骨文字)와 금문(金文)에서는 '귀신의 머리를 한 괴물(鬼)이 지팡이를 들고 꿈에 나타나 괴롭힌다'는 데서 '두렵다/두려워하다'는 뜻을 나타낸다.

例文 ① 畏敬(외경 ; 공경하고 두려워함) ② 畏敬感(외경감) ③ 敬畏(경외 ; 畏敬)

2 猥 = 犬 + 畏

| 1급 / 12획 | (외람할 / 함부로 **외**) |

解說 '犬(개 견)'과 '畏(두려워할 외)'를 조합한 글자임. '무서운(畏) 동물(犬)처럼 함부로 행동하다'는 데서 '함부로/더럽다'는 뜻을 나타낸다. * '犬(개 견)'이 다른 글자와 조합하여 글자 왼쪽에 오면 '犭(짐승변/개견변)'으로 글자 모양이 바뀐다.

例文 ① 猥濫(외람 ; 분수에 지나침)된 말씀이오나… ② 猥褻物(외설물) ③ 猥褻雜誌(외설잡지 ; 포르노 잡지)

요	幺 拗 窈
유	幼 幽
관	關
련	聯
윤	胤
환	幻 후 後

1

幺

| 3획 | (작을 **요**) | | 金文 | 篆文 |

解說　'조그마한 실타래(糸)를 비틀어 둔 모양'을 본뜬 상형문자로, '생김새가 작다 / 희미하다'는 뜻으로 발전하여 쓰이게 되었다.

例文　① 幺弱(요약 ; 나이가 어려 약함)　② 幺微(요미 ; 아주 작음)

2

幼 = 糸 + 力

| 3급/5획 | (어릴 **유**) | 甲骨文字 1 | 甲骨文字 2 | 篆文 |

解說　'幺(작을 요)'와 '力(힘 력)'을 조합한 글자임. 갑골문자(甲骨文字)에서는 '실타래(糸)를 손(力)으로 비틀다'에서 '힘이 약하다 / 어리다'는 뜻을 나타낸다.

例文　① 幼兒(유아)　② 幼稚園(유치원)　③ 幼年期(유년기)　④ 長幼有序(장유유서)

3

拗 = 手 + 幼

| 1급/8획 | (우길 / 꺾을 **요**) |

解說　'手(손 수)'와 '幼(어릴 유)'를 조합한 글자임. '손(手)으로 약한(幼) 것을 구부리다'는 데서 '꺾다 / 구부리다 / 비뚤어지다 / 비꼬이다'는 뜻을 나타낸다.

例文　① 執拗(집요 ; 고집이 세고 끈질김)　② 拗強(요강 ; 고집이 셈)

4 窈 = 穴 + 幼

1급/9획	(고요할 **요**)

解說 '穴(구멍 혈)'과 '幼(어릴 유)'를 조합한 글자임. '작고 어린(幼) 새끼가 굴(穴)속에 조용히 있다'는 데서 '어둡고 고요하다/희미하다'는 뜻을 나타낸다.

例文 ① 窈窕淑女(요조숙녀) ② 窈冥(요명 ; 어슴프레함)

5 幽 = 山 + 幺幺

3급/9획	(그윽할 **유**)	甲骨文字	金文	篆文

解說 '山(메/뫼 산)'과 '幺幺'를 조합한 글자임. '산(山)속에는 작고 가냘픈(幺幺) 것들이 숨어 있다'는 데서 '그윽하다/숨다/어둡다'는 뜻을 나타낸다.

例文 ① 幽明(유명 ; 어둠과 밝음/이승과 저승) ② 幽靈(유령) ③ 幽閉(유폐)

6 關 = 門 + 幺幺 + 丱

5급/19획	(관계할/빗장 **관**)	金文 1	金文 2	篆文

解說 '門(문 문)'과 '幺幺 + 丱'를 조합한 글자임. 금문(金文)과 전문(篆文)에서는 '양쪽 문(門)에 달린 사슬(幺幺)을 걸어 잠근다(丱)'는 데서 '빗장/통하다/관계하다'는 뜻을 나타낸다. * 일본 상용한자에서는 '関(14획)'으로, 중국 간체자(簡體字)에서는 '关(6획)'으로 표기한다.

例文 ① 關節(관절) ② 關與(관여) ③ 稅關(세관) ④ 關門(관문) ⑤ 關係(관계)

7 聯 = 耳 + 絲

3급/17획	(연이을 **련**)		篆文

解說 전문(篆文)에서는 '耳(귀 이)'와 絲(실 사)'를 조합한 글자임. 고대의 전쟁에서는 '적군의 머리(首) 대신 왼쪽 귀(耳)를 잘라 실(絲)에 꿰어서 보고하였다'는 데서 '연이어 잇닿다/나란히 하다'는 뜻을 나타낸다. * 일본 상용한자에서는 '連(10획)'으로, 중국 간체자(簡體字)에서는 '联(12획)'으로 표기한다.

例文 ① 聯合(연합) ② 聯邦共和國(연방공화국) ③ 聯立住宅(연립주택) ④ 關聯(관련)

8 

胤 = 八 + 幺 + 肉			
2급 / 9획	(자손 / 씨 **윤**)	金文	古文	篆文

解說　금문(金文)에서는 '八'과 '幺(작을 요)', '肉(고기 / 몸 육)'을 조합한 글자임. '짐
승의 양쪽 다리(八) 사이로 어린(幺) 새끼(肉)가 태어난다'는 데서 '자손 / 씨'라는 뜻을 나
타낸다.

例文　① 胤裔(윤예 ; 자손)　② 胤子(윤자 ; 자손)

9 

幻				
2급 / 4획	(헛보일 **환**)	金文 1	金文 2	篆文

解說　'베를 짤 때 날실(糸) 사이를 왔다 갔다 하는 북(ㄱ)과 씨실의 모양'을 본뜬 상형문
자로, '(북이 좌우로 왔다 갔다 하여) 사람의 눈을 혼란시키다 / 헷갈리게 하다 / 미혹하다 / 허
깨비 / 요술 / 환상'이라는 뜻으로 발전하여 쓰이게 되었다.

例文　① 幻燈(환등)　② 幻生(환생)　③ 幻想(환상)　④ 幻覺劑(환각제)

10

後 = 彳 + 幺 + 夂				
7급 / 9획	(뒤 / 뒤질 **후**)	甲骨文字	金文	篆文

解說　'彳(조금씩걸을 척)'과 '幺(작을 요)', '夂(뒤져올 치)'를 조합한 글자임. '길을 갈
(行) 때 발걸음이 느린 어린(幺)아이는 뒤져오게(夂) 마련이다'는 데서 '뒤 / 뒤쪽 / 뒤쳐지
다'는 뜻으로 쓰이게 되었다.

例文　① 後日(후일)　② 後方(후방)　③ 後援(후원)　④ 後生可畏(후생가외 ; 후배는 발
전할 가능성이 무한하므로 그의 앞날을 두려워하라)

63 夭 (어릴 요) 그룹 漢字

1

夭			$\mathrel{\text{人}}$	$\mathrel{\text{人}}$	$\mathrel{\text{人}}$
1급 / 4획	(일찍죽을 / 어릴 **요**)		甲骨文字	金文	篆文

解說　갑골문자(甲骨文字)와 금문(金文)에서는 '젊은 여자가 나긋나긋 몸을 움직이며 춤을 추는 모습'에서 '어리다 / 예쁘다'는 뜻인데, '어른(大)이 되기 전에 목이 꺾이어(夭) 죽다'는 뜻으로 발전하여 쓰이게 되었다. * '大(큰 대)'는 의젓한 모습의 성인(成人)을 묘사한 글자이다.

例文　① 夭死(요사 ; 젊어서 일찍 죽음) ② 夭折(요절) ③ 夭逝(요서)

2

妖 = 女 + 夭
2급 / 7획　　　(요사할 / 예쁠 **요**)

解說　'女(여자 여)'와 '夭(어릴 요)'를 조합한 글자임. '화려하게 꾸민 젊은 여자(女)가 머리를 흔들어 흐트러뜨리며 춤을 추는 모습(夭)'에서 '아름답고 괴이하다 / 요염하게 에쁘다'는 뜻을 나타낸다.

例文　① 妖艶(요염) ② 妖精(요정) ③ 妖怪(요괴) ④ 妖術(요술)

3

笑 = 竹 + 夭		$\mathrel{\text{笑}}$
4급 / 10획　　　(웃음 / 웃을 **소**)		篆文

解說　'竹(대나무 죽)'과 '夭(어릴 요)'를 조합한 글자임. '예쁘게 꾸민 젊은 여자(夭)가 두 손(竹)을 높이 들고 몸을 비틀며(夭) 춤을 춰서 신(神)을 즐겁게 하려고 웃는 모습'에서 '웃음/웃다'는 뜻을 나타낸다. * 여기서 '竹'은 춤을 추려고 높이 쳐든 두 손을 묘사한 글자이다.

例文　① 微笑(미소)　② 笑門萬福來(소문만복래)　③ 談笑(담소)

4

沃 = 水 + 夭

| 2급/7획 | (기름질 **옥**) |

解說　'水(물 수)'와 '夭(어릴 요)'를 조합한 글자임. 설문(說文)에서는 '농지(農地)에 물(水)을 대다'로 되어 있지만, '싱그럽게(水) 젊은 사람(夭)'이라는 데서 '풍성하고 생산적이다/(땅이) 기름지다'로 발전하여 쓰이게 되었다. * '水(물 수)'가 다른 글자와 조합하여 글자 왼쪽에 오면 'ⅰ(삼수변)'으로 글자 모양이 바뀐다.

例文　① 沃土(옥토)　② 門前沃畓(문전옥답)　③ 충청북도 沃川(옥천)

1

要

| 5급 / 9획 | (요긴할 **요**) | 金文 1 | 金文 2 | 篆文 |

解說 '여자(女)가 골반 위의 허리에 양손(臼)을 걸치고 서 있는 모습'을 본뜬 상형문자로 '허리'라는 뜻의 글자이었으나, 훗날 '허리는 매우 중요한 부분'이라는 데서 '요긴하다/중요하다'는 뜻으로 발전하여 쓰이게 되었다. *일본 상용한자와 간체자는 '要'로 표기한다.

例文 ① 重要(중요) ② 要緊(요긴) ③ 必要(필요) ④ 要求(요구) ⑤ 要件(요건)

2

腰 = 肉 + 要

| 3급 / 13획 | (허리 **요**) |

解說 '肉(몸/고기 육)'과 '要(요긴할 요)'를 조합한 글자임. '要(요)'가 '중요하다'는 뜻으로 쓰이게 되자, 훗날 '肉(몸/고기 육)+要(요긴할 요)=腰(허리 요)'라는 글자가 생겨나게 되었다. *일본 상용한자와 중국 간체자(簡體字)에서는 '腰'로 표기한다.

例文 ① 腰痛(요통) ② 腰折腹痛(요절복통)할 노릇이다

3

遷 = 襾 + 大 + 巳

| 3급 / 15획 | (옮길 **천**) | 金文 | 篆文 |

解說 원래는 '고을(邑)에서 죽은 사람을 양손(臼)으로 들어서 딴 곳으로 옮기다/장소를 바꾸다'는 뜻임. *일본 상용한자는 '遷(14획)'이고, 간체자는 '迁(5획)'임.

例文 ① 遷度(천도) ② 變遷(변천) ③ 左遷(좌천)

1. 稻 = 禾 + 舀

3급 / 15획	(벼 **도**)	金文 1	金文 2	篆文

解說 '禾(벼 화)'와 '舀(퍼낼/떠낼 요)'를 조합한 글자임. 금문(金文)에서는 '절구통 (舀)에 있는 벼(禾)/절구통(舀)에서 퍼내는 쌀(米)'이고, 전문(篆文)에서는 '절구통(舀)에 서 찧기 위한 벼(禾)'라는 뜻을 나타낸다. * '舀=爪(손/손톱 조)+臼(절구 구)'임'

例文 ① 稻熱病(도열병) ② 早稻(조도) ③ 晩稻(만도) ④ 陸稻(육도)

2. 滔 = 水 + 舀

1급 / 13획	(물넘칠 **도**)

解說 '水(물 수)'와 '舀(퍼낼/떠낼 요)'를 조합한 글자임. '쌀을 씻는 그릇(舀)에서 물 (水)이 넘쳐 흐른다'는 데서 '물이 넘치다'는 뜻을 나타낸다.

例文 ① 滔天之勢(도천지세 ; 하늘까지 닿는 기세 / 대단한 기세)

3. 蹈 = 足 + 舀

1급 / 17획	(밟을 **도**)

解說 '足(발 족)'과 '舀(퍼낼/떠낼 요)'를 조합한 글자임. '쿵쿵 절구질(舀)하듯이 발 (足)로 땅을 쿵쿵 밟다'는 데서 '발로 밟다'는 뜻을 나타낸다.

例文 ① 舞蹈(무도) ② 舞蹈會(무도회)

---

1 **謠** = 言 + 名

4급 / 17획	(노래 **요**)

解說 '言(말씀 언)'과 '名(제사지낼 요)'를 조합한 글자임. '질그릇(缶)에 고기(肉)를 담아 신(神)에게 바치고 신(神)에게 기도하는 말(言)소리가 마치 노랫소리와 같다'는 데서 '노래/노래하다'는 뜻을 나타낸다. * 일본 상용한자는 '謡(16획)'이고, 간체자는 '谣'임.

例文 ① 歌謠(가요) ② 童謠(동요) ③ 民謠(민요)

---

2 **搖** = 手 + 名

3급 / 13획	(흔들 **요**)	篆文

解說 '手(손 수)'와 '名(제사지낼 요)'를 조합한 글자임. '질그릇(缶)에 고기(肉)를 담아 신(神)에게 바칠 때 손(手)으로 들어 이리저리 흔들다'는 뜻이다. * 일본 상용한자는 '揺(12획)'이고, 중국 간체자(簡體字)는 '摇(13획)'으로 표기한다.

例文 ① 搖籃(요람) ② 搖動(요동) ③ 搖祭(요제) ④ 搖鈴(요령)

---

3 **遙** = 名 + 辶

3급 / 14획	(멀 **요**)	篆文

解說 '辶(쉬엄쉬엄갈/뛸 착)'과 '名(제사지낼 요)'를 조합한 글자임. '질그릇(缶)에 고기(肉)를 담아 신(神)에게 바치기 위해 멀리 간다(辶)'는 뜻이다.

例文 ① 遙遠(요원 ; 아득히 멀다) ② 遙拜(요배) ③ 逍遙(소요 ; 슬슬 돌아다님)

		甲骨文字	古文	篆文
1 堯 2급/12획	(높을/요임금 **요**)	甲骨文字	古文	篆文

解說　갑골문자(甲骨文字)와 금문(金文)에서는 '무릎을 꿇은 사람이 토신(土神) 2개를 머리에 이고 있는 모습'의 글자이고, 전문(篆文)에서는 '토신(土神)에게 제사지내기 위해서 토신(土神) 3개를 높이 쌓은 사람(儿)'이라는 데서 '높다/높이 쌓다'는 뜻을 나타낸다. ＊중국 간체자(簡體字)에서는 '尧(6획)'으로 표기한다.

例文　① 堯舜之君(요순지군 ; 堯임금과 舜임금과 같은 聖君)

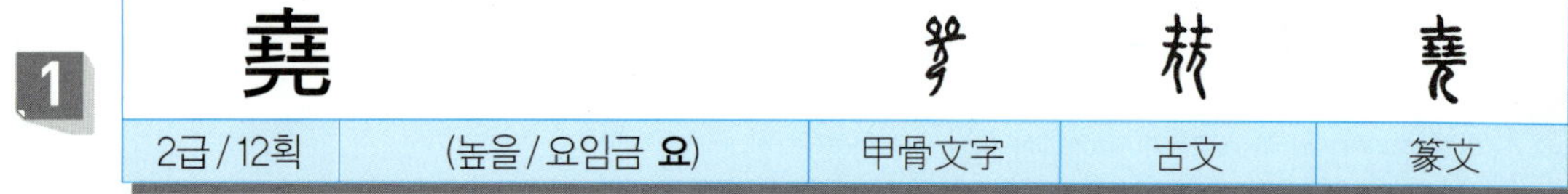

2 僥 = 人 + 堯 1급/14획	(요행/바랄/난쟁이 **요**)	篆文

解說　'人(사람 인)'과 '堯(높을 요)'를 조합한 글자임. '사람(人)'의 키가 토신(土神/堯) 정도의 사람'이라는 데서 '난쟁이/(난쟁이는) 키가 크기를 바라다/요행수를 바라다'라는 뜻으로 발전하여 쓰이게 되었다. ＊설문(說文)에서는 '사람의 키가 토신(土神) 정도의 키(3尺/약 90센티미터)의 사람이 있다'고 하는데, '난쟁이는 키가 큰 사람을 보면 자기도 한 번 저렇게 키가 커봤으면 좋겠다고 바란다'는 데서 생겨난 글자이다. ＊중국 간체자(簡體字)에서는 '侥(8획)'으로 표기한다.

例文　① 僥倖(요행 ; 뜻밖의 행운) ② 僥倖數(요행수 ; 뜻밖에 얻은 좋은 운수)를 바라다

3 撓 = 手 + 堯

1급 / 15획　　　(휠 / 구부러질 **요**)

解說　'手(손 수)'와 '堯(높을 요)'를 조합한 글자임. '손(手)으로 쌓아올려 만든 토신(土神 / 堯)이 비바람에 의해서 망가지다'는 데서 '휘다 / 구부러지다 / 꺾이다'는 뜻을 나타낸다. * 중국 간체자(簡體字)에서는 '挠(9획)'으로 표기한다. * '手(손 수)'가 다른 글자와 조합하여 글자 왼쪽에 오면 'ㅊ(손수변)'으로 글자 모양이 바뀐다.

例文　① 不撓不屈(불요불굴)의 精神(정신)　② 撓法(요법)　③ 撓改(요개 ; 휘어서 고침)

---

4 饒 = 食 + 堯

1급 / 21획　　　(넉넉할 **요**)

解說　'食(밥 / 먹을 식)'과 '堯(높을 요)'를 조합한 글자임. '토신(土神)에게 제사지내기 위해 음식(食)을 높게 많이 쌓아두었다(堯)'는 데서 '넉넉하다 / 너그럽다'는 뜻을 나타낸다. * 중국 간체자(簡體字)에서는 '饶'로 표기한다.

例文　① 豊饒(풍요)롭다　② 饒舌(요설 ; 말이 많음)

---

5 曉 = 日 + 堯

3급 / 16획　　　(새벽 **효**)

解說　'日(해 / 날 일)'과 '堯(높을 요)'를 조합한 글자임. '태양(日)이 뜨기 전에는 하늘이 흙빛(堯)으로 빛난다'는 데서 '새벽 / 밝다 / 깨닫다'는 뜻을 나타낸다. * 일본 상용한자에서는 '暁(12획)'으로, 중국 간체자(簡體字)에서는 '晓(10획)'으로 표기한다.

例文　① 曉星(효성)　② 曉天(효천)　③ 曉鐘(효종)　④ 曉霧(효무)　⑤ 曉月(효월)

---

6 燒 = 火 + 堯

3급 / 16획　　　(사를 / 불사를 **소**)

解說　'火(불 화)'와 '堯(높을 요)'를 조합한 글자임. '가마에 토기(土器)를 쌓아놓고(堯) 불(火)을 때다'는 데서 '불사르다 / 불타다 / 불에 익히다 / 굽다'는 뜻으로 발전하여 쓰이게 되었다. * 일본에서는 '焼(12획)'으로, 간체자(簡體字)에서는 '烧(10획)'으로 표기한다.

例文　① 燒却場(소각장)　② 全燒(전소)　③ 燒滅(소멸)　④ 燒失(소실)　⑤ 燒酒(소주)

1

用		甲骨文字	金文	篆文
6급 / 5획	(쓸 용)			

解說 설문(說文)에서는 '희생제물(犧牲祭物)로 사용할 동물을 가두어 두기 위해 나무나 대나무로 짜서 만든 울타리 / 우리'라고 설명하고 있으나, '(나무나 대나무로 짜서 만든) 둥근 통 / (동물을 희생제물로) 쓰다 / 사용하다'는 뜻으로 발전하여 쓰이게 되었다.

例文 ① 用途(용도) ② 用法(용법) ③ 使用(사용) ④ 採用(채용) ⑤ 用意(용의)

2

甬 = マ + 用		金文	篆文
7획	(물통 용)		

解說 'マ'와 '用(쓸 용)'을 조합한 글자로, '손잡이(マ)가 달린 기다란 물통(用)'이라는 뜻을 나타낸다.

3

勇 = 甬 + 力		金文 1	金文 2	篆文
6급 / 9획	(날랠 용)			

解說 '甬(물통 용)'과 '力(힘 력)'을 조합한 글자임. '물이 가득 든 물통(甬)을 힘껏(力) 들어 나르다'에서 '날래다 / 씩씩하다 / 용맹스럽다 / 굳세다'는 뜻을 나타낸다. * 일본 상용한자에서는 '勇'으로 글자 모양이 약간 다르게 표기한다.

 ① 勇士(용사) ② 勇氣(용기) ③ 勇敢(용감) ④ 勇猛(용맹) ⑤ 勇斷(용단)
⑥ 勇將手下無弱兵(용장수하부약병)

---

4 **庸 = 庚 + 用**

3급 / 11획 　　(떳떳할 / 쓸 **용**)

　'庚(곡식 경)'과 '用(쓸 용)'을 조합한 글자임. '나무로 짜서 만든 틀 안에 흙을 넣어서 절굿공이 같은 것으로 찧어서(庚) 굳게 다져 사용하다(用)'는 뜻이었는데, 훗날 '어리석다 / 보통이다 / 떳떳하다'는 뜻으로 발전하여 쓰이게 되었다. ＊'庚(곡식 경)'은 움막집(广)에서 두 손(又)으로 절굿공이를 들고 절구질하는 모습의 글자이다. 더 자세한 것은 1권 '庚(곡식 경)그룹 漢字' 참조.

 ① 中庸(중용) ② 庸劣(용렬)하다 ③ 登庸 / 登用(등용) ④ 庸言(용언 ; 평범한 말)

---

5 **傭 = 人 + 庸**

2급 / 13획 　　(품팔 **용**)

　'人(사람 인)'과 '庸(떳떳할 / 쓸 용)'을 조합한 글자임. '남의 집에 가서 절굿공이로 절구질(庸)하는 사람(人)'이라는 데서 '품을 팔다 / 일하다'는 뜻을 나타낸다. ＊중국 간체자(簡體字)에서는 '佣(7획)'으로 표기한다.

 ① 雇傭條件(고용조건) ② 雇傭人(고용인) ③ 傭兵(용병) ④ 傭船(용선)

---

6 **鏞 = 金 + 庸**

2급 / 19획 　　(쇠북 **용**)

　'金(쇠 금)'과 '庸(떳떳할 / 쓸 용)'을 조합한 글자로, '쇠북'이라는 뜻을 나타낸다. ＊중국 간체자(簡體字)에서는 '镛'으로 표기한다.

 ① 大鏞(대용 ; 커다란 종) ② 鏞鼓(용고 ; 종과 북)

---

7 **湧 = 水 + 甬**

1급 / 12획 　　(물솟을 / 샘솟을 **용**)

解說 '水(물 수)'와 '甬(물통 용)'을 조합한 글자로, '湧(샘솟을 용)'과 같은 글자임. '솟 아오르는 물(水)을 물통(甬)에 담다'는 데서 '물이 솟다/샘이 솟다'는 뜻을 나타낸다. *'水 (물 수)가 다른 글자와 조합하여 글자 왼쪽에 오면 'ㆍ(삼수변)'으로 글자 모양이 바뀐다.

例文 ① 涌泉水 / 湧泉水(용천수) ② 涌出 / 湧出(용출)

8

踊 = 足 + 甬

| 1급 / 16획 | (뛸 / 춤출 **용**) |

解說 '足(발 족)'과 '甬(물통 용)'을 조합한 글자임. '무거운 물통(甬)을 들면 자기도 모 르게 뛰어간다(足)'는 데서 '뛰다/춤추다'는 뜻을 나타낸다.

例文 ① 舞踊(무용) ② 舞踊手(무용수) ③ 踊躍(용약)

9

誦 = 言 + 甬

| 3급 / 16획 | (욀 / 읊을 **송**) |

解說 '言(말씀 언)'과 '甬(물통 용)'을 조합한 글자로, '읽다/외다/읊다'는 뜻을 나타낸 다. *중국 간체자(簡體字)에서는 '诵'으로 표기한다.

例文 ① 暗誦(암송) ② 誦詩(송시 ; 시를 읊음)

10

通 = 甬 + 辶

| 6급 / 13획 | (통할 **통**) | 甲骨文字 | 金文 | 篆文 |

解說 '甬(물통 용)'과 '辶(쉬엄쉬엄갈 / 뛸 착)'을 조합한 글자임. '물통(甬)을 들고 항상 물을 뜨러 다니는(辶) 길'이라는 데서 '막힘없이 잘 통하다'는 뜻을 나타낸다. *일본 상용 한자와 중국 간체자(簡體字)에서는 '通(12획)'으로 표기한다. *상수도 시설이 없는 옛날 의 식수(食水)는 매우 중요하다는 것을 알 수 있는 글자이다.

例文 ① 通行路(통행로) ② 交通(교통) ③ 通路(통로) ④ 四通八達(사통팔달)

11

痛 = 疒 + 甬

| 4급 / 14획 | (아플 / 심할 **통**) | 篆文 |

解說　‘疒(병들어기댈 역)’과 ‘甬(물통 용)’을 조합한 글자임. ‘무거운 물통(甬)을 들고 다니다가 병(疒)이 생겼다’는 데서 ‘몹시 아프다/(통증이) 심하다’는 뜻을 나타낸다.

例文　① 頭痛(두통)　② 胃痛(위통)　③ 痛症(통증)　④ 痛哭(통곡)　⑤ 痛快(통쾌)

12

桶 = 木 + 甬

| 1급 / 13획 | (통 **통**) |

解說　‘木(나무 목)’과 ‘甬(물통 용)’을 조합한 글자로, ‘나무(木)로 만든 통(甬)’이라는 뜻을 나타낸다.

例文　① 水桶(수통)　② 沐浴桶(목욕통)　③ 休紙桶(휴지통)

1 容 = 宀 + 谷

| 4급 / 10획 | (얼굴 / 받아들일 / 담을 **용**) | 甲骨文字 | 金文 | 篆文 |

解說 '宀(면)'과 '八八', '口'를 조합한 글자임. 갑골문자(甲骨文字)와 고문(古文)에서는 '신(神)을 섬기는 집(宀)에서 신(神)에게 바치는 축문이 든 그릇(口)을 앞에 두고 기도한 결과 신(神)의 모습이 八형태로 나타나 모든 것을 받아들인다'는 데서 '얼굴 모습 / 받아들이다 / 담다'는 뜻을 나타낸다고 한다. *'宀(머리 모양)', '八(두 눈)', '八(콧수염)', '口(입)'으로 하여 '얼굴'이라는 뜻으로 외워도 될 것 같다.

例文 ① 容貌(용모) ② 容納(용납) ③ 容認(용인) ④ 容器(용기) ⑤ 收容(수용)

2 溶 = 水 + 容

| 2급 / 13획 | (녹을 / 흐를 **용**) |

解說 '水(물 수)'와 '容(얼굴 / 받아들일 용)'을 조합한 글자임. '얼굴(容)에서 땀(水)이 줄줄 흐른다'는 데서 '질펀하게 흐르다 / 녹다'는 뜻을 나타낸다. *'水(물 수)가 다른 글자와 조합하여 글자 왼쪽에 오면 '氵(삼수변)'으로 글자 모양이 바뀐다.

例文 ① 溶液(용액) ② 水溶液(수용액) ③ 溶解(용해) ④ 溶媒(용매)

3 熔 = 火 + 容

| 2급 / 14획 | (녹을 **용**) |

解說 　‘火(불 화)’와 ‘容(얼굴/받아들일 용)’을 조합한 글자임. ‘모든 물체는 불속(火)에 들어가면(容) 녹는다’는 데서 ‘녹다/녹이다’는 뜻을 나타낸다.

例文 　① 熔岩 / 鎔岩(용암)　② 熔解 / 鎔解(용해)　③ 熔接 / 鎔接(용접)

4 　鎔 ＝ 金 ＋ 容

2급 / 18획 　　(쇠녹일 / 거푸집 **용**)

解說 　‘金(쇠 금)’과 ‘容(얼굴/받아들일 용)’을 조합한 글자임. ‘쇠(金)를 녹여서 거푸집에 붓는다(容)’는 데서 ‘쇠를 녹이다/거푸집’이라는 뜻을 나타낸다.

例文 　① 鎔鑛爐(용광로)　② 鎔岩 / 熔岩(용암)　③ 鎔解 / 熔解(용해)

5 　瑢 ＝ 玉 ＋ 容

2급 / 14획 　　(패옥소리 **용**)

解說 　‘玉(구슬 옥)’과 ‘容(얼굴/받아들일 용)’을 조합한 글자로, ‘패옥소리’라는 뜻을 나타내는데, 주로 인명(人名)에 사용한다. ＊玉(구슬 옥)이 다른 글자와 조합하여 글자 왼쪽에 오면 ‘王(구슬옥변)’으로 글자 모양이 바뀐다. 이 경우에는 ‘王(임금 왕)’이라고 하지 않음에 유의해야 한다.

6 　蓉 ＝ 艸 ＋ 容

1급 / 14획 　　(연꽃 **용**)

解說 　‘艸(풀 초)’와 ‘容(얼굴/받아들일 용)’을 조합한 글자로, ‘사람의 얼굴(容) 모양처럼 붉그스레하게 꽃이 피는 식물(艸)’이라는 데서 ‘연꽃’이라는 뜻을 나타낸다. ＊중국 간체자(簡體字)에서는 ‘蓉(13획)’으로 표기한다. ＊‘艸(풀 초)’가 다른 글자와 조합하여 글자 위쪽에 오면 ‘艹(초두머리)’로 글자 모양이 바뀐다.

例文 　① 芙蓉(부용 ; 연꽃)

1	又		ㅓ	ㅋ	ㅋ
	3급/2획	(오른손/또 **우**)	甲骨文字	金文	篆文

解說 '오른손 모양'을 본뜬 글자로, '보통 사람들은 오른손으로 일을 하고 또 한다'는 데서 '오른손/또/다시'라는 뜻을 나타낸다.

例文 ① 日日新又日新(일일신우일신) ② 又驚又喜(우경우희)

2	友 = 又 + 又		갸	칩	ㅋ
	5급/4획	(벗 **우**)	甲骨文字	金文	篆文

解說 갑골문자(甲骨文字)에서는 '오른손(又)과 오른손(又)을 묘사함으로써 옛날부터 악수(?)가 행해졌다'이고, 금문(金文)에서는 '신(神)에게 바치는 축문(祝文)이 든 그릇(口)을 앞에 두고 오른손(又)과 오른손(又)을 묘사함으로써 악수(?)를 하며 화해를 했다'는 데서 '벗/동무/친구/돕다'는 뜻의 글자가 된 것이 아닌가 하는 생각이 든다.

例文 ① 友情(우정) ② 友好(우호) ③ 友邦(우방) ④ 友軍(우군)

3	怪 = 心 + 圣		隘
	3급/8획	(괴이할/도깨비 **괴**)	篆文

解說 '心(마음 심)'과 '圣(힘쓸 골)'을 조합한 글자임. 자료에 의하면 전문(篆文)에서는 '손(又)으로 논밭(土)을 개간하면서(圣) 건드려서는 안 될 토신(土/土神)을 건드렸더니 이

상한 마음(心) 상태가 된다'는 데서 '괴이하다 / 도깨비' 라는 뜻으로 발전하여 쓰이게 되었다고 한다. ＊ '心(마음 심)'이 다른 글자와 조합하여 글자 왼쪽에 오면 '忄(마음심변 / 심방변)' 으로 글자 모양이 바뀐다.

例文 ① 怪異(괴이) ② 怪狀(괴상) ③ 怪漢(괴한) ④ 妖怪(요괴) ⑤ 怪物(괴물)

4	桑 = 又又又 + 木		篆文
	3급 / 10획	(뽕나무 **상**)	篆文

解說 '잎이 무성하게 우거진 뽕나무(木) 모양'을 본뜬 상형문자로, '분주하게(又 + 又 + 又) 뽕잎을 따서 누에게 준다'는 데서 '뽕나무' 라는 뜻을 나타낸다.

例文 ① 桑田碧海(상전벽해) ② 桑中之喜(상중지희 ; 密會의 기쁨)

5	綴 = 糸 + 又又又又		篆文
	1급 / 14획	(엮을 **철**)	篆文

解說 '糸(실 사)'와 '又又又又'를 조합한 글자임. '실(糸)로 여러 번(又又又又) 꿰매 엮었다'는 데서 '엮다 / 묶다'는 뜻을 나타낸다. ＊ 중국 간체자(簡體字)에서는 '缀'로 표기한다.

例文 ① 新聞綴(신문철) ② 點綴(점철) ③ 補綴(보철 ; 〈齒科用語〉)

1 于

3급/3획	(어조사 **우**)	甲骨文字	金文	篆文

解說　'뭔가 구부러뜨려서 만든 커다란 요리용 칼' 모양인데, 확실한 자료가 없어서 알 수가 없으나, 어조사(語助辭)로 쓰이는 글자이다.

例文　① 于先(우선 ; 먼저)　② 于公(우공 ; 漢나라 東海사람)

2 宇 = 宀 + 于

3급/6획	(집/하늘 **우**)	金文 1	金文 2	篆文

解說　'宀(집 면)'과 '于(우)'를 조합한 글자임. '신(神)을 섬기는 건물(宀)에 커다란 무기(于)를 둔다(?)'는 데서 '큰 집/크다'는 뜻을 나타낸다.

例文　① 宇宙(우주)　② 宇宙船(우주선)　③ 宇宙服(우주복)　④ 宇宙論(우주론)

3 迂 = 于 + 辶

1급/7획	(에돌/멀 **우**)		甲骨文字	篆文

解說　'于(우)'와 '辶(쉬엄쉬엄/뛸 착)'을 조합한 글자임. '구부러진(于) 길로 간다(辶)'는 데서 '빙 돌아가다/빙 돌아 먼 길로 가다'는 뜻을 나타낸다.

例文　① 迂回/迂廻(우회 ; 멀리 돎)　② 迂路(우로)

1

| 3획 | (어조사 **우**) | 甲骨文字 | 金文 | 篆文 |

> **解說** '뭔가 구부러뜨려서 만든 커다란 요리용 칼' 모양인데, 확실한 자료가 없어서 알 수가 없으나, 어조사(語助辭)로 쓰이는 글자이다. * '于(어조사 우)'의 초문자(初文字)임.

2

| 3급 / 4획 | (어조사 **혜**) | 甲骨文字 | 金文 | 篆文 |

> **解說** 갑골문자(甲骨文字)와 금문(金文)의 상형문자만으로는 무엇인지 확실히 알 수가 없으나, '…이나이다'는 뜻의 어조사(語助辭)로 쓰인다.

> **例文** ① 歸去來兮(귀거래혜 ; 돌아갔나이다) ② 父兮生我(부혜생아 ; 아버지는 나를 낳으셨나이다)

3

| 朽 = 木 + 丂 | | | 篆文 |
| 1급 / 6획 | (썩을 **후**) | | 篆文 |

> **解說** 전문(篆文)에서는 '칼자국(丂)이 난 나무(木)가 비바람에 썩는다'는 뜻을 나타낸다.

> **例文** ① 不朽(불후)의 名作(명작) ② 朽木糞墻(후목분장 ; 썩은 나무는 조각할 수 없고, 부패한 담장은 칠할 수가 없음/마음이 썩어 배우고자 하는 뜻이 없는 사람은 도저히 가르칠 수 없음)

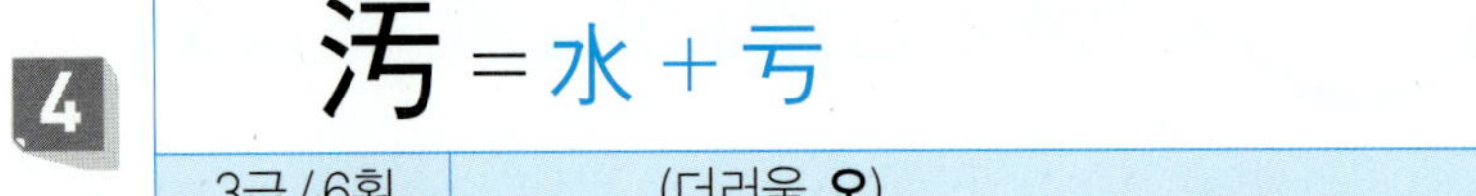

4 | 汚 = 水 + 亏 | 篆文

3급 / 6획 | (더러울 **오**) | 篆文

解說　전문(篆文)에서는 '水(물 수)'와 '亏(우)'를 조합한 글자임. '움푹 파인(亏) 웅덩이에 고인 물(水)은 더럽다'는 데서 '더럽다/더럽히다'는 뜻을 나타낸다. ＊중국 간체자(簡體字)에서는 '汚'로 글자 모양이 약간 다르게 표기한다. ＊'水(물 수)'가 다른 글자와 조합하여 글자 왼쪽에 오면 'ｱ(삼수변)'으로 글자 모양이 바뀐다.

例文　① 汚染(오염)　② 汚物(오물)　③ 汚水(오수)　④ 汚名(오명)

5 | 聘 = 耳 + 甹 | 金文 | 篆文

3급 / 13획 | (부를 / 찾을 **빙**) | 金文 | 篆文

解說　'耳(귀 이)'와 '甹(끌 병)'을 조합한 글자임. '술병(由)을 손에 들고(甹) 의견을 들으러(耳) 찾아간다'는 데서 '방문하다/부르다/장가들다'는 뜻으로 발전하여 쓰이게 되었다.

例文　① 招聘(초빙)　② 聘父(빙부 ; 丈人)　③ 聘母(빙모 ; 丈母)　④ 聘問(빙문 ; 訪問)

73 牛 (소 우) 그룹 漢字

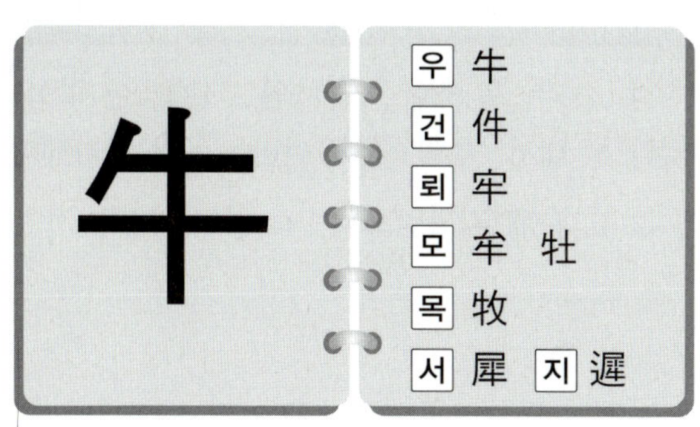

1

牛		甲骨文字	金文	篆文
5급 / 4획	(소 우)			

解說 '정면에서 본 소'를 본뜬 상형문자임. 한쪽은 뿔이 없는 것처럼 보이는데, 이것은 제후(諸侯)들이 모여서 맹세를 할 때는 '소 왼쪽 귀를 잘라서 그 피를 들이마시고 맹세하였다'는 데서 왼쪽 뿔이 없는 것처럼 보인다. * 고대 중국에서는 신(神)에게 제사지내는 희생 제물로 소(牛)를 비롯하여 양(羊)·돼지(豕)·개(犬) 등등을 바쳤으나, 그 중에서도 소(牛)를 으뜸으로 쳤다. * '소(牛)'와 관련된 한자로는 '告(고할 고), 犧(희생 희), 牲(희생 생), 物(물건 물), 牧(칠/기를 목), 解(풀 해), 特(특별할 특)' 등등이 있다.

例文 ① 九牛一毛(구우일모) ② 牛乳(우유) ④ 牛馬車(우마차) ③ 牛耳讀經(우이독경) ⑤ 牛耳誦經(우이송경) ⑥ 牛往馬往(우왕마왕)

2

件 = 人 + 牛

5급 / 6획	(물건 / 가지 / 수효 건)

解說 '人(사람 인)'과 '牛(소 우)'를 조합한 글자임. 당(唐)나라와 宋(송)나라 이후에 생겨난 글자로 정확한 구성원리는 알 수 없으나, 구당서(舊唐書)에서는 재판용어로 쓰인 걸로 보아 '아마도 소(牛)를 훔쳐간 사람(人)'으로 하여 '훔쳐간 물건/가지/수효'라는 뜻으로 쓰이는 것 같다.

例文 ① 事件(사건) ② 件數(건수) ③ 條件(조건) ④ 物件(물건) ⑤ 案件(안건)

3 牢 = 宀 + 牛

| 1급/7획 | (우리/감옥 **뢰**) | 甲骨文字 1 | 甲骨文字 2 | 篆文 |

解說 '宀(집 면)'과 '牛(소 우)'를 조합한 글자임. '신(神)에게 희생제물로 바칠 소(牛)를 우리(宀)에 가두어 두었다'는 데서 '우리/감옥'이라는 뜻을 나타낸다.

例文 ① 牢獄(뇌옥) ② 亡羊補牢(망양보뢰 ; 소 잃고 외양간 고치기)

4 牟 = 厶 + 牛

| 2급/6획 | (소우는소리/성씨 **모**) | | | 篆文 |

解說 '厶'와 '牛(소 우)'를 조합한 글자임. '소(牛)의 코뚜레(厶)'를 본뜬 상형문자로 '소의 코청을 뚫어서 코뚜레를 끼우자 아파서 소가 음매하고 운다'는 데서 '소우는 소리'라는 뜻을 나타내는데, 주로 인명(人名)에 사용한다.

例文 ① 釋迦牟尼(석가모니)

5 牡 = 牛 + 土

| 1급/7획 | (수컷 **모**) | 甲骨文字 | 金文 | 篆文 |

解說 원래는 '牛(소 우)'와 '土(선비 사)'를 조합한 글자임. 갑골문자(甲骨文字)에서는 '수소'임을 금방 알 수 있으나, 금문(金文)에서는 '토신(土/土神)에게 제사 지낼 때는 수소(牛)를 희생제물로 바친다'는 데서 '수컷'이라는 뜻을 나타낸다. *'⊥'는 원래 수컷의 심볼을 나타내는 글자인데, 더 자세한 것은 2권 '土(선비 사)그룹漢字'참조.

例文 ① 牡牛(모우 ; 수소) ② 牡牝(모빈 ; 수컷과 암컷) ③ 牡丹(모란)

6 牧 = 牛 + 攴

| 4급/8획 | (칠/기를 **목**) | 甲骨文字 | 金文 | 篆文 |

解說 '牛(소 우)'와 '攴(때릴/칠/다스릴 복)'을 조합한 글자임. '소(牛)를 풀이 많은 곳으로 회초리로 때리면서(攴) 몰고 간다'는 데서 '(동물을) 치다/기르다'는 뜻을 나타낸다. * 손(又)에 몽둥이/매를 들고 있는 모습의 '攴(칠/때릴/다스릴 복)'이 다른 글자와 조합하여 글자 오른쪽에 오면 '攵'으로 글자 모양이 바뀐다.

例文 ① 牧場(목장) ② 牧童(목동) ③ 牧者(목자) ④ 遊牧民(유목민) ⑤ 放牧(방목)

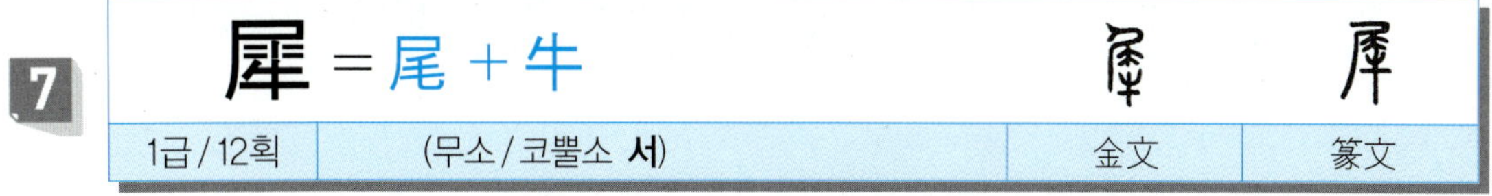

7 | 犀 = 尾 + 牛

| 1급 / 12획 | (무소 / 코뿔소 **서**) | 金文 | 篆文 |

解說 ‘尾(꼬리 미)’와 ‘牛(소 우)’를 조합한 글자임. ‘머리 앞쪽에도 꼬리(尾)처럼 톡 튀어나온 뿔이 있는 소(牛)’라는 데서 ‘무소 / 코뿔소’라는 뜻을 나타낸다. * ‘尾(꼬리 미)’는 1권 ‘毛(털 모)그룹漢字’ 참조. * 중국 간체자(簡體字)에서는 ‘犀’로 글자 모양이 약간 다르게 표기한다.

例文 ① 犀角(서각) ② 犀利(서리 ; 예리한 무기) ③ 犀舟(서주 ; 튼튼한 배)

8 | 遲 = 犀 + ⻍

| 3급 / 16획 | (더딜 / 늦을 **지**) | 甲骨文字 | 金文 | 篆文 |

解說 ‘犀(무소 / 코뿔소 서)’와 ‘⻍(쉬엄쉬엄갈 / 뛸 착)’을 조합한 글자임. ‘코뿔소(犀)는 느릿느릿 걸어간다(⻍)’는 데서 ‘더디다 / 느리다 / 늦어지다’는 뜻을 나타낸다. * 일본 상용한자에서는 ‘遅(12획)’으로, 중국 간체자(簡體字)에서는 ‘迟(7획)’으로 표기한다.

例文 ① 遲刻(지각) ② 遲滯(지체) ③ 遲遲不進(지지부진)

1

尤				甲骨文字	金文	篆文
3급 / 4획		(더욱 **우**)				

解說　갑골문자(甲骨文字)와 금문(金文)에서는 '사람에게 해를 끼치는 동물을 죽이는 장면'으로 묘사한 상형문자임. '더욱 조심해야 할 동물(犬?)'이라는데서 '더욱 / 가장 / 나무라다'는 뜻으로 발전하여 쓰이게 되었다.

例文　① 尤甚(우심; 매우 심함)　② 尤極(우극; 더욱)　③ 怨尤(원우; 원망하고 꾸짖음)

2

尨 = 犬 + 彡				甲骨文字	篆文
1급 / 7획		(삽살개 / 클 **방**)			

解說　'犬(개 견)'과 '彡(터럭 삼)'을 조합한 글자임. '털(彡)이 아주 많은 커다란 개(犬)'를 본뜬 상형문자로, '삽살개 / 털이 너무 많다 / 아주 크다'는 뜻으로 발전하여 쓰이게 되었다. ＊ 중국 간체자(簡體字)에서는 '尨'으로 글자 모양이 약간 다르게 표기한다.

例文　① 尨犬(방견)　② 尨狗(방구)　③ 尨大(방대)한 規模(규모)

1

右 = 又 + 口

| 7급 / 5획 | (오른 / 오른쪽 **우**) | 金文 1 | 金文 2 | 篆文 |

解說 '又(오른손 / 또 우)'와 '口'를 조합한 글자임. '신(神)에게 바치는 축문(祝文)이 든 그릇(口)을 오른손(又)에 들고 기도한다'는 뜻의 글자이다.

例文 ① 左右(좌우) ② 右往左往(우왕좌왕) ③ 右手畫圓左手畫方(우수화원좌수화방)

2

佑 = 人 + 右

| 2급 / 7획 | (도울 **우**) | 金文 1 | 金文 2 |

解說 '人(사람 인)'과 '右(오른 / 오른쪽 우)'를 조합한 글자임. '신(神)에게 열심히 기도하는 사람(右)은 신(神)이 돕는다'는 뜻의 글자인데, '右(오른 우)'의 금문(金文)과 동일한 글자이다.

例文 ① 天佑神助(천우신조) ② 佑啓(우계 ; 도와서 啓發한)

3

祐 = 示 + 右

| 2급 / 10획 | (복 **우**) | 甲骨文字 | 金文 | 篆文 |

解說 '示(제사지낼 / 보일 시)'와 '右(오른 / 오른쪽 우)'를 조합한 글자임. '축문(祝文)이 든 그릇(口)을 오른손(右)에 들고 열심히 기도하는 사람에겐 신(示 / 神)이 복을 준다'는 뜻의 글자로, 주로 인명(人名)에 사용한다.

羽			甲骨文字 1	甲骨文字 2	篆文
1	3급/6획	(깃/깃털 **우**)			

解説 '새(鳥)의 2개의 깃털'을 본뜬 상형문자로, '새의 깃/날개'라는 뜻을 나타낸다. * 일본 상용한자와 중국 간체자(簡體字)에서는 '羽'로 표기한다.

例文 ① 羽化登仙(우화등선) ② 毛羽(모우) ③ 羽翼(우익) ④ 羽緞(우단)

2	扇 = 戶 + 羽		篆文
	1급/10획	(부채 **선**)	

解説 '戶(지게문 호)'와 '羽(깃털 우)'를 조합한 글자임. '새 날개(羽)처럼 펼쳐지는(戶) 부채'라는 뜻을 나타낸다.

例文 ① 扇風機(선풍기) ② 扇枕溫被(선침온피) ③ 太極扇(태극선)

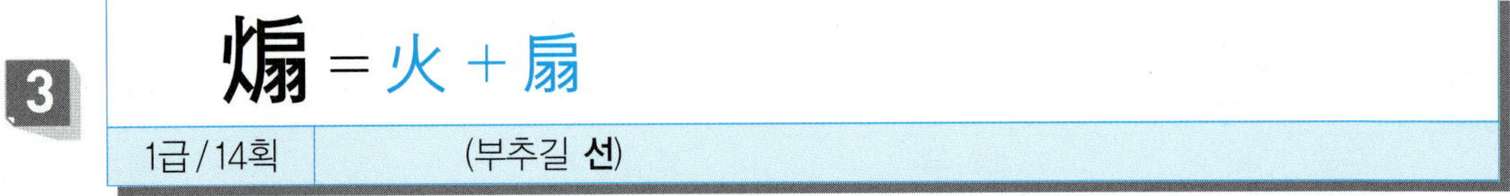

3	煽 = 火 + 扇
	1급/14획 (부추길 **선**)

解説 '火(불 화)'와 '扇(부채 선)'을 조합한 글자임. 불(火)이 잘 타도록 부채질(扇)을 한다'는 데서 '부채질하다/부추기다'는 뜻을 나타낸다.

例文 ① 煽動(선동) ② 煽惑(선혹 ; 부추겨 유혹함) ③ 煽誘(선유)

1 雨		𠕒	冊	雨
5급/8획	(비 **우**)	甲骨文字	金文	篆文

解說 '하늘에서 비가 내리는 장면'을 묘사한 글자이나, '다른 글자와 조합하여 하늘에서 발생하는 천체현상(天體現象)'을 나타내는 데에 사용한다.

例文 ① 雨傘(우산) ② 降雨量(강우량) ③ 雨後竹筍(우후죽순) ④ 豪雨(호우)

2 漏 = 水 + 尸 + 雨		漏
3급/14획	(샐 **루**)	篆文

解說 '水(물 수)'와 '尸', '雨(비 우)'를 조합한 글자임. '비(雨)가 내리자 지붕(尸)에서 빗물(水)이 샌다'는 데서 '물이 새다'는 뜻을 나타낸다.

例文 ① 漏泄(누설) ② 漏落(누락) ③ 漏電(누전) ④ 漏盡夜行(누진야행 ; 통행금지 시간에 길을 간다/연로(年老)한데도 벼슬에 연연(戀戀)하여 물러나지 않음)

3 雷 = 雨 + 田				
3급/13획	(우레 **뢰**)	金文 1	金文 2	篆文

解說 금문(金文)에서는 '雨(비 우)'와 '田田田田'을 조합한 글자임. '비(雨)가 내릴 때 여기저기서 천둥소리(田田田田)가 들린다'는 데서 '천둥/우레'라는 뜻을 나타낸다.

例文 ① 避雷針(피뢰침) ② 落雷(낙뢰) ③ 附和雷同(부화뇌동) ④ 雷逢電別(뇌봉전별)

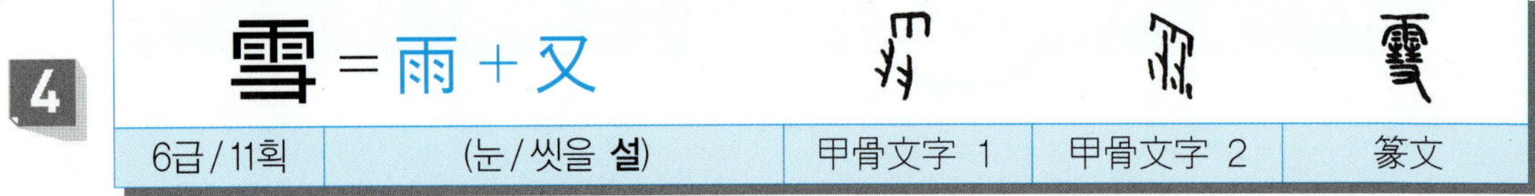

4	雪 = 雨 + 又		甲骨文字 1	甲骨文字 2	篆文
	6급/11획	(눈/씻을 **설**)			

解說 '雨(비 우)'와 '又(오른손/또 우)'를 조합한 글자임. '하늘에서 비(雨)처럼 내려서 손(又)바닥 위에 사뿐히 내려앉는다, 또는 '하늘에서 내린 눈(雨)을 손(又)으로 뭉쳐서 눈사람을 만들거나 눈싸움을 한다'는 데서 '눈/(눈으로) 씻다'는 뜻을 나타낸다. * 일본 상용한자와 중국 간체자(簡體字)에서는 '雪'로 글자 모양이 약간 다르게 표기한다.

例文 ① 大雪注意報(대설주의보) ② 雪景(설경) ③ 雪上加霜(설상가상) ④ 雪辱戰(설욕전)

5	電 = 雨 + 申			金文	篆文
	7급/13획	(번개 **전**)			

解說 '雨(비 우)'와 '申(번개 신)'을 조합한 글자임. '하늘에서 비(雨)가 내릴 때 번개(申)가 친다'는 데서 '번개/전기/번쩍이다'는 뜻으로 발전하여 쓰이게 되었다. * 중국 간체자(簡體字)에서는 '电'으로 표기한다.

例文 ① 電光石火(전광석화) ② 電氣(전기) ③ 電流(전류) ④ 電話機(전화기)

---

1 遇 = 禺 + 辶

			金文	篆文
4급 / 13획	(만날 / 대접할 **우**)			

解說 '禺(원숭이 우)'와 '辶(쉬엄쉬엄갈 / 뛸 착)'을 조합한 글자임. '산길을 가다가(辶) 원숭이(禺)를 우연히 만나 먹이를 주다'는 데서 '우연히 만나다 / 대접하다'는 뜻임.

例文 ① 遭遇(조우) ② 待遇(대우) ③ 處遇(처우) ④ 境遇(경우)

---

2 偶 = 人 + 禺

		篆文
3급 / 11획	(짝 / 허수아비 **우**)	

解說 '人(사람 인)'과 '禺(원숭이 우)'를 조합한 글자임. '뜻밖에도 원숭이(禺)가 사람(人)을 닮았다'와, '고대에는 사람이 죽으면 부정(不淨)을 물리치기 위해서 우인(偶人 ; 인형) 2개를 주검과 함께 묻었다'는 데서 '뜻밖에 / 인형 / 허수아비 / 짝'이라는 뜻을 나타낸다.

例文 ① 土偶(토우) ② 木偶(목우) ③ 偶然(우연) ④ 偶發(우발) ⑤ 配偶者(배우자)

---

3 愚 = 禺 + 心

		篆文
3급 / 13획	(어리석을 **우**)	

解說 '禺(원숭이 우)'와 '心(마음 심)'을 조합한 글자임. '상수리를 주되 조삼모사(朝三暮四)에서 조사모삼(朝四暮三)으로 바꾸어달라고 하는 원숭이, 즉 눈앞의 이익에만 눈이 어두운 원숭이(禺) 마음(心)은 어리석기 짝이 없다'는 데서 '어리석다'는 뜻을 나타낸다.

例文 ① 愚鈍(우둔) ② 愚弄(우롱) ③ 愚直(우직) ④ 愚公移山(우공이산)

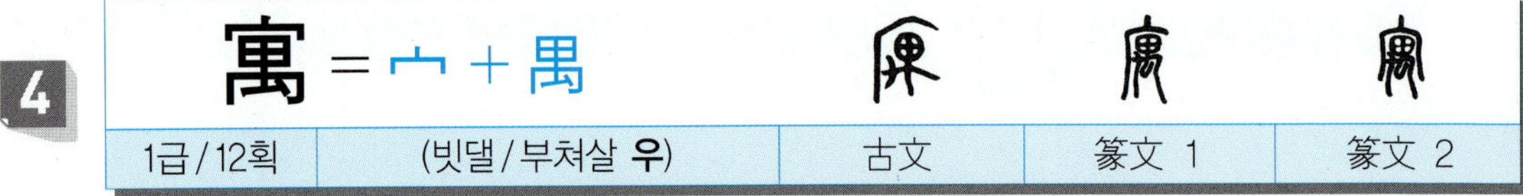

4	寓 = 宀 + 禺		扆	寓	寓
	1급 / 12획	(빗댈 / 부쳐살 **우**)	古文	篆文 1	篆文 2

解說   '宀(집 면)'과 '禺(원숭이 우)'를 조합한 글자임. '일정한 집(宀)이 없는 원숭이(禺)가 바위(厂) 그늘, 또는 신(神)을 섬기는 건물(宀)에서 잠을 잔다'는 데서 '임시로 거처하다/남의 집에 부쳐살다'는 뜻을 나타낸다.

例文   ① 이솝 寓話(우화) ② 寓居(우거) ③ 寓意(우의) ④ 寓食(우식)

5	隅 = 阜 + 禺		隅	隅
	1급 / 12획	(모퉁이 / 구석 **우**)	金文	篆文

解說   '阜(사다리 / 언덕 부)'와 '禺(원숭이 우)'를 조합한 글자임. 금문(金文)에서는 '성곽(城郭)이 있는 외딴곳의 원숭이(禺)'이고, 전문(篆文)에서는 '사다리(阜)를 타고 오르내리는 외딴곳의 원숭이(禺)'라는 데서 '모퉁이 / 구석'이라는 뜻을 나타낸다.

例文   ① 四隅(사우) ② 隅角(우각 ; 모퉁이) ③ 隅曲(우곡 ; 모퉁이)

6	嵎 = 山 + 禺
	1급 / 12획 (산굽이 / 산모퉁이 **우**)

解說   '山(메 / 뫼 산)'과 '禺(원숭이 우)'를 조합한 글자임. '원숭이(禺)들이 사는 산(山)'이라는 데서 '산굽이 / 산모퉁이'라는 뜻을 나타낸다.

例文   ① 嵎夷(우이 ; 해가 뜨는 곳)

7	禹		禹	禹	禹
	2급 / 9획	(벌레 / 성씨 **우**)	金文 1	金文 2	篆文

解說   금문(金文)에서는 '암수 두 마리의 파충류가 서로 얽혀 있는 모양'을 본뜬 상형문자로, '벌레'라는 뜻인데, 주로 인명(人名)에 사용한다.

例文   ① 禹王(우왕 / 夏의 始祖) ② 禹域(우역 / '중국'의 異稱)

1 憂

| 3급 / 15획 | (근심 **우**) | 金文 1 | 金文 2 | 篆文 |

解說 금문(金文)1,2에서는 '머리에 뭔가를 쓰고 죽은 사람을 슬퍼하며 우두커니 서 있는 모습'을 본뜬 상형문자이고, 전문(篆文)에서는 '頁(머리 혈)'과 '心(마음 심)', '夊(뒤져 올 치)'를 조합한 글자로 '머리(頁)에 근심(心)이 많아 발걸음(夊)이 무겁다'는 데서 '근심하다 / 걱정하다'는 뜻을 나타낸다. * 중국 간체자(簡體字)에서는 '忧(7획)'으로 표기한다.

例文 ① 憂慮(우려) ② 憂鬱症(우울증) ③ 憂國情神(우국정신) ④ 杞憂(기우)

2 
優 = 人 + 憂

| 4급 / 17획 | (넉넉할 / 뛰어날 / 배우 **우**) |

解說 '人(사람 인)'과 '憂(근심 우)'를 조합한 글자임. '남의 걱정거리(憂)를 염려해 주는 사람(人)'이라는 데서 '(마음이) 넉넉하다 / 뛰어나다 / 부드럽다'는 뜻을 나타내며, 또 '근심(憂)이 있는 사람을 기쁘게 해 주는 사람(人)'이라는 데서 '(연극) 배우'라는 뜻을 나타내기도 한다. * 중국 간체자(簡體字)에서는 '優(6획)'으로 표기한다.

例文 ① 優柔不斷(우유부단) ② 俳優(배우) ③ 聲優(성우) ④ 優越(우월)

3 擾 = 手 + 憂

| 1급 / 18획 | (시끄러울 / 어지러울 **요**) | 金文 1 | 金文 2 | 篆文 |

解說　'手(손 수)'와 '憂(근심 우)'를 조합한 글자임. 금문(金文)1, 2에서는 '손(手)에 걱 정거리(憂)를 들고 하소연하며 떠드는 사람'이라는 데서 '시끄럽다 / 어지럽히다'는 뜻을 나타낸다. ＊중국 간체자(簡體字)에서는 '扰(7획)'으로 표기한다.

例文　① 擾亂(요란)　② 騷擾事態(소요사태)

4	寡 ＝ 宀 ＋ 頁 ＋ 分		𡧤	𡧤	寡
3급 / 14획	(적을 / 홀어미 **과**)		金文 1	金文 2	篆文

解說　금문(金文)에서는 '조상신(祖上神)을 섬기는 건물(宀)에서 집안의 머리(頁)인 남편 이 사망하여서(分) 머리에 뭔가를 쓰고 근심스런 얼굴을 한 여자'라는 데서 '홀어미 / 과부' 라는 뜻을 나타내고, 전문(篆文)에서는 '宀(집 면)'과 '貝(돈 / 재물 / 조개 패)', '分(나눌 분)'을 조합한 글자로 '남편이 사망한 후에 집안(宀)의 식구들이 재산(貝)을 나누어(分) 가 진다'는 데서 '(재산이) 적다 / 가난하다'는 뜻을 나타낸다.

例文　① 衆寡不敵(중과부적)　② 寡默(과묵)　③ 寡婦(과부)

1

云		𝄐	𝄐	云
3급 / 4획	(이를 운)	甲骨文字 1	甲骨文字 2	篆文

解說   갑골문자(甲骨文字)에서는 '몸통은 구름에 둘러싸여 꼬리 부분만 구름 밖으로 나와 있는 용(龍)의 모습'을 본뜬 상형문자임. '뭉게뭉게 피어오르는 구름이 마치 사람이 말을 할 때 입김이 나오는 모양과 같다'는 데서 '말하다 / 이르다'는 뜻으로 쓰이게 되었다.
    *'雲(구름 운)'의 초문자(初文字)임

例文   ① 云云(운운 ; 이러쿵저러쿵 말함)   ② 云爲(운위 ; 言行 / 말과 행동)

2

雲 = 雨 + 云		𝄐	𝄐	雲
5급 / 12획	(구름 운)	甲骨文字 1	甲骨文字 2	篆文

解說   '雨(비 우)'와 '云(이를 운)'을 조합한 글자임. '몸통은 구름에 둘러싸여 꼬리 부분만 구름 밖으로 나와 있는 용(龍)의 모습'인 '云(운)'이 '이르다 / 말하다'는 뜻으로 쓰이게 되자, 전문(篆文)에서는 천체현상을 나타내는 '雨(비 우)'와 '云(운)'을 조합하여 '雲(구름)'이라는 뜻을 나타내게 되었다.   *중국 간체자(簡體字)에서는 '云(4획)'으로 표기한다.

例文   ① 雲霧(운무)   ② 雲雨之情(운우지정)   ③ 雲集霧散(운집무산)   ④ 風雲兒(풍운아)

3

芸 = 艸 + 云		芸
2급 / 8획	(향풀 / 김맬 운)	篆文

解說 ‘艸(풀 초)’와 ‘云(이를 운)’을 조합한 글자로, ‘향기가 나는 풀’ 또는 ‘김을 매다’는 뜻을 나타낸다. * ‘艸(풀 초)’가 다른 글자와 조합하여 글자 위쪽에 오면 ‘艹(초두머리)’로 글자 모양이 바뀐다. * ‘芸’를 일본에서는 ‘재주 예’라고 한다.

例文 ① 芸閣(운각 ; 書齋) ② 芸窓(운창 ; 書齋) ③ 芸夫(운부 ; 풀을 깎는 남자)

4	耘 = 耒 + 云		籒文 1	籒文 2
1급/10획	(김맬 운)			

解說 ‘耒(쟁기 뢰)’와 ‘云(이를 운)’을 조합한 글자임. ‘쟁기(耒)로 밭을 갈면 흙먼지가 구름(云)처럼 일어나다’는 데서 ‘(쟁기로) 김을 매다’는 뜻을 나타낸다.

例文 ① 耕耘(경운 ; 김을 맴) ② 耕耘機(경운기)

5	魂 = 云 + 鬼		籒文
3급/14획	(넋 혼)		

解說 ‘云(이를 운)’과 ‘鬼(귀신 귀)’를 조합한 글자임. ‘사람이 죽으면 그 혼(鬼)이 하늘의 구름(云)이 있는 곳으로 가는 걸로 믿고 있다’는 데서 ‘혼/영혼/넋/정신’이라는 뜻으로 쓰이게 되었다고 한다. * 중국 간체자(簡體字)에서는 ‘魂(13획)’으로 표기한다.

例文 ① 靈魂(영혼) ② 魂魄(혼백) ③ 鎭魂(진혼)

6	曇 = 日 + 雲		籒文
1급/16획	(흐릴 담)		

解說 ‘日(해/날 일)’과 ‘雲(구름 운)’을 조합한 글자임. ‘태양(日)이 구름(雲)에 가려 있다’는 데서 ‘(날씨가) 흐림/흐리다/구름이 끼다’는 뜻을 나타낸다. * 중국 간체자(簡體字)에서는 ‘昙(8획)’으로 표기한다.

例文 ① 曇天(담천 ; 흐린 날씨) ② 晴曇(청담 ; 맑음과 흐림)

1 元

| 5급 / 4획 | (으뜸 **원**) | 甲骨文字 | 金文 | 篆文 |

解說　'사람의 머리 부분(二)을 크게 강조하여 옆에서 본 사람(儿)의 모습'을 본뜬 상형문자임. '머리(二)는 인체(儿) 중에서 가장 중요하며 가장 높은 곳에 있다'는 데서 '으뜸/두목/머리/처음'이라는 뜻으로 발전하여 쓰이게 되었다. * '二(두 이)'는 '두 배/200%'라는 것으로 '상당히 크다'는 뜻이 포함되어 있다.

例文　① 國家元首(국가원수)　② 元帥(원수)　③ 元祖(원조)　④ 元素(원소)

2 完 = 宀 + 元

| 5급 / 7획 | (완전할 **완**) | 篆文 |

解說　'宀(집 면)'과 '元(으뜸 원)'을 조합한 글자임. '전쟁에서 승리하고 돌아온 장수(元)가 조상신을 섬기는 건물(宀)에서 무사히 돌아왔다고 보고한다'는 데서 '무사히 끝났다/완전하다'는 뜻으로 쓰이게 되었다.

例文　① 完了(완료)　② 完結(완결)　③ 完工(완공)　④ 完成(완성)　⑤ 完全(완전)

3 院 = 阜 + 完

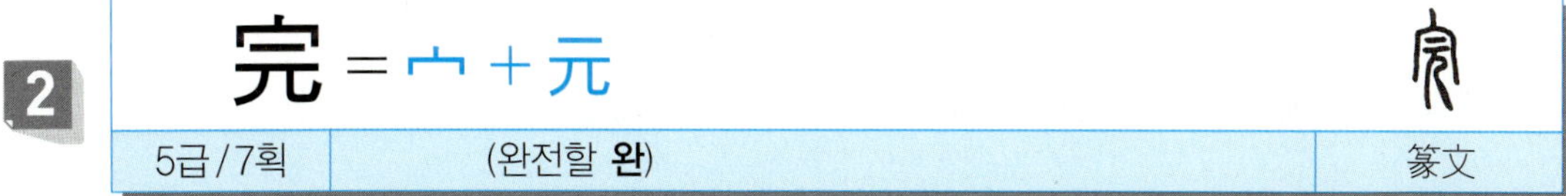

| 5급 / 7획 | (집 **원**) | 篆文 1 | 篆文 2 |

解說 '阜(사다리/언덕 부)'와 '完(완전할 완)'을 조합한 글자임. '신(神)이 사다리(阜)를 타고 오르내리는 곳으로 믿고 있는 명당 자리에 으뜸(元)가게 잘 지은 건물(宀)'이라는 데서 '큰 건물/관청/학교'라는 뜻으로 발전하여 쓰이게 되었다. * 阜(언덕/사다리 부)가 다른 글자와 조합하여 글자 왼쪽에 오면 'ß (좌부변)'으로 글자 모양이 바뀐다.

例文 ① 寺院(사원) ② 法院(법원) ③ 病院(병원) ④ 書院(서원)

---

4 | **莞 = 艸 + 完**

| 2급/11획 | (빙그레할 **완**/왕골 **관**) |

解說 '艸(풀 초)'와 '完(완전할 완)'을 조합한 글자로, '왕골/빙그레 웃다'는 뜻을 나타낸다. * 중국 간체자(簡體字)에서는 '莞(10획)'으로 표기한다. * '艸(풀 초)'가 다른 글자와 조합하여 글자 위쪽에 오면 '艹(초두머리)'로 글자 모양이 바뀐다.

例文 ① 전남 莞島郡(완도군) ② 莞席(관석 ; 왕골자리)

---

5 | **阮 = 阜 + 元**

| 1급/7획 | (성씨 **완**/나라이름 **원**) |

解說 '阜(사다리/언덕 부)'와 '元(으뜸 원)'을 조합한 글자로, 주로 인명(人名)에 사용한다. * 阜(언덕/사다리 부)가 다른 글자와 조합하여 글자 왼쪽에 오면 'ß (좌부변)'으로 글자 모양이 바뀐다.

例文 ① 阮元(완원 ; 淸代의 학자) ② 阮大鍼(완대성 ; 明末의 정치가)

---

6 | **頑 = 元 + 頁**

| 1급/13획 | (완고할 **완**) | 篆文 |

解說 '元(으뜸 원)'과 '頁(머리 혈)'을 조합한 글자임. '어떤 분야의 으뜸가는(元) 사람의 머리(頁) 속에는 자기 나름대로의 고집이 있다'는 데서 '고집이 세다/완고하다'는 뜻을 나타낸다. * 중국 간체자(簡體字)에서는 '顽'으로 표기한다.

例文 ① 頑固(완고) ② 頑强(완강)

---

7 | 玩 = 玉 + 元

| 1급 / 8획 | (즐길 / 장난할 **완**) |

解說 '玉(구슬 옥)'과 '元(으뜸 원)'을 조합한 글자임. '벼슬이 높은 사람들(元)이 보석 (玉)을 돌려가며 가지고 놀기를 좋아한다'는 데서 '즐기다/장난하다'는 뜻을 나타낸다. * 玉(구슬 옥)이 다른 글자와 조합하여 글자 왼쪽에 오면 '王(구슬옥변)'으로 글자 모양이 바 뀐다. 이 경우에는 '王(임금 왕)'이라고 하지 않음에 유의해야 한다.

例文 ① 玩具(완구) ② 愛玩動物(애완동물)

8 | 冠 = 冖 + 元 + 寸

| 3급 / 9획 | (갓 **관**) | 篆文 |

解說 '冖(덮을 멱)'과 '元(으뜸 원)', '寸(손/마디 촌)'을 조합한 글자임. '벼슬이 높은 사람(元)이 손(寸)으로 관(冖)을 들어 머리에 쓰는 모습'에서 '갓/갓을 쓰다'는 뜻을 나타 낸다.

例文 ① 戴冠式(대관식) ② 冠禮(관례 ; 성인식) ③ 冠婚喪祭(관혼상제) ④ 弱冠(약관)

9 | 寇 = 完 + 攴

| 1급 / 11획 | (도적 **구**) | 金文 | 古文 | 篆文 |

解說 '宀(집 면)'과 '元(으뜸 원)', '攴(때릴/칠/다스릴 복)'을 조합한 글자임. '적군의 장수(元)를 사로잡아(攴) 데리고 와서 신(神)을 섬기는 건물(宀)에서 무사히(完) 돌아왔다고 보고한다'는 데서 '(붙잡아온) 도둑/도적/원수'라는 뜻을 나타낸다.

例文 ① 倭寇(왜구) ② 寇掠(구략 ; 타국에 들어가 노략질함)

1

夗 = 肉 + 卪

| 5획 | (누워딩굴 **원**) | 篆文 |

🐛 **解說** '肉(몸/고기 육)의 생략형(夕)'과 '卪(무릎꿇은사람/무릎마디 절)'을 조합하여 '넓적다리'를 묘사한 글자이나, 설문(說文)에서는 '누워 딩굴다'로 설명되어 있다.

2

怨 = 夗 + 心

| 4급/9획 | (원망할 **원**) |

🐛 **解說** '夗(누워딩굴 원)'과 '心(마음 심)'을 조합한 글자임. '죄인의 신분으로 무릎을 꿇고(卪) 앉아 있는 사람(夗)의 마음(心)'에서 '원망하다/분내다'는 뜻이다.

🐛 **例文** ① 怨聲(원성) ② 怨望(원망) ③ 怨恨(원한) ④ 怨讐(원수)

3

苑 = 艸 + 夗

| 2급/9획 | (나라동산 **원**) |

🐛 **解說** '艸(풀 초)'와 '夗(누워딩굴 원)'을 조합한 글자임. '누워서 딩굴(夗) 수 있는 풀밭(艸)'이라는 데서 '동산/나라동산'이라는 뜻을 나타낸다. * 중국 간체자(簡體字)에서는 '苑(8획)'으로 표기한다. * '艸(풀 초)'가 다른 글자와 조합하여 글자 위쪽에 오면 '艹(초두머리)'로 글자 모양이 바뀐다.

🐛 **例文** ① 苑沼(원소 ; 동산과 늪) ② 祕苑(비원)

4 鴛 = 夗 + 鳥

1급 / 16획　　　　　(원앙새 **원**)

解說　‘‘夗(누워딩굴 원)’과 ‘鳥(새 조)’를 조합한 글자임. ‘항상 사이좋게 붙어다니며 함께 뒹구는(夗) 새(鳥)’라는 데서 ‘원앙’이라는 뜻을 나타낸다. ＊중국 간체자(簡體字)에서는 ‘鸳’으로 표기한다. ＊동물학자들은 ‘원앙’을 바람둥이라고 한다.

例文　① 鴛鴦(원앙)　② 鴛鴦衾(원앙금)　③ 鴛鴦枕(원앙침)　④ 鴛鴦衾枕(원앙금침)

---

5 宛 = 宀 + 夗　　　　　

1급 / 8획　　　(완연할 / 굽을 / 굽힐 **완**)　　　篆文 1　　　篆文 2

解說　‘宀(집 면)’과 ‘夗(누워딩굴 원)’을 조합한 글자임. ‘신(神)을 섬기는 집(宀)에서 무릎을 꿇고(夗) 기도하는 모습’에서 ‘(무릎을) 굽히다 / 꿇다’는 뜻을 나타낸다.

例文　① 봄빛이 宛然(완연 ; 분명함)하다　② 宛似(완사 ; 매우 비슷함)

---

6 婉 = 女 + 宛

1급 / 11획　　　(순할 / 예쁠 **완**)

解說　‘女(여자 여)’와 ‘宛(완연할 / 굽을 / 굽힐 완)’을 조합한 글자임. ‘신(神)을 섬기는 집(宀)에서 무릎을 꿇고(夗) 기도하는 여자(女)’에서 ‘유순하다 / 나긋나긋하고 예쁘다’는 뜻을 나타낸다.

例文　① 婉曲(완곡)한 표현　② 婉美(완미)　③ 婉容(완용 ; 유순한 용모)

---

7 腕 = 肉 + 宛

1급 / 12획　　　(팔뚝 **완**)

解說　‘肉(몸 / 고기 육)’과 ‘宛(완연할 / 굽을 / 굽힐 완)’을 조합한 글자임. ‘우리 몸(肉)에서 무릎(卩)처럼 구부렸다(宛) 폈다하는 것’이라는 데서 ‘팔 / 팔뚝’이라는 뜻을 나타낸다. ＊‘肉(몸 / 고기 육)’이 다른 글자와 조합하여 글자 왼쪽에 오면 ‘月(육달월)’로 글자 모양이 바뀐다.

例文　① 腕力(완력)　② 左腕投手(좌완투수)　③ 敏腕刑事(민완형사)

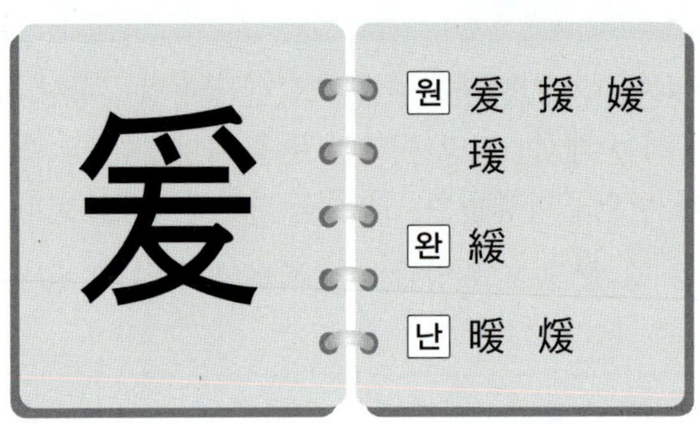

1 爰			
9획	(끌어당길 **원**)	甲骨文字	金文	篆文

解說 갑골문자(甲骨文字)와 금문(金文)에서는 '위쪽 손(爪 ; 손/손톱 조)과 아래쪽 손(又 ; 오른손/또 우)이 서로 물건을 끌어당기다'는 뜻을 나타낸다.

2 援 = 手 + 爰	
4급 / 12획	(도울 **원**)

解說 '手(손 수)'와 '爰(끌어당길 원)'을 조합한 글자임. '손(手) 3개가 하나의 물건을 든다(爰)'는 데서 '돕다/구원하다'는 뜻을 나타낸다. * '手(손 수)'가 다른 글자와 조합하여 글자 왼쪽에 오면 'ㅓ(손수변)'으로 글자 모양이 바뀐다.

例文 ① 救援(구원) ② 孤立無援(고립무원) ③ 支援(지원) ④ 應援(응원)

3 媛 = 女 + 爰	
2급 / 12획	(예쁜계집 **원**)

解說 '女(여자 여)'와 '爰(끌어당길 원)'을 조합한 글자임. '예쁜 한 여자(女)를 서로 끌어당긴다(爰)'는 데서 '뛰어난 미인/뛰어나게 예쁘다'는 뜻이다.

例文 ① 才媛(재원 ; 재주있는 젊은 여자) ② 媛女(원녀 ; 미녀) ③ 媛妃(원비 ; 미녀)

4 瑗 = 玉 + 爰

2급 / 13획　　　　　(구슬 **원**)

解說　‘玉(구슬 옥)’과 ‘爰(끌어당길 원)’을 조합한 글자임. 자료에 의하면 고대에 ‘임금이 사람을 초청하여 부르는(爰) 데 쓰는 옥(玉)’이라는 데서 ‘구슬’이라는 뜻을 나타낸다고 한다. * 玉(구슬 옥)이 다른 글자와 조합하여 글자 왼쪽에 오면 ‘王(구슬옥변)’으로 글자 모양이 바뀐다. 이 경우에는 ‘王(임금 왕)’이라고 하지 않음에 유의해야 한다.

例文　① 瑗瑤(원요 ; 싸라기눈)

---

5 緩 = 糸 + 爰

3급 / 15획　　　　　(느릴 **완**)

解說　‘糸(실 사)’와 ‘爰(끌어당길 원)’을 조합한 글자임. ‘실(糸)을 잡아당겼더니(爰) 늘어졌다’는 데서 ‘늘어지다/늦추다/느슨하다/느리다’는 뜻으로 발전하여 쓰이게 되었다.

例文　① 緩行列車(완행열차)　② 緩衝地帶(완충지대)　③ 緩慢(완만)　④ 緩急(완급)

---

6 暖 = 日 + 爰

4급 / 13획　　　　　(따뜻할 **난**)

解說　‘日(해/날 일)’과 ‘爰(끌어당길 원)’을 조합한 글자임. ‘추운 날에는 태양(日)을 가까이(爰) 한다’는 추상적인 의미에서 ‘(날씨가) 따뜻하다’는 뜻을 나타낸다.

例文　① 暖風(난풍)　② 暖流(난류)　③ 寒暖計(한난계)　④ 暖房 / 煖房(난방)

---

7 煖 = 火 + 爰

1급 / 13획　　　　　(더울 **난**)

解說　‘火(불 화)’와 ‘爰(끌어당길 원)’을 조합한 글자임. ‘불(火)을 가까이 끌어당기다(爰)’는 데서 ‘(불이) 따뜻하다/덥다’는 뜻을 나타낸다.

例文　① 煖爐(난로)　② 煖爐會(난로회 ; 음력 10월 1일의 술잔치)　③ 煖房(난방)

원	員 圓
운	韻 殞 隕
손	損

1

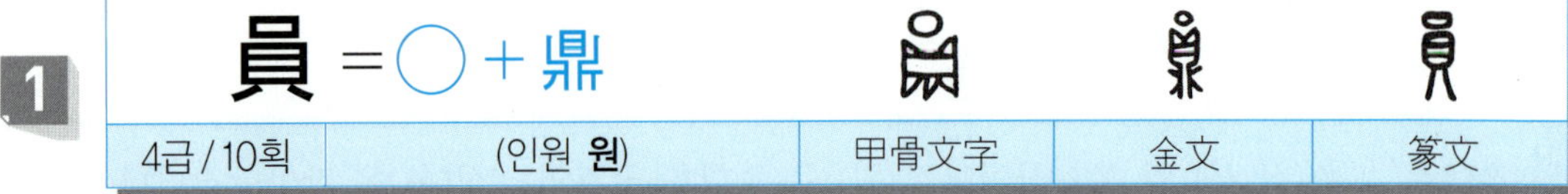

員 = ○ + 鼎

| 4급 / 10획 | (인원 **원**) | 甲骨文字 | 金文 | 篆文 |

解說　갑골문자(甲骨文字)와 금문(金文)에서는 '○'와 '鼎(솥 정)'을 조합한 글자로, '신(神)에게 제사음식을 바치는 세발 달린 둥근(○) 솥(鼎)의 수효를 세는 단위'이었는데, 훗날 '사람을 세는 단위'로도 사용하게 되어 '수효에 들어가는 사람/사람 축에 드는 사람'이라는 뜻을 나타내게 되었다. ＊중국 간체자(簡體字)에서는 '员(7획)'으로 표기한다.

例文　① 人員(인원) ② 定員(정원) ③ 滿員(만원) ④ 全員(전원) ⑤ 隨行員(수행원)

2

圓 = 囗 + 員

| 4급 / 13획 | (둥글 **원**) |

解說　'囗(에워쌀 위)'와 '員(인원 원)'을 조합한 글자임. '둥근(囗) 솥(員)'이라는 데서 '둥글다/동그라미'라는 뜻을 나타낸다. ＊일본 상용한자에서는 '円(4획)'으로, 중국 간체자(簡體字)에서는 '圆(10획)'으로 표기한다.

例文　① 圓形(원형) ② 圓周率(원주율) ③ 圓滿(원만) ④ 大團圓(대단원)

3

韻 = 音 + 員

| 3급 / 19획 | (운 **운**) |

解說 '音(소리 음)'과 '員(인원 원)'을 조합한 글자임. '리듬을 타는 둥글둥글한(員) 소리(音)'라는 데서 '울림/운치'라는 뜻을 나타낸다. * 중국 간체자(簡體字)에서는 '韵(13획)'으로 표기한다.

例文 ① 韻律(운율) ② 餘韻(여운) ③ 韻致(운치) ④ 韻文(운문) ⑤ 音韻(음운)

---

4 殞 = 歹 + 員

1급/14획 (죽을 **운**)

解說 '歹(뼈앙상할 알)'과 '員(인원 원)'을 조합한 글자임. '나뭇잎 따위가 말라죽어(歹) 동그랗게(員) 오그라들어 떨어지다'는 데서 '죽다/사망하다'는 뜻으로 발전하여 쓰이게 되었다. * 중국 간체자(簡體字)에서는 '殒(11획)'으로 표기한다.

例文 ① 殞命(운명)하다

---

5 隕 = 阜 + 員

1급/13획 (떨어질 **운**) 金文 篆文

解說 '阜(사다리/언덕 부)'와 '員(인원 원)'을 조합한 글자임. '사다리(阜)를 타고 하늘에서 오르내리는 천사(員)가 떨어지다'는 데서 '(하늘에서) 떨어지다/무너지다'는 뜻을 나타낸다. * 중국 간체자(簡體字)에서는 '陨(10획)'으로 표기한다. * 阜(언덕/사다리 부)가 다른 글자와 조합하여 글자 왼쪽에 오면 'ß (좌부변)'으로 글자 모양이 바뀐다.

例文 ① 隕石(운석) ② 隕星(운성 ; 流星) ③ 隕墜(운추 ; 떨어지다)

---

6 損 = 手 + 員

4급/13획 (덜 **손**) 篆文

解說 '手(손 수)'와 '員(인원 원)'을 조합한 글자임. '신(神)에게 제사음식을 받치는 세 발 달린 둥근 솥(員)을 손(手)으로 들다가 떨어뜨려 망가지다'는 데서 '덜다/잃다/상하다/망가지다'는 뜻을 나타낸다. * 중국 간체자(簡體字)에서는 '损(10획)'으로 표기한다. * '手(손 수)'가 다른 글자와 조합하여 글자 왼쪽에 오면 'ŧ (손수변)'으로 글자 모양이 바뀐다.

例文 ① 損害(손해) ② 損害賠償(손해배상) ③ 損益計算(손익계산) ④ 損傷(손상)

1　袁 ＝ 之 ＋ 玉 ＋ 衣　　篆文

2급 / 10획　　(긴옷 **원**)　　篆文

解說　전문(篆文)에서는 '之(갈 지)'와 '玉(구슬 옥)', '衣(옷 의)'를 조합한 글자임. 고대에는 '사람이 죽으면 영혼은 살아서 멀리 여행을 간다'고 믿고 '죽은 사람의 옷(衣)속에 영혼을 흔들어 깨우는 구슬(玉)을 넣고, 머리맡에는 신발(之)을 놓아두는 관습이 있었다'는 데서 '죽은 사람의 긴옷'이라는 뜻을 나타낸다고 한다. ＊'遠(멀 원)'의 초문자(初文字)임. ＊'之(갈 지)'는 '발자국/신발'을 의미하는 글자임.

2　遠 ＝ 袁 ＋ 辶　　金文 1　　金文 2　　篆文

6급 / 14획　　(멀 **원**)　　金文 1　　金文 2　　篆文

解說　'袁(긴옷 원)'과 '辶(쉬엄쉬엄갈/뛸 착)'을 조합한 글자임. '죽은 사람(袁)이 멀리 여행을 떠나간다(辶)'고 믿는 데서 '멀다/멀리'라는 뜻을 나타낸다고 한다. ＊일본 상용한자에서는 '遠(13획)'으로, 중국 간체자(簡體字)에서는 '远(7획)'으로 표기한다.

例文　① 遠交近攻(원교근공)　② 遠水不救近火(원수불구근화)　③ 遠親不如近隣(원친불여근린)　④ 遠族近隣(원족근린)　⑤ 遠禍召福(원화소복)　⑥ 遠心力(원심력)

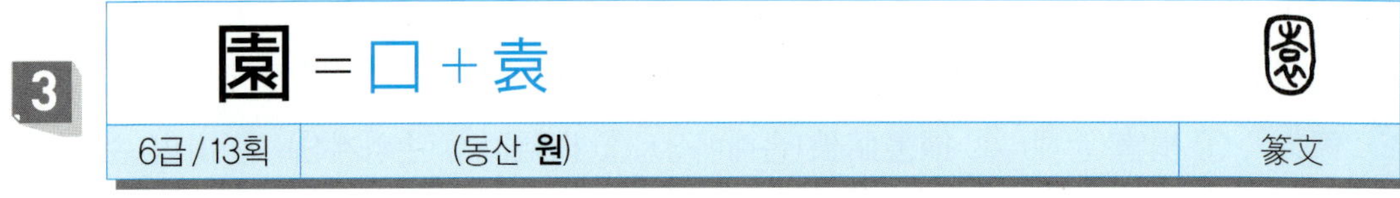

3　園 ＝ 囗 ＋ 袁　　篆文

6급 / 13획　　(동산 **원**)　　篆文

解說　‘囗(에워쌀 위)’와 ‘袁(긴옷 원)’을 조합한 글자임. ‘죽은 사람(袁)을 매장하고 울(囗)을 두른 곳’이라는 데서 ‘울/구역/무덤/동산’이라는 뜻을 나타낸다. * 중국 간체자(簡體字)에서는 ‘园(7획)’으로 표기한다.

例文　① 公園(공원)　② 幼稚園(유치원)　③ 陵園(능원 ; 왕족들의 무덤)　④ 庭園(정원)

4	猿 = 犬 + 袁		𤡮
1급/13획	(원숭이 **원**)		篆文

解說　전문(篆文)에서는 ‘虫(벌레 충)’과 ‘爰(끌어당길 원)’을 조합한 글자로, ‘손이 길어서 무엇이든지 끌어당기는(爰) 동물(虫)’이라는 뜻에서 “蝯”과 “猨(원)” 두 종류가 있으나, 해서(楷書)에서는 ‘犬(개 견)’과 ‘袁(긴옷 원)’을 조합하여 ‘원숭이’라는 뜻을 나타낸다. * ‘犬(개 견)’이 다른 글자와 조합하여 글자 왼쪽에 오면 ‘犭(짐승변/개견변)’으로 글자 모양이 바뀐다.

例文　① 犬猿之間(견원지간)　② 猿猱失木而擒於狐狼(원유실목이금어호랑 ; 원숭이도 나무를 잃으면 여우나 이리에게 잡힌다/사람도 설 자리를 잃으면 힘을 쓰지 못한다)

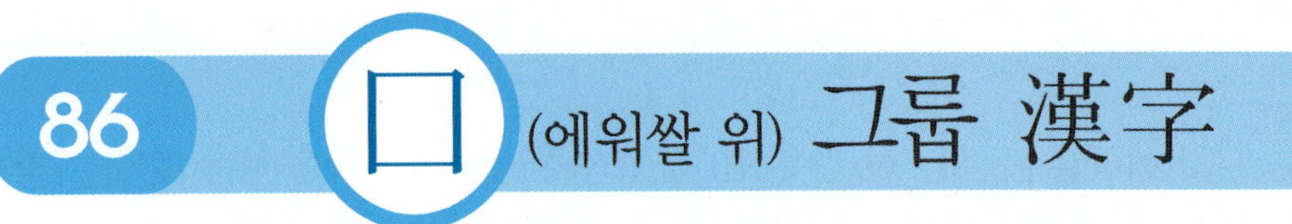

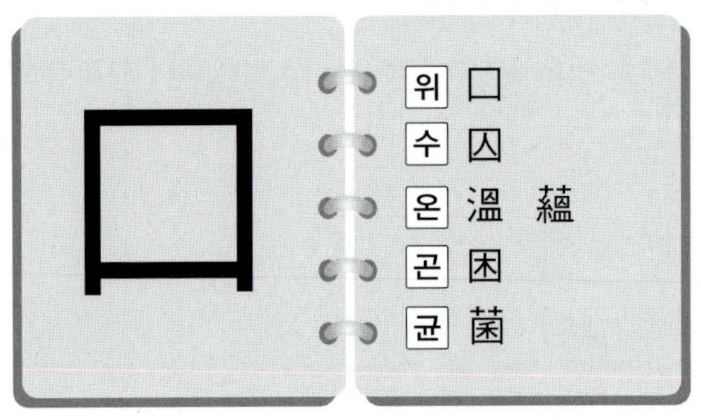

1

□		〇
3획	(에워쌀 **위**)	篆文

解說 '성곽으로 에워싼 모양'을 본뜬 글자로, '울/둘레/두르다/에워싸다'는 뜻을 나타내나, 단독으로는 쓰이지 않는다. ＊ '□(에워쌀 위)'는 '圍(에울 위)'와 '國(나라 국)'의 초문자(初文字)임. ＊ '口(입 구)'와는 다른 글자임에 유의해야 함.

2

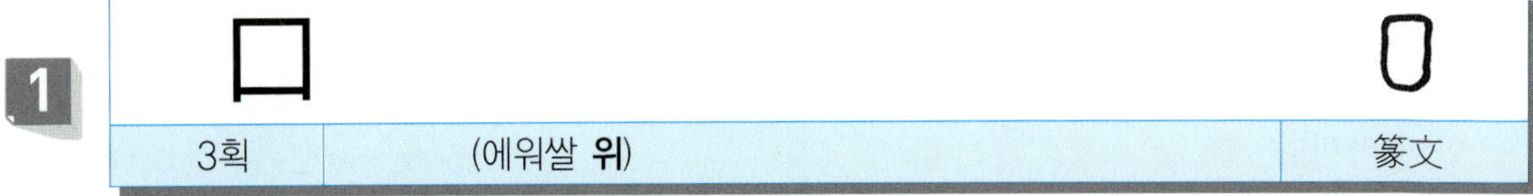

囚 ＝ 人 ＋ □		甲骨文字	篆文
3급／5획	(가둘／죄수 **수**)		

解說 '人(사람 인)'과 '□(에워쌀 위)'를 조합한 글자임. '사람(人)을 붙잡아 울(□) 안에 가둔다'는 데서 '가두다／갇히다／죄수／포로'라는 뜻을 나타낸다.

例文 ① 罪囚(죄수) ② 無期囚(무기수) ③ 死刑囚(사형수) ④ 脫獄囚(탈옥수)

3

溫 ＝ 水 ＋ 囚 ＋ 皿		篆文
6급／13획	(따뜻할 **온**)	

解說 '水(물 수)'와 '囚(가둘 수)', '皿(그릇 명)'을 조합한 글자임. '죄수(囚)에게 물(水)과 음식(皿)을 준다'는 데서 '(마음이) 따뜻하다'는 뜻을 나타낸다. ＊ 설문(說文)에서는 '盢(온)'을 '죄수(囚)에게 음식(皿)을 준다'로 되어 있다. ＊ 일본 상용한자와 중국 간체자

(簡體字)에서는 ‘溫(12획)’으로 1획이 줄어든다. * ‘水(물 수)가 다른 글자와 조합하여 글자 왼쪽에 오면 ‘氵(삼수변)’으로 글자 모양이 바뀐다.

例文   ① 高溫(고온) ② 低溫(저온) ③ 溫情(온정) ④ 溫度(온도) ⑤ 溫暖化(온난화)

4

蘊 = 艸 + 縕

1급/20획	(쌓을/속내 **온**)

解說   ‘艸(초)’와 ‘縕(온)’을 조합한 글자임. ‘풀(艸)이 쌓여서 중심 부분이 썩는 뜨뜻한 열기로 뜨거워지다’는 데서 ‘쌓다/쌓이다/속내’라는 뜻을 나타낸다. * 중국 간체자(簡體字)에서는 ‘蕴(19획)’으로 표기한다. * ‘艸(풀 초)’가 다른 글자와 조합하여 글자 위쪽에 오면 ‘艹(초두머리)’로 글자 모양이 바뀐다.

例文   ① 蘊奧(온오 ; 학문의 심오한 이치) ② 蘊蓄(온축 ; 많이 쌓아 둠)

5

困 = 木 + 囗

4급/7획	(곤할 **곤**)	甲骨文字	篆文

解說   ‘木(나무 목)’과 ‘囗(에워쌀 위)’를 조합한 글자임. ‘좁은 공간(囗)에 갇힌 나무(木)가 제대로 자라지 못한다’는 데서 ‘곤란하다/괴로워하다/괴롭다’는 뜻을 나타낸다.

例文   ① 困難(곤란) ② 困境(곤경) ③ 勞困(노곤) ④ 春困症(춘곤증)

6

菌 = 艸 + 困

3급/12획	(버섯/균 **균**)	篆文

解說   ‘艸(풀 초)’와 ‘困(곳집 균)’을 조합한 글자임. ‘어두운 창고(困)와 같은 곳에 식물(艸)처럼 돋아난다’는 데서 ‘버섯/균/세균’이라는 뜻으로 발전하여 쓰이게 되었다. * 일본 상용한자와 중국 간체자(簡體字)에서는 ‘菌(11획)’으로 표기한다. * ‘艸(풀 초)’가 다른 글자와 조합하여 글자 위쪽에 오면 ‘艹(초두머리)’로 글자 모양이 바뀐다.

例文   ① 細菌(세균) ② 保菌者(보균자) ③ 滅菌(멸균) ④ 殺菌(살균)

---

1 危 ＝ 人 ＋ 厂 ＋ 卩

| 4급/6획 | (위태할 **위**) | 篆文 |

> **解說** ‘人(사람 인)’과 ‘厂(굴바위 엄)’, ‘卩(무릎꿇은사람／무릎마디 절)’을 조합한 글자임. ‘높은 바위(厂) 위에서 사람(人)이 무릎을 꿇고(卩) 아래쪽을 내려다보며 쩔쩔 매는 장면’에서 ‘위태롭다／위험하다’는 뜻을 나타낸다.

> **例文** ① 危機一髮(위기일발) ② 危如累卵(위여누란) ③ 危險(위험) ④ 危急(위급)

---

2 詭 ＝ 言 ＋ 危

| 1급/13획 | (속일 **궤**) |

> **解說** ‘言(말씀 언)’과 ‘危(위태할 위)’를 조합한 글자임. ‘거짓으로 하는 말(言)은 위험하다(危)’는 데서 ‘속이다／거짓말’이라는 뜻을 나타낸다.

> **例文** ① 詭辯(궤변) ② 詭詐(궤사) ③ 詭計(궤계) ④ 詭言(궤언)

---

3 脆 ＝ 肉 ＋ 色

| 1급/10획 | (연할／무를 **취**) | 篆文 |

> **解說** 전문(篆文)에서는 ‘肉(몸／고기 육)’과 ‘色(예쁜여자／빛 색)’을 조합한 글자임. ‘남녀 생식기(色)의 살(肉)은 연하다’는 데서 ’연하다／무르다‘는 뜻을 나타낸다.

> **例文** ① 脆弱(취약) ② 脆弱性(취약성) ③ 脆味(취미 ; 연하고 맛있음)

1

委 = 禾 + 女

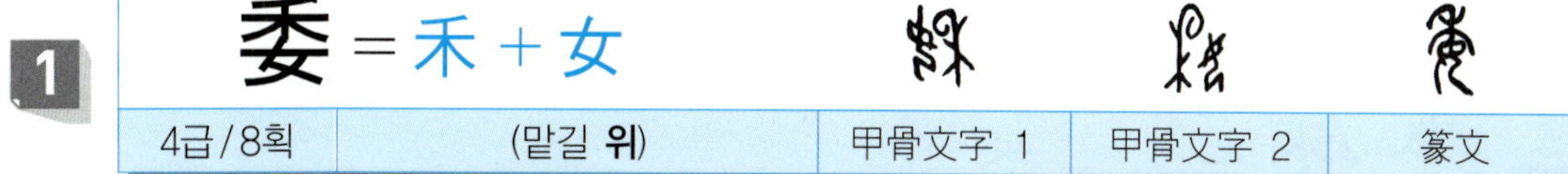

4급/8획	(맡길 위)	甲骨文字 1	甲骨文字 2	篆文

解說 '禾(벼 화)'와 '女(여자 여)'를 조합한 글자임. '해마다 새해가 되면 풍년을 기원하는 축제 때 볏단(禾)을 짊어지고 낮은 자세로 나긋나긋하게 춤을 추는 여자(女)'라는 뜻인데, 갑골문자(甲骨文字)에서는 '모계사회(母系社會)에서 남자들은 사냥하러 떠나고, 농사일(禾)은 여자(女)에게 맡긴다'는 데서 '맡기다/일임하다'는 뜻을 나타낸다.

例文 ① 委任(위임) ② 委員(위원) ③ 分科委員會(분과위원회)

2

萎 = 艹 + 委

1급/12획	(시들 위)

解說 '艹(초)'와 '委(맡길 위)'를 조합한 글자임. '식물(艹)이 자라다가 시들면 낮은 자세(委)가 된다'는 데서 '시들다'는 뜻을 나타낸다. * 약자(略字)는 '萎(11획)'임. * '艹(풀 초)'가 다른 글자와 조합하여 글자 위쪽에 오면 '艹(초두머리)'로 글자 모양이 바뀐다.

例文 ① 萎縮(위축)

3

魏 = 委 + 鬼

2급/18획	(높을/나라 위)

解說 ‘委(맡길 위)’와 ‘鬼(귀신 귀)’를 조합한 글자로, 무엇을 표현한 것 인지는 알 수 없으나 ‘높다’는 뜻을 나타낸다.

例文 ① 魏武帝(위무제 ; 曹操)

---

4 巍 = 山 + 魏

1급 / 21획   (높고클 **외**)

解說 ‘山(메 / 뫼 산)’과 ‘魏(높을 위)’를 조합한 글자로, ‘산(山)이 높고(魏) 크다’는 뜻을 나타낸다.

例文 ① 巍巍蕩蕩(외외탕탕 ; 높고 크며 넓고 멂) ② 巍峨(외아 ; 높은 산)

---

5 倭 = 人 + 委

2급 / 10획   (왜나라 / 유순할 **왜**)

解說 ‘人(사람 인)’과 ‘委(맡길 위)’를 조합한 글자임. ‘볏단(禾)을 짊어지고 춤추는 여인(委)처럼 나긋나긋한 사람(人)’이라는 데서 ‘성질이 부드럽고 공순하다 / 순종적이다’는 뜻을 나타낸다.

例文 ① 倭國(왜국) ② 倭寇(왜구) ③ 경상북도 倭館(왜관)

---

6 矮 = 矢 + 委

1급 / 13획   (난쟁이 **왜**)

解說 ‘矢(화살 시)’와 ‘委(맡길 위)’를 조합한 글자임. ‘볏단(禾)을 짊어지고 낮은 자세로 춤추는 여인(委)의 키는 화살(矢) 만큼 길이가 짧다’는 데서 ‘짧다 / 작다’는 뜻을 나타낸다. * 옛날에는, 화살(矢)의 길이를 기준으로 하여 물건의 길고짧음을 표현하였다.

例文 ① 矮小(왜소) ② 矮人觀場(왜인관장) ③ 矮軀(왜구)

胃 (밥통 위) 그룹 漢字

1 胃 = 田 + 肉

3급 / 9획	(밥통 위)		金文	篆文

解說 '田'과 '肉(몸/고기 육)'을 조합한 글자임. '우리 몸(肉)에서 음식물을 잘게 부수는 밥통(田) 모양'을 본뜬 글자로, '밥통/위장'이라는 뜻을 나타낸다. * '肉(몸/고기 육)'이 다른 글자와 조합하여 글자 아래쪽에 오면 '月(육달월)'로 글자 모양이 바뀐다.

例文 ① 胃腸(위장) ② 胃液(위액) ③ 胃炎(위염) ④ 胃潰瘍(위궤양) ⑤ 胃癌(위암)

2 謂 = 言 + 胃

3급 / 16획	(이를 / 일컬을 위)

解說 '言(말씀 언)'과 '胃(밥통 위)'를 조합한 글자임. '밥통(胃)이 음식을 소화시키듯이 생각한 바를 잘 새겨서 말한다(言)'는 데서 '이르다/일컫다'는 뜻을 나타낸다. * 중국 간체자(簡體字)에서는 '谓'로 표기한다.

例文 ① 所謂(소위) ② 謂人莫己若者亡(위인막기약자망 ; 교만한 사람)

3 渭 = 水 + 胃

2급 / 12획	(물이름 위)

解說 '水(물 수)'와 '胃(밥통 위)'를 조합한 글자임. '밥통(胃)에 음식물이 모이듯이 사방의 물(水)이 모여든다'는 뜻을 나타낸다. * '水(물 수)가 다른 글자와 조합하여 글자 왼쪽에 오면 'ㆍ(삼수변)'으로 글자 모양이 바뀐다.

例文 ① 渭水(위수 ; 강 이름) ② 太公釣渭(태공조위)

---

4 膚 = 虎 + 胃

2급 / 15획　　　　　　(살갖 **부**)

解說 '虍(범무늬 호)'와 '胃(밥통 위)'를 조합한 글자임. '위장(胃)이 안 좋으면 얼굴에 호랑이 가죽의 무늬(虍)처럼 뭔가가 생긴다'는 데서 '살갖/피부'라는 뜻을 나타낸다. * 중국 간체자(簡體字)에서는 '肤(8획)'으로 표기한다.

例文 ① 皮膚(피부) ② 皮膚病(피부병) ③ 皮膚科(피부과)

1 韋 = 舛 + 口

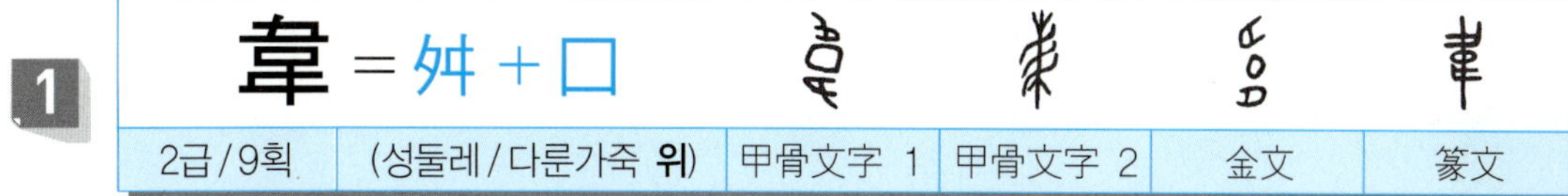

| 2급/9획 | (성둘레/다룬가죽 **위**) | 甲骨文字 1 | 甲骨文字 2 | 金文 | 篆文 |

解說 '舛(왼발오른발/어겨질 천)'과 '口'를 조합한 글자임. '가죽(口)을 두 발(舛)로 밟아서 가공한다'와, '성곽(口) 주변을 두 발(舛)로 순찰하며 돌아다니다'는 데서 '가공한 가죽/돌아다니다/순찰하다'는 뜻을 나타낸다. * 중국 간체자(簡體字)에서는 '韦(4획)'으로 표기한다.

例文 ① 韋編三絕(위편삼절 ; 공자(孔子)가 주역(周易)을 즐겨 읽어 가죽 끈이 세 번이나 끊어졌다는 데서 열심히 책을 읽는다는 뜻임)

2 偉 = 人 + 韋

| 5급/11획 | (클/거룩할 **위**) | | 篆文 |

解說 '人(사람 인)'과 '韋(성둘레 위)'를 조합한 글자임. '성곽을 순찰(韋)하듯이 호위해야 할 사람(人)'이라는 데서 '뛰어나다/뛰어난 사람'이라는 뜻을 나타낸다. * 중국 간체자(簡體字)에서는 '伟(6획)'으로 표기한다.

例文 ① 偉大(위대) ② 偉人(위인) ③ 偉業(위업) ④ 偉容(위용)

3 圍 = 韋 + 口

| 4급/12획 | (에워쌀 **위**) | | 金文 | 篆文 |

解說 '韋(성둘레 위)'와 '口(에워쌀 위)'를 조합한 글자임. '경계선(口)을 지키기 위해 순찰하다(韋)'는 데서 '둘레 / 에워싸다 / 포위하다'는 뜻을 나타낸다. * 일본 상용한자에서는 '囲(7획)'으로, 중국 간체자(簡體字)에서는 '围(7획)'으로 표기한다.

例文 ① 包圍(포위) ② 範圍(범위) ③ 周圍(주위)

4	衛 / 衞 = 行 + 韋		甲骨文字	金文	篆文
	4급 / 16획	(지킬 **위**)			

解說 '行(다닐 행)'과 '韋(성둘레 위)'를 조합한 글자임. '도시의 치안을 지키기 위해 길거리(行)를 순찰하다 / 돌아다니다(韋)'는 데서 '지키다 / 보호하다'는 뜻을 나타낸다. * 중국 간체자(簡體字)에서는 '卫(3획)'으로 표기한다. * '衞'의 속자(俗字)임.

例文 ① 防圍(방위) ② 護衛(호위) ③ 近衛隊(근위대) ④ 守衛(수위) ⑤ 衛生(위생)

5	違 = 韋 + 辶		金文 1	金文 2	篆文
	3급 / 13획	(어긋날 **위**)			

解說 '韋(성둘레 위)'와 '辶(쉬엄쉬엄갈 / 뛸 착)'을 조합한 글자임. '성곽을 순찰할(韋) 때 한 사람은 왼쪽으로, 또 한 사람은 오른쪽으로 간다(辶)'는 데서 '(길이) 어긋나다 / 어그러지다 / 다르다'는 뜻으로 발전하여 쓰이게 되었다. * 일본 상용한자에서는 '違(12획)'으로, 중국 간체자(簡體字)에서는 '违(7획)'으로 표기한다.

例文 ① 違反(위반) ② 違背(위배) ③ 違法(위법) ④ 違約金(위약금) ⑤ 違和感(위화감)

6	緯 = 糸 + 韋	
	3급 / 15획	(씨 / 씨줄 **위**)

解說 '糸(실 사)'와 '韋(성둘레 위)'를 조합한 글자임. '베를 짤 때 씨실(糸)이 이리저리 왔다갔다(韋) 한다'는 데서 '씨 / 씨줄'이라는 뜻을 나타낸다. * 중국 간체자(簡體字)에서는 '纬(7획)'으로 표기한다.

例文 ① 緯度(위도) ② 緯線(위선) ③ 南緯(남위) ④ 北緯(북위) ⑤ 經緯(경위)

7 　諱 = 言 + 韋

1급 / 16획　　(꺼릴 **휘**)

解說　'言(말씀 언)'과 '韋(성둘레 위)'를 조합한 글자로, '일관성 없이 서로 다르게(韋) 말(言)하는 것을 꺼리다'는 뜻을 나타낸다. * 중국 간체자(簡體字)에서는 '讳'로 표기한다.

例文　① 諱日(휘일 ; 제삿날)　② 諱忌(휘기 ; 꺼리어 싫어함)　③ 諱言(휘언 ; 말하기 꺼려함)

8　韓 = 倝 + 韋

8급 / 17획　　(나라이름 / 한국 **한**)　　金文　　篆文

解說　'倝(해돋을 / 깃대 간)'과 '韋(성둘레 위)'를 조합한 글자임. '아침 햇볕(倝)을 받아 나무줄기(幹)에 널려있는 가죽(韋)이 빛난다'는 뜻인데, '해 돋는(倝) 쪽에 성곽(口) 같은 산에 둘러싸인(韋) "韓(한)"이라는 나라'라는 뜻으로 쓰이게 되었다. * 중국 간체자(簡體字)에서는 '韩'으로 표기한다.

例文　① 大韓民國(대한민국)　② 三韓(삼한) 시대

1 尉 = 尸 + 二 + 火 + 寸

2급 / 11획   (벼슬 **위**)   篆文

解說   전문(篆文)에서는 '尸(몸 시)'와 '二', '火(불 화)', '寸(손/손목/마디 촌)'을 조합한 글자임. '불(火)에 달군 인두를 손(寸)에 들고 죄인의 몸(尸)에 인두질을 하여 상처(二)를 내다'는 데서 '형옥(刑獄)을 맡은 벼슬아치'라는 뜻이다.

例文   ① 尉官(위관) ② 少尉(소위) ③ 中尉(중위) ④ 大尉(대위)

2 慰 = 尉 + 心

4급 / 15획   (위로할 **위**)   篆文

解說   '尉(벼슬 위)'와 '心(마음 심)'을 조합한 글자임. '옷에 인두질(尉)을 하여 주름을 펴듯이 움츠러든 마음(心)을 펴주다'는 데서 '위로하다'는 뜻이다.

例文   ① 慰勞(위로) ② 慰問便紙(위문편지) ③ 慰靈祭(위령제)

3 蔚 = 艸 + 尉

2급 / 15획   (고을이름 / 우거질 **울**)

解說   '艸(풀 초)'와 '尉(벼슬 위)'를 조합한 글자로, '초목(草木)이 우거지다'는 뜻인데, '고을 이름'이라는 뜻으로 발전하여 쓰이게 되었다.

例文   ① 蔚山廣域市(울산광역시) ② 蔚藍天(울람천 ; 푸른 하늘)

1

爲 ＝ 爪 ＋ 象

4급 / 12획	(할 / 하 위)	甲骨文字	金文	篆文

🐛 **解說**　‘爪(손 / 손톱 조)’와 ‘象(코끼리 상)’을 조합한 회의문자(會意文字)임. 갑골문자(甲骨文字)와 금문(金文)에서는 ‘손(手)으로 코끼리(象)를 이끌고 공사장에서 일을 시키는 장면’으로 묘사하여 ‘(일을) 하다 / 위하다 / 다스리다’는 뜻으로 발전하여 쓰이게 되었다. ＊일본 상용한자에서는 ‘爲(9획)’으로, 중국 간체자(簡體字)에서는 ‘为(4획)’으로 표기한다.

🐛 **例文**　① 行爲(행위)　② 爲政者(위정자)　③ 爲富不仁(위부불인 ; 부자가 되기 위해서는 남에게 어진 덕(德)을 베풀지 못함)

2

僞 ＝ 人 ＋ 爲

3급 / 14획	(거짓 위)	篆文

🐛 **解說**　‘人(사람 인)’과 ‘爲(할 / 하 위)’를 조합한 글자임. ‘공사장이 일(爲)은 코끼리(象)가 다 했는데, 그 공(功)은 사람(人)에게 돌아간다’는 데서 ‘속이다 / 가짜 / 거짓’이라는 뜻으로 발전하여 쓰이게 되었다. ＊일본 상용한자에서는 ‘僞(11획)’으로, 중국 간체자(簡體字)에서는 ‘伪(6획)’으로 표기한다.

🐛 **例文**　① 僞善者(위선자)　② 虛僞(허위)　③ 僞造紙幣(위조지폐)

1 酉

3급 / 7획	(술단지 / 술독 / 술병 / 닭 **유**)	甲骨文字	金文	篆文

解說 '신(神)에게 바치는 술단지 / 술독 / 술병 모양' 을 본뜬 상형문자로, '술단지 / 술독 / 술병 / 술그릇' 이라는 뜻을 나타내는데, '酒(술 주)' 의 초문자(初文字)이다. * 12지(支)에 서는 10번째 자리를 나타내어 '닭' 이라는 뜻으로 쓰인다. * 한자능력 검정시험에서는 '닭 유' 라고 한다.

例文 ① 酉時(유시 ; 오후 5시-7시 / 일이 끝나고 술마시는 시간?) ② 酉方(유방 ; 서쪽)

2 酒 = 水 + 酉

4급 / 10획	(술 **주**)	甲骨文字	金文	篆文

解說 '水(물 수)' 와 '酉(술단지 / 술병 유)' 를 조합한 글자임. '술단지 / 술병(酉) 속에 든 액체(水)' 라는 데서 '술 / 알코올' 이라는 뜻을 나타낸다. * '水(물 수)가 다른 글자와 조합하 여 글자 왼쪽에 오면 'ⅰ(삼수변)' 으로 글자 모양이 바뀐다.

例文 ① 燒酒(소주) ② 麥酒(맥주) ③ 洋酒(양주) ④ 酒色雜技(주색잡기) ⑤ 酒池肉 林(주지육림 ; 호화로움이 극(極)에 달한 술잔치)

3 醜 = 酉 + 鬼

3급 / 17획	(추할 / 더러울 **추**)

解說　'酉(술단지/술병 유)'와 '鬼(귀신 귀)'를 조합한 글자임. '술(酉)에 취한 나머지 정상적인 사람이 아니다(鬼)', 또는 '술(酉)에 취한 귀신(鬼)'이라는 데서 '추하다/추잡하다'는 뜻을 나타낸다. * 중국 간체자(簡體字)에서는 '丑(4획)'으로 표기한다.

例文　① 醜惡(추악)　② 醜雜(추잡)　③ 醜聞(추문)　④ 醜男(추남)　⑤ 醜女(추녀)

4　醫 = 医 + 殳 + 酉

| 6급 / 18획 | (의원 **의**) | 篆文 1 | 篆文 2 |

解說　'匸(감출 혜)'와 '矢(화살 시)', '殳(몽둥이 수)', '酉(술단지/술병 유)'를 조합한 글자임. '화살(矢)이나 창(殳) 따위로 패인(匸) 자리에 독한 술(酉)을 부어서 살균하여 치료한다'는 데서 '병을 치료하다/의사'라는 뜻을 나타낸다. * 일본 상용한자와 중국 간체자(簡體字)에서는 '医(7획)'으로 표기한다.

例文　① 醫師(의사)　② 醫院(의원)　③ 醫療(의료)　④ 醫藥品(의약품)

5　配 = 酉 + 己

| 6급 / 10획 | (짝/나눌 **배**) | 甲骨文字 | 金文 | 篆文 |

解說　'酉(술단지/술병 유)'와 '己(몸 기)'를 조합한 글자임. 갑골문자(甲骨文字)에서는 '술 단지(酉) 앞에 무릎을 꿇고 앉아 있는 모습(己)'에서 '술이란 벗과 함께 나누어 마신다'는 데서 '나누다/분배하다/짝'이라는 뜻으로 발전하여 쓰이게 되었다.

例文　① 配偶者(배우자)　② 配匹(배필)　③ 交配(교배)　④ 分配(분배)

1 臾 = 臼 + 人

| 9획 | (잠깐 **유**) | 金文 | 篆文 |

解說 '臼(두손으로받들 국)'과 '人'을 조합한 글자임. 금문(金文)에서는 '두 손(臼)으로 뭔가를 들고 절구질(?)하고 있는 모습'이고, 전문(篆文)에서는 '사람(人)의 허리에 양손을 걸치고(臼) 있는 모습'에서 '잠깐/잠시'라는 뜻을 나타내나, 단독으로는 쓰이지 않는다.

2 庾 = 广 + 臾

| 2급 / 12획 | (곳집 / 노적가리 **유**) |

解說 '广(집 엄)'과 '臾(잠깐 유)'를 조합한 글자임. '창고(广)에서 두 손으로 절구질(臾)을 한다'는 데서 '곳집/창고'라는 뜻을 나타낸다.

例文 ① 庾廩(유름 ; 창고) ② 庾積(유적 ; 露積한 곡식) ③ 金庾信(김유신)

3 諛 = 言 + 臾

| 1급 / 16획 | (아첨할 **유**) |

解說 '言(말씀 언)'과 '臾(잠깐 유)'를 조합한 글자임. '곡식을 먹기 좋게 절구질(臾)하 듯이 말(言)을 듣기 좋게 절구질(臾)한다'는 데서 '아첨하다'는 뜻이다.

例文 ① 諛言(유언 ; 아첨하는 말) ② 阿諛(아유 ; 알랑거림) ③ 諛媚(유미 ; 諛言)

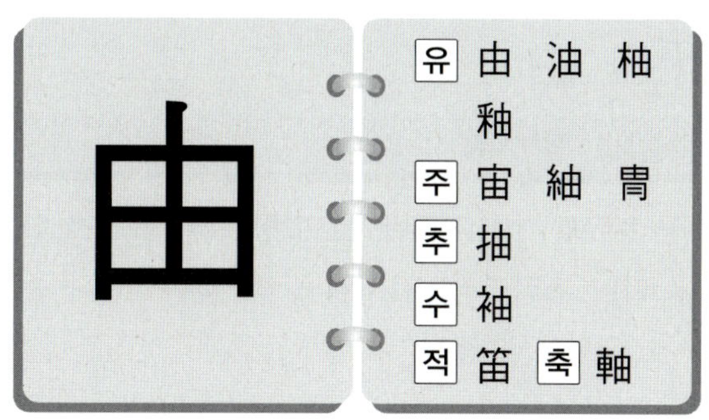

1 由

| 6급 / 5획 | (말미암을 **유**) | 甲骨文字 | 金文 1 | 金文 2 |

解說 '卣(유)'는 '由'의 초문자(初文字)로서, 갑골문자(甲骨文字)와 금문(金文)에서는 '조롱박 / 호리병박 모양의 술그릇' 이라는 데서 '(모든 실수와 잘못은) 술로 말미암다 / 술 때문이다' 에서 '말미암다 / 까닭' 이라는 뜻으로 발전하여 쓰이게 되었다.

例文 ① 由來(유래) ② 事由書(사유서) ③ 由緒(유서) ④ 經由(경유)

2 油 = 水 + 由

| 6급 / 8획 | (기름 **유**) |

解說 '水(물 수)'와 '由(조롱박 / 호리병박 유)'를 조합한 글자임. '조롱박 / 호리병박(由) 의 열매가 익어서 된 액체(水)'라는 데서 '기름' 이라는 뜻을 나타낸다. * '水(물 수)가 다른 글자와 조합하여 글자 왼쪽에 오면 ' 氵(삼수변)'으로 글자 모양이 바뀐다.

例文 ① 油田(유전) ② 油彩畫(유채화) ③ 石油(석유) ④ 食用油(식용유)

3 柚 = 木 + 由

| 1급 / 9획 | (유자 / 유자나무 **유**) |

解說 '木(나무 목)'과 '由(조롱박 / 호리병박 유)'를 조합한 글자임. '조롱박 / 호리병박 (由) 모양으로 나무(木)에 열린 열매' 라는 데서 '유자 / 유자나무' 라는 뜻을 나타낸다.

例文　① 柚子(유자)　② 柚子菜(유자채)　③ 柚皮(유피 ; 유자껍질)

4

$$釉 = 釆 + 由$$

| 특급 / 12획 | (잿물 / 광택 **유**) |

解說　'釆(짐승발자국 변)'과 '由(조롱박 / 호리병박 유)'를 조합한 글자임. 도자기의 몸에 덧씌워 '짐승발바닥(釆)이나 호리병박(由)처럼 광택이 나게 한다'는 데서 '(광택이 나게 하는) 잿물 / 광택'이라는 뜻을 나타낸다.

例文　① 釉藥(유약)

5

$$宙 = 宀 + 由$$

| 3급 / 8획 | (집 / 하늘 **주**) | 甲骨文字 1 | 甲骨文字 2 | 篆文 |

解說　'宀(집 면)'과 '由(조롱박 / 호리병박 유)'를 조합한 글자임. '공중에 매달려 열리는 조롱박 / 호리병박(由) 모양의 집(宀)'이라는 데서 '우주 / 우주 공간'이라는 뜻을 나타낸다.

例文　① 宇宙(우주)　② 宇宙船(우주선)　③ 宇宙服(우주복)　④ 宇宙飛行(우주비행)

6

$$紬 = 糸 + 由$$

| 1급 / 11획 | (명주 **주**) |

解說　'糸(실 사)'와 '由(조롱박 / 호리병박 유)'를 조합한 글자임. '조롱박 / 호리병박 모양(由)의 누에고치에서 뽑은 실(糸)'이라는 데서 '명주'라는 뜻을 나타낸다.

例文　① 明紬(명주)　② 紬緞(주단 ; 명주와 비단)　③ 紬繹(주역 ; 단서를 찾아냄)

7

$$胄 = 由 + 目$$

| 1급 / 9획 | (자손 / 투구 **주**) | 金文 1 | 金文 2 | 篆文 |

解說　금문(金文)에서는 '눈(目) 위까지 가리는 머리에 쓰는 투구 모양'을 본뜬 상형문자로, '머리에 쓰는 투구 / 장남(長男) / 후손'이라는 뜻으로 발전하여 쓰이게 되었다.

例文　① 甲胄(갑주)　② 胄裔(주예 ; 자손)

8	抽 = 手 + 由		𢪒	𣁾	袖
3급/8획	(뽑을 **추**)		篆文 1	篆文 2	篆文 3

解說 '手(손 수)'와 '由(조롱박/호리병박 유)'를 조합한 글자임. '조롱박/호리병박(由) 속을 손(手)으로 빼내어 바가지로 사용한다'는 데서 '뽑다/빼내다/끌어당기다'는 뜻을 나타낸다. * '手(손 수)'가 다른 글자와 조합하여 글자 왼쪽에 오면 '扌(손수변)'으로 글자 모양이 바뀐다.

例文 ① 抽出(추출 ; 빼내거나 뽑아냄) ② 抽籤(추첨) ③ 抽象化(추상화)

9	袖 = 衣 + 由
1급/10획	(소매 **수**)

解說 '衣(옷 의)'와 '由(조롱박/호리병박 유)'를 조합한 글자임. '조롱박/호리병박(由) 처럼 생긴 옷(衣)소매'라는 데서 '옷소매/소맷부리'라는 뜻을 나타낸다. * '衣(옷 의)'가 다른 글자와 조합하여 글자 왼쪽에 오면 '衤(옷의변)'으로 글자 모양이 바뀐다.

例文 ① 袖手傍觀(수수방관) ② 與野領袖會談(여야영수회담)

10	笛 = 竹 + 由
3급/11획	(피리 **적**)

解說 '竹(대나무 죽)'과 '由(조롱박/호리병박 유)'를 조합한 글자임. '대나무(竹) 구멍(由)에서 소리가 나는 악기'라는 데서 '피리'라는 뜻을 나타낸다.

例文 ① 汽笛(기적) ② 警笛(경적) ③ 鼓笛隊(고적대)

11	軸 = 車 + 由
2급/12획	(굴대 **축**)

解說 '車(수레 거)'와 '由(유)'를 조합한 글자임. '수레(車)바퀴의 한가운데의 구멍(由) 에 끼는 조롱박/호리병박(由) 모양의 기다란 쇠'라는 데서 '굴대'라는 뜻을 나타낸다.

例文 ① 車軸(차축) ② 主軸(주축) ③ 地軸(지축) ④ 天方地軸(천방지축 ; 어리석은 사람이 제멋대로 덤벙댐/너무 급해서 정신없이 허둥지둥 날뜀)

---

1   有 = 又 + 肉

| 7급/6획 | (있을 **유**) | 甲骨文字 | 金文 | 篆文 |

解說   '又(오른손/또 우)'와 '肉(고기 육)'을 조합한 글자임. 금문(金文)에서는 '손(又)에 고기(肉)를 들고 신(神)에게 바치고 있다'는 데서 '(손에) 갖고 있다/가지다/소유하다'는 뜻으로 발전하여 쓰이게 되었다.

例文   ① 有利(유리)   ② 有名(유명)   ③ 保有(보유)   ④ 所有主(소유주)   ⑤ 特有(특유)   ⑥ 有口無言(유구무언)   ⑦ 有備無患(유비무환)

---

2   宥 = 宀 + 有

| 1급/9획 | (너그러울 / 용서할 **유**) |

解說   '宀(집 면)'과 '有(있을 유)'를 조합한 글자임. '신을 섬기는 집(宀)에 고기를 바치고(有) 너그럽게 용서해 주기를 바란다', 또는 '집안(宀)에 재물이 많이 있다(有)'는 데서 '너그럽다/용서하다'는 뜻을 나타낸다.

例文   ① 宥恕(유서 ; 용서함)   ② 宥和政策(유화정책)

---

3   郁 = 有 + 邑

| 2급/9획 | (성할 / 땅이름 **욱**) |

解說   '有(있을 유)'와 '邑(고을 읍)'을 조합한 글자임. '고기(肉) 굽는 냄새가 고을(邑)에 널리 퍼지다'는 데서 '(향기가) 대단하다 / 성하다'는 뜻으로 발전하여 쓰이게 되었다.
  * '邑(고을 읍)'이 다른 글자와 조합하여 글자 오른쪽에 오면 'ß (우부방)'으로 글자 모양이 바뀐다.

例文   ① 郁郁靑靑(욱욱청청 ; 향기가 대단하며 초목이 무성함)

4

賄 = 貝 + 有

| 1급 / 13획 | (뇌물 / 재물 **회**) |

解說   '貝(돈 / 재물 / 조개 패)'와 '有(있을 유)'를 조합한 글자임. '남몰래 고기(有)와 재물(貝)을 보낸다'는 데서 '뇌물 / 재물'이라는 뜻을 나타낸다. * 중국 간체자(簡體字)에서는 '贿(10획)'으로 표기한다.

例文   ① 賄賂(회뢰) ② 收賄罪(수회죄) ③ 贈賄罪(증회죄)

1

攸 = 人 + 水 + 攴

| 특급/7획 | (씻을/물방울달릴 **유**) | 甲骨文字 | 金文 | 篆文 |

解說 금문(金文)에서는 ‘人(사람 인)’과, ‘水(물 수), ‘攴(때릴/칠/다스릴 복)’을 조합한 글자임. ‘사람(人)의 등에 물(水)을 끼얹으며 손으로 씻어내는(攴) 모습’에서 ‘깨끗이 씻다/(물방울이) 달려 있다’는 뜻을 나타내나, 단독으로는 거의 쓰이지 않는다.

2

悠 = 攸 + 心

| 3급/11획 | (멀/한가로울 **유**) |

解說 ‘攸(씻을 유)’와 ‘心(마음 심)’을 조합한 글자임. ‘몸(人)에 물(水)을 끼얹으며 손(攴)으로 더러움을 씻어내니(攸) 마음(心)에 여유가 생긴다’는 데서 ‘한가롭다/아득하다/(不淨과는 거리가) 멀다’는 뜻을 나타낸다.

例文 ① 悠悠(유유)히 ② 悠悠自適(유유자적 ; 속세를 떠나 아무것에도 매이지 않고 자유롭게 마음 편히 삶) ③ 悠久(유구 ; 역사가 오래되다) ④ 悠然(유연 ; 침착함)

3

修 = 攸 + 彡

| 4급/10획 | (닦을/고칠 **수**) |

解說　‘攸(씻을 유)’와 ‘彡(빛날/무늬/터럭 삼)’을 조합한 글자임. ‘몸에 물을 끼얹으며 더러움을 씻어내니(攸) 몸이 빛난다(彡)’는 데서 ‘(몸을 정결하게) 닦다/깨끗이 하다/다스리다’는 뜻으로 발전하여 쓰이게 되었다.

例文　① 修理(수리)　② 修學旅行(수학여행)　③ 修身齊家治國平天(수신제가치국평천)

4

條 = 攸 + 木

4급 / 11획	(가지 / 법규 / 조목 **조**)

解說　‘攸(씻을 유)’와 ‘木(나무 목)’을 조합한 글자임. ‘사람의 등줄기(攸)처럼 질서정연하게 양쪽으로 뻗은 나뭇가지(木)’라는 데서 ‘나뭇가지/법규/조목’이라는 뜻을 나타낸다.
＊일본 상용한자와 중국 간체자(簡體字)에서는 ‘条(7획)’으로 표기한다.

例文　① 條目(조목)　② 條項(조항)　③ 法條文(법조문)　④ 金科玉條(금과옥조)

5

滌 = 水 + 條

1급 / 14획	(씻을 **척**)

解說　‘水(물 수)’와 ‘條(가지/법규/조목 조)’를 조합한 글자임. ‘攸(씻을 유)’가 ‘사람(人)의 등에 물(水)을 끼얹으며 손으로 씻어내는(攴) 모습’에서 ‘깨끗이 씻다’는 뜻을 충분히 나타내지 못하므로, ‘水(물 수)＋條(가지/법규/조목 조)＝滌’으로 만들어 ‘물을 끼얹어 씻다’는 뜻을 나타낸다. ＊중국 간체자(簡體字)에서는 ‘涤(10획)’으로 표기한다. ＊‘水(물 수)가 다른 글자와 조합하여 글자 왼쪽에 오면 ‘氵(삼수변)’으로 글자 모양이 바뀐다.

例文　① 洗滌(세척 ; 물로 씻음)　② 滌濯(척탁 ; 洗滌)　③ 滌蕩(척탕 ; 더러움을 씻어냄)

1 兪 = 舟 + 余

| 2급/9획 | (대답할/더욱 **유**) | 肜 金文 1 | 肜 金文 2 | 兪 篆文 |

解說　금문(金文)에서는 '舟(배 주)'와 '余'를 조합한 글자임. '수술용 칼(余)로 곪은 곳을 째서 고름을 그릇(舟)에 옮겨놓는 장면'인데, '병을 치료해 주는 사람에게 고분고분하다'는 데서 '그렇다/공손하다/온화하다/(의사의 질문에) 대답하다'는 뜻으로 발전하여 쓰이게 되었다. ＊성씨를 소개할 때는 파자(破字)하여 '인월도(人月刀) 유'라고 말한다. ＊'舟(배 주)'는 원래 '사다리 모양의 길고 커다란 그릇'으로서 잔치 음식을 담아 주고받는 데 사용했으나, 훗날 '강에서 물건을 실어나르는 배'라는 뜻으로도 쓰이게 되었다. ＊중국 간체자(簡體字)에서는 '俞'로 글자 모양이 약간 다르게 표기한다. ＊'癒(병나을/병고칠 유)'의 초문자(初文字)임. ＊'余'에 관한 더 자세한 설명은 2권 '余(나/침 여)'그룹 漢字 참조.

例文　① 兪允(유윤 ; 허락함)　② 兪音(유음 ; 上奏에 대한 임금의 批答)

2 愈 = 兪 + 心

| 3급/13획 | (나을/고칠 **유**) |

解說　'兪(유)'와 '心(마음 심)'을 조합한 글자임. '수술용 칼(余)로 곪은 곳을 째서 고름을 그릇(舟)에 옮겨놓음(兪)으로써 마음(心)이 편안해지다'에서 '(남보다) 낫다/우월하다'는 뜻으로 발전하여 쓰이게 되었다. ＊중국 간체자(簡體字)에서는 '愈'로 표기한다.

例文　① 愈往愈甚(유왕유심 ; 갈수록 심해짐)　② 愈愈(유유 ; 더욱 심해짐)

3

$$癒 = 疒 + 愈$$

| 1급 / 13획 | (병나을 / 병고칠 **유**) |

解說　‘疒(병들어기댈 역)’과 ‘愈(유)’를 조합한 글자임. ‘수술용 칼(余)로 곪은 곳을 째서 고름을 그릇(舟)에 옮겨놓음으로써 병(疒)이 치료되다’에서 ‘병이 낫다 / 병이 고쳐지다’는 뜻을 나타낸다. * 중국 간체자(簡體字)에서는 ‘愈’로 표기한다.

例文　① 快癒(쾌유)　② 政經癒着(정경유착)　③ 癒着關係(유착관계)

4

$$榆 = 木 + 愈$$

| 2급 / 13획 | (느릅나무 **유**) |

解說　‘木(나무 목)’과 ‘愈(유)’를 조합한 글자임. ‘수술용 칼(余)로 곪은 곳을 째서 고름을 그릇(舟)에 옮겨놓은(愈) 것처럼, 궤양 / 염증 / 종기 / 부스럼 등의 병을 낫게 해주는(愈) 나무(木)’라는 데서 ‘느릅나무’라는 뜻을 나타낸다. * 중국 간체자(簡體字)는 ‘榆’으로 표기한다.

例文　① 榆柳(유류 ; 느릅나무와 버드나무)　② 榆莢雨(유협우 ; 늦봄의 비)

5

$$踰 = 足 + 愈$$

| 2급 / 16획 | (넘을 **유**) |

解說　‘足(발 족)’과 ‘愈(유)’를 조합한 글자임. ‘수술용 칼(余)로 발(足)의 곪은 곳을 째서 고름을 그릇(舟)에 옮겨놓음(愈)으로써 어려운 환경에서 벗어나다’는 데서 ‘어려운 환경을 뛰어넘다 / 빠져나오다’는 뜻을 나타낸다.

例文　① 踰月(유월 ; 달을 넘김)　② 踰越節(유월절 ; 유대교 축일)

6

$$喩 = 口 + 愈$$

| 1급 / 12획 | (깨우칠 / 비유할 **유**) |

解說　‘口(입 구)’와 ‘愈(유)’를 조합한 글자임. ‘수술용 칼(余)로 곪은 곳을 째서 고름을 그릇(舟)에 옮겨놓듯이(愈), 불분명한 점을 말(口)로 끄집어내어 교훈하다’는 데서 ‘비유하다 / 깨우쳐주다 / 깨닫다’는 뜻을 나타낸다. * 중국 간체자(簡體字)에서는 ‘喻’로 표기한다.

例文　① 比喩(비유)　② 隱喩法(은유법)　③ 直喩法(직유법)

7 **愉** = 心 + 兪

1급 / 12획 　　　　(즐거울 **유**)

解說　‘心(마음 심)’과 ‘兪(유)’를 조합한 글자임. ‘수술용 칼(余)로 곪은 곳을 째서 고름을 그릇(舟)에 옮겨놓듯이(兪), 불쾌한 마음(心)을 빼내니(兪) 마음(心)이 즐겁다’는 데서 ‘기쁘다/즐겁다’는 뜻을 나타낸다. ＊중국 간체자(簡體字)에서는 ‘愉’로 표기한다. ＊‘心(마음 심)’이 다른 글자와 조합하여 글자 왼쪽에 오면 ‘忄(마음심변/심방변)’으로 글자 모양이 바뀐다.

例文　① 愉快(유쾌)　② 愉色(유색)　③ 愉絕快絕(유절쾌절 ; 더 할 나위 없이 유쾌함)

8 **揄** = 手 + 兪

1급 / 12획 　　　　(야유할/끌/퍼낼 **유**)

解說　‘手(손 수)’와 ‘兪(유)’를 조합한 글자임. ‘수술용 칼(余)로 곪은 곳을 째서 고름을 그릇(舟)에 옮겨놓듯이(兪), 손(手)으로 끌어당겨 퍼내다(兪)’는 데서 ‘질질 끌다/손으로 퍼내다/조롱하다’는 뜻으로 발전하여 쓰이게 되었다. ＊중국 간체자(簡體字)에서는 ‘揄’로 표기한다. ＊‘手(손 수)’가 다른 글자와 조합하여 글자 왼쪽에 오면 ‘扌(손수변)’으로 글자 모양이 바뀐다.

例文　① 揶揄(야유)　② 揄揚(유양 ; 끌어올림/박수갈채함/칭찬함)

9 **諭** = 言 + 兪

1급 / 16획 　　　　(타이를/깨우칠 **유**)

解說　‘言(말씀 언)’과 ‘兪(유)’를 조합한 글자임. ‘수술용 칼(余)로 곪은 곳을 째서 고름을 그릇(舟)에 옮겨놓듯이(兪), 말(言)로 깨우쳐주다(兪)’는 데서 ‘타이르다/깨우치다’는 뜻을 나타낸다. ＊중국 간체자(簡體字)에서는 ‘谕’로 표기한다.

例文　① 諭示(유시 ; 타일러 가르침)　② 教諭(교유)　③ 諭告(유고 ; 타이름)

10 **鍮** = 金 + 兪

1급 / 17획 　　　　(놋쇠 **유**)

解說 ‘金(쇠 금)’과 ‘兪(유)’를 조합한 글자로, ‘구리와 아연(亞鉛)과의 합금(合金)인 놋쇠’라는 뜻을 나타낸다. * 중국 간체자(簡體字)에서는 ‘鍮’로 표기한다.

例文 ① 鍮器(유기 ; 놋그릇/놋쇠그릇)

---

11 **鍮 = 車 + 兪**

| 3급 / 16획 | (보낼 **수**) |

解說 ‘車(수레 거)’와 ‘兪(유)’를 조합한 글자임. ‘수술용 칼(余)로 곪은 곳을 째서 고름을 그릇(舟)에 옮겨놓듯이(兪), 어떤 구역에서 다른 구역으로 수레(車)에 실어 옮기다(兪)’는 데서 ‘(수레로) 실어 보내다/실어내다’는 뜻을 나타낸다. * 일본 상용한자에서는 ‘輸’로, 중국 간체자(簡體字)에서는 ‘输’로 표기한다.

例文 ① 輸送(수송) ② 運輸會社(운수회사) ③ 輸入(수입) ④ 輸出(수출)

1　旂 = 㫃 + 子

| 9획 | (깃발 **유**) | 甲骨文字 | 金文 | 篆文 |

解說　'㫃(깃발 언)'과 '子(아들/아이 자)'를 조합한 글자임. 갑골문자(甲骨文字)와 금문(金文)에서는 '깃발(㫃)이 휘날리는 깃대를 들고 어떤 곳으로 이동하는 사람(子)의 모습'에서 '깃발'이라는 뜻을 나타낸다. * 옛날이나 지금이나 군대가 이동하거나, 어떤 행사에 참여하러 다른 곳으로 이동할 때는 자기들의 소속을 알리는 깃발을 휘날리면서 떠나가는 모습을 영화/드라마 등에서 흔히 볼 수 있다.

例文　① 旂旐(유조 ; 깃발이 있는 깃대)　② 旂斾(유패 ; 깃발)

2　遊 = 斿 + 辶

| 4급 / 13획 | (놀 **유**) | 金文 1 | 金文 2 | 篆文 |

解說　'斿(깃발 유)'와 '辶(쉬엄쉬엄갈/뛸 착)'을 조합한 글자임. '여러 사람이 집단으로 깃발이 휘날리는 깃대(斿)를 앞세우고 어떤 축하 행사장으로 간다(辶)'는 데서 '놀다/놀게 하다/여행하다'는 뜻을 나타낸다. * 여행사의 가이드를 생각나게 하는 글자이다.

例文　① 遊興街(유흥가)　② 遊覽船(유람선)　③ 外遊(외유)　④ 遊說場(유세장)

3　游 = 水 + 斿

| 1급 / 12획 | (헤엄칠 **유**) | 金文 | 古文 | 篆文 |

解說 ‘水(물 수)’와 ‘斿(깃발 유)’를 조합한 글자임. 전문(篆文)에서는 ‘斿 / 遊 / 游’가 모두 동일한 글자 ‘游’이었으나, 해서(楷書)에서는 따로따로 분리하여 사용하도록 하였는데, ‘깊은 강(水)을 건널 때도 수신(水神)을 달래는 깃발(斿)을 앞세우고 간다’는 데서 ‘헤엄치다 / 수영하다’는 뜻으로 발전하여 쓰이게 되었다. * ‘水(물 수)가 다른 글자와 조합하여 글자 왼쪽에 오면 ‘氵(삼수변)’으로 글자 모양이 바뀐다.

例文 ① 浮游物 / 浮遊物(부유물) ② 游雲驚龍(유운경용 ; 잘 쓴 글씨) ③ 游魚出聽 (유어출청 ; 거문고의 명수)

4	旅 = 㫃 + 人人		甲骨文字	金文	篆文
5급 / 10획	(나그네 **려**)				

解說 ‘㫃(깃발 언)’과 ‘人 + 人(사람 인)’을 조합한 글자임. ‘여러 사람들(人人)이 집단으로 깃발이 휘날리는 깃대(㫃)를 앞세우고 어떤 축하 행사장으로 떠나가다’는 데서 ‘나그네’라는 뜻을 나타낸다. * 요즘 국내외 관광에서도 가이드가 관광객을 안내할 때 깃발을 들고 앞서가는 모습을 흔히 볼 수 있다.

例文 ① 旅行(여행) ② 旅券(여권) ③ 旅費(여비) ④ 旅人宿(여인숙) ⑤ 旅館(여관)

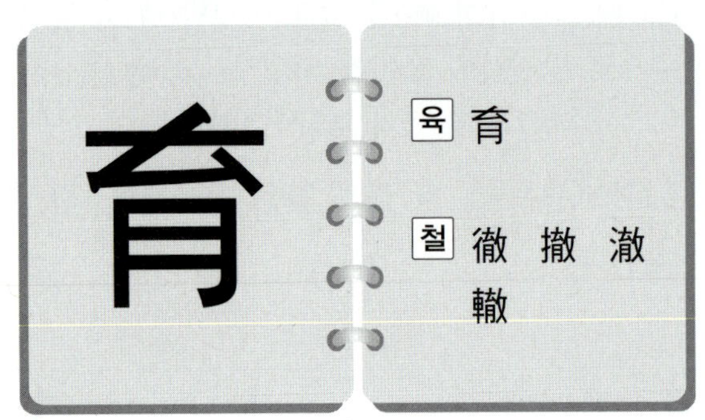

1   育 = 子 + 肉

7급 / 7획	(기를 **육**)	甲骨文字	金文	篆文 1	篆文 2

解說 거꾸로 된 '子(아들/아이 자)'와 '肉(몸/고기 육)'을 조합한 글자임. 갑골문자(甲骨文字)/금문(金文)/전문(篆文)에서는 모두 '어머니(母) 뱃속에서 아이(子)가 머리부터 내밀고 태어나는 장면'을 묘사하는 글자인데, '자녀(子)가 태어나면 부모는 자녀를 튼튼한 몸(肉)으로 잘 키워야 할 책임이 있다'는 데서 '기르다/키우다/자라다/자라게 하다'는 뜻을 나타낸다. * 일본 상용한자에서는 '育(8획)'으로, 중국 간체자(簡體字)에서는 '育'으로 글자 모양이 약간 다르게 표기한다. * '肉(몸/고기 육)'이 다른 글자와 조합하여 글자 아래쪽에 오면 '月(육달월)'로 글자 모양이 바뀐다.

例文 ① 養育(양육) ② 育成(육성) ③ 飼育(사육) ④ 育兒(육아) ⑤ 敎育(교육)

2   徹 = 彳 + 鬲 + 攵

3급 / 15획	(통할 **철**)	甲骨文字	金文	篆文

解說 전문(篆文)에서는 '彳(조금씩걸을 척)'과 '鬲(오지병 격/솥 력)', '攵(때릴/칠/다스릴 복)'을 조합한 글자임. 갑골문자(甲骨文字)와 금문(金文)에서는 '鬲(오지병 격/솥 력)'과 '又(오른손/또 우)'를 조합한 글자로 '잔치가 끝난 후 그릇(鬲)들을 설거지하여 마지막까지 뒤치다꺼리를 하다'는 데서 '처음부터 끝까지 통하다/끝에 이르다/꿰뚫다'는 뜻으로 발전하여 쓰이게 되었다. * 전문(篆文)에서의 '育'은 '鬲'을 변형시킨 글자이다. * 중국 간체자(簡體字)에서는 '彻(7획)'으로 표기한다.

例文 ① 貫徹(관철) ② 徹夜作業(철야작업) ③ 徹頭徹尾(철두철미) ④ 徹底(철저)

3 撤 = 手 + 鬲 + 攴

2급 / 15획 | (거둘 / 치울 **철**)

解說 '手(손 수)'와 '鬲(오지병 격 / 솥 력)', '攴(때릴 / 칠 / 다스릴 복)'을 조합한 글자임. '잔치가 끝난 후 그릇(鬲)들을 설거지(攴)하여 손(手)으로 치우다'는 데서 '(물건을) 거두다 / 치우다'는 뜻을 나타낸다. * '手(손 수)'가 다른 글자와 조합하여 글자 왼쪽에 오면 'ㅊ(손수변)'으로 글자 모양이 바뀐다.

例文 ① 撤收(철수) ② 撤回(철회) ③ 撤廢(철폐) ④ 撤退(철퇴) ⑤ 撤去(철거)

4 澈 = 水 + 鬲 + 攴

2급 / 15획 | (맑을 **철**)

解說 전문(篆文)에서는 '水(물 수)'와 '鬲(오지병 격 / 솥 력)', '攴(때릴 / 칠 / 다스릴 복)'을 조합한 글자임. '잔치가 끝난 후 그릇(鬲)들을 맑은 물(水)에 씻다(攴)'는 데서 '(물이) 맑다'는 뜻을 나타내는데, 주로 인명(人名)에 사용한다. * '水(물 수)가 다른 글자와 조합하여 글자 왼쪽에 오면 'ㅑ(삼수변)'으로 글자 모양이 바뀐다.

例文 ① 鄭澈(정철)

5 轍 = 車 + 徹

1급 / 19획 | (바퀴자국 **철**)

解說 전문(篆文)에서는 '車(수레 거)'와 '徹(통할 철)'을 조합한 글자임. '수레(車) 바퀴 자국은 처음부터 끝까지(徹) 동일하다'는 데서 '바퀴자국'이라는 뜻을 나타낸다. * 중국 간체자(簡體字)에서는 '辙'로 표기한다.

例文 ① 前轍(전철 ; 앞서 지나간 수레바퀴 자국 / 앞사람의 실패한 경험) ② 轍鮒之急(철부지급 ; 사람의 눈앞에 다가오는 위급함) ③ 螳螂拒轍(당랑거철 ; 사마귀가 앞발을 들어 수레를 막는다 / 제 분수도 모르고 강한 적에게 덤벼듦)

1 尹 = ㅣ + 又

2급 / 4획	(다스릴 / 성씨 **윤**)	甲骨文字	金文	篆文

解說 'ㅣ(뚫을 곤)'과 '又(오른손 / 또 우)'를 조합한 글자임. 갑골문자(甲骨文字)와 금문(金文)에서는 '손(又)에 큰 지팡이(ㅣ)를 잡고 있는 모습'으로 묘사하여 '(지팡이로) 다스리다 / 관장(管掌)하다 / 벼슬아치 / 장관(長官)'이라는 뜻을 나타낸다.

例文 ① 尹司(윤사 ; 벼슬아치) ② 尹祭(윤제 ; 宗廟의 제사에 쓰는 脯)

2 君 = 尹 + 口

급 / 7획	(임금 **군**)	甲骨文字	金文	篆文

解說 '尹(다스릴 윤)'과 '口'를 조합한 글자임. '신(神)에게 바치는 축문이 든 그릇(口)을 앞에 두고 손(又)에 큰 지팡이(ㅣ)를 잡고 있는 사람'으로 묘사하여, '제사를 관장(管掌)하고 있는 사람' 또는 '손(又)에는 몽둥이(ㅣ)를 들고 입(口)으로는 명령을 내리는 사람'이라는 데서 '제사장(祭司長) / 임금'이라는 뜻을 나타낸다. * 옛날에는 신(神)을 섬기는 제사장이 나라를 다스리는 임금과 동일한 위치에 있었다는 증거는 참으로 많이 있다.

例文 ① 君主政治(군주정치) ② 君子不器(군자불기) ③ 君師父一體(군사부일체) ④ 君子交絶不出惡聲(군자교절불출악성) ⑤ 君子盛德容貌若愚(군자성덕용모약우) ⑥ 君子舟也庶人者水也(군자주야서인자수야) ⑦ 君舟臣水(군주신수) ⑧ 君子成人美(군자성인미) ⑧ 君子豹變(군자표변) ⑨ 君臣有義(군신유의) ⑩ 君子有三樂(군자유삼락)

3

郡 = 君 + 邑

| 6급 / 10획 | (고을 **군**) | 篆文 |

🐛 **解說** '君(임금 군)'과 '邑(고을 읍)'을 조합한 글자임. '임금(君)도 여러 고을(邑)이 있어야 임금(君) 노릇을 할 수 있다' 는 뜻이다. * '邑(고을 읍)'이 다른 글자와 조합하여 글자 오른쪽에 오면 'ß (우부방)'으로 글자 모양이 바뀐다.

🐛 **例文** ① 郡縣制度(군현제도) ② 郡守(군수) ③ 郡廳(군청)

4

群 = 君 + 羊

| 4급 / 13획 | (무리 **군**) | 金文 | 篆文 |

🐛 **解說** '君(임금 군)'과 '羊(양 양)'을 조합한 글자임. '양(羊)은 우두머리(君)가 없어도 무리지어 생활하는 습성이 있다' 는 데서 '무리/동아리' 라는 뜻을 나타낸다.

🐛 **例文** ① 群衆心理(군중심리) ② 群雄割據(군웅할거) ③ 魚群探知機(어군탐지기)

5

窘 = 穴 + 君

| 1급 / 12획 | (군색할 / 괴로울 **군**) |

🐛 **解說** '穴(구멍 혈)'과 '君(임금 군)'을 조합한 글자임. '굴속(穴)에 갇힌 임금(君)'이라는 데서 '고생하다/괴롭다' 는 뜻을 나타낸다.

🐛 **例文** ① 窘塞(군색) ② 窘乏(군핍) ③ 窘困(군곤) ④ 窘境(군경)

6

伊 = 人 + 尹

| 2급 / 6획 | (저 **이**) | 甲骨文字 | 金文 | 篆文 |

🐛 **解說** '人(사람 인)'과 '尹(다스릴 윤)'을 조합한 글자임. 원래는 '다스리는(尹) 사람(人)/벼슬아치' 라는 뜻이었으나, 훗날 '이/그/저' 의 뜻으로 쓰이게 되었다.

🐛 **例文** ① 伊太利(이태리 ; 이탈리아) ② 伊昔紅顔美少年(이석홍안미소년 ; (지금은 이렇게 늙었지만) 그 옛날에는 젊고 아름다운 얼굴의 꽃미남이었다)

允 (맏 윤) 그룹 漢字

1

允			
2급 / 4획	(맏(伯) / 진실로 / 허락할 **윤**)	甲骨文字	金文	篆文

解說 ‘두뇌 / 머리(厶)가 빼어난 사람(儿)’을 본뜬 상형문자임. ‘머리가 빼어난 사람 / 지적이며 성실하고 뛰어난 사람’ 이라는 데서 ‘미쁘다 / 진실로 / 승낙하다’ 는 뜻을 나타낸다.

例文 ① 允可(윤가 ; 允許) ② 允許(윤허 ; 임금님의 허락) ③ 允當(윤당 ; 진실로 마땅함)

2

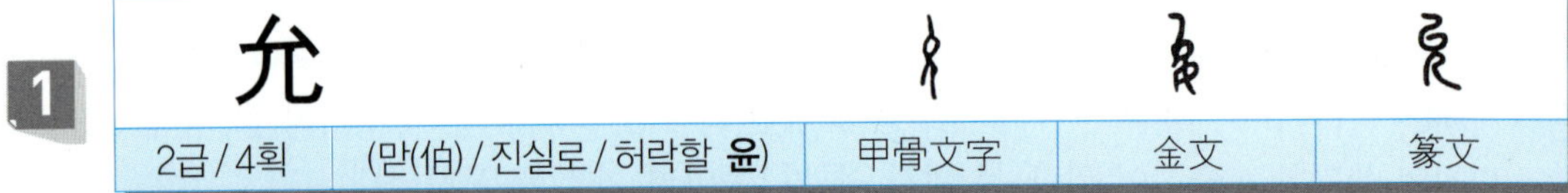

鈗 = 金 + 允

2급 / 12획	(창 / 무기 **윤**)

解說 ‘金(쇠 금)’과 ‘允(맏 윤)’을 조합한 글자임. ‘믿을만한 부하(允)에게 무기(金)를 맡긴다’ 는 데서 ‘창 / 무기’ 라는 뜻을 나타내는데, 주로 인명(人名)에 사용한다.

1 閏 = 門 + 王

| 3급 / 12획 | (윤달 **윤**) | 篆文 |

解說 '門(문 문)'과 '王(임금 왕)'을 조합한 글자임. 설문(說文)에는 '임금(王)이 매월 (每月) 월초(月初)에는 종묘(宗廟)에서 제사를 지내는데, 윤달이 되면 아무 일도 하지 않고 문중(門中)에 있다'는 데서 '윤달'이라는 뜻을 나타내는 글자가 되었다고 한다. * 중국 간체자(簡體字)에서는 '闰'으로 표기한다.

例文 ① 閏年(윤년) ② 閏月(윤월) ③ 閏秒(윤초)

2 潤 = 水 + 閏

| 3급 / 15획 | (불을 / 윤택할 / 젖을 **윤**) | 篆文 |

解說 '水(물 수)'와 '閏(윤달 윤)'을 조합한 글자임 ; '윤달(閏月)이 되면 아무 일도 하지 않는 임금(王)의 얼굴에서 번지르르하게 윤기(水)가 난다'는 데서 '(물에) 젖다 / 불어나다 / 윤이 나다 / 번지르르하다 / 윤택하다'는 뜻으로 발전하여 쓰이게 되었다. * 중국 간체자(簡體字)에서는 '润'으로 표기한다. * '水(물 수)가 다른 글자와 조합하여 글자 왼쪽에 오면 'ㆍ氵(삼수변)'으로 글자 모양이 바뀐다.

例文 ① 潤氣(윤기) ② 利潤(이윤) ③ 潤澤(윤택) ④ 潤滑油(윤활유)

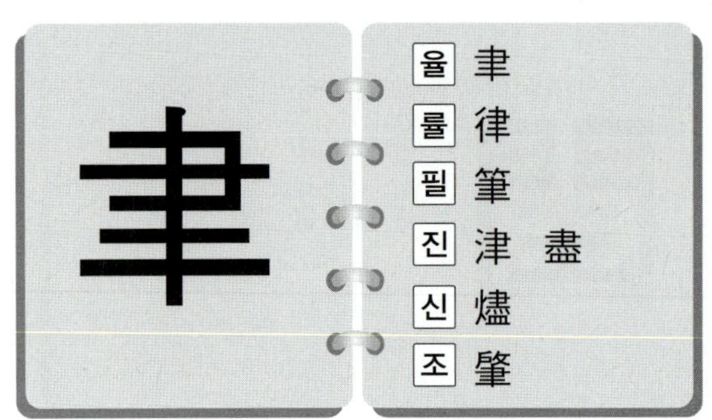

1

| 6획 | (붓/마침내 **율**) | 甲骨文字 | 金文 | 篆文 |

解說 '손(又)에 뭔가(丨)를 들고 글씨를 쓰고 있는 모습'을 본뜬 글자임. * 중국에서 붓이 만들어진 시기는 진대(秦代 ; BC 2~3세기)라는 설(說)이 있다.

例文 ① 聿懷(율회 ; 先王의 미덕을 이어받아 백성을 편안하게 함)

2

| 律 = 彳 + 聿 | | 甲骨文字 | 篆文 |
| 4급 / 9획 | (법칙/가락 **률**) | | |

解說 갑골문자(甲骨文字)와 전문(篆文)에서는 '彳(조금씩걸을 척)'과 '聿(붓/마침내 율)'을 조합한 글자임. '사람이 가야 할 길(彳)을 붓(聿)으로 쓴 법'이라는 데서, 그리고 '음악의 리듬도 일정한 법칙에 따른다'는 데서 '법칙/법령/규칙/(음악의) 음조(音調)/가락'이라는 뜻을 나타낸다.

例文 ① 法律(법률) ② 律法(율법) ③ 黃金律(황금률) ④ 旋律(선율) ⑤ 律動(율동)

3

| 筆 = 竹 + 聿 | | 篆文 |
| 5급 / 12획 | (붓 **필**) | |

解說　‘竹(대나무 죽)’과 ‘聿(붓/마침내 율)’을 조합한 글자임. ‘대나무(竹)에 털을 끼워서 만든 붓(聿)’이라는 데서 ‘붓/글씨를 쓰다’는 뜻을 나타낸다. * 중국 간체자(簡體字)에서는 ‘笔(10획)’으로 표기한다.

例文　① 筆記(필기)　② 筆跡(필적)　③ 達筆(달필)　④ 鉛筆(연필)　⑤ 萬年筆(만년필)

4	津 = 水 + 聿		金文	篆文
2급/9획	(나루/진액 **진**)			

解說　‘水(물 수)’와 ‘聿(붓/마침내 율)’을 조합한 글자임. 금문(金文)에서는 ‘水(물 수)’와 隹(새 추), ‘舟(배 주)’를 조합한 글자로, ‘새(隹)로 점을 쳐서 안전을 확인한 후에 배(舟)로 강(水)을 건널 것인지 말 것인지를 결정한다’는 데서 ‘나루/나룻터’라는 뜻을 나타내며, 전문(篆文)에서는 ‘붓(聿)처럼 생긴 도구로 아픈 곳을 찔렀을 때 피가 섞인 진물(水)이 나온다’는 데서 ‘진액/진물’이라는 뜻을 나타낸다. * ‘水(물 수)가 다른 글자와 조합하여 글자 왼쪽에 오면 ‘氵(삼수변)’으로 글자 모양이 바뀐다.

例文　① 鷺梁津(노량진)　② 三浪津(삼랑진)　③ 松津(송진)　④ 津液(진액 ; 생물체 안에서 생겨나는 액체)

5	盡 = 聿 + 水 + 皿	甲骨文字	金文	篆文
4급/14획	(다할 **진**)			

解說　‘聿(붓/마침내 율)’과 ‘水(물 수)’, ‘皿(그릇 명)’을 조합한 글자임. 갑골문자(甲骨文字)와 금문(金文)에서는 ‘聿’과 ‘皿(그릇 명)’을 조합하여 ‘그릇(皿) 안에 든 음식을 모두 비우다’이고, 전문(篆文)에서는 ‘글씨를 다 쓰고 나서 붓(聿)을 그릇(皿)에 담긴 물(水)에 씻는다’는 데서 ‘다하다/극진하다’는 뜻을 나타낸다. * 일본 상용한자와 중국 간체자(簡體字)에서는 ‘尽(6획)’으로 표기한다.

例文　① 盡力(진력)　② 賣盡(매진)　③ 盡人事待天命(진인사대천명)　④ 一網打盡(일망타진)

6	燼 = 火 + 盡
1급/18획	(불탄끝 **신**)

解說　'火(불 화)'와 '盡(다할 진)'을 조합한 글자임. '불(火)로 인해서 모든 것이 불타 없어졌다(盡)'는 데서 '불에 다 타다'는 뜻을 나타낸다. ＊중국 간체자(簡體字)에서는 '烬(10획)'으로 표기한다.

例文　① 燼滅(신멸 ; 불타 없어짐)　② 燼灰(신회 ; 불타고 남은 재)

7	肇 ＝ 戶 ＋ 攴 ＋ 聿		金文 1	金文 1	篆文
	1급／14획	(비롯할／시작할 **조**)			

解說　'戶(문 호)'와 '攴(때릴／칠／다스릴 복)', '聿(붓 율)'을 조합한 글자임. '연초(年初)에 신(神)을 섬기는 건물의 문(戶)을 열고(攴) 들어가, 붓(聿)으로 소원성취를 써서 신(神)에 바치고 일을 시작한다'는 데서 '시작하다／비롯하다'는 뜻을 나타낸다. ＊중국 간체자(簡體字)에서는 '肇'로 글자 모양이 약간 다르게 표기한다.

例文　① 肇業(조업 ; 사업을 시작함)　② 肇始(조시 ; 始作함)　③ 肇國(조국 ; 建國)

戎

융 戎 絨
적 賊

1

戎 = 戈 + 干

1급 / 6획	(병장기 / 오랑캐 **융**)	甲骨文字	金文	篆文

解說　‘戈(창 과)’와 ‘干(방패 간)’을 조합한 글자임. ‘창(戈)과 방패(干)’라는 데서 ‘병장기(兵仗器) / 군대 / 오랑캐’라는 뜻을 나타낸다.

例文　① 戎器(융기 ; 武器)　② 戎夷(융이 ; 오랑캐)　③ 戎衣(융의 ; 軍服)

2

絨 = 糸 + 戎

1급 / 12획	(가는베 / 융 **융**)

解說　‘糸(실 사)’와 ‘戎(병장기 융)’을 조합한 글자임. ‘오랑캐(戎)나 이민족(異民族)이 생산한 직물(糸)’이라는 데서 ‘감이 두툼하고 고운 직물 / 융’이라는 뜻을 나타낸다.

例文　① 絨毛(융모)　② 絨緞(융단)　③ 絨緞爆擊(융단폭격)

3

賊 = 鼎 + 戎

4급 / 13획	(도둑 **적**)	金文	篆文

解說　‘鼎(솥 정)’과 ‘戎(병장기 융)’을 조합한 글자임. 금문(金文)에서는 ‘신(神)에게 바치는 솥(鼎)에 새겨진 맹세의 서약을 창(戈)이나 칼(刀)로 깎아내어 무효화시킨다’는 데서 ‘서약을 파기하다 / 해를 끼치다 / 도둑질하다’는 뜻으로 발전하여 쓰이게 되었다.

例文　① 盜賊(도적)　② 馬賊隊(마적대)　③ 賊反荷杖(적반하장)　④ 賊出關門(적출관문)

1

殷 = 身 + 殳

| 2급/10획 | (은나라/성할 은) | 金文 1 | 金文 2 | 篆文 |

解說 금문(金文)에서는 '身(몸 신)'과 '殳'를 조합한 글자로, '임신한 여인의 몸(身)을 손(又)으로 어루만지며(殳) 축복하는 모습'에서 '성(盛)하다/많다/크다'는 뜻을 나타낸다.

例文 ① 殷富(은부 ; 재물이 풍성하고 번창함) ② 殷鑑不遠(은감불원 ; 경계해야 할 先例는 바로 가까이에 있음)

2

慇 = 殷 + 心

| 특급/14획 | (은근할 / 근심할 은) |

解說 '殷(성할 은)'과 '心(마음 심)'을 조합한 글자임. '임신한 여인의 몸(身)을 손(又)으로 어루만지며(殳) 기쁜 마음(心)으로 축복하며 위로해 준다'는 데서 '친절하다/간절하다/몹시 걱정하다'는 뜻으로 발전하여 쓰이게 되었다.

例文 ① 慇憂(은우 ; 깊은 근심) ② 慇懃(은근 ; 겸손하고 정중함 / 戀情 / 드러나지 않음)

| 은 | 憖 隱 |
| 온 | 穩 |

1 憖 = 爪 + 工 + 又 + 心

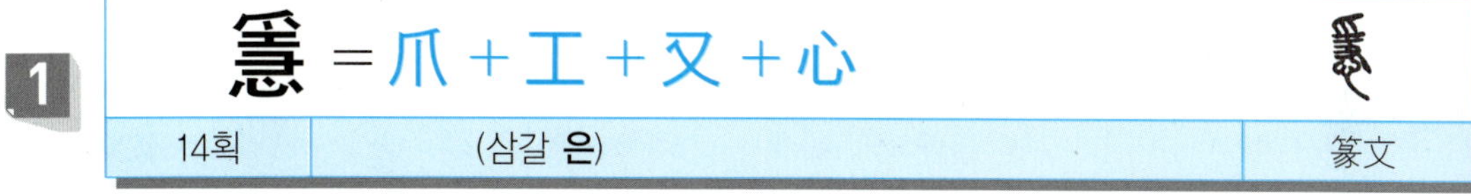

| 14획 | (삼갈 은) | 篆文 |

解說 ‘爪(손/손톱 조)’와 ‘工’, ‘又(오른손/또 우)’, ‘心(마음 심)’을 조합한 글자임. ‘신(神)을 부르는 도구(工)를 양손(爪+又)에 들고 조용히 기도하는 마음(心)’이라는 데서 ‘삼가다/슬퍼하다’는 뜻을 나타낸다.

2 隱 = 阜 + 憖

| 4급 / 17획 | (숨을 은) | 篆文 |

解說 ‘阜(사다리/언덕 부)’와 ‘憖(삼갈 은)’을 조합한 글자임. ‘하늘의 신(神)이 사다리 (阜)로 오르내리는 거룩한 곳에서 신(神)을 부르는 도구(工)를 양손(爪+又)에 들고 조용히 기도하는 마음(心)’에서 ‘숨다/숨기다/보이지 않다’는 뜻이다.

例文 ① 隱忍自重(은인자중) ② 隱密(은밀) ③ 隱退(은퇴) ④ 隱居(은거)

3 穩 = 禾 + 憖

| 2급 / 19획 | (편안할 온) | 篆文 |

解說 ‘禾(벼 화)’와 ‘憖(삼갈 은)’을 조합한 글자임. ‘농작물(禾)이 잘 되기를 기도하는 마음(憖)’에서 ‘(마음이) 평온하다/편안하다/곡식을 걷어 모으다’는 뜻을 나타낸다.

例文 ① 平穩(평온) ② 安穩(안온) ③ 穩當(온당) ④ 不穩書籍(불온서적)

1

乙			ζ	ζ	γ
3급 / 1획	(새 / 둘째 **을**)		甲骨文字	金文	篆文

解說   '똑바르지 않은 물건'을 본뜬 상형문자임. '사물이 똑바로 나아가지 않는 상태'라는 데서 '둘째'라는 뜻을 나타낸다.

例文   ① 甲乙(갑을) ② 乙巳保護條約(을사보호조약) ③ 乙支文德(을지문덕)

2

乞			三	气
3급 / 3획	(빌 / 청할 **걸**)		甲骨文字	金文

解說   '신(神)에게 기도한 내용이 구름처럼(气) 하늘로 올라가기(乙)를 바란다'는 데서 '빌다 / 청하다 / 요청하다 / 구걸하다'는 뜻으로 발전하여 쓰이게 되었다.

例文   ① 求乞(구걸) ② 門前乞食(문전걸식) ③ 乞神(걸신 ; 음식을 지나치게 탐함)

3

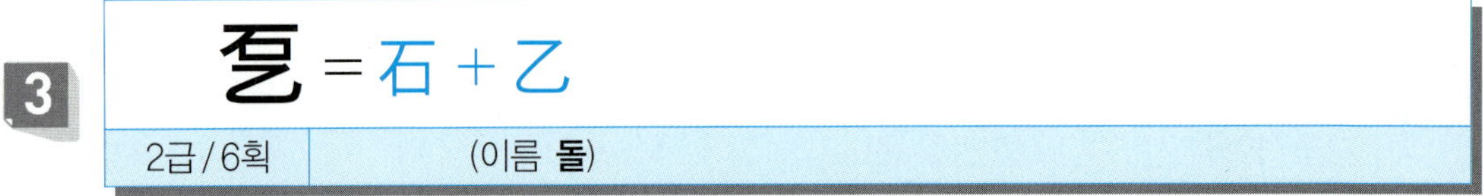

乭 = 石 + 乙

2급 / 6획	(이름 **돌**)

解說   '石(돌 석)'과 '乙(을)'을 조합한 글자임. 한국에서 만든 글자로, 흔히 종 / 하인이나 아이들의 이름으로 많이 쓰이는 글자이다.

例文   ① 甲乭(갑돌)이와 甲順(갑순)이

1 音 = 言 + 一

| 6급 / 9획 | (소리 음) | 金文 | 篆文 |

解說 '言(말씀 언)'과 '一'을 조합한 글자임. '言(말씀 언)'은 '辛(매울/혹독할/고생 신)'과 '口'을 조합한 글자로, '신(神)에게 드리는 축문(祝文)이 든 그릇(口)을 앞에 두고 신(神)에게 맹세한 서약을 지키지 않을 경우에는 바늘(辛)로 문신을 해도 좋다'는 뜻의 글자 인데, '音(소리 음)'은 '신에게 맹세한 말(言)에 대해 신(神)이 반응(一)을 보이는 소리'라 는 뜻을 나타낸다고 한다.

例文 ① 音聲(음성) ② 高音(고음) ③ 低音(저음) ④ 音樂(음악)

2 暗 = 日 + 音

| 4급 / 13획 | (어두울 암) |

解說 '日(해/날 일)'과 '音(소리 음)'을 조합한 글자임. '신(神)이 반응을 보이는 소리 (音)는 낮(日)에도 보이지 않는다'는 데서 '어둡다/밤/몰래'라는 뜻을 나타낸다.

例文 ① 暗示(암시) ② 暗黑(암흑) ③ 暗殺(암살) ④ 暗中摸索(암중모색)

3 闇 = 門 + 音

| 1급 / 17획 | (숨을 암) |

解說   '門(문 문)'과 '音(소리 음)'을 조합한 글자임. '신(神)을 섬기는 건물의 문(門)이 닫힌 상태에서 신(神)이 소리(音)로 반응을 보인다'는 데서 '닫힌 문/숨다/어둡다'는 뜻이다. * 중국 간체자(簡體字)에서는 '暗'으로 표기한다.

例文   ① 闇鈍(암둔) ② 闇去來/暗去來(암거래)

---

4 **意** = 音 + 心

6급/13획　　　(뜻 **의**)

解說   '音(소리 음)'과 '心(마음 심)'을 조합한 글자임. '신(神)이 희미한 소리(音)로 반응을 보이는 것은 신의 뜻(心)이다'는 데서 '뜻/헤아리다/생각하다'는 뜻으로 발전하여 쓰이게 되었다.

例文   ① 意中(의중) ② 同意(동의) ③ 意見(의견) ④ 意氣衝天(의기충천)

---

5 **億** = 人 + 意

5급/15획　　　(억/헤아릴 **억**)

解說   '人(사람 인)'과 '意(뜻 의)'를 조합한 글자임. '사람(人)이 나타내는 목소리(音)로 그 사람의 마음(心)을 헤아린다'는 데서 '헤아리다'는 뜻을, '사람(人)마다 마음(心)에서 나오는 소리(音)가 제각기 다 다르다'는 데서 '엄청나게 많다'는 뜻의 '억/1만의 1만배'라는 뜻을 나타낸다. * 중국 간체자(簡體字)에서는 '亿(3획)'으로 표기한다.

例文   ① 億萬長者(억만장자) ② 億兆(억조) ③ 一億年(일억년)

---

6 **憶** = 心 + 意

3급/16획　　　(생각할 **억**)

解說   '心(마음 심)'과 '意(뜻 의)'를 조합한 글자임. '신(神)이 나타낸 반응(意)을 마음(心)속에 간직한다'는 데서 '기억하다/잊지 않고 생각하다'는 뜻을 나타낸다. * 중국 간체자(簡體字)에서는 '忆(4획)'으로 표기한다. * '心(마음 심)'이 다른 글자와 조합하여 글자 왼쪽에 오면 'ㅏ(마음심변/심방변)'으로 글자 모양이 바뀐다.

例文   ① 追憶(추억) ② 記憶(기억) ③ 記憶力(기억력)

---

7 臆 = 肉 + 意

1급 / 17획　　　　　(가슴 **억**)

解說　'肉(몸/고기 육)'과 '意(뜻 의)'를 조합한 글자임. '우리 몸(肉)에서 감정(意)을 지배하는 곳은 심장이 있는 가슴이다'는 뜻을 나타낸다. * '肉(몸/고기 육)'이 다른 글자와 조합하여 글자 왼쪽에 오면 '月(육달월)'로 글자 모양이 바뀐다.

例文　① 臆說(억설)　② 臆測(억측)　③ 臆見(억견)

8 噫 = 口 + 意

2급 / 16획　　　　　(한숨쉴 **희**)

解說　'口(입 구)'와 '意(뜻 의)'를 조합한 글자임. '뜻(意)대로 되지 않을 경우에 입(口)으로 나오는 소리(音)'라는 데서 '한숨쉬다/탄식하다'는 뜻을 나타낸다.

例文　① 噫嗚(희오 ; 탄식함)　② 噫瘖(희음 ; 말을 더듬음)　③ 噫氣(희기 ; 내쉬는 숨)

1	邑 = 囗 + 卪			
7급 / 7획	(고을 / 영지 **읍**)	甲骨文字	金文	篆文

解說 '囗(에워쌀 위)'와 '卪 / 巴(무릎꿇은사람 / 무릎마디 절)'을 조합한 글자임. '성곽을 두른 도시(囗) 안에서 편안하게 생활하는 백성들(卪 / 巴)'이라는 데서 '고을 / 마을 / 영지(領地)'라는 뜻을 나타낸다.

例文 ① 都邑地(도읍지) ② 市邑面(시읍면) ③ 邑長(읍장) ④ 邑內(읍내) ⑤ 邑民(읍민)

2	邕 = 川 + 邑
2급 / 10획	(막힐 / 화할 **옹**)

解說 '川(시냇물 / 내 천)'과 '邑(고을 읍)'을 조합한 글자임. '동네(邑)가 물(川)로 둘러싸여 있다'는 데서 '(물로) 막히다 / (한 고을 사람들은) 화목하다'는 뜻으로 발전하여 쓰인다.

例文 ① 邕穆(옹목 ; 화목함) ② 邕熙(옹희 ; 온화하게 널리 퍼짐)

3	那 = 冄 + 邑	
3급 / 7획	(어찌 **나**)	篆文

解說 '冄(늘어질 염)'과 '邑(고을 읍)'을 조합한 글자임. '좋지 않은 일이 고을(邑)에서 두 번(冄)씩이나 발생했으니, 이 일을 어찌하나?'는 뜻의 글자이다. * '冄(늘어짐 염)'은 '장식용 끈이 양쪽으로 늘어진 모양'으로 '둘'이라는 뜻이 내포된 글자이다.

例文 ① 印度支那(인도지나) ② 刹那(찰나)

1 衣		甲骨文字	金文	篆文
6급 / 6획	(옷 의)			

解說 '윗도리옷의 옷깃과 옷섶의 모양'을 본뜬 상형문자임. * 오늘날 남성들의 옷은 왼쪽 옷깃과 옷섶이 오른쪽 위로 덮이게 되어 있고, 여성들의 옷은 오른쪽 옷깃과 옷섶이 왼쪽 위로 덮이게 되어 있는 것은, 남성이 여성의 어느 쪽에 있어야 하는가를 알려주는 매우 흥미 있는 점이다. * '衣(옷 의)'가 다른 글자와 조합하여 글자 왼쪽에 오면 '衤(옷의변)'으로 글자 모양이 바뀌는데, 대표적인 한자(漢字)로는 '被(입을 피), 裕(넉넉할 유), 補(기울 보), 複(겹칠 복)' 등이 있다.

例文 ① 衣服(의복) ② 衣食住(의식주) ③ 脫衣室(탈의실) ④ 上衣(상의) ⑤ 下衣(하의)

2 依 = 人 + 衣		甲骨文字 1	甲骨文字 2	篆文
4급 / 8획	(의지할 의)			

解說 '人(사람 인)'과 '衣(옷 의)'를 조합한 글자임. 갑골문자(甲骨文字)에서는 '사람(人)이 옷(衣)을 입고 있는 모습'에서 '(사람은) 옷으로 품위를 유지한다/(사람의 품위는) 옷에 의존하다/(옷에) 의지하다'는 뜻으로 발전하여 쓰이게 되었다. * '어떤 옷(衣)을 입느냐에 따라서 그 사람(人)의 신분이 드러나게 된다'는 한국 속담 '옷이 날개다'라는 말을 생각나게 하는 글자이다.

例文 ① 依他心(의타심) ② 依支(의지) ③ 依存(의존) ④ 依據(의거)

3 

哀 = 衣 + 口		金文 1	金文 2	篆文
3급/9획	(슬플 **애**)			

解說 '衣(옷 의)'와 '口'를 조합한 글자임. '죽은 사람이 입고 있는 옷의 옷섶(衣) 안에 신(神)에게 바치는 축문이 든 그릇(口)을 넣어두고 울면서 슬퍼한다'는 데서 '슬퍼하다/서러워하다/민망히 여기다'는 뜻을 나타낸다.

例文 ① 哀痛(애통) ② 哀願(애원) ③ 哀歌(애가) ④ 哀惜(애석) ⑤ 喜怒哀樂(희로애락)

4 

裔 = 衣 + 冏		金文	篆文
1급/13획	(후손 **예**)		

解說 '衣(옷 의)'와 '冏'을 조합한 글자임. '죽은 사람의 옷(衣)을 신(神)을 섬기는 곳에 걸어놓고(冏) 후손이 잘 되게 해 달라고 죽은 조상에게 기도한다'는 데서 '옷자락/후손/후예'라는 뜻을 나타낸다. * 옛날 사람들은 '옷에는 사람의 생명력이 깃들어 있다'고 믿는 데서 생겨난 글자이다.

例文 ① 後裔(후예) ② 裔孫(예손 ; 먼 후손) ③ 裔胄(예주 ; 혈통/핏줄)

5 

衰 = 麻 + 衣		篆文
3급/10획	(쇠할 / 약해질 **쇠**)	

解說 '麻'와 '衣(옷 의)'를 조합한 글자임. '죽은 사람에게 거친 삼베(麻) 옷(衣)을 입힌 모습'에서 '(사람이 죽으면) 모든 기운이 없어지다/약해지다/감퇴하다'는 뜻으로 발전하여 쓰이게 되었다. * 죽은 사람에게 거친 삼베(麻) 옷을 입히는 이유는, 사람은 죽어도 영혼은 죽지 않는다고 믿고 있는 영혼불멸 사상에 근거하여 영혼이 자유롭게 드나들게 하기 위한 것이라고 한다.

例文 ① 老衰(노쇠) ② 衰弱(쇠약) ③ 衰退(쇠퇴) ④ 衰盡(쇠진)

6 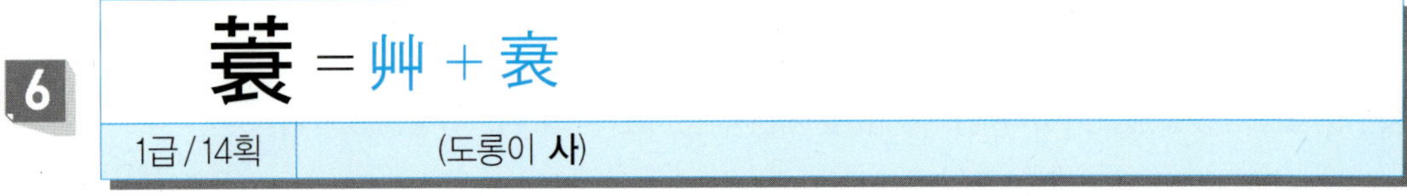

蓑 = 艸 + 衰	
1급/14획	(도롱이 **사**)

解說　‘艸(풀 초)’와 ‘衰(쇠할 쇠)’를 조합한 글자임. ‘영혼이 자유롭게 드나들게 죽은 사람에게 거친 삼베(麻) 옷(衣)을 입히듯이(衰), 짚이나 띠 따위로 거칠게 엮어 어깨에 걸쳐 두르던 옷처럼 만든 재래식 비옷’이라는 데서 ‘도롱이’라는 뜻을 나타낸다. * ‘簑’는 俗字임. * 중국 간체자(簡體字)에서는 ‘蓑(13획)’으로 표기한다. * ‘艸(풀 초)’가 다른 글자와 조합하여 글자 위쪽에 오면 ‘艹’(초두변)으로 글자 모양이 바뀐다.

例文　① 蓑笠(사립 ; 도롱이와 삿갓)　② 蓑衣(사의 ; 도롱이)　③ 蓑翁(사옹)

7　袞 = 公 + 衣
金文　篆文

1급 / 11획　(곤룡포 **곤**)

解說　‘公(공평할 공)’과 ‘衣(옷 의)’를 조합한 글자임. ‘임금이 공식석상(公式席上)에서 입는 용무늬가 있는 옷(衣)’이라는 데서 ‘곤룡포 / 임금의 정복(正服)’이라는 뜻을 나타낸다. * 중국 간체자(簡體字)에서는 ‘衮(10획)’으로 글자 모양이 약간 다르게 표기한다.

例文　① 袞龍袍(곤룡포)　② 御袞(어곤 ; 임금의 制服)

8　表 = 毛 + 衣
篆文

6급 / 8획　(겉 **표**)

解說　‘毛(털 모)’와 ‘衣(옷 의)’를 조합한 글자임. ‘짐승 가죽으로 옷(衣)을 만들 때는 털(毛)이 있는 쪽이 바깥쪽’이라는 뜻을 나타낸다. * 밍크 코트를 생각나게 하는 글자이다.

例文　① 表面(표면)　② 表情(표정)　③ 表題語(표제어)　④ 表裏不同(표리부동)

9　喪 = 哭 + 亡
金文 1　金文 2　篆文

3급 / 12획　(잃을 **상**)

解說　‘哭(울 곡)’과 ‘亡(망할 / 죽을 망)’을 조합한 글자임. ‘사람이 죽어(亡) 슬피 운다(哭)’는 데서 ‘(사람이) 죽다 / 복(服)입다 / (물건을) 잃다’는 뜻을 나타낸다. * 중국 간체자(簡體字)에서는 ‘丧(8획)’으로 표기한다.

例文　① 喪家之狗(상가지구)　② 國喪(국상)　③ 問喪(문상)　④ 喪主(상주)

1 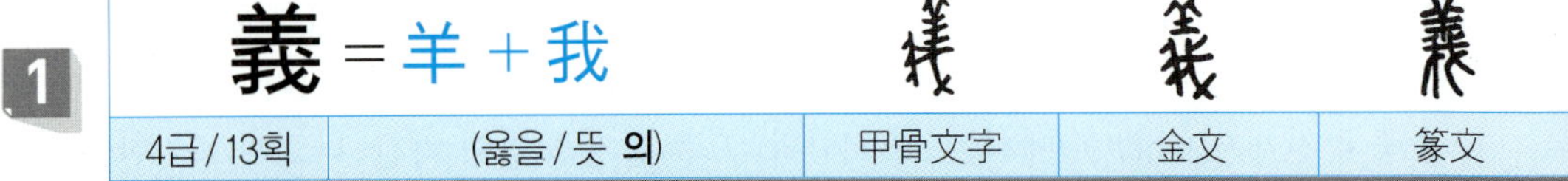

義 = 羊 + 我

4급 / 13획	(옳을 / 뜻 의)	甲骨文字	金文	篆文

解說　'羊(양 양)'과 '我(나 아)'를 조합한 글자임. '신(神)에게 바칠 양(羊)을 톱(我)으로 자른 것을 묘사한 글자'인데, '신(神)에게 나(我)의 양(羊)을 바쳐 제사지내는 것은 당연하고도 올바른 행위'라는 데서 '옳다 / 올바른 행위 / (명목상의) 뜻'이라는 뜻을 나타낸다. ＊ '我(나 아)'에 관한 설명은 2권 '我(나 아) 그룹 漢字'참조. ＊ 중국 간체자(簡體字)에서는 '义(3획)'으로 표기한다.

例文　① 義人(의인)　② 義憤(의분)　③ 正義(정의)　④ 義士(의사)　⑤ 義務(의무)

2

儀 = 人 + 義

4급 / 15획	(거동 / 법 의)

解說　'人(사람 인)'과 '義(옳을 / 뜻 의)'를 조합한 글자임. '신(神)에게 자신(我)의 양(義)을 바치는 사람(人)'이라는 데서 '예법 / 거동 / 법도'라는 뜻을 나타낸다. ＊ '義(옳을 / 뜻 의)'는 추상적이고 '儀(거동 / 법 의)'는 구체적인 예법을 나타낸다고 한다. ＊ 중국 간체자(簡體字)에서는 '仪(5획)'으로 표기한다.

例文　① 儀式(의식)　② 禮儀(예의)　③ 儀仗隊(의장대)　④ 葬儀社(장의사)

3

議 = 言 + 義

4급 / 20획	(의논할 의)

解說　'言(말씀 언)'과 '義(옳을/뜻 의)'를 조합한 글자임. '올바른(義) 방향으로 나아가 도록 서로 대화(言)를 한다'는 데서 '의논하다/의회(議會)'라는 뜻으로 발전하여 쓰이게 되었다. * 중국 간체자(簡體字)에서는 '议'으로 표기한다.

例文　① 議論(의논)　② 議案(의안)　③ 議會(의회)　④ 議題(의제)　⑤ 議員(의원)

4

羲 = 羊 + 我 + 丂

| 2급 / 16획 | (복희/베풀 **희**) |

解說　'義(옳을/뜻 의)'와 '丂'를 조합한 글자임. '톱으로 쪼개어 신(神)에게 바친 양(義) 에서 김이 무럭무럭 난다(丂)'는 데서 '(神 앞에) 베풀다'는 뜻을 나타낸다.

例文　① 伏羲(복희 ; 상고시대의 帝王)　② 王羲之(왕희지)

5

犧 = 牛 + 羲

| 1급 / 20획 | (희생 **희**) |

解說　'牛(소 우)'와 '羲(복희/베풀 희)'를 조합한 글자임. '신(神)에게 바치는 희생제물 (羲)은 나(我)의 소(牛)나 양(羊)으로 한다'는 데서 '희생제물(犧牲祭物)'이라는 뜻을 나타 낸다. * 일본 상용한자에서는 '犠(17획)'으로, 중국 간체자(簡體字)에서는 '牺(10획)'으 로 표기한다.

例文　① 犧牲物(희생물)　② 犧牲者(희생자)　③ 犧牲羊(희생양)　④ 犧牲打(희생타)

113 疑 (의심할 의) 그룹 漢字

1

疑

| 4급 / 14획 | (의심할 **의**) | 甲骨文字 | 金文 1 | 金文 2 | 篆文 |

解說 갑골문자(甲骨文字)와 금문(金文)1에서는 '지팡이를 짚고 있는 사람이 뒤를 보며 앞으로 나아갈까 뒤로 물러날까 결정을 못 내리고 있는 모습'이고, 금문(金文)2에서는 '뒤 돌아보는 사람과 牛(소 우)'와 '辶(쉬엄쉬엄갈 착)'을 조합하여 '소(牛)처럼 느릿느릿하게 이리저리 왔다갔다 하면서 결단을 못 내리는 모습'이고, 전문(篆文)에서는 '匕(구부릴 비), 矢(화살 시), 子(아이 자), 止(발자국/그칠 지)'를 조합하여 '아이(子)가 쏘는 구부러진(匕) 화살(矢)이 제대로 목표물에 명중할는지 못 할는지 의심스럽다'는 데서 '의심하다/의심스럽다'는 뜻을 나타낸다.

例文 ① 疑心(의심) ② 疑問(의문) ③ 嫌疑(혐의) ④ 質疑應答(질의응답)

2

擬 = 手 + 疑

| 1급 / 17획 | (비길 / 흉내낼 **의**) |

解說 '手(손 수)'와 '疑(의심할 의)'를 조합한 글자임. '기술자가 손(手)으로 만든 물건 들을 보니 의심스러울(疑) 정도로 똑같게 만들었다'는 데서 '흉내내다/비기다'는 뜻을 나 타낸다. *중국 간체자(簡體字)에서는 '拟(7획)'으로 표기한다. *'手(손 수)'가 다른 글 자와 조합하여 글자 왼쪽에 오면 '扌(손수변)'으로 글자 모양이 바뀐다.

例文 ① 擬似腦炎(의사뇌염) ② 模擬考查(모의고사) ③ 擬人化(의인화) ④ 擬聲語 (의성어) ⑤ 擬態語(의태어)

3 癡 = 石 + 疑

2급 / 19획   (거리낄 **애**)

解說 '石(돌 석)'과 '疑(의심할 의)'를 조합한 글자임. '앞에 놓인 커다란 돌(石) 때문에 망설이고(疑) 있다'는 데서 '(돌이) 가로막다 / 방해가 되다 / 거리끼다'는 뜻으로 발전하여 쓰이게 되었다. * 중국 간체자(簡體字)에서는 '碍(13획)'으로 표기한다.

例文 ① 障礙人(장애인) ② 障礙物競走(장애물경주) ③ 拘礙(구애) ④ 礙子(애자)

4 凝 = 冫 + 疑

3급 / 16획   (엉길 / 모을 **응**)

解說 '冫(얼음 빙)'과 '疑(의심할 의)'를 조합한 글자임. '날씨가 추워지니까 액체이던 물이 얼음(冫)이 되어 버리니 참으로 의심할(疑) 만한 일이다'는 데서 '(물이) 얼다 / (액체가) 엉기다 / 모으다'는 뜻으로 발전하여 쓰이게 되었다.

例文 ① 凝固(응고) ② 凝結(응결) ③ 凝視(응시) ④ 凝集力(응집력)

5 癡 = 疒 + 疑

1급 / 19획   (어리석을 **치**)

解說 '疒(병들어기댈 역)'과 '疑(의심할 의)'를 조합한 글자임. '사람을 의심하는(疑) 병(疒)에 걸린 사람'이라는 데서 '어리석다 / 미련하다'는 뜻을 나타낸다. * 일본 상용한자에서는 '痴(13획)'으로, 중국 간체자(簡體字)에서는 '痴(13획)'으로 글자 모양이 약간 다르게 표기한다.

例文 ① 癡呆(치매) ② 天癡(천치) ③ 音癡(음치) ④ 癡情(치정) ⑤ 癡情殺人事件(치정살인사건) ⑥ 癡漢(치한) ⑦ 癡人面前說夢(치인면전설몽)

의 宜 誼

---

1 宜 = 宀 + 且

| 3급 / 8획 | (마땅 **의**) | 甲骨文字 | 金文 | 篆文 |

解說 '宀(집 면)'과 '且(또 차)'를 조합한 글자임. '신(神)을 섬기는 건물(宀)에서 고기를 잔뜩 쌓아놓고(多=且) 제사지내는 것은 당연한 일이다'는 데서 '마땅하다 / 당연하다 / 옳다'는 뜻을 나타낸다. * '且(또 차)'는 '제사지내기 위해 고기(肉)를 겹쳐 쌓아 놓은 모양'을 본뜬 상형문자이다.

例文 ① 宜當(의당) ② 便宜(편의) ③ 時宜(시의)적절한 정책(政策)

---

2 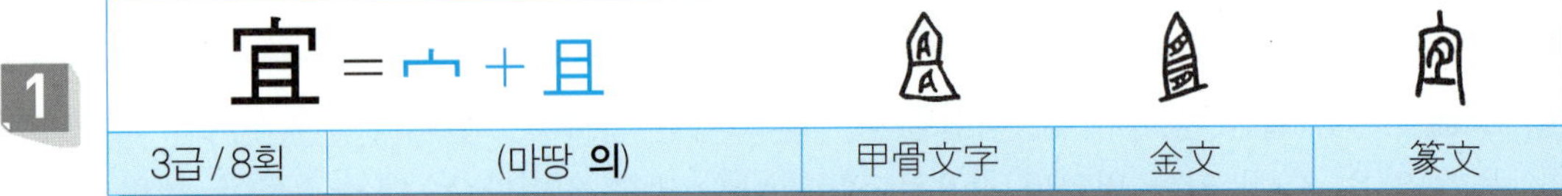

誼 = 言 + 宜

| 1급 / 15획 | (정(情) / 의좋을 **의**) |

解說 '言(말씀 언)'과 '宜(마땅 의)'를 조합한 글자임. '신(神)을 섬기는 건물(宀)에서 고기를 잔뜩 쌓아놓고(多=且) 신(神)에게 맹세의 말(言)을 한다'는 데서 '옳은 일이다 / 신(神)과 사이가 좋다'는 뜻을 나타낸다. * 중국 간체자(簡體字)에서는 '谊'로 표기한다.

例文 ① 情誼(정의 ; 두터운 정) ② 友誼(우의 ; 友情) ③ 厚誼(후의 ; 남을 위하는 두터운 情)

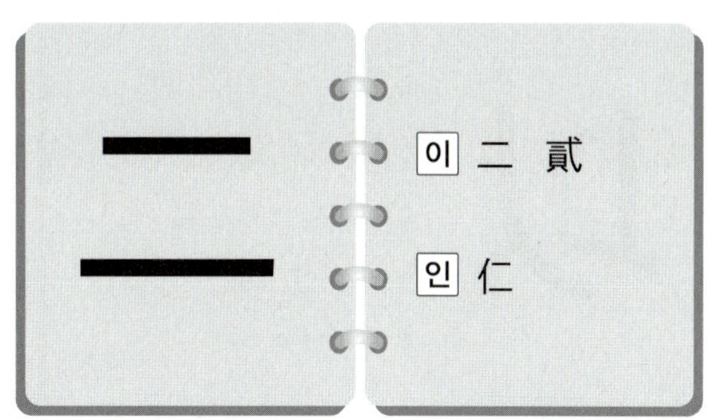

1	二			二	弍	弍	二
	8급 / 2획	(두 **이**)		甲骨文字	金文	古文	篆文

解說 수를 셀 때 사용하는 산(算)가지 2개를 본뜬 상형문자로, '둘/2개'이라는 뜻임.

例文 ① 二律背反(이율배반) ② 二重人格(이중인격)

2	貳 = 戈 + 二 + 鼎		弍	貳	貳
	2급 / 12획		金文 1	金文 2	篆文

解說 금문(金文)에서는 '솥(鼎)에 새겨진 맹세의 말을 창(戈)으로 깎아서 두(二) 번이나 변경시킨다'는 데서 '둘/두 마음/변심하다/거듭하다'는 뜻을 나타내는데, 주로 숫자의 변조(變造)를 막는 데 사용하는 글자이다. * 일본 한자는 '弐(6획)'이고, 간체자는 '贰(9획)'임.

例文 ① 貳車(이거 ; 예비 수레) ② 貳心(이심 ; 두 마음) ③ 貳億(이억)원

3	仁 = 人 + 二		仁	仁	仁
	4급 / 4획		金文	古文	篆文

解說 '人(사람 인)'과 '二(두 이)'를 조합한 글자임. '상대방 사람(人)에게 방석을 두(二) 장 권하여 나보다 높게 앉도록 권한다'는 데서 '남을 배려하다/남을 존중하다/어질다/불쌍히 여기다'는 뜻으로 발전하여 쓰이게 되었다.

例文 ① 仁義禮智(인의예지) ② 仁者無敵(인자무적) ③ 仁慈(인자)하다

以(써 이) 그룹 漢字

1 | 以 | | | ∂ | ∂ | ∂
5급/5획 | (써 **이**) | 甲骨文字 | 金文 | 篆文

解說 '농사짓는 데에 사용하는 쟁기'를 본뜬 상형문자임. '쟁기를 사용해서 농사를 짓는 사람(人)'이라는 데서 '…으로써/…을 써서/…에 의해/… 때문에/… 으로부터/… 에도 불구하고' 등등의 뜻을 나타낸다.

例文 ① 以上(이상) ② 以下(이하) ③ 以前(이전) ④ 以心傳心(이심전심) ⑤ 以卵投石(이란투석) ⑥ 以熱治熱(이열치열)

2 似 = 人 + 以

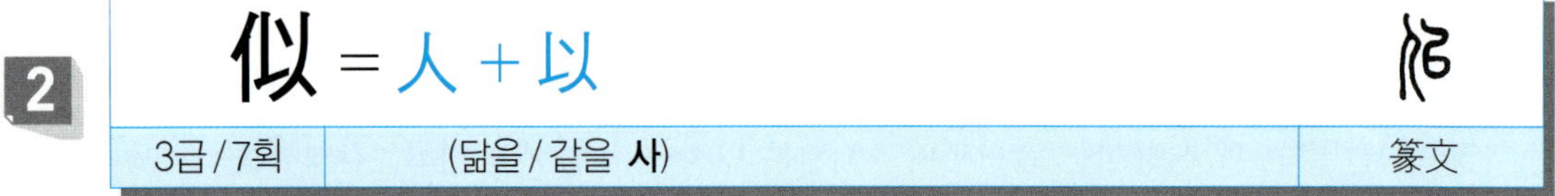

3급/7획 | (닮을/같을 **사**) | 篆文

解說 '人(사람 인)'과 '以(써 이)'를 조합한 글자임. '농사철에 쟁기질(以)하는 사람(人)들의 모습은 하나같이 서로 비슷하다'는 데서 '닮았다/비슷하다'는 뜻을 나타낸다.

例文 ① 類似點(유사점) ② 近似值(근사치) ③ 似而非記者(사이비기자)

1 耳				
5급 / 6획	(귀 **이**)	甲骨文字	金文	篆文

解說 '사람의 귀 모양'을 본뜬 상형문자로, '귀'라는 뜻을 나타낸다.

例文 ① 耳目(이목) ② 耳鳴症(이명증) ③ 耳鼻咽喉科(이비인후과) ④ 耳順(이순)
⑤ 耳目口鼻(이목구비)

2 珥 = 玉 + 耳
2급 / 10획　　(귀걸리 / 귀고리 **이**)

解說 '玉(구슬 옥)'과 '耳(귀 이)'를 조합한 글자임. '옥(玉)으로 만들어 귀(耳)에 거는
것'이라는 데서 '귀걸리/귀고리'라는 뜻을 나타낸다. * 玉(구슬 옥)이 다른 글자와 조합하
여 글자 왼쪽에 오면 '王(구슬옥변)'으로 글자 모양이 바뀐다. 이 경우에는 '王(임금 왕)'이
라고 하지 않음에 유의해야 한다.

例文 ① 玉珥(옥이) ② 李珥(이이 ; 李栗谷)

3 餌 = 食 + 耳			
1급 / 15획　　(미끼 / 먹이 **이**)		別體	篆文

解說 ‘食(밥/먹을 식)’과 ‘耳(귀 이)’를 조합한 글자임. 설문(說文)에서는 ‘가루떡’이라고 설명하고 있으나, 별체(別體)에서는 ‘김이 무럭무럭 나도록 찌는 시루떡’으로 묘사하여 ‘먹이/미끼’라는 뜻을 나타낸다. * 중국 간체자(簡體字)에서는 ‘饵’로 표기한다.

例文 ① 食餌療法(식이요법) ② 藥餌(약이 ; 약과 음식)

---

4 **恥** = 耳 + 心

3급 / 10획　　　(부끄러울 **치**)

解說 ‘耳(귀 이)’와 ‘心(마음 심)’을 조합한 글자임. ‘마음(心)에 부끄러움을 느끼면 귀(耳)가 빨개지며 수줍어한다’는 데서 ‘부끄럽다/부끄러워하다/모욕/치욕’이라는 뜻으로 발전하여 쓰이게 되었다. * 중국 간체자(簡體字)에서는 ‘耻’로 표기한다.

例文 ① 恥事(치사) ② 羞恥(수치) ③ 羞恥心(수치심) ④ 恥部(치부) ⑤ 國恥日(국치일)

---

5 **茸** = 艸 + 耳

1급 / 10획　　　(풀날 **용**)

解說 ‘艸(풀 초)’와 ‘耳(귀 이)’를 조합한 글자임. ‘사슴 귀(耳) 옆에 풀(艸)처럼 돋아난 것’이라는 데서 ‘우거지다/녹용’이라는 뜻을 나타낸다. * 중국 간체자(簡體字)에서는 ‘茸(9획)’으로 표기한다. * ‘艸(풀 초)’가 다른 글자와 조합하여 글자 위쪽에 오면 ‘艹(초두머리)’로 글자 모양이 바뀐다.

例文 ① 鹿茸(녹용) ② 蒙茸(몽용 ; 초목이 우거짐)

---

6 **攝** = 手 + 耳耳耳

3급 / 21획　　　(다스릴/잡을 **섭**)

解說 ‘手(손 수)’와 ‘耳耳耳(귀 이)’를 조합한 글자임. ‘손(手)으로 여러 사람의 귀(耳耳耳)를 잡아당겨서 속삭이다’는 데서 ‘끌어당기다/다스리다/소유하다’는 뜻으로 발전하여 쓰이게 되었다. * 일본 상용한자에서는 ‘摂(13획)’으로, 중국 간체자(簡體字)에서는 ‘摄(13획)’으로 표기한다. * ‘手(손 수)’가 다른 글자와 조합하여 글자 왼쪽에 오면 ‘扌(손수변)’으로 글자 모양이 바뀐다.

例文 ① 攝取(섭취) ② 攝生(섭생) ③ 包攝(포섭) ④ 攝政(섭정)

1

而		丂	丂	丂
3급 / 6획	(말이을 / 수염 **이**)	金文 1	金文 2	篆文

解說　'머리털과 수염을 깎은 박수(남자 무당)의 모습'을 본뜬 상형문자임. '수염 모양'과 비슷하다는 데서 '수염'이라는 뜻도 나타내나, '그리고 / 그러나 / …하여도' 라는 뜻의 접속사로 쓰이고 있다.

例文　① 似而非(사이비)　② 似而非記者(사이비기자)　③ 三十而立(삼십이립)

2

耐 = 而 + 寸
3급 / 9획　　(견딜 **내**)

解說　'而(수염 이)'와 '寸(손 / 손목 / 법도 / 마디 촌)'을 조합한 글자임. '죄인은 수염(而)을 손(寸)으로 흔들어도 모욕을 참는 수밖에 없다'는 데서 '(고통을) 참다 / 견뎌내다'는 뜻을 나타낸다.

例文　① 忍耐(인내)　② 堪耐(감내)　③ 耐震設計(내진설계)　④ 耐久性(내구성)　⑤ 耐火材料(내화재료)

3

需 = 雨 + 而		需	需	需
3급 / 14획	(쓰일 / 쓸 / 구할 **수**)	金文 1	金文 2	篆文

解說 ‘雨(비 우)’와 ‘而’를 조합한 글자임. 금문(金文)에서는 ‘머리털과 수염을 밀어버린 박수무당(而)이 비(雨)가 오도록 기도한다’는 데서 ‘구하다 / 요구하다 / 기다리다’는 뜻을 나타낸다.

例文 ① 需給(수급) ② 需要者(수요자) ③ 婚需(혼수) ④ 內需用(내수용)

4

$$儒 = 人 + 需$$

4급 / 16획　　(선비 / 유교 **유**)

解說 ‘人(사람 인)’과 ‘需(쓰일 / 쓸 / 구할 수)’를 조합한 글자임. 원래는 ‘비(雨)가 오도록 (需) 기우제(祈雨祭)를 지내는 사람(人)’인데, ‘유교(儒敎)의 창시자인 공자(孔子)가 박수무당(需) 집안 출신의 사람(人)’이라는 데서 ‘유교 / 선비’라는 뜻으로 쓰이게 되었다고 한다.

例文 ① 儒敎(유교) ② 儒學(유학) ③ 儒生(유생)

5

$$懦 = 心 + 需$$

1급 / 17획　　(나약할 **나**)

解說 ‘心(마음 심)’과 ‘需(쓰일 / 쓸 / 구할 수)’를 조합한 글자임. ‘가뭄에 기우제를 지내는 사람들(需)의 마음(心)’이라는 데서 ‘마음이 약하다’는 뜻을 나타낸다.

例文 ① 懦弱(나약)하다 ② 懦夫(나부 ; 나약한 사람)

1 夷 = 大 + 弓

3급/6획	(오랑캐/키작은 **이**)	甲骨文字	金文 1	金文 2	篆文

解說 '大(큰 대)'와 '弓(활 궁)'을 조합한 글자임. 갑골문자(甲骨文字)와 금문(金文) 1 에서는 '키가 작은 사람' 이고, 금문(金文) 2와 전문(篆文)에서는 '활(弓)을 가진 야만스런 사람(大)' 이라는 데서 '오랑캐' 라는 뜻을 나타낸다.

例文 ① 東夷族(동이족) ② 夷狄(이적 ; 미개한 오랑캐) ③ 蠻夷(만이) ④ 外夷(외이)

2 姨 = 女 + 夷

1급/9획	(이모 **이**)

解說 '女(여자 여)'와 '夷(키작은 이)'를 조합한 글자임. '키가 작은(夷) 여자(女)' 라는 데서 '어머니의 자매/이모' 라는 뜻으로 쓰이게 되었다.

例文 ① 姨母(이모) ② 姨母夫(이모부) ③ 姨從四寸(이종사촌)

3 痍 = 疒 + 夷

1급/11획	(상처 **이**)

解說 '疒(병들어기댈 역)'과 '夷(오랑캐 이)'를 조합한 글자임. '활(弓)을 가진 사람(大) 이 전쟁터에서 다쳤다(疒)'는 데서 '상처나다/다치다/부상을 입다' 는 뜻이다.

例文 ① 傷痍軍人(상이군인) ② 傷痍勇士(상이용사)

1. 異

| 4급/11획 | (다를 **이**) | 甲骨文字 | 金文 | 篆文 |

🐛 **解說** 갑골문자(甲骨文字)와 금문(金文)에서는 '무서운 모양의 탈(田)을 두 손(共)으로 들어올려 얼굴에 쓴 모습'의 상형문자로, '(탈을 쓴 얼굴 모습이) 보통과는 다르다/괴이하다'는 뜻을 나타낸다. * 중국 간체자(簡體字)에서는 '异'로 표기한다.

🐛 **例文** ① 異常(이상) ② 異邦人(이방인) ③ 大同小異(대동소이) ④ 同床異夢(동상이몽) ⑤ 異口同聲(이구동성)

2. 冀 = 北 + 異

| 2급/16획 | (바랄 **기**) | 金文 1 | 金文 2 | 金文 3 | 篆文 |

🐛 **解說** '北(북녘 북)'과 '異(다를 이)'를 조합한 글자임. '중국 북쪽(北)의 기주(冀州) 지방에 사는 이민족(異民族)들은 장식이 달린 탈(異)을 쓰고 춤을 추면서 신(神)에게 행복을 빈다'는 데서 '(행복을) 바라다/희망하다'는 뜻을 나타낸다.

🐛 **例文** ① 冀幸(기행;행복을 바람) ② 冀望(기망;희망) ③ 冀願(기원;희망/소원)

3. 驥 = 馬 + 冀

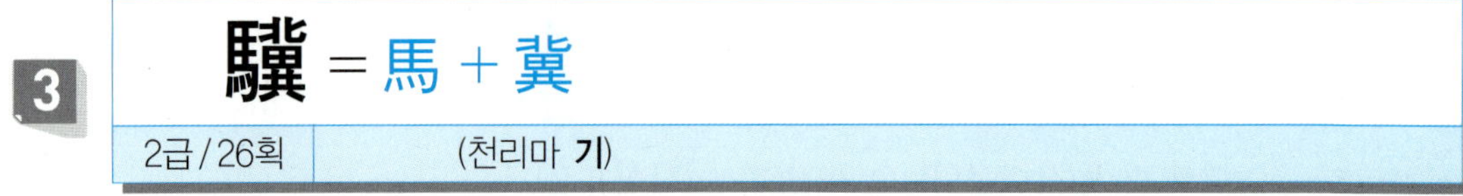

| 2급/26획 | (천리마 **기**) |

解說 '馬(말 마)'와 '冀(바랄 기)'를 조합한 글자임. '중국 북쪽의 기주(冀州) 지방에는 하루에 천리(千里)를 달리는 좋은 말(馬)이 있다'는 데서 '천리마/준마'라는 뜻을 나타낸다.

例文 ① 駿驥(준기 ; 駿馬) ② 驥足(기족 ; 뛰어난 재능인) ③ 驥服鹽車(기복염거 ; 준마가 소금을 실은 수레를 끈다는 뜻으로, 뛰어난 사람이 천한 일에 종사하여 그 재능을 제대로 발휘하지 못한다는 뜻임)

4

翼 = 羽 + 異

3급 / 17획	(날개 / 도울 **익**)	篆文

解說 '羽(깃 / 깃털 우)'와 '異(다를 이)'를 조합한 글자임. '새(鳥)의 몸 양쪽에 방향이 서로 다른(異) 두 날개(羽)'라는 데서 '날개 / (날아가도록) 돕다'는 뜻으로 발전하여 쓰이게 되었다. * 일본 상용한자와 중국 간체자(簡體字)에서는 '翼'으로 표기한다.

例文 ① 右翼團體(우익단체) ② 左翼團體(좌익단체) ③ 右翼手(우익수) ④ 左翼手(좌익수) ⑤ 翼輔(익보 ; 도움 / 보좌함)

5

糞 = 米 + 異

1급 / 17획	(똥 **분**)	甲骨文字	古文	篆文

解說 '米(쌀 미)'와 '異(다를 이)'를 조합한 글자임. 갑골문자(甲骨文字)에서는 '두 손으로 쓰레받기를 잡고 있다'이고, 고문(古文)에서는 '한 손으로는 쓰레받기를 잡고 또 한손으로는 빗자루로 쓰레기를 쓸어담다'이고, 해서(楷書)에서는 '두 손(共)으로 쓰레받기(田)를 잡고 티끌(米)을 쓸어담는다'는 데서 '청소하다 / 똥을 치우다 / 똥'이라는 뜻으로 발전하여 쓰이게 되었다. * 중국 간체자(簡體字)에서는 '粪(12획)'으로 표기한다.

例文 ① 糞尿收去車(분뇨수거차) ② 馬糞(마분) ③ 人糞(인분) ④ 豚糞(돈분) ⑤ 鷄糞(계분) ⑥ 牛糞(우분)

이	隶
예	隸
체	逮

1 隶 = 又 + 尾

| 8획 | (잡을/미칠 **이**) | 篆文 |

解說 전문(篆文)에서는 '又(오른손/또 우)'와 '尾(꼬리 미)'를 조합한 글자임. '손(又)으로 짐승의 꼬리(尾)를 잡았다/손이 닿다/손으로 잡다'는 뜻이다.

2 隸 = 柰 + 隶

| 3급/16획 | (종 **예**) | 金文 | 篆文 1 | 篆文 2 |

解說 금문(金文)과 전문(篆文) 1에서는 '柰(능금나무 내)'와 '隶(잡을 이)'를 조합한 글자이고, 전문(篆文) 2에서는 '祟(빌미 수)'와 '隶(잡을 이)'를 조합한 글자로, '포로를 붙잡아다가(隶) 농사일(柰)도 시키고 제사지내는 일(祟)을 돕게 하는 사람'이었는데, 훗날 '종/노예/따르다/딸리다'는 뜻으로 발전하여 쓰이게 되었다.

例文 ① 隸屬(예속) ② 奴隸(노예) ③ 隸下部隊(예하부대) ④ 隸書(예서)

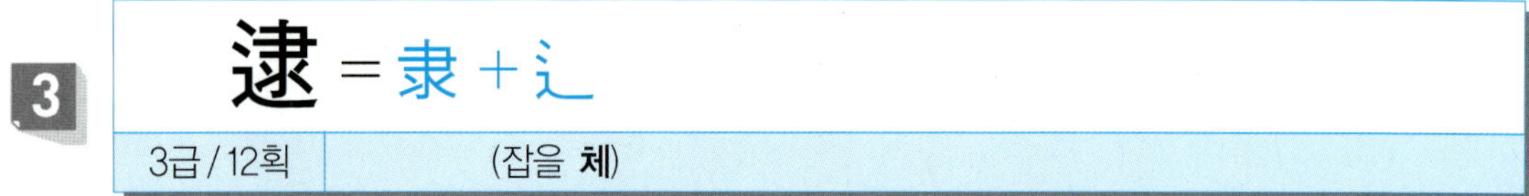

3 逮 = 隶 + 辶

| 3급/12획 | (잡을 **체**) |

解說 '隶(잡을 이)'와 '辶(쉬엄쉬엄갈/뛸 착)'을 조합한 글자임. '짐승을 뒤쫓아 가서(辶) 꼬리를 잡았다(隶)'는 데서 '쫓다/붙잡다'는 뜻을 나타낸다.

例文 ① 逮捕(체포) ② 逮捕令狀(체포영장)

이 爾
미 彌
새 璽

---

1 爾

| 1급 / 14획 | (너 / 어조사 **이**) | 金文 1 | 金文 2 | 篆文 |

解說 금문(金文)에서는 '여자(大)의 상반신에다 여러 가지 모양의 문신을 한 모습'을 본 뜬 상형문자인데, '너 / 자네' 라는 뜻과 어조사(語助辭)로 쓰이고 있다.

例文 ① 爾汝(이여 ; 너 / 자네) ② 爾爲爾我爲我(이위이아위아 ; 서로 상관하지 않음)

---

2 彌 = 弓 + 爾

| 2급 / 17획 | (미륵 / 퍼질 **미**) | 金文 1 | 金文 2 | 篆文 |

解說 '弓(활 궁)'과 '爾(너 이)'를 조합한 글자임. 금문(金文)에서는 '弓+日+爾'이고, 전문(篆文)에서는 '長+爾'로 '활을 부리다 / 햇살이 퍼지다 / 더욱'의 뜻이다.

例文 ① 彌勒(미륵) ② 彌勒菩薩(미륵보살) ③ 彌縫策(미봉책 ; 임시방편)

---

3 璽 = 爾 + 玉

| 1급 / 19획 | (옥새 / 도장 **새**) | 篆文 1 | 篆文 2 |

解說 '爾(너 이)'와 '玉(구슬 옥)'을 조합한 글자임. '여러 가지 모양(爾)으로 꾸민 옥(玉)으로 만든 인장(印章)'이라는 뜻이다.

例文 ① 玉璽(옥새) ② 國璽(국새) ③ 御璽(어새 ; 임금님의 도장)

1 益 = 水 + 皿   甲骨文字   金文   篆文

4급/10획   (더할 **익**)   甲骨文字   金文   篆文

解說   '水(물 수)'와 '皿(그릇 명)'을 조합한 글자임. 갑골문자(甲骨文字)에서는 '그릇(皿)에다 물(水)을 계속 쏟아 붓는다'는 데서 '더하다/보태다/이롭다/이득/유익'이라는 뜻을 나타낸다. * 여기서 '水(물 수)'는 옆으로 눕힌 글자이다. * 일본 상용한자와 중국 간체자(簡體字)에서는 '益'으로 표기한다.

例文   ① 有益(유익) ② 益鳥(익조) ③ 益蟲(익충) ④ 公益(공익) ⑤ 多多益善(다다익선)

2 溢 = 水 + 益   篆文

1급/13획   (넘칠 **일**)   篆文

解說   '水(물 수)'와 '益(더할 익)'을 조합한 글자임. '그릇(皿)에다 물(水)을 쏟아 붓고 또 물(水)을 쏟아 부어 넘쳐흐르다'는 데서 '물이 넘치다/정도가 지나치다'는 뜻을 나타낸다. * 중국 간체자(簡體字)에서는 '溢'으로 표기한다. * '水(물 수)'가 다른 글자와 조합하여 글자 왼쪽에 오면 'ㅟ(삼수변)'으로 글자 모양이 바뀐다.

例文   ① 海溢(해일) ② 腦溢血(뇌일혈) ③ 充溢(충일)

3 鎰 = 金 + 益

2급/18획   (무게이름 **일**)

解說　'金(쇠 금)'과 '益(더할 익)'을 조합한 글자로, '쇠붙이의 무게 24兩(량)'을 나타내는 데에 사용하는 글자이다. ＊중국 간체자(簡體字)에서는 '镒'으로 표기한다.

例文　① 萬鎰(만일)

4　隘 ＝ 阜 ＋ 益

| 1급 / 13획 | (좁을 애) | 古文 1 | 古文 2 | 篆文 |

解說　'阜(사다리/언덕 부)'와 '益(더할 익)'을 조합한 글자임. 고문(古文) 1에서는 '언덕길(阜)에서 사람을 가마에 태우고 두 사람이 나란히 가기에는 좁다'는 뜻이다. ＊중국 간체자(簡體字)에서는 '隘'로 표기한다. ＊阜(언덕/사다리 부)가 다른 글자와 조합하여 글자 왼쪽에 오면 'ⷤ (좌부변)'으로 글자 모양이 바뀐다.

例文　① 隘峽(애협 ; 좁음)　② 隘路(애로)　③ 隘路事項(애로사항)

5　縊 ＝ 糸 ＋ 益

| 1급 / 16획 | (목맬 액) |

解說　'糸(실 사)'와 '益(더할 익)'을 조합한 글자로, '목을 졸라매다/목을 졸라매어 죽다'는 뜻을 나타낸다. ＊중국 간체자(簡體字)에서는 '缢'으로 표기한다.

例文　① 縊殺(액살)　② 縊死(액사)　③ 縊刑(액형 ; 絞首刑)

6　諡 ＝ 言 ＋ 兮 ＋ 皿

| 특급 / 16획 | (시호 시) | | 篆文 |

解說　'言(말씀 언)'과 '兮(혜), 皿(그릇 명)'을 조합한 글자로, '공덕이 있는 사람이 죽은 후에 그의 행적을 고려하여 내리는(益) 이름'이라는 뜻을 나타낸다. ＊중국 간체자(簡體字)에서는 '谥'로 표기한다.

例文　① 諡號(시호)를 내리다

1

人				
8급/2획	(사람 **인**)	甲骨文字 1	甲骨文字 2	金文	篆文

解說 '허리를 굽혀서 약간 구부정하게 서 있는 사람의 옆모습'을 본뜬 상형문자로, '사람/인간'이라는 뜻을 나타낸다.

例文 ① 人間萬事塞翁之馬(인간만사새옹지마) ② 人面獸心(인면수심) ③ 人死留名 (인사유명)

2

傘

2급/12획	(우산 **산**)

解說 '우산 모양'을 본뜬 상형문자로, '우산/파라솔'이라는 뜻을 나타낸다. * 중국 간체자(簡體字)에서는 '伞(6획)'으로 표기한다.

例文 ① 雨傘(우산) ② 核雨傘(핵우산) ③ 洋傘(양산) ④ 傘下團體(산하단체)

3

閃 = 門 + 人

1급/10획	(번쩍일 **섬**)

解說 '門(문 문)'과 '人(사람 인)'을 조합한 글자임. '문 뒤에 숨어 있던 사람(人)이 문(門)을 열고 번개처럼 빨리 통과하다'는 데서 '번쩍이다'는 뜻으로 발전하여 쓰이게 되었다.

例文 ① 閃光(섬광 ; 번쩍이는 빛) ② 閃火(섬화 ; 번쩍이는 불빛)

1

$$刃 = 刀 + ノ$$

| 2급 / 3획 | (칼날 **인**) | 篆文 |

解說　‘刀(칼 도)’와 ‘ノ’을 조합한 글자로, ‘예리한 칼날(刀) 부분에 빛(ノ)이 난다’는 데서 ‘칼날/칼’이라는 뜻을 나타낸다. ＊‘刀(칼 도)’는 ‘한쪽 날만 있는 칼’을 가리키며, ‘양날이 있는 칼’은 ‘劍(칼 검)’으로 표현한다. ＊‘劍(칼 검)’에 관한 설명은 3권 ‘僉(모두 첨)그룹 漢字’참조. ＊일본 상용한자에서는 ‘刃’으로 글자 모양이 약간 다르게 표기한다.

例文　① 刃創(인창 ; 칼날에 의한 상처)　② 自刃(자인 ; 칼로 자살함)

2

$$忍 = 刃 + 心$$

| 3급 / 7획 | (참을 / 잔인할 **인**) | 金文 | 篆文 |

解說　‘刃(칼날 인)’과 ‘心(마음 심)’을 조합한 글자임. ‘칼(刃)로 심장(心)을 찌르는 듯한 /도려내는 듯한 고통을 참는다’는 데서 ‘(고통을) 참다/잔인하다’는 뜻을 나타낸다. ＊일본 상용한자에서는 ‘忍’으로 글자 모양이 약간 다르게 표기한다.

例文　① 殘忍(잔인)　② 忍耐心(인내심)　③ 忍從(인종)　④ 忍之爲德(인지위덕)
　⑤ 忍之一字衆妙之門(인지일자중묘지문)　⑥ 忍冬草(인동초)

3

$$認 = 言 + 忍$$

| 4급 / 14획 | (알 / 승인할 **인**) |

解說 '言(말씀 언)'과 '忍(참을 인)'을 조합한 글자임. '상대방이 어떤 말(言)을 해도 참고(忍) 들어주다'는 데서 '(상대방의 뜻을) 알다 / 인정하다 / 승인하다 / 허락하다'는 뜻을 나타낸다. * 일본 상용한자에서는 '認'으로 글자 모양이 약간 다르게 표기한다.

例文 ① 容認(용인) ② 否認(부인) ③ 承認(승인) ④ 認識(인식) ⑤ 認定(인정)

---

4 靭 = 革 + 刃

1급 / 11획   (질길 **인**)

解說 '革(가죽 혁)'과 '刃(칼날 인)'을 조합한 글자임. '단단하고 질긴 가죽(革)은 칼(刃)로 잘라야 한다'는 데서 '(가죽이) 질기다 / 부드럽고 강하다'는 뜻을 나타낸다. * 중국 간체자(簡體字)에서는 '韧(7획)'으로 표기한다.

例文 ① 强靭(강인)한 정신력(精神力) ② 靭帶(인대 ; 관절을 잇는 심줄)

1

引 = 弓 + ㅣ

| 4급/3획 | (끌 **인**) | 篆文 |

🐛 **解說**　‘弓(활 궁)’과 ‘ㅣ’을 조합한 글자임. ‘활(弓)의 활시위(ㅣ)를 잡아당긴다’는 데서 ‘끌어당기다/끌다/끌어들이다’는 뜻을 나타낸다.

🐛 **例文**　① 引上(인상)　② 引下(인하)　③ 萬有引力(만유인력)　④ 引受引繼(인수인계) ⑤ 引導者(인도자)　⑥ 牽引車(견인차)　⑦ 引過自責(인과자책 ; 자기의 허물을 인정하고 스스로 책(責)함)　⑧ 引而不發(인이불발 ; 화살을 끼우고 활시위만 잡아당길 뿐 활을 쏘지 않는다는 뜻으로, 선생은 공부 방법만 알려주고 학습자가 스스로 터득하게 함/세력을 키우며 시기를 기다림)

2

蚓 = 虫 + 引

| 1급/10획 | (지렁이 **인**) |

🐛 **解說**　‘虫(벌레 충)’과 ‘引(끌 인)’을 조합한 글자임. ‘자기 몸을 이끌고(引) 꾸불꾸불 기어가는 벌레(虫)’라는 데서 ‘지렁이’라는 뜻을 나타낸다.

🐛 **例文**　① 蚯蚓(구인 ; 지렁이)　② 春蚓(춘인)　③ 秋蚓(추인)

---

1 因 = 囗 + 大

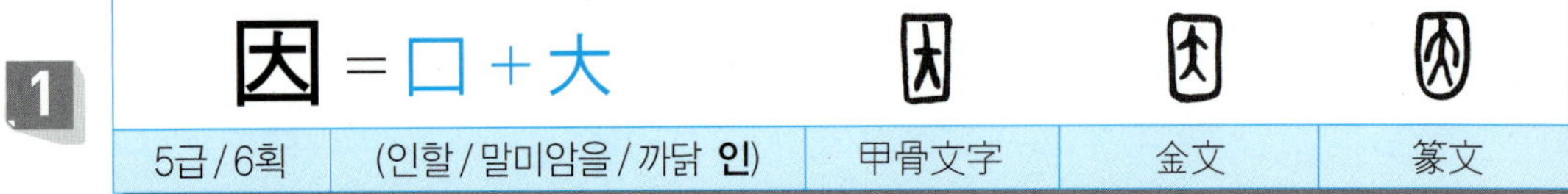

| 5급/6획 | (인할 / 말미암을 / 까닭 **인**) | 甲骨文字 | 金文 | 篆文 |

解說 '囗(에워쌀 위)'와 '大(큰 대)'를 조합한 글자로, '손발을 벌리고 돗자리(囗)에 누워있는 사람(大)'임. '옛날 사람들은 일상생활 대부분을 돗자리(囗)를 중심으로 하는 생활이다'는 데서 '(돗자리)로 인하다 / (돗자리)로 말미암다 / 까닭 / 연유'라는 뜻으로 발전하여 쓰이게 되었다.

例文 ① 因緣(인연) ② 因果法則(인과법칙) ③ 因果應報(인과응보) ④ 原因(원인) ⑤ 因敗爲成(인패위성) ⑥ 死因(사인) ⑦ 敗因(패인) ⑧ 基因(기인)

---

2 姻 = 女 + 因

| 3급/9획 | (혼인 **인**) | 古文 1 | 古文 2 | 篆文 |

解說 '女(여자 여)'와 '因(인할 / 말미암을 인)'을 조합한 글자임. '여자(女)가 결혼하여 딴 사람(大)과 함께 돗자리(囗)에 눕는다'는 데서 '결혼하다 / 시집가다'는 뜻을 나타낸다.

例文 ① 婚姻(혼인) ② 婚姻申告(혼인신고) ③ 姻戚(인척)

---

3 咽 = 口 + 因

| 1급/9획 | (목구멍 **인** / 목멜 **열**) |

解說 ‘口(입 구)’ 와 ‘因(인할／말미암을 인)’ 을 조합한 글자임. ‘음식물과 호흡은 모두 입 안(口)의 목구멍에 의존한다(因)’ 는 데서 ‘목구멍’ 이라는 뜻을 나타낸다.

例文 ① 咽喉炎(인후염) ② 耳鼻咽喉科(이비인후과) ③ 嗚咽(오열 ; 목이 메어 욺／목이 메어 우는 울음)

---

4 恩 ＝ 因 ＋ 心

4급／10획	(은혜 은)

解說 ‘因(인할／말미암을 인)’ 과 ‘心(마음 심)’ 을 조합한 글자임. ‘과거에 의존(因)했던 사람을 마음(心) 속으로 고마워하여 은혜를 베풀다’ 는 데서 ‘은혜／사랑’ 이라는 뜻을 나타낸다.

例文 ① 恩惠(은혜) ② 恩功(은공) ③ 恩德(은덕) ④ 恩寵(은총) ⑤ 恩山德海(은산덕해) ⑥ 恩重泰山(은중태산) ⑦ 背恩忘德(배은망덕) ⑧ 謝恩會(사은회) ⑨ 聖恩(성은)

---

1 湮 = 水 + 堙

| 1급 / 12획 | (묻힐 / 잠길 **인**) | 篆文 |

解說 '水(물 수)'와 '堙(막을 / 둑 인)'을 조합한 글자임. '둑(堙)을 쌓아 물(水)을 가두어 두니 모든 것이 물에 잠긴다'는 데서 '물속에 빠져 파묻히다'는 뜻을 나타낸다. * '水(물 수)가 다른 글자와 조합하여 글자 왼쪽에 오면 'ⅰ(삼수변)'으로 글자 모양이 바뀐다.

例文 ① 湮沒(인몰) ② 證據湮滅(증거인멸)

---

2 煙 = 火 + 堙

| 4급 / 13획 | (연기 / 담배 **연**) | 篆文 |

解說 '火(불 화)'와 '堙(막을 / 둑 인)'을 조합한 글자임. '아궁이 화덕(堙)에다 불(火)을 지피니까 연기가 난다'는 데서 '연기 / 그을음 / 담배 연기'라는 뜻으로 쓰인다.

例文 ① 煙筒(연통) ② 煙氣(연기) ③ 煤煙(매연) ④ 喫煙(끽연) ⑤ 禁煙(금연)

---

3 甄 = 堙 + 瓦

| 2급 / 14획 | (질그릇 **견**) |

解說 '堙(막을 인)'과 '瓦(기와 / 질그릇 와)'를 조합한 글자임. '화덕(堙)에다 질그릇(瓦)을 굽다'는 데서 '질그릇 / 질그릇을 굽다'는 뜻을 나타낸다.

例文 ① 甄萱(견훤) ② 甄拔(견발 ; 인재를 발탁함)

1

寅

| 3급 / 11획 | (셋째지지 / 동관 / 공경할 **인**) | 甲骨文字 | 金文 1 | 金文 2 | 篆文 |

解說　갑골문자(甲骨文字)에서는 '화살 모양'을 본뜬 상형문자이고, 금문(金文)에서는 '구부러진 화살을 두 손으로 똑바로 펴는 모습'에서 '동료(同僚) / 공경하다'는 뜻을 나타내나, 훗날 십이지(十二支)에서는 '제3위 / 범 / 호랑이'라는 뜻으로 쓰이게 되었다. * 한자능력 검정시험에서는 '범(虎) / 동방(東方) 인'으로 외워야 한다.

例文　① 寅時(인시 ; 오전 3시-5시 사이)　② 寅方(인방 ; 東北間의 방위)　③ 寅月(인월 ; 正月)　④ 寅虔(인건 ; 공경하고 삼감)

2

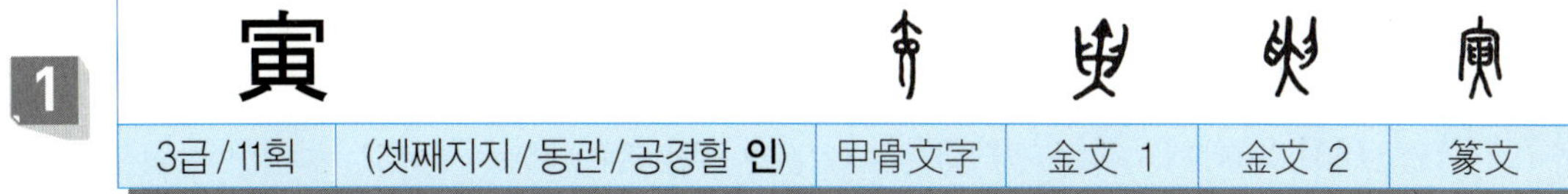

演 ＝ 水 ＋ 寅　　　　　　　　　篆文

| 4급 / 14획 | (펼 / 부연할 / 행할 **연**) | | 篆文 |

解說　'水(물 수)'와 '寅(인)'을 조합한 글자임. '구부러진 화살을 두 손으로 똑바로 펴듯이(寅) 물(水)이 먼 곳으로 흘러가게 한다'는 데서 '물을 잡아 늘이다 / 널리 펴다 / 널리 알리다'는 뜻으로 발전하여 쓰이게 되었다. * '水(물 수)가 다른 글자와 조합하여 글자 왼쪽에 오면 'ㆍ氵(삼수변)'으로 글자 모양이 바뀐다.

例文　① 演說(연설)　② 演劇(연극)　③ 演壇(연단)　④ 演技(연기)　⑤ 演出(연출)　⑥ 演繹法(연역법)　⑦ 音樂演奏會(음악연주회)　⑧ 演習(연습)　⑨ 演題(연제)　⑩ 主演俳優(주연배우)　⑪ 公演(공연)　⑫ 演武(연무)　⑬ 出演(출연)　⑭ 實演(실연)　⑮ 助演俳優(조연배우)

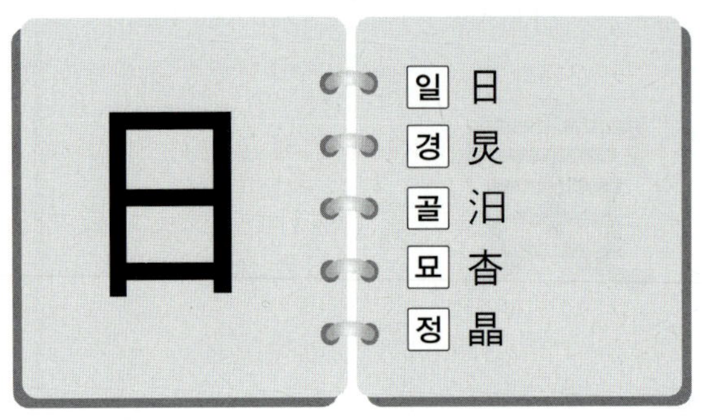

130 日(날 일) 그룹 漢字

日

- 일 日
- 경 炅
- 골 汩
- 묘 杳
- 정 晶

1

日				
8급/4획	(날/해 **일**)	甲骨文字	金文	篆文

解說 '둥근 태양/해의 모양'을 본뜬 상형문자인데, 태양 한가운데의 '一'은 '태양의 알맹이'를 표시하는 것으로, '태양/해/하루/날/매일'이라는 뜻을 나타낸다.

例文 ① 日出(일출) ② 日沒(일몰) ③ 日計表(일계표) ④ 日記(일기) ⑤ 日氣豫報(일기예보) ⑥ 日射病(일사병) ⑦ 日蝕(일식) ⑧ 日就月將(일취월장) ⑨ 日常茶飯事(일상다반사) ⑩ 日新日日新又日新(일신일일신우일신)

2

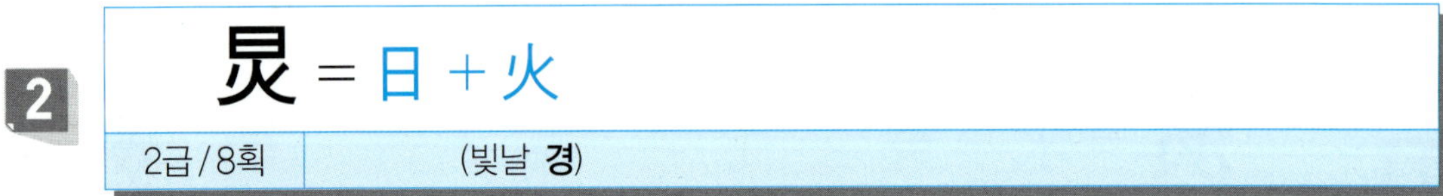

炅 = 日 + 火	
2급/8획	(빛날 **경**)

解說 '日(해/날 일)'과 '火(불 화)'를 조합한 글자로, '빛나다'는 뜻으로 주로 인명(人名)에 사용한다.

3

汩 = 水 + 日	
1급/7획	(골몰할/잠길 **골**/물이름 **멱**)

解說 '水(물 수)'와 '日(해/날 일)'을 조합한 글자임. '서쪽으로 지는 태양(日)이 물(水) 속으로 사라졌다'는 데서 '(물속에) 가라앉다/물에 잠기다'는 뜻을 나타낸다. * '水(물 수)'가 다른 글자와 조합하여 글자 왼쪽에 오면 '氵(삼수변)'으로 글자 모양이 바뀐다.

例文 ① 시험공부에 汨沒(골몰)하다 ② 汨水(멱수 ; 중국 江西省에서 湖南省으로 흐르는 강)

4

杳 = 木 + 日

| 1급/8획 | (어두울 **묘**) |

解說 '木(나무 목)'과 '日(해/날 일)'을 조합한 글자임. '해(日)가 아직 나무(木) 위로 솟지 않았다', 또는 '해(日)가 나무(木) 밑으로 사라졌다'는 데서 '어둠침침하다/어둡다/아득하다'는 뜻을 나타낸다.

例文 ① 杳冥(묘명 ; 그윽하고 어두움) ② 행방이 杳然(묘연)하다

5

晶 = ☆ + ☆ + ☆

| 2급/12획 | (밝을 **정**) | 甲骨文字 1 | 甲骨文字 2 | 篆文 |

解說 일부 학자는 '태양이 3개라서 밝게 빛난다'고 주장하기도 하나, '밤하늘의 별들(☆☆☆)이 모여서 반짝반짝 빛나는 광경'을 본뜬 상형문자임. '밤하늘의 별은 태양과는 달리 열(熱)을 수반하지 않으므로 열이 없는데도 빛나는 결정체'라는 뜻을 나타내는 데에 사용하는 글자이다.

例文 ① 水晶(수정) ② 液晶(액정) ③ 結晶體(결정체)

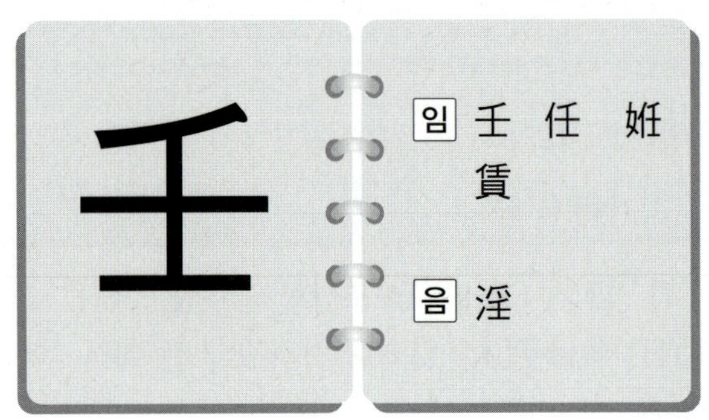

	임	壬 任 姙 賃
	음	淫

1

壬		甲骨文字	金文	篆文
3급/4획	(북방/아홉째천간 **임**)	工	工	壬

解說　갑골문자(甲骨文字)에서는 '工' 모양으로 '쇠망치로 쇠를 쳐서 벼르는 데에 사용하는 공구(工具)'이고, 금문(金文)에서는 '王' 모양으로 역시 '쇠를 벼르는 공구(工具)'이고, 전문(篆文)에서도 역시 '쇠를 벼르는 데에 사용하는 가운데가 볼록한 공구(工具)'임. 훗날 천간(天干)의 제9위이고, 방위로는 북방(北方)을 나타낸다. * '壬(정)'은 3권 '壬(발돋음 정) 그룹 漢字' 참조. * '壬(북방 임)'은 마름모(◇)꼴이고, '壬(발돋음 정)'은 사다리꼴(□)로 글자 모양이 약간 다름에 유의해야 한다.

例文　① 壬辰倭亂(임진왜란)

2

任 = 人 + 壬		甲骨文字	金文	篆文
5급/6획	(맡길 **임**)			

解說　'人(사람 인)'과 '壬(임)'을 조합한 글자임. 갑골문자(甲骨文字)/금문(金文)/전문(篆文)에서는 '쇠를 벼르는 공구(壬)를 짊어진 사람(人)'이라는 데서 '(일을) 맡기다/맡다/임무/직책'이라는 뜻으로 발전하여 쓰이게 되었다.

例文　① 任務(임무)　② 責任(책임)　③ 赴任(부임)　④ 信任(신임)　⑤ 辭任(사임)　⑥ 放任主義(방임주의)　⑦ 任命狀(임명장)　⑧ 任用(임용)　⑨ 任官式(임관식)　⑩ 解任(해임)　⑪ 退任(퇴임)　⑫ 背任嫌疑(배임혐의)　⑬ 就任式(취임식)

3 妊 = 女 + 壬

| 2급 / 7획 | (아이밸 **임**) | 甲骨文字 | 金文 | 篆文 |

解說　‘女(여자 여)’와 ‘壬(임)’을 조합한 글자임. ‘쇠를 벼르는 공구(壬)처럼 배가 불룩한 여인(女)’이라는 데서 ‘아이를 배다 / 임신하다’는 뜻을 나타낸다. ＊‘姙(임)’과 동일한 글자임.

例文　① 妊身(임신) ② 妊産婦(임산부) ③ 懷妊(회임) ④ 避妊(피임) ⑤ 不姙(불임)

4 賃 = 任 + 貝

| 3급 / 13획 | (품삯 **임**) | 金文 1 | 金文 2 | 篆文 |

解說　‘任(맡길 임)’과 ‘貝(돈 / 재물 / 조개 패)’를 조합한 글자임. ‘일을 맡거나(任) 맡겼으면 품삯인 돈(貝)을 주고받다’는 데서 ‘품삯 / 임금 / 요금’이라는 뜻을 나타낸다. ＊중국 간체자(簡體字)에서는 ‘赁(10획)’으로 표기한다.

例文　① 勞賃(노임) ② 賃金(임금) ③ 賃借(임차) ④ 賃貸借(임대차) ⑤ 運賃(운임)

5 淫 = 水 + 爪 + 壬

| 3급 / 11획 | (음란할 **음**) | 古文 | 篆文 |

解說　‘水(물 수)’와 ‘爪(손 / 손톱 조)’, ‘壬(임)’을 조합한 글자임. ‘손(爪)으로 인체의 볼록한(壬) 부분을 애무(愛撫)하여 애액(愛液 / 水)이 나오게 한다’는 데서 ‘음탕하다 / 음란하다 / 지나치다’는 뜻으로 발전하여 쓰이게 된 것 같다. ＊중국 간체자(簡體字)에서는 ‘淫’으로 글자 모양이 약간 다르게 표기한다. ＊‘水(물 수)’가 다른 글자와 조합하여 글자 왼쪽에 오면 ‘氵(삼수변)’으로 글자 모양이 바뀐다. ＊원래는 ‘婬(음)’이 초문자(初文字)임.

例文　① 淫女(음녀) ② 姦淫(간음) ③ 淫行(음행) ④ 淫蕩(음탕) ⑤ 淫亂(음란) ⑥ 淫畫(음화) ⑦ 淫談悖說(음담패설) ⑧ 淫慾(음욕)

---

1 尢

| 4획 | (머뭇거릴 **임**) | 篆文 |

解說 '冂'과 '人(사람 인)'을 조합한 글자임. '사람(人)이 베개(冂)를 베고 누워서 일어날까 말까하고 망설이고 있다'는 데서 '머뭇거리다/망설이다'는 뜻을 나타내는 글자인데, 단독으로는 쓰이지 않는다.

---

2 沈 = 水 + 尢

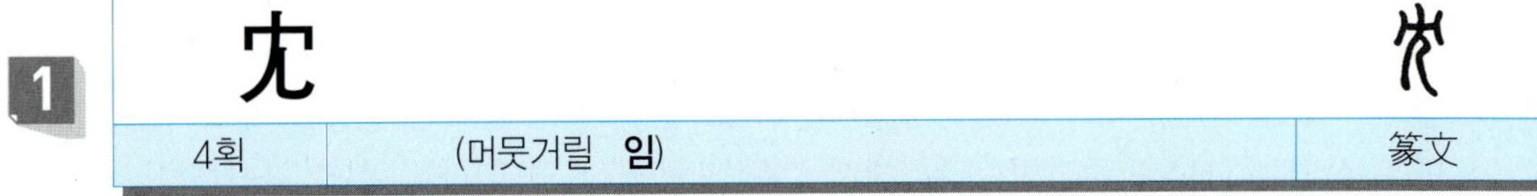

| 3급/7획 | (잠길 **침**/성씨 **심**) | 甲骨文字 1 | 甲骨文字 2 | 金文 | 篆文 |

解說 '水(물 수)'와 '尢(머뭇거릴 임)'을 조합한 글자임. 갑골문자(甲骨文字)1, 2에서는 홍수가 났을 때, '홍수를 담당한다는 신(神)에게 소(牛)와 양(羊)를 희생제물로 바치고 홍수가 멎기를 바란다'는 뜻의 글자인데, 금문(金文)과 전문(篆文)에서는 '수영을 못해 머뭇거리다(尢)가 물속(水)에 가라앉는 사람(人)'이라는 데서 '(물에) 가라앉히다/가라앉다/잠기다'는 뜻을 나타낸다.

例文 ① 沈沒(침몰) ② 擊沈(격침) ③ 浮沈(부침) ④ 意氣銷沈(의기소침)

---

3 枕 = 木 + 尢

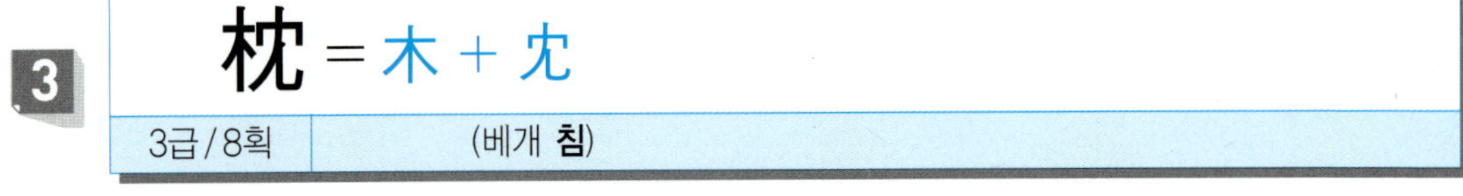

| 3급/8획 | (베개 **침**) |

解說 ‘木(나무 목)’과 ‘尤(머뭇거릴 임)’을 조합한 글자로, ‘사람(人)이 누워(尤) 잘 때 베는 나무(木)로 만든 베개(冂)’라는 뜻을 나타낸다.

例文 ① 木枕(목침) ② 枕木(침목) ③ 高枕短命(고침단명) ④ 高枕安眠(고침안면)

4

耽 = 耳 + 尤

2급 / 10획   (즐길/빠질 **탐**)

解說 ‘耳(귀 이)’와 ‘尤(머뭇거릴 임)’을 조합한 글자임. ‘사랑하는 사람끼리 잠자리에 누워서(尤) 하는 말은 귀(耳)를 즐겁게 해 준다’, 또는 ‘사랑하는 사람끼리 잠자리에 누워서 (尤) 귀(耳)를 애무한다’는 데서 ‘지나치게 즐기다/지나치게 몰두하다/푹 빠지다’는 뜻을 나타낸다고 한다.

例文 ① 耽讀(탐독) ② 耽溺(탐닉 ; 酒色에 빠짐) ③ 耽樂(탐락 ; 耽溺)

5

眈 = 目 + 尤

1급 / 9획   (노려볼 **탐**)

解說 ‘目(눈 목)’과 ‘尤(머뭇거릴 임)’을 조합한 글자임. ‘머뭇거리며(尤) 기회를 엿본다 (目)’는 데서 ‘노려보다/열중하여 보다’는 뜻을 나타낸다.

例文 ① 虎視眈眈(호시탐탐)

부록

乖(괴)② 228	灸(구)① 161	購(구)① 173	眷(권)① 182	劇(극)① 194
怪(괴)② 378	玖(구)① 161	溝(구)① 174	厥(궐)② 322	極(극)① 413
轟(굉)① 63	樞(구)① 162	瞿(구)① 175	闕(궐)② 322	根(근)① 30
宏(굉)① 149	丘(구)① 163	懼(구)① 175	蹶(궐)② 322	斤(근)① 195
肱(굉)① 149	邱(구)① 163	衢(구)① 175	軌(궤)① 158	近(근)① 195
巧(교)① 127	句(구)① 164	廏(구)① 224	几(궤)① 183	菫(근)① 198
交(교)① 150	拘(구)① 164	寇(구)② 399	机(궤)① 183	勤(근)① 198
校(교)① 150	狗(구)① 164	龜(구)② 304	櫃(궤)① 185	槿(근)① 199
較(교)① 150	駒(구)① 165	瞿(구)① 175	潰(궤)① 185	謹(근)① 199
絞(교)① 151	鉤(구)① 165	匊(국)① 176	詭(궤)② 410	瑾(근)① 199
皎(교)① 151	枸(구)① 165	菊(국)① 176	貴(귀)① 185	僅(근)① 198
郊(교)① 151	苟(구)① 165	鞠(국)① 176	鬼(귀)① 187	覲(근)① 199
咬(교)① 151	臼(구)① 166	軍(군)① 177	龜(귀)② 304	饉(근)① 200
狡(교)① 152	舅(구)① 166	君(군)② 438	揆(규)① 102	今(금)① 202
蛟(교)① 152	舊(구)① 166	郡(군)② 439	葵(규)① 102	衾(금)① 202
橋(교)① 153	求(구)① 168	群(군)② 439	叫(규)① 160	琴(금)① 202
矯(교)① 153	救(구)① 168	窘(군)② 439	糾(규)① 160	金(금)① 205
喬(교)① 153	球(구)① 168	弓(궁)① 179	圭(규)① 189	錦(금)① 205
僑(교)① 154	具(구)① 169	窮(궁)① 179	奎(규)① 189	禽(금)① 206
轎(교)② 154	俱(구)① 169	躬(궁)① 179	珪(규)① 189	擒(금)① 206
嬌(교)① 154	區(구)① 170	穹(궁)① 180	硅(규)① 190	禁(금)① 207
驕(교)① 154	驅(구)① 170	宮(궁)① 305	閨(규)① 190	襟(금)① 207
敧(교)① 155	鷗(구)① 170	權(권)① 145	規(규)① 192	及(급)① 208
敎(교)① 323	毆(구)① 171	勸(권)① 145	窺(규)① 192	扱(급)① 208
膠(교)① 333	嶇(구)① 171	顴(권)① 145	逵(규)① 347	級(급)① 208
矩(구)① 62	歐(구)① 171	券(권)① 181	龜(균)② 304	汲(급)① 209
九(구)① 157	嘔(구)① 171	卷(권)① 181	菌(균)② 409	急(급)① 209
究(구)① 157	謳(구)① 172	拳(권)① 181	橘(귤)① 406	競(긍)① 193
仇(구)① 157	軀(구)① 172	圈(권)① 182	戟(극)① 35	矜(긍)① 203
鳩(구)① 158	甍(구)① 173	捲(권)① 182	剋(극)① 193	亘(긍)① 210
久(구)① 161	構(구)① 173	倦(권)① 182	克(극)① 193	器(기)① 119

茫(망)① 381	眄(면)① 391	侮(모)① 384	渺(묘)② 188	味(미)① 435
罔(망)① 382	麪(면)① 392	毛(모)① 402	杳(묘)② 483	米(미)① 437
網(망)① 382	免(면)① 393	耗(모)① 402	畝(무)① 162	迷(미)① 437
惘(망)① 382	勉(면)① 393	母(모)① 403	貿(무)① 345	美(미)① 438
埋(매)① 354	冕(면)① 393	矛(모)① 405	毋(무)① 403	眉(미)① 439
罵(매)① 366	俛(면)① 394	茅(모)① 405	拇(무)① 403	媚(미)① 439
邁(매)① 376	面(면)① 396	謀(모)① 407	務(무)① 405	微(미)① 440
梅(매)① 384	麵(면)① 396	某(모)① 407	霧(무)① 405	薇(미)① 440
每(매)① 384	緬(면)① 396	冒(모)① 409	戊(무)① 420	彌(미)② 471
賣(매)① 387	眠(면)① 442	帽(모)① 409	茂(무)① 420	敏(민)① 385
買(매)① 387	棉(면)② 33	貌(모)② 30	巫(무)① 422	閔(민)① 428
媒(매)① 407	綿(면)② 33	牟(모)② 384	誣(무)① 422	憫(민)① 428
煤(매)① 408	蔑(멸)① 421	牡(모)② 384	武(무)① 424	旼(민)① 429
枚(매)① 411	命(명)① 320	睦(목)① 346	無(무)① 425	旻(민)① 429
妹(매)① 435	皿(명)① 397	木(목)① 410	撫(무)① 425	玟(민)① 429
魅(매)① 436	名(명)① 398	沐(목)① 410	憮(무)① 425	民(민)① 442
寐(매)① 436	銘(명)① 398	穆(목)② 30	蕪(무)① 426	珉(민)① 442
昧(매)① 436	酩(명)① 398	牧(목)② 384	舞(무)① 426	悶(민)① 432
呆(매)② 56	明(명)① 399	沒(몰)① 415	文(문)① 427	
麥(맥)① 299	冥(명)① 400	歿(몰)① 415	汶(문)① 427	ㅂ
貊(맥)② 31	溟(명)① 400	冢(몽)① 416	紋(문)① 427	
盲(맹)① 382	暝(명)① 400	蒙(몽)① 416	紊(문)① 428	剝(박)① 328
孟(맹)① 389	螟(명)① 401	夢(몽)② 163	蚊(문)① 428	拍(박)② 27
猛(맹)① 389	袂(몌)① 81	畝(묘)① 162	門(문)① 431	泊(박)② 28
黽(맹)① 390	慕(모)① 371	墓(묘)① 373	問(문)① 431	迫(박)② 28
盟(맹)① 399	模(모)① 371	卯(묘)① 417	聞(문)① 431	舶(박)② 28
萌(맹)① 399	募(모)① 372	昴(묘)① 417	勿(물)① 433	箔(박)② 28
覓(멱)① 76	謨(모)① 372	苗(묘)① 419	物(물)① 433	珀(박)② 29
汨(멱)② 482	摸(모)① 372	描(묘)① 419	靡(미)① 369	粕(박)② 29
丏(면)① 391	暮(모)① 372	猫(묘)① 419	尾(미)① 402	朴(박)② 60
沔(면)① 391	糢(모)① 373	妙(묘)② 188	未(미)① 435	撲(박)② 69
				樸(박)② 69

杏(행)① 413
許(허)② 345
軒(헌)① 28
獻(헌)① 72
歇(헐)① 40
現(현)① 76
峴(현)① 76
賢(현)① 78
絢(현)② 223
顯(현)② 225
嫌(혐)① 83
協(협)① 308
脅(협)① 308
馨(형)① 99
醯(혜)① 343
兮(혜)② 381
祜(호)① 108
浩(호)① 110
晧(호)① 110
皓(호)① 110
澔(호)① 110
鎬(호)① 113
毫(호)① 113
豪(호)① 113
濠(호)① 114
壕(호)① 114
狐(호)① 135
弧(호)① 135
好(호)① 237
壺(호)② 269
護(호)② 291

互(호)② 355
酷(혹)① 111
混(혼)① 121
渾(혼)① 177
昏(혼)② 260
婚(혼)② 261
魂(혼)② 396
忽(홀)① 433
惚(홀)① 434
笏(홀)① 434
鴻(홍)① 126
紅(홍)① 125
虹(홍)① 125
訌(홍)① 125
哄(홍)① 132
洪(홍)① 132
畫(화)② 159
話(화)② 180
禍(화)② 357
穫(확)② 291
環(환)① 98
還(환)① 98
歡(환)① 146
驩(환)① 146
丸(환)① 159
桓(환)① 210
幻(환)② 364
宦(환)② 246
滑(활)① 122
猾(활)① 122
活(활)② 180

闊(활)② 180
晃(황)① 147
滉(황)① 148
恍(황)① 148
荒(황)① 383
慌(황)① 383
悔(회)① 385
晦(회)① 386
誨(회)① 386
賄(회)② 427
劃(획)② 159
獲(획)② 291
嚆(효)① 114
效(효)① 152
孝(효)① 322
哮(효)① 322
酵(효)① 323
曉(효)② 371
吼(후)① 130
後(후)② 364
朽(후)② 381
暈(훈)① 178
喧(훤)② 175
毁(훼)② 204
毀(훼)② 204
喙(훼)① 254
彙(휘)① 138
揮(휘)① 178
輝(휘)① 178
麾(휘)① 369
徽(휘)① 441

諱(휘)② 417
携(휴)① 232
休(휴)① 411
烋(휴)① 411
痕(흔)① 31
欣(흔)① 195
吸(흡)① 209
興(흥)② 315
熙(희)② 247
姬(희)② 247
噫(희)② 451
羲(희)② 457
犧(희)② 457
詰(힐)① 228

編著者 **김영진** [김영진 일본어 문화원 원장 : www.jajaja.or.kr]

編著者의 主要著書 紹介
1975年 [김영진 日本語 漢字읽기 사전]
1989年 [김영진 日本語 漢字읽기 요령]
1990年 [김영진 日本漢字 마스터 코스]
2006年 [김영진의 점프 논술 급수漢字 (7급/8급)]
2008年 [찾기쉬운 김영진 日本語 漢字읽기 사전 (중형판)]
2009年 [새로운 김영진 日本語 漢字읽기 사전 (포켓판)]
2009年 [알기 쉽게 설명하여 저절로 외워지는 漢字 ❶]
※상기 외에도 일본어 교재 40여 권을 집필하였습니다.

알기쉽게 설명하여
저절로 외워지는
김영진 漢字 ❷

2010. 6. 15 초판 1쇄 인쇄
2010. 6. 21 초판 1쇄 발행

지은이 | 김영진
펴낸이 | 이종춘
펴낸곳 | **BM** 성안당
주소 | 경기도 파주시 교하읍 문발리 출판문화정보산업단지 536-3
전화 | 031) 955-0511
팩스 | 031) 955-0510
등록 | 1973.2.1 제13-12호
독자 상담 서비스 | 080-544-0511
출판사 홈페이지 | www.cyber.co.kr

ISBN | 978-89-315-7475-3 (13730)
정가 | 25,000원

이 책을 만든 사람들
책임 · 진행 | **최옥현**
교정 · 교열 | **최옥현**
표지디자인 | **변재은**
본문디자인 | **신흥**
홍보 | **박재언**
제작 | **구본철**

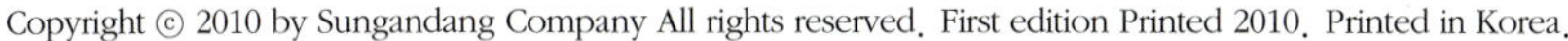